W0171654

Bella ITALIA

50 legendäre Touren gestern & heute

Alpinist, Schauspieler, Filmemacher, Buch- und Drehbuchautor und Herzensbrecher: Luis Trenker (1892–1990) aus dem Grödnertal hat es meisterhaft verstanden, Millionen Menschen mit seiner Bergleidenschaft anzustecken.

TOUR ① SÜDTIROL

DER BERG RUFT

GESTERN *Luis Trenker hat mit seinen Filmen, seinen Büchern und seinem Charisma den Grundstein für den Tourismus gelegt*

HEUTE *Aus den Bergbauerndörfern in Trenkers Heimat, dem Grödnertal, wurden Weltklasse-Skigebiete in spektakulärer Kulisse*

GESTERN

In den 1920er- und 1930er-Jahren war die Welt alles andere als in Ordnung. Trotzdem – oder gerade deshalb – wuchs die Sehnsucht der Menschen nach der Unberührtheit, dem Frieden und der majestätischen Schönheit der Berge. Geschürt hat diese Begehrlichkeit ein Mann aus St. Ulrich im Grödnertal, der 1892 geborene Luis Trenker. Mit seinen Bergbüchern und -filmen, darunter der wohl bekannteste »Der Berg ruft«, brachte er die Schönheit und Faszination der Gipfel und Täler einem breiten Publikum nahe – immer mehr Menschen wollten sie live erleben. Die passionierten Schilderungen und fantastischen Bilder von Trenkers Dolomiten-Heimat lösten die erste Reisewelle nach Südtirol aus und ließen den Wunsch »gestandener Männer« aufkeimen, diese ebenso anziehenden wie Furcht einflößenden Gipfel zu bezwingen. Und Tausendsassa Luis Trenker, der sich durch die Zeit des Nationalsozialismus lavierte und schnell auch in Hollywood Fuß fasste, legte unermüdlich nach, produzierte einen Film nach dem anderen. Bis ins hohe Alter sorgte er mit Dokumentarfilmen für Aufsehen und peppte jede Veranstaltung mit seinen schwungvollen Erzählungen auf – ein großartiger Tourismus-Promoter für Südtirol.

HEUTE

Viele der einst abgelegenen Dolomitendörfer haben sich zu weltbekannten Urlaubsorten entwickelt. Seit Ausrichtung der Ski-WM in Gröden ist die Region unter Skisportlern in aller Munde. Und die Legende Luis Trenker lebt weiter und ist auch bei den Jungen Trend: Unter anderem trägt ein angesagtes Modelabel seinen Namen.

Südtirol ist aber nicht nur im Winter eine Reise wert. Die Obstbaumblüte bezaubert im Frühling, wandern kann man bis in den Herbst, und das ganze Jahr über locken die vielen Schätze der uralten Kulturlandschaft. Los geht unsere Tour im Eisacktal in Klausen, biegt dann aber gleich ab ins Grödner- und weiter ins Hochabteital.

Landkarte: Seite 10, Adressen: Seite 11

1 KLAUSEN

Auf einem mächtigen Felsen über dem Künstlerstädtchen Klausen (Chiusa, 5200 Einw.) thront das **Kloster Säben.** Albrecht Dürer war auf seiner Italienreise von dieser Ansicht so beeindruckt, dass er Ort und Kloster auf dem Kupferstich »Das große Glück« verewigte. Der halbstündige, steile Aufstieg führt vorbei an der Burg Branzoll (Privatbesitz). In den Akten des Konzils zu Grado (572–577) ist Säben bereits als Bischofssitz verzeichnet und blieb es bis ins 10. Jh. Nach dem Umzug Bischof Albuins nach Brixen wurde das Kloster zur Festung ausgebaut. 1535 legte ein Blitzschlag Teile davon in Schutt und Asche. Im 17. Jh. entstand aus der verfallenden Anlage das noch heute bestehende Benediktinerinnenkloster.

💬 **»DAS GROSSE GLÜCK«**

… empfand Albrecht Dürer beim Anblick von Kloster Säben. Es inspirierte ihn zu einem Kupferstich.

Aus der Zeit der Säbener Bischöfe stammen die Fundamente (um das Jahr 600) der Heilig-Kreuz-Kirche (15./17. Jh.). Vor allem die virtuose Scheinarchitektur (1679) im Inneren verblüfft. Die Klosterkirche (tgl. 8–17 Uhr) im ehemaligen Palas ist ein schlichter Barockbau (1691–1707);

Die Benediktinerinnen im Kloster Säben kümmern sich auch um Pilger und das Gästehaus.

die barockisierte Marienkapelle (tgl. 8–18 Uhr) birgt in der Sakristei ein Taufbecken aus dem 4. Jh. Den achteckigen Zentralbau der Liebfrauenkirche (1652–1658), errichtet nach einem Pestgelübde der Klausener Bürger, schmücken Stuckaturen von Franco Carlone (Juli/Aug. Di, Mi, Fr, Sa 15–18, Sept. Di, Fr, Sa 14–17, Okt. Fr, Sa 14–17 Uhr; Führung durch den Klosterkomplex: Mi 15, Juli/Aug. 16.30 Uhr).

Klausen mit seiner engen Hauptgasse, der spätgotischen Architektur, den zahlreichen Erkern und geschmiedeten Wirtshausschildern bietet abwechslungsreiche Fotomotive. Neben der Eisackbrücke steht die spätgotische **Pfarrkirche** (1480–1494, Piazza San Andrea), die bedeutende gotische Skulpturen besitzt.

Im Süden von Klausen, jenseits des wilden Tinnebachs, liegt das im Jahr 1972 aufgelöste Kapuzinerkloster (Kirche von 1701). In den alten Mauern hat das **Stadtmuseum** (Auf der Frag 1, April–Okt. Di–Sa 9.30–12, 15.30–18 Uhr) eine Bleibe gefunden. Zu besichtigen sind hier der berühmte Loretoschatz und viele Werke der früher hier lebenden Künstler.

2 ST. ULRICH

Der alte Hauptort des Grödnertals St. Ulrich (ital.: Ortisei, ladin.: Urtisei, 1236 m) liegt in Sichtweite des markanten **Langkofels** (3181 m). Bekannt geworden ist er als Heimat von Luis Trenker, aber auch die Holzschnitzer von St. Ulrich sind berühmt. Werke einheimischer Künstler zeigt das **Grödner Heimatmuseum** in der Cësa di Ladins (Reziastr. 83, Mitte Mai–Mitte Okt. Mo–Fr 10–12.30, 14–18 Uhr, übrige Öffnungszeiten siehe Webseite, www.museumgherdeina.it).

Dass die Gegend schon in vorgeschichtlicher Zeit besiedelt war, bezeugt eine Fundstätte nur wenig oberhalb von St. Ulrich am **Col de Flam** (1438 m, 40 Min.). Von der Anhöhe wandert man bequem in ca. 30 Min. hinauf zum Kirchlein **St. Jakob** (1565 m), das Fresken eines Meisters der Brixner Schule (um 1470) birgt. Das **große Dolomitenpanorama** kann man am Steilabfall der **Seceda** nordöstlich über dem Tal (Seilbahn) genießen.

Auch Schafe brauchen mal Pause. Im Hintergrund wacht der Sassongher über Corvara, das zu den fünf ladinischen Gemeinden des Val Badia gehört.

3 GRÖDNER JOCH

Noch stärker als St. Ulrich haben sich **St. Christi-na** (Santa Cristina, 1428 m) und **Wolkenstein** (Selva, 1563 m) auf den Tourismus eingestellt. Chalets und Hotels bestimmen das Bild; Seilbahnen und Lifte erschließen die Höhen, ermöglichen den direkten Einstieg in die berühmte **Sella Ronda** rund um die Sella-Gruppe und machen das Grödnertal zu einem der Top-Wintersportorte der Alpen. Die harmonische Renaissanceanlage der **Fischburg** oberhalb von St. Christina ließ Dietrich von Wolkenstein im 17. Jh. erbauen (Privatbesitz, Besichtigung nicht möglich). Hinter Wolkenstein beginnt die Steigung zum **Grödner Joch** (2121 m).

4 CORVARA

Die Straße verläuft vom Grödner Joch hinunter nach Corvara (Kurfar, 1555 m); im Hauptort des Hochabtei (ladin./ital.: Alta Badia) kann man in zahlreichen Gasthöfen einkehren. Über dem lebhaften Ferienort ragt der Sassongher (2665 m) in den Himmel. Besonders eindrucksvoll wirkt er von der in vielen Kurven zum **Passo di Campolongo** (1874 m) ansteigenden Straße nach Arabba aus.

5 ABSTECHER NACH ST. KASSIAN

Am Eingang ins St.-Kassian-Tal liegt **Stern** (ital.: *La Villa,* ladin.: *La Ila,* 1483 m). Von St. Kassian aus erreicht man in etwa 2 Std. zu Fuß die **Große Fanesalpe** (2102 m). Dabei umwandert man den **Piz Cunturines** (3064 m). An seiner Südflanke entdeckte man in einer Höhle die etwa 20 000 Jahre alten Knochen mehrerer Bären. Sie können neben volkskundlichen Stücken in St. Kassian im **Museum Ladin** besichtigt werden (Str. Micurà de Rü 26, 15.5.–12.10. Mo–Fr 10–12.30, 14–18, Juli/Aug. auch Sa, 26.12.–6.1. tgl. 10–12.30, 14–18, 7.1.–31.3. Di–Fr 14–18 Uhr, www.museumladin.it).

6 NATURPARK FANES-SENNES-PRAGS

Weiter geht es ins **Hochabteital**. In **Pedratsches** (Pedraces, 1324 m) sollte man den Sessellift zur Wallfahrtskapelle Heiligkreuz nehmen. Bei **Pederoa** (1152 m) mündet das noch weitgehend unberührte **Wengental**. Grandios ist auch der **Naturpark Fanes-Sennes-Prags.** Eine Straße führt von Zwischenwasser (1005 m) durch das Rautal bis Pederü (1540 m, Parkplatz). Zur **Faneshütte** (2042 m) gelangt man dann nur zu Fuß oder per Jeep (Zubringerdienst).

Einen guten Einblick in die ladinische Kultur gewährt das **Museum Ladin** im mittelalterlichen Schloss Ciastel de Tor oberhalb von **St. Martin in Thurn** (Torstr. 65, Öffnungszeiten wie Museum Ladin in St. Kassian – **siehe Seite 9**).

7 BRUNECK

Der Hauptort des Pustertals (Brunico, 835 m, 16 600 Einw.) wurde 1251 vom Brixner Bischof gegründet. Die ehemalige Bischofsburg, **Schloss Bruneck**, wurde im selben Jahr erbaut und thront noch heute über dem mittelalterlichen Stadtkern. 2011 eröffnete auf Schloss Bruneck mit dem **MMM Ripa** das fünfte der sechs Messner Mountain Museen (2. So im Mai–1.11. Mi–Mo 10 bis 18, 26.12.–25.4. Mi–Mo 12–18 Uhr, letzter Einlass 17 Uhr, www.messner-mountain-museum. it). Wer heute durch die **Stadtgasse,** die Via Centrale, spaziert, kann sich vorstellen, dass es hier zu Zeiten des Künstlers Michael Pacher im 15. Jh.

auch nicht viel anders ausgesehen hat; zu bewundern ist etwa das Ragenhaus (Paul-von-Sternbach-Str. 3), eines der ältesten Häuser der Stadt, und auch das Apothekerhaus (Stadtgasse 45) mit seinem freskenverzierten Tonnengewölbe. Die Fußgängerzone ist eine beliebte Bummelmeile mit Läden, Cafés und Restaurants. Im Ortsteil Oberragen, der heutigen Oberstadt, fallen repräsentative Gebäude und alte Landsitze ins Auge. Die neoromanische **Pfarrkirche** (1850) birgt ein Holzkruzifix aus der Pacher-Schule.

Neben den Aufführungen im Stadttheater wird Anfang September ein Straßentheater-Festival veranstaltet, und im Sommer finden im Jugend- und Kulturzentrum UFO Konzerte und Kino statt (www.ufobruneck.it). Der Schwerpunkt des **Stadtmuseums** liegt auf der grafischen Kunst des 20. Jhs. (Bruder-Willram-Str. 1, Di–Fr 15–18, Sa, So 10–12, Juli/Aug. Di–So 10 bis 12, 15–18 Uhr, www.stadtmuseum-bruneck.it).

INFORMATIONEN

TOUR ❶ Durch das Grödner- und das Hochabteital

Autotour, ein Tag (mit Wanderungen länger), knapp 100 km

STATIONEN

1 Klausen
2 St. Ulrich
3 Grödner Joch
4 Corvara
5 St. Kassian
6 Naturpark Fanes-
    Sennes-Prags
7 Bruneck

KLAUSEN
INFO
Tourismusverein Klausen
Marktplatz 1, Klausen,
Tel. 04 72 84 74 24, www.klausen.it

HOTEL & RESTAURANT
Walther von der Vogelweide
Traditionsreicher Gasthof mit Räumen aus dem 14. Jh. Gute Küche mit Pizza, Pasta und Grillspezialitäten.
Mo geschl.
Oberstadt 66, Klausen,
Tel. 04 72 84 73 69,
www.vogelweide.it

RESTAURANTS
Ansitz Fonteklaus
In diesem Gasthof kann man nobel speisen – mit Aussicht. Do geschl.
Lajen-Freins, Klausen,
Tel. 04 71 65 56 54,
www.fonteklaus.it

Röckhof
Im Buschenschank der Familie Augschöll (1 km oberhalb Klausen) gibt es Eisacktaler Müller-Thurgau, Mohnkrapfen und Kartoffelblattln (Teig aus geriebenen Kartoffeln, Mehl und Quark, in Fett ausgebacken) mit Kraut.
Ende Sept. bis Anf. Dez. Do–So.
St. Valentin 22, Villanders,
Tel. 04 72 84 71 30, www.roeck.bz

Hienghof
Von dem beliebten Buschenschank in einem Bauernhof aus dem 18. Jh. genießt man einen tollen Ausblick auf Klausen.
Ende Sept.–Mitte Dez. und Ende Jan.–Ende April Sa, So.
Laitach 60, Klausen,
Tel. 04 72 84 73 54

ST. ULRICH
INFO
Tourismusverein Dolomites Val Gardena
Es gibt im Val Gardena keine Touristinformationen mehr, aber eine sehr gut gepflegte Webseite und telefonische Auskünfte.
Tel. 04 71 77 77 77,
www.valgardena.it

Restaurant
Anna Stuben
Die Küche wurde mit einem Michelin-Stern ausgezeichnet.
Im Hotel Gardena Grödnerhof.
Mo–Sa 19–23 Uhr.
Vidalongstr. 3, St. Ulrich,
Tel. 04 71 79 63 15,
www.gardena.it

ST. KASSIAN
Info
Tourismusverein St. Kassian
Die Tourismusvereine Alta Badia unterhalten keine Informationsbüros mehr, aber eine sehr gute Webseite.
Tel. 04 71 83 61 76,
www.altabadia.org

HOTEL
Rosa Alpina
Das Hotel ist eines der schönsten im gesamten Alpenraum. Im Restaurant St. Hubertus steht Drei-Sterne-Koch Norbert Niederkofler am Herd.
Strada Micurà de Rü, 20,
St. Kassian, Tel. 04 71 84 95 00,
www.rosaalpina.it

BRUNECK
INFO
Tourismusverein Bruneck Kronplatz Tourismus
Rathausplatz 7, Bruneck,
Tel. 04 74 55 57 22,
www.kronplatz.com

RESTAURANT
Oberraut
In dem kleinen Gasthof über dem Brunecker Talkessel wird typisch Südtiroler Küche aus vorwiegend hofeigenen Produkten aufgetischt.
Küche Fr–Mi 12–14, 18.30–21 Uhr.
Amaten 1, Bruneck,
Tel. 04 74 55 99 77,
www.oberraut.it

Trafoi, hier ein Foto von etwa 1900, war der Ausgangspunkt für Josef Pichlers Erstbesteigung des Ortlers. Er wählte für sein Vorhaben die äußerst schwierige und nicht ungefährliche Nordwestflanke. Im Laufe der Jahre wurden mehrere Alternativrouten begangen, die durch eine atemberaubend schöne Gletscherwelt führen.

TOUR **2** **VINSCHGAU & ORTLERGEBIET**

PIONIERE UND HELDEN

GESTERN *Die Ortlerregion gilt als Geburtsstätte des Bergführerberufs. 1804 bezwang Josef Pichler den Gipfel ohne Seil und Pickel*

HEUTE *Zum Skifahren kommen viele hierher, ganz hinauf trauen sich nur gute Bergsteiger. Eine Tour vom Reschenpass nach Sulden*

GESTERN

Mit der Erstbesteigung des Ortlers im Jahr 1804 sollte alles anders werden. Bis dahin waren das Suldental und die Ortlerregion weitgehend isoliert und unbekannt. Man hielt die Region für das »Sibirien Tirols«, wo wilden Gerüchten zufolge die Bauern mit den Bären aus einer Schüssel aßen. Doch nachdem Josef Pichler den 3905 m hohen Bergriesen, den höchsten der Donaumonarchie, bezwungen hatte, waren die Begehrlichkeiten geweckt. Von Trafoi aus war der Gämsjäger aus dem Passeiertal mit seinen beiden Begleitern aufgebrochen. Ohne Seil und Pickel, nur mit Holzstangen, erreichten sie den Gipfel.

Als schließlich im Jahr 1825 die Stilfserjochstraße eröffnet und das gesamte Vinschgau aus dem Dornröschenschlaf geweckt wurde, war der Ansturm von Alpinisten aus ganz Europa nicht zu bremsen. Das Suldener Pfarrhaus war die erste Unterkunft für Bergsteiger, und bald schossen Pensionen, Gasthöfe und Berghütten wie Pilze aus dem Boden. Der weiße Gigant wurde zum Objekt der Begierde, doch ihn zu bezwingen, forderte fundierte alpinistische Erfahrung und technisches Können. Voller Demut und Respekt heuerten immer mehr Touristen einheimische Begleiter an. Der Bedarf war bald so groß, dass zahlreiche Bewohner diese Dienste zu ihrer Hauptbeschäftigung machten und damit den Beruf des Bergführers ins Leben riefen. Mit dem Bau von Seilbahnen wurde in der Ortlerregion der Grundstein für einen florierenden Skitourismus gelegt.

HEUTE

Sulden und Trafoi in der Ortlerregion sind urige Bergdörfer geblieben. Zu ihren Fans gehören viele Promis, darunter Kanzlerin Angela Merkel.

Auf dieser Tour entdecken Sie neben dem Bergkönig den oberen Teil des Vinschgaus: Das fruchtbare Tal zwischen Reschenpass und Bozen lockt Naturliebhaber und Bergwanderer, Skifahrer und Schneeschuhwanderer, Genießer und Kulturinteressierte gleichermaßen an.

Adressen und Landkarte: Seite 17

Guck in die Luft: Der Reschensee hat das Dorf Graun verschluckt, nur der Kirchturm ragt noch aus den grünen Fluten hervor.

1 RESCHENPASS

Der erste Teil dieser Tour bis Schluderns vereint Kultur- und Naturgenuss aufs Schönste. Nahe der Etschquelle, am **Reschenpass** (Passo di Résia, 1504 m), beginnt die Fahrt durch den Obervinschgau. Die alpine Landschaft wirkt auf den ersten Blick abweisend, besitzt aber ihren besonderen Reiz: z. B. den Blick nach Süden, wo sich die vergletscherten Dreitausender des **Ortlermassivs** am Horizont abzeichnen. Der fast 7 km lange **Reschensee** bildet einen schönen Kontrast zu den umgebenden Bergriesen. Der Aufstauung des Reschensees zum Zweck der Energiegewinnung fiel das alte **Dörfchen Graun** zum Opfer: Heute ragt nur mehr sein Kirchturm aus dem Wasser.

2 ST. VALENTIN AUF DER HAIDE

Der kleine Ort **St. Valentin auf der Haide** (San Valentino alla Muta, 1470 m) diente bereits 1140 als Hospiz und verzeichnete schon zu kaiserlichen und königlichen Zeiten regen Besuch. Der im Jahre 1905 hier gegründete Skiclub war einer der ersten in ganz Tirol. Neuerdings sind die **Skigebiete** Haideralm und Schöneben verbunden und zeitgemäß erschlossen (www.schoeneben.it). Im Sommer führen von der Haideralm aus sehr schöne **Höhenwanderungen** u. a. nach Rojen (1973 m), einer der höchstgelegenen Ortschaften im ganzen Alpenraum.

3 KLOSTER MARIENBERG

Die Straße führt abwärts über die Malser Haide. Rechts am Hang kommt bald das weiße **Kloster Marienberg** ins Blickfeld. Mit seinen weit herabreichenden Stützmauern wirkt das 1344 m hoch gelegene Benediktinerkloster oberhalb von Burgeis (Burgusio, 1216 m) wie eine Festung. Doch auch die mächtigen Mauern konnten nicht verhindern, dass die Abtei durch die Landvögte von Matsch wiederholt geplündert wurde. Im 17. Jh. erfolgte die barocke Umgestaltung. Von besonde-

> #### 💬 OBEN OHNE
>
> St. Benedikt in Mals, im 8. Jahrhundert errichtet, erhielt erst vier Jahrhunderte später einen Kirchturm im romanischen Stil.

rer Bedeutung sind die farbenfrohen romanischen **Fresken** in der Krypta (entstanden um 1160): Christus thront in der Mandorla, links Petrus, rechts Paulus, und eine Engelschar schwebt vor kräftig blauem Hintergrund im Gewölbe. **Schauräume** eröffnen Einblicke ins klösterliche Leben (15.3.–31.10. u. 27.12.–05.1. Mo–Sa 10–17 Uhr, Führung 1. Mi im Monat 10 Uhr; Krypta: Juni bis Okt. Mo–Sa 17.30 zur Vesper oder mit Führung Do 10.30 Uhr, www.marienberg.it).

4 MALS

Mit seinen typischen Gasthöfen ist das Zentrum des Obervinschgaus ein guter Platz für eine Rast. Fünf alte Türme zeigt die Silhouette von **Mals** (Malles Venosta, 1050 m, 5300 Einw.). Gotisch ist der Turm der Pfarrkirche mit seinem achteckigen Helm, die anderen vier stammen aus romanischer Zeit, darunter der 33,50 m hohe Fröhlichsturm aus dem 12./13. Jh., ein Überrest der Fröhlichsburg. Kunstkenner erwartet nahe der Ortsumfahrung das Kleinod **St. Benedikt.** Das Kirchlein aus karolingischer Zeit bekam zu Beginn des 9. Jhs. eine Freskenausschmückung, erhalten sind vor allem die Malereien in den Nischen der Ostwand. Der Ort bietet vielfältige Ausflugsmöglichkeiten – von der Fahrt mit der reaktivierten **Vinschger Bahn** über Radtouren bis zur Waalwanderung auf die Malser Heide.

5 SCHLUDERNS

An der Mündung des Matscher Tals, einem stillen, weitgehend unberührten Wandergebiet mit stolzen Dreitausendern, liegt **Schluderns** (Sluderno, 921 m), überragt von der **Churburg.** Das wohl schönste Schloss des Vinschgaus wurde ab 1253 vom Churer Bischof erbaut, geriet dann an die Vögte von Matsch und später an die Grafen von Trapp, die aus der Burg mit dem 26 m hohen Bergfried ein prächtiges Renaissanceschloss machten und es noch heute bewohnen. Eine Attraktion ist die gut erhaltene **Waffenkammer,** wo man u. a. die 45 kg schwere und 2,10 m hohe Rüstung des vorletzten Matschers, Ulrich IX., bewundern kann (Führungen: 20.3.–31.10. Di–So 10–12, 14 bis 16.30 Uhr alle 15 Min., www.churburg.com).

Ein lebendiges Bild der Talschaft vermittelt das hier ansässige **Vintschger Museum,** das auch über die Bewässerungssysteme der Waale informiert (Meraner Str. 1, 20.3.–3.11. Di–So 10 bis 12.30, 14–18, Juli/Aug. Di–So 10–18 Uhr, www.vintschgermuseum.com).

6 STILFSERJOCH

Anstatt Richtung Schlanders zu fahren, geht es nach Südwesten weiter. Wer einen Blick auf den Ortler, den »höchsten Spitz in Tyrol«, genießen will, unternimmt einen Ausflug über die 1825 eröffnete Passstraße zum **Stilfserjoch** (Passo dello Stelvio, 2757 m). Die Strecke beträgt von Spondinig aus 27,5 km, wobei 1870 Höhenmeter überwunden werden. Das Joch hat auch dem ältesten und größten Naturpark Südtirols seinen Namen gegeben: Der 130 700 ha große **Nationalpark Stilfserjoch** erstreckt sich über weite Teile des Ortlermassivs bis hin zum schweizerischen Engadiner Nationalpark.

Auf jeden Fall besuchen sollte man das **Nationalparkhaus aquaprad** in Prad am Stilfserjoch. Zu sehen ist dort u. a. die Ausstellung »Unter Fi-

Gustav Thöni, mehrfacher Weltmeister, Olympiasieger und späterer Trainer von Alberto Tomba, machte seine ersten Pflugbögen in Sulden.

schen – eine Reise in fremde Welten« mit 14 Aquarien. Außerdem kann man an geführten Wanderungen teilnehmen (Kreuzweg 4c, Di–Fr 9.30–12.30, 14.30–18, Sa, So 14.30–18 Uhr, www.stelviopark.bz.it).

Die Dauerausstellung im **Nationalparkhaus naturatrafoi** in Trafoi ist dem Thema »Leben an der Grenze« gewidmet. Sie bietet sowohl interessante Einblicke in die Geologie des Ortlermassivs als auch in Überlebensstrategien von Pflanzen und Tieren unter den oftmals extremen Bedingungen des Hochgebirges (27.12.–31.3. und 2.5. bis 31.10. Di–Sa 9.30–12.30, 14.30–18, Juli/Aug. auch So 14.30–18 Uhr, www.stelviopark.bz.it).

7 SULDEN

Vom Stilfserjoch aus gesehen liegt **Sulden** (Solda, 1906 m) hinter dem Ortler. Einen Besuch wert ist Reinhold Messners winziges **Alpine Curiosa Museum** (ganzjährig frei zugänglich) mit Kuriositäten aus der Geschichte des Bergsteigens.

Das ebenfalls sehenswerte Museum **MMM Ortles** nebenan ist Teil des Projekts Messner Mountain Museum, das sechs Museen an verschiedenen Standorten in ganz Südtirol umfasst. Die unterirdisch angelegte Ausstellung in Sulden

ist den Themen Eis und Ortler gewidmet (Mitte Dez.–April und Ende Mai–Mitte Okt. Mi–Mo 14–18, Juli/Aug. Mi–Mo 13–18 Uhr, www.messner-mountain-museum.it).

Das **Museum für das Ortlergebiet** von Konrad Knoll führt durch die Geschichte und Kultur der Region, insbesondere durch die 100-jährige Tourismusgeschichte (Mitte Juni–Mitte Sept. und Dez.–April tgl. 10–19 Uhr). Letzterer widmet sich u. a. auch die **Kulturpromenade:** Der Panoramaweg rund um den Ort schlägt mit zwölf Stationen eine Brücke von den Anfängen Suldens als abgelegenes Bergdorf bis in die Gegenwart.

8 SKIGEBIETE

Zwischen 1900 und 3250 m Höhe breitet sich das **Skigebiet Sulden** unterhalb des Ortlers mit insgesamt 40 Pistenkilometern aus. Skifahrer, Snowboarder und Langläufer können sich in der schneesicheren Gletscherregion von November bis Anfang Mai Wintersportfreuden hingeben. Die 14 Dreitausender in unmittelbarer Nähe geben eine unvergleichliche Kulisse ab. Während das Pistenangebot in Sulden eher Fortgeschrittene und Könner anspricht, eignet sich das nahe **Skigebiet von Trafoi** vor allem für Anfänger und Familien.

Das naturatrafoi bietet auch Führungen, Wildtierbeobachtungen und eine Naturwerkstatt für Kinder.

INFORMATIONEN

TOUR ❷ Vom Obervinschgau zum Stilfserjoch und ins Ortlergebiet

Autotour, ein Tag (ohne Skifahren), ca. 90 km

STATIONEN

1 Reschenpass
2 St. Valentin auf der Haide
3 Kloster Marienberg
4 Mals
5 Schluderns
6 Stilfserjoch
7 Sulden
8 Skigebiete

PRAKTISCHER HINWEIS

Die Fahrt auf einer Bergstraße wie derjenigen auf dem Stilfserjoch erfordert besondere Vorsicht, dauert länger und ist anstrengender als auf normalen Routen. Ungünstige Wetterverhältnisse können die Fahrbedingungen nicht nur im Winter verschlechtern.

VINSCHGAU
INFO
Tourismusverein
Kapuzinerstr. 10, Schlanders,
Tel. 04 73 73 01 55,
www.vinschgau.net

HOTEL UND RESTAURANT
Gasthof & Restaurant Kuppelrain
Schöne Zimmer. Restaurant (ab 19 Uhr) mit Michelin-Stern, gut kalkulierten Weinen und herzlichem Service. Mittags Bistroangebot. So und Mo geschl.
Bahnhofstr. 16, Kastelbell, Tel. 04 73 62 41 03, www.kuppelrain.com

Vinschger Bahn
Ein Muss ist die Fahrt mit der Vinschger Bahn. Der farbenfrohe Dieselzug verkehrt auf einer 60 km langen Strecke mit historischem Flair zwischen Mals und Meran. Vor imposanter Bergkulisse geht es an malerischen Ortschaften, saftigen Weiden und blühenden Obstwiesen vorbei.
Die **bikemobil Card** (1 Tag 25 €, 3 Tage 30 €, 7 Tage 35 €) gilt für das ganze Bus- und Schienennetz in Südtirol, ermöglicht die Fahrradmitnahme bzw. -ausleihe an den Bahnhöfen.
www.sta.bz.it

RESCHENPASS
INFO
Ferienregion Reschenpass
Hauptstr. 22, Reschen, Tel. 04 73 63 31 01, www.vinschgau.net

SULDEN
INFO
Ferienregion Ortlergebiet
Hauptstr. 72, Sulden,
Tel. 04 73 61 30 15,
www.vinschgau.net

RESTAURANT
Yak & Yeti
Hier wird eine besondere Spezialität serviert: das Fleisch von Yak-Rindern, die Reinhold Messner

aus Tibet eingeführt hat. Di geschl.
Via Forestale 55, beim MMM Ortles, Sulden, Tel. 38 06 57 49 67

TRAFOI
HOTEL
Bella Vista
Die Familie von Skilegende Gustav Thöni besitzt das Familotel »Schöne Aussicht«. Der Hausherr lässt es sich nicht nehmen, im Winter mit seinen Gästen zum Skifahren zu gehen.
Stilfserjochstr. 17, Trafoi,
Tel. 04 73 61 17 16,
www.bella-vista.it

PRIMA, DONNA!

GESTERN *Wo der spätere Kaiser Franz Joseph und seine Sisi kurten, wollte sich bald auch der Adel aus ganz Europa tummeln*

HEUTE *Das mediterran angehauchte Alpenflair Merans ist nicht mehr nur der Hautevolee vorbehalten*

GESTERN

Das Burggrafenamt, so wird die Gegend um die Kurstadt Meran (Merano, 40 500 Einw.) seit alters genannt, war bereits lange vor Beginn unserer Zeitrechnung besiedelt. Die Römer errichteten in Obermais eine Militärstation. Zu Bedeutung gelangte Meran aber erst durch die Grafen von Tirol aus dem Vinschgau: Nach langem Kampf mit den Eppanern um die Vorherrschaft im Land gelang es ihnen im 13. Jh. schließlich, Meran zur Haupt-

In den Grand Hotels von Meran wusste man, wie man verwöhnten Gästen jeden Wunsch von den Augen abliest. Die Kurstadt an der Passer bestach ab Anfang des 20. Jahrhunderts mit Eleganz und Leichtigkeit und war der ideale Platz zum Sehen-und-Gesehenwerden.

stadt von Tirol zu erheben. Doch die Herrlichkeit dauerte nur ein Jahrhundert – nach der Abdankung der Fürstin Margarethe ging das »Fürstentum der Grafschaft Tyrol« an die Habsburger, und die Zeit Merans als mächtige Hauptstadt Tirols endete. Um 1420 verlegte Herzog Friedrich IV. die Residenz nach Innsbruck; Meran fiel zurück in die Provinzialität und stand im Schatten von Bozen.

Als Erzherzog Franz Joseph, der spätere Kaiser, im Jahr 1843 mit seinem Bruder Ferdinand hier zu Gast war, erlebte die Kleinstadt einen erneuten Aufschwung: Der Hof folgte Seiner Majestät, der Geldadel zog nach, und so wurde Meran wieder berühmt, diesmal in der halben Welt. Damals kam die Hautevolee zu Trauben-, Milch- und Molkekuren hierher.

Nachdem auch Kaiserin Sisi (1837–1898) wiederholt nach Meran zum Kuren gekommen war, ging es mit dem frisch erblühten Tourismus steil bergauf. In der Belle Époque um die Jahrhundertwende erlebte Meran seine Glanzzeit. Grand Hotels entstanden, die ihren verwöhnten Gästen allen Luxus und Komfort boten. Stadttheater, Kurhaus mit Musikpavillon, Konzert- und Ballsäle, Golfplatz und Rennbahn, aber auch das Krankenhaus und die Schwebebahn aufs Vigil-

joch wurden aus dem Boden gestampft. In Windeseile entwickelte sich Meran zu einem mondänen Tummelplatz der europäischen Eliten. Die neu angelegten Parkanlagen, Promenaden und Spazierwege eigneten sich vorzüglich für das Schaulaufen der feinen Leute. Außerdem betonten sie den reizvollen Kontrast aus alpiner Land-

St. Nikolaus gilt mit seinem über die Stadt hinausragenden Turm als Wahrzeichen von Meran.

schaft und südländischer Vegetation, der zum heutigen Erscheinungsbild und zum Zauber der Stadt gehört – Palmen vor weißen Berggipfeln, ein unwiderstehliches Doppel.

HEUTE

Die intakte Landschaft, das wintermilde Klima, die Kur- und speziellen Erholungsmöglichkeiten sowie ein vielfältiges kulturelles Angebot waren und sind das Zugpferd für den Meran-Tourismus.
Stadtplan: Seite 22, Adressen: Seite 23

ALTSTADT

Ältester Stadtteil ist Steinach mit verwinkelten Gassen, die vom **Passeirer Tor,** einem der drei erhaltenen Stadttore, zum Pfarrplatz führen. An seiner Nordseite steht die mächtige Pfarrkirche **St. Nikolaus** Ⓐ. Ihr Turm mit dem achteckigen Helm von 1617 dominiert das Stadtbild. An dem Gotteshaus haben viele Generationen gearbeitet; 1367 ist als Weihejahr bezeugt, das Langhaus erhielt sein Gewölbe aber erst im 15. Jh. Die Südfront weist reichen plastischen Schmuck auf; neben den beiden spätgotischen Portalen fällt eine lebensgroße Figur des hl. Nikolaus (um 1350) ins Auge. Die ersten beiden der schönen Glasfenster stammen noch aus dem 15. Jh. Gleich hinter der Kirche bewahrt die gotische Barbarakapelle, ein doppelge-

schossiger, achteckiger Zentralbau aus dem 15. Jh., im Obergeschoss einen rheinischen Flügelaltar.

Vom Pfarrplatz führt die lange **Laubengasse** Ⓑ westlich zum Kornplatz. Mit ihren Bogengängen – links zur Passer hin den »Wasserlauben«, rechts den »Berglauben« – ist sie die Hauptgeschäftsstraße des alten Meran. Ihre Anlage geht auf Graf Meinhard II. zurück; die Häuser besitzen z. T. noch alte Innenhöfe und Treppenhäuser.

Von den Lauben ist es nicht weit zur **Landesfürstlichen Burg** Ⓒ. Wie eine Festung schaut das Schlösschen aus dem 15. Jh. nicht gerade aus; es hatte auch keine Verteidigungsfunktion, sondern diente den Tiroler Landesfürsten als Stadtresidenz. Die Räumlichkeiten, teilweise noch mit der originalen Einrichtung und einer Musikinstrumentensammlung, können besichtigt werden (Ostern–6. 1. Di–Sa 10.30–17, So, Fei 10.30–13 Uhr).

In den beiden obersten Stockwerken des 1309 erbauten Klarissenklosters dokumentiert das

> 💬 **SCHLÜPFRIG**
>
> … im Wortsinn präsentiert sich die »Kulturgeschichte der Unterwäsche« im Frauenmuseum. Wer will, kann sich die Exponate der Ausstellung ausleihen.

Die mittelalterliche Laubengasse ist das Herz der Altstadt von Meran.

Blick von den Weinbergen aus über das herbstliche Meran. Aufgrund des milden Klimas bringt die Region so manch guten Tropfen hervor.

Frauenmuseum Kultur- und Alltagsgeschichte aus weiblicher Sicht. Alltagsgegenstände, Mode und Accessoires spiegeln das Frauenbild der letzten 200 Jahre (Meinhardstr. 2, Mo–Fr 10–17, Sa 10–12.30 Uhr, www.museia.it).

Zurück in die Geschichte des Burggrafenamts führt auch ein Besuch des **Palais Mamming Museums** ⒟. Neben prähistorischen und römerzeitlichen Funden präsentiert es eine geologische Sammlung, eine Gemäldegalerie, spätmittelalterliche Sakralkunst und allerlei Volkskundliches (Pfarrplatz 6, Ostern–6.1. Di–Sa 10.30–17, So, Fei 10.30–13, im Sommer Di 10.30–13, 18–22 Uhr, www.palaismamming.it).

Im Nordwesten der Altstadt steht das wappengeschmückte **Vinschgauer Tor**, daneben die im 18. Jh. barock umgestaltete Kapuzinerkirche.

KURZENTRUM, THERME UND SPITALKIRCHE

Im **Kurhaus** ⒠ spielt sich auch heute noch das gesellschaftliche Leben Merans ab. Der 1914 eröffnete und vorbildlich restaurierte Kursaal ist ein Juwel des Jugendstils. Dem Wiener Sezessionsstil zuzuordnen ist das hübsche Meraner Stadttheater.

Ein moderner Kontrast dazu ist die **Therme Meran** ⒡. Der Kubus aus Stahl und Glas beherbergt auf über 7000 m² eine Wellnesslandschaft mit Pools, Saunen, Spa und Fitnessbereich (Thermenplatz 9, tgl. 9–22 Uhr, Öffnungszeiten Sauna siehe Webseite, www.termemerano.it).

An der Postbrücke, ein paar Hundert Meter die Passer aufwärts, trifft man auf das reich skulptierte Hauptportal der **Spitalkirche zum Heiligen Geist** ⒢. Der dreischiffige Innenraum des 1431 geweihten Gotteshauses ist eine Oase der Stille.

STADTVIERTEL UNTERMAIS

Auf der Romstraße kommt man direkt zur **Maria-Trost-Kirche** ⒣. Im Kern romanisch, später mehrfach umgebaut, bewahrt sie das byzantinisch beeinflusste Fresko »Der Tod Mariens« (12. Jh.). In Untermais liegt auch die berühmte **Pferderennbahn** von Meran, auf der hoch dotierte Rennen, aber auch Folklorveranstaltungen stattfinden.

PROMENADEN

Was wäre Meran ohne die berühmten Promenaden – **Kur-, Sommer- und Winterpromenade** –, die sich beidseits der Passer und an den Hängen des Küchelbergs (Seilbahn) entlangziehen? Von der Kurpromenade führt der sogenannte **Sissi-Weg** vorbei am Kurhaus, an Jugendstilbauten und Schlössern zu den Gärten von Trauttmansdorff. Vom Steinernen Steg zieht sich die sonnige **Gilf-promenade** hinauf zur Zenoburg. Die schönste Promenade Merans ist der **Tappeiner Weg,** der die sonnige Südflanke des Küchelbergs (514 m) quert; von subtropischer Flora gesäumt, bietet er stimmungsvolle Ausblicke auf die Stadt und den Meraner Talkessel.

Die **Zenoburg** ❶ krönt einen abrupt zur Passer abfallenden Felssporn, der das römische Castrum Maiense trug. Von der wehrhaften Anlage, die um 1288 zur zweiten Residenz der Tiroler Fürsten ausgebaut wurde, blieb neben dem Bergfried und ein paar Mauerfragmenten die zweigeschossige Kapelle mit skulptiertem Portal erhalten.

VILLENVIERTEL OBERMAIS

Das idyllische, durch viele Weinpergolen und Obstgärten aufgelockerte Siedlungsbild wird von Villen, Schlössern und Ansitzen geprägt, von denen viele heute Hotellerie und Gastronomie beherbergen. Mittelpunkt dieses alten Meraner Adelsparadieses ist der Brunnenplatz, zu Fuß vom Stadtzentrum über die Cavourstraße in 15 Min. zu erreichen. In seiner Nachbarschaft liegt der malerische Ansitz Knillenberg.

SCHLOSS TRAUTTMANSDORFF ❿

Die Attraktion der Schlossanlage aus dem 15. Jh. ist der **Botanische Garten**: 80 Gartenlandschaften mit Südtiroler und mediterraner Flora, Wein-, Wasser- und Waldgärten, Reisterrassen, Sukkulenten- und Kakteenhügeln u.v.m. Das **Touriseum** im Schloss dokumentiert die Geschichte des Tiroler und Südtiroler Tourismus (Museum und Garten: 1.4.–15.10. tgl. 9–19, Juni–Aug. Fr bis 23, 16.10.–31.10. tgl. 9–18, 1.11.–15.11. tgl. 9–17 Uhr, www.trauttmansdorff.it, www.touriseum.it).

SEGENBÜHEL ⓚ

Die Südkuppe des Küchelbergs, Merans Hausberg (514 m), ist zu Fuß auf dem Tiroler Steig (45 Min.) und mit dem Sessellift (Talstation gegenüber der Landesfürstlichen Burg) in wenigen Minuten zu erreichen.

INFORMATIONEN

TOUR ③ Stadtbesichtigung Meran

Spaziergang, 1–2 Tage

STATIONEN

- **A** Pfarrkirche St. Nikolaus
- **B** Laubengasse
- **C** Landesfürstliche Burg
- **D** Palais Mamming Museum
- **E** Kurhaus
- **F** Therme Meran
- **G** Spitalkirche zum Heiligen Geist
- **H** Maria-Trost-Kirche
- **I** Zenoburg
- **J** Schloss Trauttmansdorff
- **K** Segenbühel

ANREISETIPP

Übers Timmelsjoch

Die kurvige Bergstrecke über das Timmelsjoch (Passo di Rombo, 2491 m, Grenzübergang, Wintersperre) stellt eine reizvolle Alternative dar zu den oft verstopften Routen über Brenner und Reschen. Das Timmelsjoch bildet die Grenze zwischen Nord- und Südtirol, zwischen Ötztal und Passeiertal. Die Straße führt am Rand des Naturparks Texelgruppe entlang, vom Hochgebirge hinunter zu Rebhängen und Obstkulturen. Bei der eindrucksvollen Talfahrt erkennt man über dem Timmelstal einige Dreitausender der Stubaier Alpen. Über das Dorf Moos in Passeier und den Hauptort des Passeiertals, St. Leonhard in Passeier, gelangt man schließlich nach Riffian. Hier öffnet sich das Tal der Passer zum weiten Meraner Talkessel.

INFO

Kurverwaltung Meran

Freiheitsstr. 45, Meran, Tel. 04 73 27 20 00, www.merano-suedtirol.it

VERKEHRSMITTEL

Parken

Parkhäuser unter der Therme Meran, beim Marconipark und an der Galileistraße.

Bahnverbindung

Nach Bozen mit Anschluss an die Brennerlinie. Vinschger Bahn (s. Seite 17) ins Vinschgau.

Busverbindungen

Linienbusse in alle Orte der Umgebung. Während der Saison tgl. Rundfahrten (Dolomiten, Gardasee usw.).

Seilschwebebahnen

Hochmuter (Dorf Tirol), Küchelberg, Obertaser (Schenna), Meran 2000 (Skigebiet); mehrere Gondelbahnen und Sessellifte.

HOTEL UND RESTAURANT

Aurora

Cooles Lifestyle-Hotel im Herzen Merans mit dem stylishen Restaurant Fino und der Cocktailbar Sketch (Bar Mo geschl.). Passerpromenade 38, Meran, Tel. 04 73 21 18 00, www.aurora-meran.com, www.fino.bz, www.sketch.bz

RESTAURANTS

Bistro 7

Szenige Location mit Bistroküche und Cocktails. Laubengasse 232, Meran, Tel. 04 73 21 06 36, www.bistro-sieben.it

Sissi

Einfallsreiche, moderne (Sterne-) Küche, regional und mediterran inspiriert. Mo ganztägig und Di mittags geschl. Galileistr. 44, Meran, Tel. 04 73 23 10 62, www.sissi.andreafenoglio.com

NIGHTLIFE

Theater in der Altstadt – Tida

Im Keller des Kurhauses **E**: Eigenproduktionen, Gastspiele, Musik und Kabarett. Tel. 04 73 21 16 23, www.tida.it

SHOPPING

Südtiroler Kunsthandwerk, Mode, Feinkost und Weine sind beliebte Mitbringsel. Zu empfehlen ist die Metzgerei **Carni e Salumi Siebenförcher** (Laubengasse 164). Für Wein ist die **Enoteca Da Claudia** (Domplatz 13) Merans beste Adresse. Besondere Weine wie den Chardonnay Goldegg gibt es in der Önothek der **Kellerei Meran** (Kellereistr. 9, Marling, Mo-Fr 8-19, Sa 8-18 Uhr). Auf dem großen **Freitagsmarkt** findet man zwischen Praderplatz und Meinhardstraße Produkte regionaler Erzeuger.

Die Laubengasse in Bozen – hier auf einem Foto aus den 1880er-Jahren – erwies sich als erfolgreiches Geschäftsmodell, das den Kaufleuten beachtlichen Wohlstand bescherte. Kein Wunder, dass die Häuserfassaden immer prächtiger gediehen und die 300 Meter lange Ladenstraße zu einer eleganten Flaniermeile wurde.

TOUR ④ **BOZEN**

KLEIN, ABER FEIN

GESTERN *Schon im 12. Jahrhundert ließen die Bischöfe von Trient eine Ladenstraße errichten, um den Handel anzukurbeln*

HEUTE *Laubengasse und Obstmarkt sind nach wie vor das Herzstück Bozens und stehen für höchstes Flanier- und Einkaufsvergnügen*

GESTERN

Gerade einmal 3,60 m wies der Bischof von Trient im 12. Jh. den Händlern zu, die sich unter den Laubengängen in Bozen niederlassen wollten – Konkurrenz belebte eben schon immer das Geschäft. Das knappe Platzangebot glichen die Besitzer aus, indem sie ihre Häuser umso höher und in die Tiefe bauten. Die Geschäfte florierten und bescherten den Kaufleuten großen Wohlstand. So gerieten die Häuserfassaden im Laufe der Zeit immer prunkvoller, mit Stuckdekors, prächtig verzierten Portalen und verspielten Erkern.

Als Kaiser Franz 1765 auf dem Weg zur Hochzeit seines Sohnes in Bozen haltmachte, vertraute er den Laubenkaufleuten an, dass er in Geldnot sei und 200 000 Gulden bräuchte, am besten in Dukaten – ein damals ungeheurer Betrag. Der Kaufmann Johann Gumer fackelte nicht lange und übergab noch am selben Tag dem Regenten das Geld. Von da an hießen die Kaufleute »Laubenkönige« und galten als ungekrönte Herrscher der Stadt. Allerdings sind die alteingesessenen

Familien heute unter den Geschäftsinhabern unter den Lauben in der Minderzahl.

HEUTE

Trotz ihrer jahrhundertelang gepflegten geschäftstüchtigen Ader galt die Landeshauptstadt Bozen (Bolzano, 266 m, 107 300 Einw.) lange als verschlafene Alpenmetropole. Sie ist längst aufgewacht und hat sich mittlerweile von Innsbruck, der »Hauptstadt der Alpen«, emanzipiert. Durch die noch junge Uni blüht das studentische Nachtleben, und die Stadt ist stolz auf ihre Edelboutiquen und die multikulturelle Szene.

Stadtplan und Adressen: Seite 28/29

IN DER ALTSTADT

Den Stadtrundgang beginnt man am besten auf dem **Waltherplatz** Ⓐ, unweit des Bahnhofs. Dort thront die Statue des Minnesängers Walther von der Vogelweide (Heinrich Natter, 1889).

An diesem Platz steht die Stadtpfarrkirche, seit 1964 auch **Dom** Ⓑ. Ihr spätgotischer Turm er-

Zahlreiche Cafés laden in den Bozener Lauben zur Einkehr.

innert an süddeutsche Münsterbauten – nicht ohne Grund, war es doch der Schwabe Hans von Schussenried, der den Turmaufsatz errichtete (1501–1519). Der Bau begann bereits im 13. Jh.; ab 1380 entstand der lichte Umgangschor. Das Hauptportal wurde 1499 von lombardischen Steinmetzen mit einer Vorhalle mit zwei säulentragenden Löwen erneuert.

Ein schöner Spaziergang führt vom Waltherplatz über den Kornplatz (Waaghaus mit freskengeschmückter Fassade), auf den die Silbergasse mündet, in die berühmten **Lauben** , das merkantile Herz des alten Bozen. Die Enge der Laubengasse und die schmalen Fassaden verraten den mittelalterlichen Ursprung der Häuser.

In den Sälen des **Merkantilmuseums** erfahren Besucher mehr über die erfolgreiche Handelstätigkeit der bekannten Bozner Familie Menz im 18./19. Jh. (Laubengasse 39, Mo–Sa 10–12.30 Uhr).

Für Gaumenfreuden sorgt am anderen, westlichen Ende der Lauben der **Obstmarkt** , der bereits Goethe beeindruckte. Mit seinem reichen Angebot ist er ein Muss für jeden Bozenbesucher.

Nach Osten mündet die Laubengasse in den Rathausplatz. Das **Naturmuseum** im ehemaligen Amtshaus von Kaiser Maximilian I. informiert über die Geologie Südtirols (Bindergasse 1, Di bis So 10–18 Uhr, www.naturmuseum.it).

Von der Bindergasse mit den hübschen Wirtshausschildern geht links die von alten Häusern gesäumte Dr.-Streiter-Gasse ab.

Die Kirche **St. Georg** , ein zierlicher Bau (um 1400), steht ganz in der Nähe. Romanischen Kernbestand hat das um 1300 veränderte Kirchlein **St. Johann im Dorf** , eine typische Bozner Chorturmkirche. Den Innenraum schmückt ein Freskenzyklus aus dem 14. Jh.

Über die Vintlerstraße sind es nur ein paar Schritte zum **Franziskanerkloster** . Im Kreuzgang, um 1350 entstanden und im 15. Jh. eingewölbt, plätschert ein Brunnen, und man kann die herrlichen Fresken in Ruhe genießen. Im lichten, hohen Chor (Mitte 14. Jh.) im Stil der Bettelordensarchitektur steht eine besondere Kostbarkeit: der spätgotische Weihnachtsaltar, ein Werk des Brixner Meisters Hans Klocker (um 1500).

Auch der Dominikanerorden hatte in Bozen seit dem 13. Jh. eine Niederlassung. Die **Dominikanerkirche** und der Kreuzgang sind gotisch; herausragend sind die von Giotto beeinflussten Fresken in der Johanneskapelle (1330–1340).

Wie stark Südtirol von der Gotik geprägt wurde, belegen viele Exponate des sehenswerten **Stadtmuseums** (Sparkassenstr. 14, Di–So 10–18 Uhr). Schräg gegenüber fand der berühmte jungsteinzeitliche Gletschermann **Ötzi** im **Südtiroler Archäologiemuseum** seine endgültige Ruhestätte; weitere Originalfunde und Rekonstruktionen dokumentieren seine Lebenswelt (Museumstr. 43, Di–So 10–18 Uhr, Juli, Aug., Dez. auch Mo, www.iceman.it).

Wechselausstellungen im **Museion – Museum für moderne und zeitgenössische Kunst** widmen sich in einem architektonisch interessanten Gebäude dem 20. und 21. Jh. (Piero-Siena-Platz 1, Di–So 10–18, Do bis 22 Uhr, www.museion.it).

Vom Städtischen Museum ist es nicht weit zur Talfer. Auf den Dammkronen, der Grieser und der Bozner Wassermauer, lässt es sich gut zum **Schloss Maretsch** flanieren. Mit seinen vier Ecktürmen und dem massigen Bergfried liegt es malerisch inmitten von Weingärten. Die Burg stammt im Wesentlichen aus dem 16. Jh.; heute beherbergt sie ein modernes Tagungszentrum.

WESTLICH DER TALFERBRÜCKE

Das umstrittenste Bauwerk Bozens steht gleich jenseits der Talferbrücke: das **Siegesdenkmal**, ein unter Mussolini aufgestellter Triumphbogen. Hinter dem Monumento della Vittoria beginnt das andere Bozen, von den Faschisten als neues Zentrum der Stadt geplant.

Die Fortsetzung der Freiheitsstraße (Corso Libertà) führt schnurgerade nach Gries. Nicht nur Kunstfreunde steuern hier den mächtigen Gebäudekomplex des **Benediktinerstifts Muri-Gries** an. In der Kirche verdienen vor allem die Deckengemälde Beachtung, ein Hauptwerk von Martin Knoller (1771–1773). Berühmt sind die Weine des Benediktinerstifts, ganz besonders der Lagrein Kretzer und der Dunkle Lagrein

💬 **ÖTZI**

Laktoseintoleranz, erhöhter Cholesterinspiegel, Bandscheibenverschleiß – auch Ötzi hatte vor 5300 Jahren schon mit diesen Zipperlein zu kämpfen.

(Grieser Platz 21, Vinothek: Mo–Fr 8–12, 14–18 Uhr, www.muri-gries.com).

Etwas höher zum Hang hin steht die **Alte Pfarrkirche** von Gries, urkundlich erstmals 1141 erwähnt, später gotisch umgebaut. Gotik gibt es auch innen zu bewundern: den Flügelaltar der Marienkrönung (1471–1475) von Michael Pacher – wohl das bedeutendste, leider nicht vollständig erhaltene Werk seiner Art in Südtirol. In den ausdrucksstarken Schreinfiguren und dem reichen Faltenwurf stellt Pacher seine Meisterschaft unter Beweis. Die 15 Gemälde auf der Rückseite mit Szenen aus dem Leben Jesu stammen von einem unbekannten Künstler und werden um 1480 datiert (Ende März–Okt. Mo–Fr 10–12, 14.30–16 Uhr, www.pfarrgries.it).

Die Fresken am Bozener Dom Santa Maria Assunta entstanden um 1400 und werden einem Schüler Giottos zugeschrieben.

INFORMATIONEN

TOUR ❹ Stadtbesichtigung Bozen

Spaziergang, 1–2 Tage

STATIONEN

- Ⓐ Waltherplatz
- Ⓑ Dom
- Ⓒ Lauben
- Ⓓ Obstmarkt
- Ⓔ St. Georg
- Ⓕ St. Johann im Dorf
- Ⓖ Franziskanerkloster
- Ⓗ Dominikanerkirche
- Ⓘ Stadtmuseum
- Ⓙ Museion
- Ⓚ Schloss Maretsch
- Ⓛ Benediktinerstift Muri-Gries
- Ⓜ Alte Pfarrkirche von Gries

INFO

Verkehrsamt Bozen

Südtiroler Str. 60, Bozen,
Tel. 04 71 30 70 00,
www.bolzano-bozen.it

VERKEHRSMITTEL

Auto

Das Zentrum ist verkehrsberuhigt
und wird durch ein Videokontroll-
system überwacht. Mo-Fr 7-10 und
16-19 Uhr gilt zudem ein Fahrverbot
für Dieselfahrzeuge der Klassen
Euro 1-3.
Praktisch: Ein elektronisches Park-
leitsystem zeigt freie Parkplätze an
verschiedenen Orten der Stadt an.

Flughafen

Bolzano Airport Südtirol, Tel. 04 71
25 52 55, www.bolzanoairport.it

Busverbindungen

In alle Orte der Umgebung. Während der Saison tgl. Rundfahrten
(Dolomiten, Überetsch, Gardasee).

Bahnverbindungen

An der Brennerlinie, direkt nach
Innsbruck–München sowie Meran,
Brixen und Trient.
Stazione FS, Bozen,
www.trenitalia.com

Seilschwebebahnen

Jenesien (1087 m), Ritten (1220 m) und
Kohlerer Berg (1136 m)

HOTEL

Hotel Greif

Direkt am Waltherplatz gelegenes
Designhotel mit 33 von zeitgenös-
sischen Künstlern eingerichteten
Zimmern.
Waltherplatz, Bozen,
Tel. 04 71 31 80 00,
www.greif.it

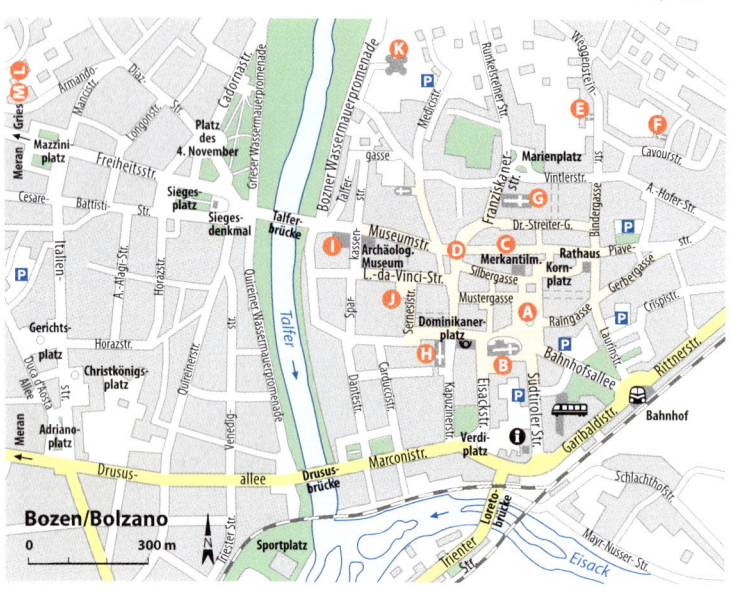

RESTAURANTS

Zur Kaiserkron

Hervorragende mediterrane Küche mit regionalen Einflüssen in einem herrlichen Barockpalais. Mo–Sa 12–14, 19–21.30 Uhr.
Musterplatz 2, Bozen,
Tel. 04 71 98 02 14,
www.zurkaiserkron.com

Fink

In der gemütlichen Gaststube kommen schmackhafte regionale Gerichte auf den Tisch. Von Okt bisJuni gibt es jeden 1. Sa im Monat Brunch.
Mustergasse 9a, Bozen,
Tel. 04 71 97 50 47,
www.fink-restaurant.it

Wirtshaus Vögele

Eine der renommiertesten Adressen für typische Tiroler Spezialitäten und zugleich das älteste Gasthaus Bozens in einem Gemäuer aus dem 13. Jh. – urgemütlich.
Mo–Sa 8–1, warme Küche 11–16, 18–23 Uhr.
Goethestr. 3, Bozen,
Tel. 04 71 97 39 38,
www.voegele.it

Hopfen & Co.

Beliebter Gasthof mit eigener Brauerei, solider deftiger Kost und Kulturprogramm.
Obstplatz 17, Bozen,
Tel. 04 71 30 07 88,
www.boznerbier.it

NIGHTLIFE

Die Diskos **Okay** (Gilmstr. 9, Do–Sa) und **Miró** (Dominikanerplatz 3b, Fr–Sa) sind zwei angesagte Partyadressen.
www.disco-miro.com

Kleinkunsttheater Carambolage

Eine gute Adresse für Theater, Musik und Kabarett. Sommerpause.
Silbergasse 19, Bozen,
Tel. 04 71 98 17 90,
www.carambolage.org

Vereinigte Bühnen Bozen

In dem schimmernd-weißen Musentempel werden Schauspiel, Opern, Operetten und Musicals aufgeführt. Sommerpause.
Verdiplatz 40, Bozen,
Tel. 04 71 06 53 20,
www.theater-bozen.it

SHOPPING

Bauernmärkte

Di: Mazziniplatz/Europaallee; Fr: Rathausplatz/Claudia-Augusta-Straße/Don-Bosco-Platz; zertifiziert bio: Di: Rathausplatz, Sa: Matteottiplatz

Südtiroler Werkstätten

Hochwertige Glasmalerei, Handarbeiten, Keramik und Schnitzereien.
Lauben 39, Bozen,
Tel. 04 71 97 85 90,
www.werkstaetten.it

Palais Moirée

Ausgewählte Mode unterschiedlicher Designer in elegantem Lüster- und Goldspiegel-Ambiente.
Obstplatz 9, Bozen,
Tel. 04 71 32 45 80,
www.moire.fashion

Thuniversum

Keramik, Kachelöfen und kitschfreies Kunsthandwerk.
Luigi-Galvani-Str. 29, Bozen,
Tel. 04 71 24 52 72,
www.thun.com

EXTRA-TIPP

Mit dem Rad nach Trient

Auf verkehrsfreien und asphaltierten Wegen kann man an der Etsch entlang bis nach **Trient (Trento)** radeln. Es sind zwar kaum Steigungen, aber doch 70 km zu bewältigen. In **Neumarkt** lohnt ein Bummel durch den mittelalterlichen Stadtkern; an der **Salurner Klause** sind die stattlichen Renaissance- und Barockhäuser sehenswert. Fahrräder kann man bei **Passepartour** mieten (J.-Perathoner-Str. 1, Bozen, Tel. 33 38 38 44 47, www. passepartour.com, auch geführte Radtouren) oder beim **Verleih der Stadt Bozen** in der Bahnhofsallee (Ende April-Ende Okt. Mo-Sa 7.30-20 Uhr). Für die Rückfahrt nach Bozen empfiehlt sich der Zug und die **bikemobil Card** (s. Seite 17).

Damals wie heute leben die Bewohner der Isola dei Pescatori, auch Isola Superiore genannt, vom Fischfang – hier ein Foto von 1915. Ein größerer Teil der Einnahmen dürfte mittlerweile aber eher aus dem florierenden Tourismus stammen.

TOUR **5** **LAGO MAGGIORE**

PERLEN IM LAGO

GESTERN *Aus kargen Steinhaufen im Lago Maggiore formten Adlige ab dem 17. Jahrhundert die kunstvollen Borromäischen Inseln*

HEUTE *Inselhüpfen ist die Hauptattraktion am Lago. Lassen Sie sich aber auch die anderen Highlights am Südufer des Sees nicht entgehen*

GESTERN

Schade, dass es keine Vorher-Nachher-Fotos gibt, sonst ließe sich eindrucksvoll dokumentieren, was die Familie Borromeo aus den Inseln im Lago Maggiore gemacht hat: Wunderwerke der Natur und der Gestaltung. Den Anfang machte Fürst Carlo Borromeo III., der im 17. Jh. einen Architekten mit der Umgestaltung der unscheinbaren Isola Inferiore beauftragte. In den Jahren 1632 bis 1672 entstand ein Palast für Carlos Gattin Isabella d'Adda – die ganze Insel wurde zu einem Kleinod, das bald als barockes Wunderwerk galt und zum Schauplatz pompöser Feste von europäischen Aristokraten wurde. In deren Fahrwasser folgten Schriftsteller wie Stendhal, Flaubert, Dumas und Lord Byron sowie Künstler der Belle Époque.

Das gelungene Insel-Make-over inspirierte die Verwandtschaft zu weiteren gestalterischen Würfen. So ließ Vitaliano IX. Borromeo 1823 bis 1825 die Isola Madre, die größte der Borromäischen Inseln, in einen Landschaftsgarten im englischen Stil verwandeln.

Die bezaubernde, nur 3,4 Hektar kleine Isola dei Pescatori war, wie der Name sagt, eine Fischerinsel und seit dem 14. Jh. durchgehend bewohnt. Eine betende Madonna aus Stein sollte guten Fang bescheren und die Hafeneinfahrt schützen.

HEUTE

Ein Besuch der Borromäischen Inseln ist zweifellos ein Muss am Lago Maggiore. Eine Fahrt von Verbania über Arona, Angera und Laveno führt aber auch an viel älteren Besiedelungsspuren, Burgen, Museen und einer Höhle vorbei. **Adressen und Landkarte: Seite 36/37**

1 VERBANIA

Im Ortsnamen von Verbania (30 700 Einw.) ist die antike Bezeichnung des Lago Maggiore, *Lacus Verbanus,* noch lebendig. Die Stadt entstand erst 1939 durch den Zusammenschluss der Orte Intra, Pallanza sowie weiterer kleiner Gemeinden. Der Stadtteil **Intra** verdankt seinen Namen wohl der Lage zwischen *(intra)* den Gebirgsflüssen San

Bernardino und San Giovanni, die hier in den See münden. Handel und Industrie prägen das Bild, während das mondäne **Pallanza** zu den renommiertesten Ferienorten am Lago zählt. Es ist reizvoll an den Fuß des **Monte Rosso** gebettet und durch die Punta della Castagnola bzw. die **Gärten der Villa Taranto** (siehe Seite 36) vom geschäftigen Intra getrennt.

Kunstliebhaber kommen im barocken Palazzo Viani Dugnani auf ihre Kosten: Das lokale **Museo del Paesaggio** präsentiert neben einer archäologischen Sammlung eine Gemäldegalerie (vor allem Bilder des 19./20. Jhs.) und Arbeiten des Bildhauers Paolo Troubetzkoy (1866–1938) aus Intra (Via Ruga 44, Di, Mi, Fr 10–18, Do 15–22, Sa, So 10–19 Uhr, www.museodelpaesaggio.it).

Am Viale G. A. Azari wurde die Kirche **Madonna di Campagna** erbaut. Heute ist ihr Ambiente durch die Nachbarschaft von Industriebauten beeinträchtigt. Im Kern romanisch, wurde das Gotteshaus zwischen 1519 und 1527 im Stil der Renaissance umgestaltet. Originell ist die achteckige Kuppel mit ihrer Säulengalerie. Von der reichen Ausstattung sind das geschnitzte Chorgestühl (1582) und die Wandmalereien aus dem 16. Jh. hervorzuheben. Der Kirche zur Seite steht der schlanke romanische Campanile (tgl. 9–12, 16–18 Uhr).

An einem Sonntag Anfang September verwandelt sich Verbania in ein einziges Blumenmeer. Beim **Corso Fiorito** ziehen üppig geschmückte Wagen, auf denen alle erdenklichen Figuren aus Blumen stehen, durch die Straßen und entlang des Sees.

2 BORROMÄISCHE BUCHT

Von Verbania um die Borromäische Bucht herum nach Stresa und weiter bis zum Abfluss des Ticino aus dem See erstreckt sich die berühmte »Riviera« des Lago Maggiore: subtropisch-üppig die Vegetation, überstrahlt von einer südlichen Sonne, die das Alltagsgrau rasch vergessen lässt. Die Riviera bietet ihren Gäste nicht nur gepflegte Hotels, Straßencafés und viel Unterhaltung, sondern un-

»Ein schöner Garten muss nicht groß sein, er soll vielmehr die Verwirklichung eines Traumes darstellen (…).« – Leitmotiv von Captain Neil Mc Eacharn, dem Gründer der Gärten der Villa Taranto.

terstreicht auch gern, dass sie das kunst- und kulturvollere Ufer des Lago Maggiore ist. Nicht ganz ohne Stolz wird gern auf bedeutende Besucher verwiesen, darunter Iwan Turgenjew, Königin Victoria und Richard Wagner.

Mehr an Alltag erinnert dagegen das Verkehrsgewühl auf der Uferstraße. Wer im Hochsommer die Borromäischen Inseln besucht, der muss sich auf Touristenmassen gefasst machen. Ruhiger ist es im Frühjahr oder Spätherbst, wenn bei klarer Sicht der Horizont bis zu den Firngipfeln der Schweizer Alpen reicht.

Die Fahrt von Verbania um die Borromäische Bucht bietet reizvolle Ausblicke auf den See. Nicht zu übersehen sind die Steinbrüche, die man in die Berghänge geschlagen hat. Der rosafarbene Granit, der bis heute hier gebrochen wird, fand u. a. als Baumaterial für die Basilika San Paolo in Rom und die Galleria Vittorio Emanuele II in Mailand (siehe Seite 129) Verwendung.

3 STRESA

Dank seiner Vorzugslage am Borromäischen Golf stieg der Ort im 19. Jh. vom einfachen Fischernest zum Villenparadies und einem der vornehmsten Kurorte Italiens auf. Dicht drängen sich die Palazzi am Wasser und geben einen Eindruck von der Blütezeit, die Stresa durch den europäischen Hochadel erlebte. Bereits in der zweiten Hälfte des 18. Jhs. entstand am See der **Palazzo Bolongaro (Villa Ducale),** die Residenz der Herzöge von Savoyen. Die prachtvolle Inneneinrichtung ist teilweise erhalten und bildet heute das erlesene Ambiente einer Studienstiftung (Corso Umberto I 15, Mo–Fr 9–11.45, 15–17.45 Uhr).

Die stattliche **Villa Pallavicino** umgibt ein 18 ha großer Garten. Der Hausherr hat ihn im 19. Jh. im Stil englischer Parks in eine romantisch inspirierte Landschaft verwandelt (Via Sempione Sud, Park: Mitte März–Sept. tgl. 9–19, letzter Einlass 17.30 Uhr, Sept./Okt. 9–18, letzter Einlass 16.30 Uhr; die Villa selbst ist nicht zugänglich).

Heute gilt Stresa zwar immer noch als das touristische Zentrum am Lago, macht jedoch eher den Eindruck einer in die Jahre gekommenen Grande Dame. Noch strahlen die Hotelpaläs-

---

> 💬 **SCHAUPLATZ GRAND HOTEL**
>
> In Ernest Hemingways Roman »In einem anderen Land« spielt das Grand Hotel des Iles Borromées in Stresa - oder genauer der Barkeeper des Hauses als Fluchthelfer - eine entscheidende Rolle.

---

te etwas vom Flair der Belle Époque aus, als das Westufer gekrönte Häupter, Geldadel und berühmte Künstler anzog. Zeitlos schön ist aber der Blick über den See vom Lungolago, der Uferpromenade. Im Blickfeld erscheinen die Isole Borromee und am gegenüberliegenden Ufer der Monte Tamaro (1962 m).

4 BORROMÄISCHE INSELN

Am nächsten Tag stehen die **Borromäischen Inseln (Isole Borromee)** auf dem Programm. Sie gehören zu den beliebtesten Zielen am Lago. Für den Besuch der drei öffentlich zugänglichen Inseln sollte man sich mindestens einen halben Tag Zeit nehmen (www.isoleborromee.it). Die vierte im Bunde, die Isola San Giovanni, befindet sich in Privatbesitz.

ISOLA BELLA

Die Isola Bella galt bereits zur Barockzeit als Weltwunder. Die Idee, dem felsigen Eiland die Form eines Schiffes zu geben, stammt vermutlich von Antonio Crivelli aus Ponte Tresa, der 1632 mit der Umgestaltung der damaligen Isola Inferiore zum Gesamtkunstwerk begann. An der Planung des Palastes war auch der berühmte Carlo Fontana beteiligt. Der **Palazzo Borromeo** ist üppig ausgestattet; man kann u. a. den Napoleon-Saal (hier schlief der gebürtige Korse 1797), den Gobelin-Saal und den Luca-Giordano-Saal (mit drei Gemälden des großen Neapolitaners) besichtigen, ferner die sog. Grotten, sechs mit Marmorbüsten und archäologischen Fundstücken dekorierte Räume (Mitte März–Mitte Okt. tgl. 9 bis 17.30 Uhr).

Doch den weit stärkeren Eindruck hinterlässt der **Park.** Seine Anlage ist ein Wunder barocker Gestaltungsfreude: terrassierte Grünflächen, begrenzt von Blumenrabatten, Bäumen und Zier-

Arona, das Tor zum Lago Maggiore, liegt an den Ausläufern des Vergante, sanft zum Wasser hin abfallend.

sträuchern, hier und da kleine Wasserspiele, die im Sommer Erfrischung versprechen, dazwischen stolzierende Pfauen, barocke Prachtarchitektur – die Welt auf der Isola Bella ist jeder profanen Wirklichkeit enthoben und stimmt auch heute noch heiter.

ISOLA DEI PESCATORI

Aufdringlich wird das »Geschäft mit der Schönheit« auf der benachbarten Fischerinsel, der Isola dei Pescatori, betrieben. Deren Kulisse ist überaus malerisch, das Gedränge in den engen Gässchen entsprechend groß, die Preise in den zahlreichen Fischlokalen oft höher als die Qualität. Die Casabella ist allerdings durchaus für das Mittagessen zu empfehlen (siehe Seite 37).

ISOLA MADRE

Eine paradiesische Flora kann man auf der Isola Madre, der größten der vier Inseln, bewundern. Sie gehört dem Grafengeschlecht der Borromeo. Umgeben von einem grünen Paradies liegt der **Palazzo Borromeo,** ein stilvoller Bau des 16. Jhs., in dem eine Sammlung historischer Puppen und Puppentheater der Gräfin Borromeo fasziniert (Mitte März–Mitte Okt. tgl. 9–17.30 Uhr).

Nun geht es zurück nach Stresa. Wer möchte, kann hier noch eine Seilbahnfahrt auf den **Monte Mottarone** (1491 m), ein lohnendes Wanderrevier, unternehmen. Die berühmte Aussichtsterrasse am Gipfel ist alternativ über eine gut ausgebaute Mautstraße (21 km) zu erreichen. Im Winter sind hier die Skifahrer unterwegs, im Sommer preschen Radfahrer mit Downhill-Bikes zur Talstation hinab.

5 ARONA

Tags darauf folgen Sie der Küstenstraße bis Arona (14 000 Einw.). Der Ort ist uralter Kulturboden. Bedeutende prähistorische Funde, u. a. aus der Golasecca-Kultur. Deren Anfänge werden ins 12. Jh. v. Chr. datiert und belegen eine weit zurückreichende Siedlungsgeschichte. Exponate von der Bronzezeit bis zur Renaissance aus Arona und Umgebung präsentiert das **Museo Archeologico di Arona** beim Rathaus (Piazza San Graziano 36, Di 10–12, Sa, So 15.30–18.30 Uhr; Do 9–12 Uhr nur nach Voranmeldung für Gruppen, www.archeomuseo.it).

Wohl seit dem 10. Jh. dürfte der Burgfelsen über der Stadt befestigt gewesen sein. Im ausgehenden Mittelalter wurde die Anlage ausgebaut, doch Napoleon ließ die Feste schließlich schleifen. Die grandiose Aussicht auf den See lässt sich auch sehr schön am Abend genießen (Mitte März–April Di–So 10–19, Fr, Sa bis 21 Uhr, Mai bis Mitte Okt. Di–So 10–20, Fr, Sa bis 22 Uhr, Mitte Okt.–Mitte März Sa, So 10.30–17 Uhr).

Für Kunstfreunde lohnen auch die Kirchen einen Besuch: Die Pfarrkirche **Santa Maria Nascente** (15./17. Jh.) im unteren Stadtteil wurde im 19. Jh. umgestaltet. **Santi Martiri** an der Piazza San Graziano vereinigt im Kern romanische Bauformen, in der Fassade gibt sie sich barock und im Innenraum klassizistisch (Madonna von Bergognone, 15. Jh.). Die **Madonna di Piazza** an der Piazza del Popolo wird Pellegrino Tibaldi (1592) zugeschrieben.

Sehenswert ist die **Villa Ponti,** die als Kunstgalerie dient (Via San Carlo 63). Der flämische Händler Bartolomeo Pertossi gab die Villa Ende des 18. Jhs. in Auftrag. Später lebte dort der Assistent des amerikanischen Erfinders Thomas Edison, Giangiacomo Ponti, dessen Familie die Villa im neoklassizistischen Stil umbauen ließ.

Auf einer Anhöhe über dem Ort thront die imposante **Kolossalstatue** des berühmten Sohnes der Stadt, **San Carlo Borromeo,** gleichsam als dessen Wahrzeichen. Innen führen eine Wendeltreppe und eine steile lange Leiter bis in den Kopf, durch dessen Augen man über den See bis ins Varesotto blickt (April–Sept. Mo–Sa 9–12.15, 14–18.15, So 9–18.15, Okt. nur Sa, So, Nov. und März Sa, So bis 16.30, Dez. nur So).

💬 **EIN KOLOSS**

Stattliche 23 Meter Höhe erreicht San Carlo Borromeo in Arona und war damit bis zum Bau der Freiheitsstatue in New York die größte innen begehbare Statue der Welt.

---

6 ANGERA

Nachmittags bleibt noch Zeit für die Burg von Angera. Das lebhafte Städtchen liegt in der Bucht gegenüber von Arona. Hauptsehenswürdigkeit ist die Feste **Rocca di Angera,** deren markante Silhouette den Hügel hinter dem Ort krönt (Mitte März–Mitte Okt. 9–17.30 Uhr). Unter den teilweise kostbar ausgemalten Räumen ist die gotische Sala della Giustizia hervorzuheben, deren Wandmalereien (1314) den Sieg der Visconti über die Torriani feiern. Die Sala delle Cerimonie ist mit Fresken (15. Jh.) aus dem Mailänder Palazzo Borromeo ausgeschmückt, die 1946 hierher kamen. Vom Turm bieten sich neben einer weiten Aussicht, u. a. auf den Sacro Monte bei Varese und die Insel Partegora, auch stimmungsvolle Einblicke in den Burghof und auf den zinnenbekrönten Mauerring.

Nicht nur Kinder begeistern sich für das **Puppen- und Spielzeugmuseum** (Museo della Bambola e del Giocattolo) in der Burg. Zur ursprünglichen Sammlung der Prinzessin Bona Borromeo kamen später Schenkungen wie eine Sammlung japanischer Puppen der Edo-Periode dazu. So wuchs der Bestand auf mehr als 1000 Ausstellungsstücke aus drei Jahrhunderten an, das Museum

zählt heute zu den besten seiner Art in Europa. Besonders beeindruckend sind die Puppenautomaten, deren Funktion ein Film erklärt.

Die Burg steht auf uraltem Kulturboden. In der nahe gelegenen Höhle **Antro di Mitra** stieß man auf steinzeitliche Reste und Spuren des Mithraskultes (1./2. Jh.), eines östlichen Mysterienkultes um den persischen Lichtgott Mithras.

Im kleinen **Archäologischen Museum** von Angera sind die prähistorischen und römischen Funde aus der Region ausgestellt. Die Sammlung ist in einem Palast im historischen Zentrum untergebracht, der auf das späte 15. Jh. datiert wird (Via Marconi 2, 15.5.–14.9. Do 10–13, Sa, So 14.30–18.30, 15.9.–20.12. u. 1.2.–14.5. Mi, Do 10–13, So 14.30–18.30 Uhr).

7 LAVENO

Von dem an einer kleinen Bucht gelegenen Ort bietet sich ein schöner Blick über das Tal des Toce (Ossola) bis zu den Viertausendern der Mischabel-Gruppe in den Walliser Alpen.

Laveno ist stark von der Industrie geprägt. Auf eine lange Tradition kann dabei die Keramikherstellung zurückblicken. Das **Museo Internazionale Design Ceramico** dokumentiert die Entwicklung des Handwerks (Lungolago Perabò 5, Laveno Mombello, Juni–Sept. Fr, Sa 15–20, So 10–13, 14–19 Uhr, Winteröffnungszeiten siehe Webseite, www.midec.org).

Der **Sasso del Ferro** (1062 m) ist bequem mit einer Seilbahn erreichbar (16.3.–31.3. Mo–Sa 11 bis 17, So 10–17, 1.4.–9.6. u. 9.9.–3.11. Mo–Sa 11–18, So 10–18.30, 10.6.–8.9. Mo–Sa 11–21, So 10–21, letzte Abfahrt 22.30, 2.2.–15.3. u. 4.11. bis 31.12. Sa, So 11–16.30 Uhr, Jan. geschl., www.funiviedellagomaggiore.it). Von der Bergstation am Poggio Santa Elsa (974 m) ist es zu Fuß nur noch ein Spaziergang zum höchsten Punkt (20 Min.). Von dort eröffnet sich ein weites Panorama auf die Alpen, aus denen der schneebedeckte Monte Rosa (4634 m) herausragt. Ein markierter Weg führt über die **Sella delle Casere** (749 m) hinab nach Laveno, eine lohnende Talwanderung von anderthalb Stunden. Von Laveno gibt es eine Autofähre nach Verbania.

INFORMATIONEN

TOUR ⑤ Im Süden des Lago Maggiore

Autotour, 3–4 Tage, ca. 75 km

STATIONEN

1. Verbania
2. Borromäische Bucht
3. Stresa
4. Borromäische Inseln
   Isola Bella, Isola dei Pescatori, Isola Madre
5. Arona
6. Angera
7. Laveno

PRAKTISCHE HINWEISE

Die Autofährverbindung Laveno–Intra/Verbania macht die Autoroute zu einer Rundtour. Die Fähren verkehren etwa alle 15 bis 30 Minuten. www.navigazionelaghi.it

VERBANIA

INFO

Ufficio Informazioni Turistica
Corso Zanitello 6/8, Verbania, Tel. 03 23 50 32 49, www.verbania-turismo.it

SEHENSWERTES

Gärten der Villa Taranto
Der weitläufig angelegte Park (16 ha) umfasst eine der reichsten Sammlungen exotischer Gewächse in ganz Italien. Berühmt sind die großartigen Buchenbestände, die den sonnenempfindlichen Pflanzen Schatten spenden. Mehr als 500 verschiedene Rhododendronarten blühen hier im Mai, dazu rund 80 000 Tulpen und Magnolien; 300 verschiedene Dahlienarten zeigen ihre Farbenpracht im September, Lotos, Kamelien, ein Meer von Azaleen sowie viele tropische Gewächse, von denen einige einmalig in Europa sind, versetzen Besucher von einem Begeisterungstaumel in den anderen. März tgl. 8.30–17.30, April–Sept. tgl. 8.30–18.30, 1.10.–14.10. 9–17, 15.10.–3.11. 9–16.30 Uhr.
Via Vittorio Veneto 111, Verbania-Pallanza, Tel. 03 23 40 45 55, www.villataranto.it

RESTAURANTS

Trattoria Le Volte
Neben Piemonteser Küche kann man hier auch Gerichte anderer Regionen probieren. Di Abend und Mi geschl.
Via San Vittore 149, Verbania, Tel. 03 23 40 40 51

Osteria del Castello
Beliebte Osteria mit langer Tradition. Die Atmosphäre ist familiär, die Gerichte – Fleisch aus dem Piemont, Fisch aus dem See – sind regional geprägt. Im Sommer speist man draußen an Steintischen. So geschl.
Piazza Castello 9, Verbania-Intra, Tel. 03 23 51 65 79, www.osteriacastello.com

SHOPPING

La Casera di Eros Buratti
Großes Sortiment an regionalen Spezialitäten wie luftgetrocknetem Schinken (*bresaola*) aus dem Val Formazza und Ziegenkäse aus dem Val d'Ossola. In der angeschlossenen Bottega con i tavoli kann man das alles auch gleich verkosten Piazza Ranzoni 19, Verbania-Intra, Tel. 03 23 58 11 23, www.formaggidieros.it

STRESA

INFO

Ufficio Turistico Città di Stresa
Piazza Marconi, Stresa, Tel. 032 33 01 50 und 032 33 13 08, www.stresaturismo.it

MUSEUM

Museo dell'Ombrello e del Parasole
Sollte es einmal regnen, wartet im 8 km von Stresa entfernten Gignese gleich am Ortseingang das Schirmmuseum mit teils sehr originellen Exponaten auf Besucher. April–Sept. Di–So 10–12, 15–18 Uhr.
Via Golf Panorama 2, Gignese, www.museodellombrello.org

HOTEL

Hotel Residence La Luna Nel Porto
Modernes Hotel in perfekter Lage. Die geräumigen Studios und Apartments mit separatem Wohnraum und Kitchenette sind ideal für Familien geeignet, im Winter geschl. Corso Italia 60, Stresa, Tel. 03 23 93 44 66, www.lalunanelporto.it

RESTAURANTS
Piemontese
Beste piemontesische Küche. Zu empfehlen sind die Spaghetti mit Pecorino, Zwiebeln, Basilikum und Chili. Mo geschl.
Via Mazzini 25, Stresa, Tel. 032 33 02 35, www.ristorante piemontese.com

GOLFPLATZ
Golfclub Des Iles Borromées
18-Loch-Platz 3 km südlich von Stresa mit anspruchsvollem Kurs und einzigartigem Panoramablick. Nov.–März Mo geschl.
Brovello-Carpugnino, Tel. 03 23 92 92 85, www.golfdesilesborromees.it

FAHRRADVERLEIH
Stresa Bike Rental
Fahrradverleih, geführte Touren, Werkstatt.
Via de Martini 34, Stresa, Tel. 032 33 15 98, www.stresabikerental.com

BORROMÄISCHE INSELN
RESTAURANT
Casabella
Modernes Restaurant mit exklusivem Ambiente und monatlich wechselnder Karte, mittags und abends geöffnet.
Via Lungolago 6, Isola dei Pescatori, Tel. 032 33 34 71, www.ristorantecasabella.it

SCHIFFSFAHRTEN
Die Borromäischen Inseln erreicht man mit Schiffen und Tragflächenbooten von Stresa, Baveno und Verbania-Pallanza (keine Autos). www.navigazionelaghi.it

ISPRA
CAFÉ
Paticceria San Gabriele
Alteingesessene und beliebte Pasticceria mit köstlichen Kreationen - von traditionell bis kreativ.
Via Piave 64, Ispra, Tel. 03 32 78 01 79, www.pasticceriasangabriele.it

LAVENO
RESTAURANT
L'Osteria
Einen Schritt vom See entfernt speist man delikat im Restaurant des schmucken Hotels Il Porticciolo. Tgl. 12.15–14.15, 19.15–22.15 Uhr. Sommers Di Mittag, winters Di, Mi geschl.
Via Fortino 40, Laveno-Mombello, Tel. 03 32 66 72 57, www.ilporticciolo.com

ARONA
INFO
Ufficio Turistico
Piazzale Duca d'Aosta, gegenüber. dem Bahnhof, Arona, Tel. 03 22 24 36 01, www.comune.arona.no.it

RESTAURANTS
Enoteca Il Grappolo
Ab 16 Uhr – am Wochenende ab 12 Uhr – gibt es in dieser Enoteca mit Ausschank einen köstlichen Imbiss mit piemontesischen Wurst- und Käsespezialitäten, dazu eine hervorragende Weinauswahl und ausgezeichnete hausgemachte *dolci*. Di geschl.
Via Pertossi 7, Arona, Tel. 032 24 77 35, www.ilgrappoloarona.it

Agriturismo Casalmarzio
Hier genießt man traditionelle Gerichte der Region in herzlicher Atmosphäre. Es werden vorwiegend hofeigene Produkte verwendet. 10 Min. oberhalb von Arona gelegen. Di geschl.
Regione Cantarana 19a, Arona, Tel. 03 22 24 87 67

ANGERA
RESTAURANT
Vecchia Angera
Das Restaurant im Hotel Pavone in der Altstadt bietet eine gepflegte, authentische Regionalküche. Do geschl.
Via F. Borromeo 10, Angera, Tel. 03 31 93 02 24, www.hotelpavone.it

BOCCIA & WELTPOLITIK

GESTERN *Im Frühjahr 1957 kam Konrad Adenauer zum ersten Mal an den Comer See. Die Gegend faszinierte ihn immer wieder*

HEUTE *Begeben Sie sich auf die Spuren des Staats- und Privatmanns Adenauer und entdecken Sie den südwestlichen Teil des Sees*

GESTERN

Als Konrad Adenauer im Februar/März 1957 zum ersten Mal am Comer See Urlaub machte, war dies ein Medienereignis. Zum einen stand der Bundeskanzler im Zenit seines Ansehens, und zahllose Journalisten besuchten ihn, um seine manchmal recht bissigen Bemerkungen über Parteifreunde und Kabinettskollegen zu notieren.

Konrad Adenauer kam insgesamt 18 Mal an den Comer See, oft begleitet von seinen Töchtern Libet, Lotta und Ria. Die heitere Karikatur von Hans-Joachim Gerboth illustriert Adenauers Arbeitsethos, das er auch im Urlaub nicht ablegte.

Zum anderen stießen seine Reisen auch deshalb auf großes Echo, weil Italien im beginnenden Massentourismus für viele deutsche Urlauber das Ferienziel schlechthin war. »Caprifischer« und »O sole mio« waren große Hits.

Adenauers Urlaubsdomizile im Ort Cadenabbia waren zunächst die Villa Rosa und die Villa Arminio, bevor er ab August 1959 die Villa La Collina als Residenz bezog. Von »Residenz« konnte allerdings kaum die Rede sein. Zwar von stattlichen Ausmaßen, war die Villa jedoch unbeheizt und kaum ausgestattet, sogar das Geschirr musste von einem Hotel ausgeliehen werden. Im kühlen Frühjahr wurde das Frühstück teilweise in Mäntel und Decken gehüllt eingenommen.

Trotz dieser spartanischen Umstände fühlte sich Adenauer wohl. Der große Park mit seinen vielen Spazierwegen, mit alten Zedern und Zypressen, üppig blühenden Magnolien, Azaleen und Rhododendronbüschen im Frühjahr sowie die ganze Umgebung des Comer Sees entschädigten für die wenig komfortable Unterkunft. Häufig begleiteten ihn seine Töchter Libet, Lotta und Ria an den See. Wenn es der straffe Terminplan zuließ, wanderte die Gesellschaft zur Kapelle San Martino (siehe Seite 43) oder unternahm Schifffahrten über den Comer See. Wichtiger Bestandteil der italienischen Urlaube waren die nachmittäglichen Boccia-Runden. Der alte Herr war unglaublich geschickt, und dass er selten verlor, war der Stimmung allgemein sehr zuträglich. Deshalb bemühten sich seine Mitspieler, ihr Können nicht unbedingt unter Beweis zu stellen. Nach dem Abendessen wurden gemeinsam Kriminalromane gelesen oder Monopoly gespielt, wobei Adenauer gern gemogelt haben soll.

Gearbeitet hat der »Alte« auch in den Ferien, die Politik ließ ihn nie los. Die Villa wurde mit Telefonen und Fernschreibgeräten ausgestattet, die die ständige Verbindung mit Bonn erlaubten. In- und ausländische Gesprächspartner gaben sich gewissermaßen die Klinke in die Hand, darunter der italienische Ministerpräsident Amintore Fanfani, der stellvertretende französische Ministerpräsident Antoine Pinay, der erste Präsident der Europäischen Kommission Walter Hallstein, Willy Brandt, der amerikanische Außenminister Dean Rusk, der frühere japanische Premierminister Shigeru Yoshida – die Liste ließe sich noch lang fortsetzen.

HEUTE

Die Villa La Collina gehört heute der Konrad-Adenauer-Stiftung und dient als Konferenzzentrum, Seminarhotel und Gästeresort.

Adressen und Landkarte: Seite 44/45

Santa Maria Assunta, der prachtvolle Dom von Como, wurde als eine der letzten gotischen Kathedralen der Lombardei erbaut.

1 COMO

Como (83 300 Einw.) hat zwei Gesichter: ein nobles, dem See zugewandtes, und ein hässliches, in die Brianza hinauswucherndes. Am besten nähert man sich der Stadt von Norden her, übers Wasser oder auf einer der Uferstraßen. Dann entfaltet sie ihren ganzen Zauber: Grün und Grau, dazu gedämpftes Ocker, mediterranes Licht, lombardisch nüchtern die Mauern der Altstadt. Verborgen bleibt dem Anreisenden so das industrielle Herz des Orts, Vorort und Hinterhof zugleich.

Wer mit dem Schiff nach Como kommt, legt vor malerischer Kulisse am Lungolario an und betritt nahe der Piazza Cavour, dem besten Ausgangspunkt für eine Altstadterkundung, wieder festen Boden. Von dort folgt man der Via Vittorio Emanuele zum zentralen Platz mit **Dom, Rathaus** *(Broletto)* und **Stadtturm** *(Torre del Comune)*. Die Fassade des Gotteshauses gilt als Meisterleistung der lombardischen Frührenaissance.

In Como gibt es so viele Museen, Kirchen und Baudenkmäler zu sehen, dass man hier Tage verbringen kann. Eines der Highlights ist das interessante **Museo Didattico della Seta Como:** Es schlüsselt anhand von zahlreichen Exponaten die Geschichte der comasker Seidenherstellung auf und zeigt u. a. antike Gerätschaften soe eine Farbenküche. (Via Castelnuovo 9, Di–So 10–18 Uhr, www.museosetacomo.com).

Ein letzter Blick, bevor es weitergeht? Von der Piazza Cavour folgt man dem Lungolario nach Osten bis zur Talstation der Standseilbahn. Diese fährt hinauf zum **Villenvorort Brunate.** Von hier genießt man einen herrlichen Blick über Como und die Bucht.

> 💬 **MISTER VOLT**
>
> Alessandro Volta (1745–1827) ist der berühmteste Sohn von Como. Er gilt als Erfinder der Batterie. Nach ihm wurde die Einheit der elektrischen Spannung benannt.

2 CERNOBBIO

In dem eleganten Ferienort reiht sich die **Villa d'Este** in den Reigen berühmter Wohnsitze am Westufer ein. Das repräsentative Anwesen mit

10 ha großem Privatpark wurde im 16. Jh. von Pellegrino Tibaldi errichtet. Im Lauf der Jahrhunderte residierten hier ein Kardinal, eine Ballerina, ein napoleonischer General, eine russische Zarin und andere Aristokraten. Zu Beginn des 19. Jhs. ließ Karoline von Braunschweig es dem Zeitgeschmack entsprechend umbauen. Seit 1873 ist die Villa d'Este ein Luxushotel.

3 LAGLIO

Hollywoodflair sagt man dem Ort nach, seitdem der Schauspieler George Clooney für angeblich 10 Mio. Dollar die Villa Oleandra (17. Jh.) kaufte. Doch Hobby-Paparazzi seien gewarnt: Der Aufenthalt in der Nähe des Eingangs der 25-Zimmer-Villa ist untersagt. Die prachtvolle Villa Regina hat Clooney seinem Kollegen Tom Cruise verkauft.

4 ABSTECHER INS VAL D'INTELVI

Argegno ist Ausgangspunkt für einen Ausflug in das Val d'Intelvi (bis Lanzo 15 km). Das Tal ist landschaftlich besonders reizvoll und berühmt als Heimat vieler Baumeister, Steinmetze, Stuckateure und Maler. Die *Maestri Antelami* (so benannt nach dem alten Namen der Talgemeinde) prägten nicht nur über Jahrhunderte hinweg den lombardischen Baustil, sie waren zudem auch in ganz Europa, ja sogar im Nahen Osten tätig.

Natürlich haben die Maestri auch in ihrer Heimat Spuren hinterlassen. So entdeckt man in der Pfarrkirche von Scaria prächtige Stuckaturen von Diego Carlone und Fresken seines Bruders Carlo Carlone. Ein früher Intelveser unbekannten Namens schuf die Saalkirche Sant'Antonio (12. Jh.) von San Fedele Intelvi mit herrlichem romanischem Portal, in der Pfarrkirche von Castiglione d'Intelvi (17. Jh.) arbeiteten u. a. Giulio Quaglio und Carlo Carlone. Bedingt durch die günstige Lage zwischen Comer und Luganer See bieten Wanderungen in diesem Gebiet prächtige Panoramen. Lohnendes Gipfelziel ist der Sasso Gordona (1410 m). Von S. Fedele Intelvi aus führt eine aussichtsreiche Wanderung über Pigra zu den Schutzhütten Rifugio Boffalora (1252 m) und Rifugio Venini (1576 m).

5 ISOLA COMACINA

Unmittelbar vor Sala Comacina liegt die einzige Insel des Comer Sees, die Isola Comacina. Älteste Siedlungsspuren reichen bis in die Römerzeit zurück; im Mittelalter muss hier ein blühendes Gemeinwesen existiert haben. Die Insel war stark befestigt, und man zählte fünf Kirchen. Im Jahr 1169 kam dann das schreckliche Ende für *Crisopoli*, die Goldene Stadt, wie der Volksmund die Insel wegen ihres Reichtums nannte: Es war Comos Rache für den Pakt zwischen der Isola und Mailand im zehnjährigen Krieg (1118–1127). Nur noch Mauerreste von der romanischen Basilika Sant'Eufemia haben die Jahrhunderte überdauert. Jeweils zur Johannisnacht (24. Juni) findet zum Gedenken an den Untergang von *Crisopoli* eine Bootsprozession mit Festessen statt (direkte Schiffsverbindungen ab Sala Comacina, Argegno, Lenno, Tremezzo und Lezzeno).

6 OSSUCCIO

Der Ort am Eingang ins Val Perlana umfasst mehrere Ortsteile. Wahrzeichen der stattlichen Gemeinde ist die Kirche Santa Maria Maddalena, ein schlichter romanischer Bau im Ortsteil Ospedaletto. Ungewöhnlich ist der Campanile, dem im 14. Jh. ein reich gegliedertes Glockengeschoss aus Backstein aufgesetzt wurde. Auch der

Zur Isola Comacina, der einzigen Insel des Sees, fahren Schiffe unter anderem von Argegno.

Glockenturm von **San Giacomo** (11. Jh.) im Ortsteil Spurano wurde später aufgesetzt.

Kunst- und Naturgenuss verbinden sich bei einem **Aufstieg auf den Sacro Monte** (UNESCO-Welterbe) über die Via Crucis zur Wallfahrtskirche Madonna del Soccorso (419 m) aus dem 16./18. Jh. Die 14 Kapellen (1635–1710) thematisieren Szenen aus dem Leben des hl. Franz von Assisi und den Leidensweg Christi. Wundervoll ist von oben der Blick über den See, auf Bellagio und zu den Grigne und auf den Dosso di Lavedo (332 m), jene bewaldete Halbinsel, die zwischen Ossuccio und Lenno in den See hinausragt. Hinauf zur Wallfahrtskirche führt auch eine Straße (2 km). Der weitere Weg ins **Val Perlana** ist dann Wanderern vorbehalten. Kunstliebhaber werden zumindest bis **San Benedetto** (701 m, 1 Std.) gehen, um einen Blick auf die dreischiffige romanische Kirche aus dem 11. Jh. zu werfen.

7 LENNO

Lenno, das sich an die kleine Bucht nördlich des Dosso di Lavedo schmiegt, besitzt eine sehenswerte Kirche: **Santo Stefano,** im 16./17. Jh. stark umgebaut, ist in den Ursprüngen vermutlich langobardisch. Die Hallenkrypta gehört zu einer romanischen Basilika des 11. Jhs. Unter der Kirche wurden Reste römischer Thermen entdeckt. Ob sie allerdings mit der *Comoedia,* einer der beiden berühmten Villen von Plinius dem Jüngeren, in Verbindung stehen, erscheint fraglich. Das achteckige Baptisterium wird auf das 11. Jh. datiert.

Am Südende der Uferpromenade führt ein Fußweg (1 km) zur **Villa del Balbianello.** Ende des 18. Jhs. von Kardinal Durini erweitert, war sie häufig Schauplatz rauschender Feste. Zu besichtigen sind die meisterhaft gestaltete Gartenanlage sowie die Villa mit der Sammlung außereuropäischer Kunst des Bergsteigers, Forschungsreisenden und letzten Besitzers Guido Monzino (1928 bis 1988). Ergänzend sind Artefakte seiner mehr als 20 Expeditionen (u. a. zum Nordpol und zum Mount Everest) zu sehen. Außerdem war das Gebäude Drehort der Hollywood-Produktionen »Ocean's Twelve« und »Casino Royale« (Via Co-

moedia 5, Mitte März–6.1. 10 bis 18 Uhr, tgl. außer Mo, Mi, für die Villa Führung auf Englisch/Italienisch obligatorisch, der Garten kann auch alleine besichtigt werden, www.fondoambiente.it; auch per Schiff ab Lido di Lenno erreichbar).

8 TREMEZZO

In dem noblen Ferienort herrscht fast immer Hochbetrieb, vor allem um die **Villa Carlotta.** Das liegt an dem herrlichen Garten, der den Ruhm der Villa in alle Welt getragen hat. Auf mehreren, zum See hin abfallenden Terrassen öffnet sich eine exotische Parklandschaft mit Lotosteichen, Buchs- und Lorbeerhecken, Zitrushainen, Rosenspalieren sowie Jasminbüschen und Zypressen, vor deren dunklem Grün sich weiße Statuen und Säulen effektvoll abheben. Die Villa, im Kern eine barocke Anlage (errichtet 1690 bis 1745), erhielt ihr klassizistisches Äußeres zu Beginn des 19. Jhs. Im Jahr 1844 wurde sie an Prinzessin Marianne von Preußen verkauft, die sie 1850 ihrer Tochter Charlotte zur Hochzeit schenkte. Nach wie vor beeindrucken die kostbar ausgestatteten Räume, darunter der Große Marmorsaal, und die Kunstsammlung mit Werken von Canova und Thorvaldsen (Via Regina 2, Mitte März–Ende Sept. tgl. 9–19.30, letzter Einlass 18.30 Uhr, im Frühling und Sommer Konzerte, www.villacarlotta.it).

9 CADENABBIA

Der hübsche Ort an den Hängen des Monte Crocione gehört zur Gemeinde Griante. Lange Zeit war er Hotspot für Reisende aus England, die für den Bau der anglikanischen Kirche **Del'Ascensione** sorgten, der ersten in Italien; 1891 wurde sie geweiht. Oberhalb des Ortes klebt die kleine Wallfahrtskirche **San Martino** wie ein Vogelnest am Felsen. Der Weg hinauf ist zwar steil, lohnt sich aber nicht zuletzt wegen des fantastischen Ausblicks.

2007 wurde dem berühmten Urlauber Konrad Adenauer an der Seepromenade ein **Denkmal** gesetzt: Es zeigt den ersten Bundeskanzler nicht feierlich-streng, sondern in Bewegung, im Begriff, eine Boccia-Kugel zu werfen.

Bellagio gilt als Logenplatz des Comer Sees. Etwas angestaubt zwar, atmet der Ort immer noch Grandezza.

10 BELLAGIO

Mit der Autofähre kann man ans andere Ufer übersetzen und landet in **Bellagio,** dem Logenplatz an der Gabelung zwischen Lago di Como und Lago di Lecco. Hier haben Mensch und Natur wahre Meisterwerke geschaffen: grandios das Panorama, die Villen und die Gärten. *Bilacus* nannten die Römer ihre Siedlung, zwischen den Seen. Die Einheimischen halten es eher mit dem klingenden Namen *bellolago*. Die Villen und Gärten strahlen noch die Grandezza und Noblesse des 19. Jhs. aus: ein Ort, an dem allein die Schönheit regiert. Stilgerecht per Schiff nähert man sich der Punta Spartivento genannten Landzunge.

Der winzige *Borgo,* der Altstadtkern, liegt auf der Westseite der Halbinsel. Über enge Treppengässchen steigt man von der Seepromenade hinauf zur **Pfarrkirche San Giacomo.** Der dreischiffige romanische Bau mit seinem im 17. Jh. umgestalteten Turm bewahrt eine ausdrucksstarke »Grablegung«, die Perugino zugeschrieben wird und um 1500 entstanden sein soll.

Doch was wäre Bellagio ohne seine Villen und Parks? Manche blicken auf eine wechselvolle Geschichte zurück, wie etwa die Villa Giulia auf der Ostseite der Landzunge, einst Residenz des belgi-

schen Königs Leopold I. (in Privatbesitz). Auf dem Hügel über dem Ort liegt das heutige Grand Hotel **Villa Serbelloni,** ein stattlicher Bau, der im Kern noch aus der Renaissancezeit stammt. Ende des 18. Jhs. ließ Alessandro Serbelloni ihn klassizistisch umgestalten und einen riesigen Park anlegen. Er ist heute im Besitz der Rockefeller Foundation. Der Park kann besichtigt werden (nur mit Führung, Mitte März–Okt. Di–So 11 und 15.30, im Sommer 14.30 Uhr, Anmeldung bei PromoBellagio, Piazza della Chiesa 14, www.bellagiolakecomo.com).

Den Eingang zum zweiten großen Park von Bellagio, dem der **Villa Melzi,** findet man im Ortsteil Loppia an der Straße nach Como. Der kühlklassizistische Bau aus dem Jahr 1815 wurde von Giacomo Albertolli für Francesco Melzi d'Eril erbaut, den Vizepräsidenten der Cisalpinischen Republik unter Napoleon. Die ausgedehnte Parkanlage (Lungolario Manzoni, Mitte März–Okt. tgl. 9.30–18.30 Uhr, www.giardinidivillamelzi.it) bezaubert durch ihren überbordenden Reichtum an exotischen Pflanzen. Dem Zeitgeist der Romantik entsprechen die zahlreichen Skulpturen im Park; ein »Nymphensee« fehlt ebenso wenig wie eine künstliche Grotte und ein maurischer Tempel.

INFORMATIONEN

TOUR ⑥ Von Como über Cadenabbia bis nach Bellagio

Autotour, 3–4 Tage, ca. 70 km

STATIONEN

1 Como
2 Cernobbio
3 Laglio
4 Abstecher ins Val d'Intelvi
5 Isola Comacina
6 Ossuccio
7 Lenno
8 Tremezzo
9 Cadenabbia
10 Bellagio

SCHIFFSVERKEHR

Auf dem See fahren Schnellboote *(Servizio rapido)* und *Motonavi. Traghetti* (Autofähren) pendeln zwischen Cadenabbia, Menaggio, Varenna und Bellagio. Aktueller Fahrplan: www.navigazionelaghi.il

COMO
INFO
Infopoint Como
Via Albertolli 7, Como,
Tel. 03 14 49 30 68,
www.visitcomo.eu,
www.lakecomo.is

RESTAURANTS
La Colombetta
Hier isst man Meeresfrüchte in den mit moderner Kunst dekorierten Räumen einer ehemaligen Kirche. So geschl.
Via Diaz 40, Como,
Tel. 031 26 27 03,
www.colombetta.it

Il Solito Posto
Seit 1888 existiert diese Trattoria in der Altstadt. Ambiente und Küche sind dementsprechend klassisch. Besonders zu empfehlen sind die diversen *carpacci* oder die Gnocchi mit roten sizilianischen Krabben. Gute Weinauswahl! Mo geschl.
Via Lambertenghi 9, Como,
Tel. 031 27 13 52,
www.ilsolitoposto.net

MUSEUM
Textilmuseum (Museo Studio del Tessuto)
1600 Jahre Textilgeschichte in Form von Mustern, Zeichnungen und Entwürfen, präsentiert in der Villa Sucota. Mo–Fr 10–13, 14.30 17.30 Uhr, Eintritt frei.
Via Cernobbio 19, Como, Tel. 03 13 38 49 76, www.fondazioneratti.org

SHOPPING
Die Haupteinkaufsstraße **Via Vittorio Emanuele** heißt auch kurz *la vasca,* die Wanne, weil man dort im Überfluss baden kann. Hier reihen sich Geschäfte für exklusive Mode und Schuhe aneinander, dazwischen gibt es Köstlichkeiten für Gourmets.

CERNOBBIO
RESTAURANT
Il Gatto Nero
Schickes Restaurant oberhalb von Cernobbio mit prominenten Gästen und herrlicher Aussicht. Jan.–Mitte März geschl., Mitte–Ende März Mo–Fr nur abends.
Loc. Rovenna, Via Monte Santo 69,
Tel. 031 51 20 42,
www.ristorantegattonero.it

NIGHTLIFE
Harry's Bar
Nicht nur George Clooney hat es erkannt: Dies ist ein idealer Ort, um sich mit Freunden zum *aperitivo* zu treffen. Reservierung empfohlen! Mo, Di geschl.
Piazza Risorgimento 2,
Cernobbio, Tel. 031 51 26 47,
www.harrysbarcernobbio.it

ISOLA COMACINA
RESTAURANT
Locanda dell'Isola Comacina
Dieses legendäre Inselrestaurant ist für seine Fischspezialitäten und sein illustres Publikum bekannt. Seit 1947 wird ein inhaltlich unverändertes 6-Gänge-Menü aufgetischt. März–Okt. tgl. 12–14, 19–21.30 Uhr, Frühjahr/Herbst Di geschl.
Isola Comacina, Tel. 034 45 50 83,
www.comacina.it

LENNO
HOTEL
San Giorgio
Geschmackvolle Villa mit altem Mobiliar, großem Garten und kleiner

Badebucht.
Via Regina 81, Lenno,
Tel. 034 44 04 15,
www.sangiorgiolenno.com

RESTAURANT
Trattoria Santo Stefano

Gegenüber dem achteckigen
Baptisterium genießt man in dieser
urigen Trattoria in familiärem Ambiente exzellent zubereiteten Fisch,
Pasta und hausgemachtes Tiramisu.
Im Winter steht zusätzlich Wild auf
der Karte. Mo geschl.

Piazza XI Febbraio 3, Lenno,
Tel. 034 45 54 34,
www.santostefanolenno.it

NIGHTLIFE
Lido di Lenno Beach Bar

Genau der richtige Ort, um nach
einem guten Abendessen eine laue
Sommernacht mit einem Hauch
Exotik ausklingen zu lassen. Sehr
schön sitzt man am Sandstrand
auf bequemen Kissen unter weißen
Stoffbaldachinen oder im Freien.
Im Sommer Di–So 10–1.30 Uhr.

Via Comoedia 1, Lenno,
Tel. 034 45 70 93,
www.lidodilenno.com

TREMEZZO
INFO
Infopoint Tremezzo

Via Provinciale Regina 3, Tremezzo,
Tel. 034 44 04 93,
www.lakecomo.is

CADENABBIA
HOTEL
Villa La Collina

Konrad Adenauers einstiges Feri-
enquartier ist heute u. a. ein Hotel.
Zimmer gibt es in der hübschen
historischen Villa und in einem
modernen Anbau.
Via Roma 11, Cadenabbia,
Tel. 034 44 41 11, www.kas.de

BELLAGIO
INFO
PromoBellagio

Piazza della Chiesa 14,
Bellagio, Tel. 031 95 15 55,
www.bellagiolakecomo.com

RESTAURANTS
Mistral

Ettore Bocchias Küche gilt als
Versuchslabor italienischer
Molekularküche, und das De-
gustationsmenü verrät die Vielfalt
der Möglichkeiten. Wer nicht so
mutig ist, bekommt auch feine
traditionelle Gerichte. Im Grand
Hotel Villa Serbelloni. April– Nov.
Mo–Fr abends, Sa, So auch mittags,
Juli, Aug. tgl. nur abends.
Via Roma 1, Bellagio, Tel. 031 95
64 35, www.ristorante-mistral.com

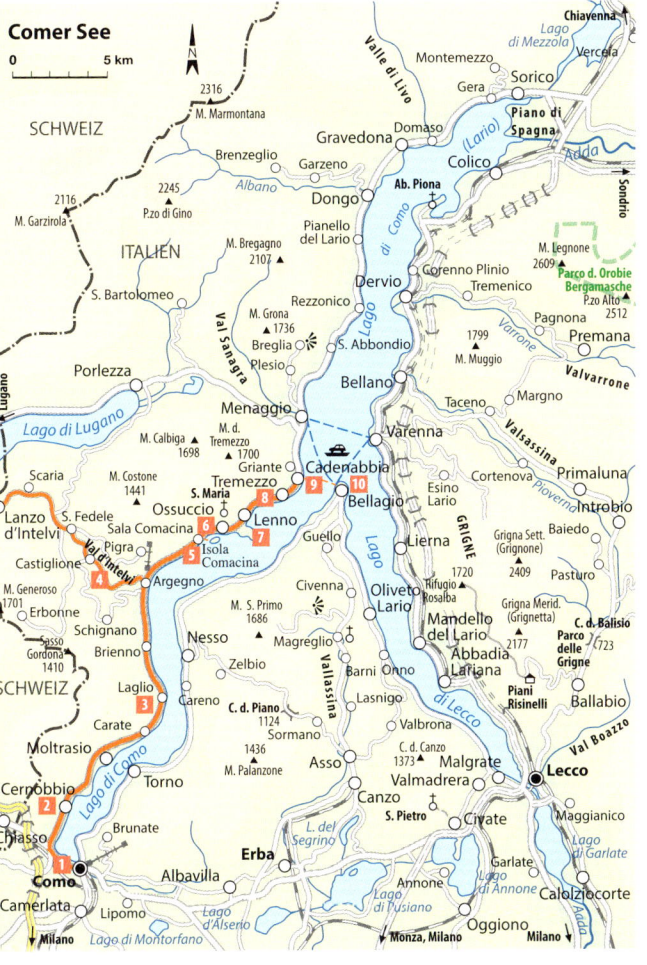

Nicht täuschen lassen! Diese Aufnahme von Rivas Hafen entstand vor über 100 Jahren. Bis zur Erfindung von Farbfilmen war das Kolorieren von Schwarz-Weiß-Bildern in Mode. In dem einstigen Hotel »Bayrischer Hof« sind heute Privatwohnungen untergebracht sowie ein äußerst gut frequentiertes Café-Pub.

TOUR **7** **GARDASEE OST- UND NORDUFER**

GROSSE SEENSUCHT

GESTERN *Badefreuden inmitten hoher Berge – diese Mischung zog schon vor über 100 Jahren Gäste ans Nordufer des Gardasees*

HEUTE *Früher kam man zur Erholung, heute tummeln sich Sportler und Sonnenanbeter zwischen Lazise, Malcesine, Arco und Riva*

GESTERN

Im 19. Jh. entwickelte sich das charmante Riva del Garda zu einem gefragten Kurort. Um die Jahrhundertwende war das Städtchen in den besseren Kreisen Mitteleuropas ein Begriff und wurde von bedeutenden Vertretern des kulturellen Lebens wie Franz Kafka, Max Brod, Friedrich Nietzsche und Thomas Mann besucht. Bis zum Jahr 1919 gehörte Riva als »Reiff am Gardasee« zu Österreich, was dem Ort einen Mix aus italienischer Leichtigkeit und Tiroler Bodenständigkeit verlieh. Noch heute kann man diese Prägung in der Küche der Region schmecken.

HEUTE

Das milde Klima, ein aktiver Kulturbetrieb, viele Sehenswürdigkeiten und eine Vielfalt an Ausflugszielen machen das Nord- und Ostufer des Gardasees interessant. Unsere Tour beginnt in Lazise und endet in Riva. Lazise, Bardolino und Garda warten mit sehenswerten Kirchen und Kunstdenkmälern auf. Vor der Kulisse des Monte Baldo reihen sich »italienischere« Orte aneinander, von Punta San Vigilio bis nach Malcesine. Für Surfer und Segler ist der See aufgrund der zuverlässigen Winde ein Mekka, Sonnenanbeter und Wasserratten finden hier die schönsten Badestrände. Die Berge, die die Orte des Nordufers umgeben, ziehen Mountainbiker und Kletterer an.

Landkarte: Seite 51, Adressen: Seite 52/53

1 LAZISE

Gut erhaltene Stadtmauern mit drei Toren und eine sechstürmige **Scaligerburg** (12./13. Jh., heute in Privatbesitz) prägen das romantische Städtchen, das zur Zeit der Venezianer wichtigster Handelsstützpunkt und erste freie Kommune am See war. Ein venezianisches **Zollhaus** am Hafen (16. Jh.) zeugt von dieser Zeit. Sehenswert ist auch die nahe romanische **Kirche San Nicolò** (12. Jh.) mit ihrem hoch aufragenden Glockenturm. Noch am Vormittag geht es weiter in Richtung Norden über die Gardesana Orientale, die Uferstraße des Gardasees.

2 BARDOLINO

Der beliebte Ferienort (7100 Einw.) hat einem weit über die Grenzen Italiens hinaus bekannten Weinanbaugebiet seinen Namen gegeben. Der Bardolino, ein süffiger Roter, kann sich durchaus mit seinen berühmten Vettern Chianti oder Valpolicella messen. Im Ortskern sollte man, beginnend am Stadttor an der **Piazza Porta S. Giovanni**, durch die schöne Fußgängerzone bummeln. Als kunsthistorisches Kleinod präsentiert sich direkt an der Gardesana die romanische **Kirche San Severo** (12. Jh.) mit mächtigem Glockenturm und kostbaren Fresken. Hinter dem Hochaltar weist die Krypta auf einen Vorgängerbau (9. Jh.) hin. Die **Kapelle San Zeno** (Via San Zeno 13–15), einer der ältesten karolingischen Bauten Italiens (Anfang 9. Jh.), verbirgt sich in einem Innenhof. Nach einer Stärkung geht es am Nachmittag weiter.

3 GARDA

Verwinkelte mittelalterliche Gässchen und eine elegante Seepromenade, die zum Flanieren und zur Einkehr in ein Café einlädt – das ist es, was Touristen am Städtchen Garda (4100 Einw.), Namensgeber des Sees, so schätzen. Edle Boutiquen und sündhaft teure Schlemmerlokale machen Garda nicht eben zu einem billigen Pflaster.

Die **Rocca di Garda,** ein 294 m hohes Felsplateau, überragt den Ort wie ein überdimensionaler Turm. Der Gotenkönig Theoderich ließ darauf im 5. Jh. ein Kastell errichten, von dem noch Mauerreste zeugen. In der Geschichte Italiens spielte die Burg eine dramatische Rolle: Adelheid, Witwe des ermordeten Königs Lothar, wurde hier festgehalten, ehe ihr die Flucht über den See gelang und sie dann im Jahr 951 Kaiser Otto den Großen heiratete.

Der Ort ist reich an repräsentativen Villen und stattlichen Palästen, die allerdings allesamt in Privatbesitz und deshalb nur von außen zu besichtigen sind. Der schönste, der **Palazzo dei Capitani** mit gotischen Spitzbogenfenstern, schmückt die Seepromenade an der Piazza Catullo, dem besten Platz, um Leute zu beobachten. Durch die Architektur der Palazzi, etwa des **Palazzo Fregoso,**

Der kleine Ort Torri del Benaco an der Olivenriviera zog schon so bekannte Gäste wie Winston Churchill, Vivien Leigh oder König Juan Carlos von Spanien an.

fühlt man sich nach Venedig versetzt. Die **Pfarrkirche Santa Maria Maggiore** auf dem Piazzale Roma außerhalb der Altstadt kann mit einem Kreuzgang aus dem 15. Jh. aufwarten.

4 PUNTA SAN VIGILIO

Nach der Übernachtung in Garda geht die Fahrt am nächsten Tag auf der Gardesana weiter zur **Punta San Vigilio.** Die schmale Landzunge, ein Ausläufer des Monte Baldo zwischen der **Baia delle Sirene**, der Sirenenbucht, im Norden und der **Bucht von Garda** im Süden gelegen, zählt mit Sicherheit zu den bezauberndsten Flecken am Gardasee. Bereits im 16. Jh. bezeichnete der Philosoph und Rechtsgelehrte Agostino di Brenzone San Vigilio als »schönsten Ort der Welt«. Der Renaissance-Patrizier ließ sich auf dem von der Natur so reich beschenkten Halbinselchen von dem berühmten Architekten Michele Sanmicheli inmitten einer prächtigen Parklandschaft die vornehme **Villa San Vigilio** erbauen, die sich noch heute in Privatbesitz befindet und daher nicht besichtigt werden kann. Vom Park aus, den man über eine Zypressenallee betritt, kann man jedoch einen Blick auf diesen wahr gewordenen Renaissance-Traum werfen.

5 TORRI DEL BENACO

Der Name dieses schönen Ortes (3000 Einw.) verweist noch auf die alte Bezeichnung des Gardasees: *Lacus Benacus.* Dominiert wird das Hafenstädtchen **Torri del Benaco** von der **Scaligerburg** aus dem 14. Jh., die auf den Grundmauern eines Kastells des 10. Jhs. errichtet wurde. Die vorbildlich restaurierte Burg beherbergt das interessante **Museo del Castello Scaligero.** Anschaulich dokumentiert es die Binnenfischerei, die Olivenverarbeitung in früher Zeit und in der Gegenwart sowie die prähistorischen Felszeichnungen vom nahen Monte Luppia (April–15. Juni und 16. Sept–Okt. Di–So 9.30–12.30, 14.30–18, 16. Juni–15. Sept. Di–So 9.30–13, 16.30 bis 19.30 Uhr, www.museodelcastelloditorridelbenaco.it). An der Südmauer der Burg ist eines der ältesten **Gewächshäuser für Zitrusfrüchte** (*limonaie*) am See auch heute noch in Betrieb.

Mittelalterliche Fassaden umgeben die reizvolle **Piazza Calderini** am kleinen Hafen. Hier liegt heute das **Hotel Gardesana,** einst der Palast der »Gardesana dell'Acqua«, einer Vereinigung von zehn Gemeinden des Ostufers. Der ehemalige Ratssaal dient heute als Speisesaal des Hotels. Am Nordrand der Altstadt liegt die **Barockkirche SS. Pietro e Paolo,** die zu Beginn des 18. Jhs. errichtet wurde.

6 CASTELLETTO UND ASSENZA

Castelletto gehört wie **Assenza** zur Streugemeinde Brenzone. An seinem malerischen Hafen wird jeden Dienstag der Wochenmarkt abgehalten. Am Friedhof der Gemeinde wurde im 11./12. Jh. die kleine **Kirche San Zeno de l'Oselet** errichtet. Der Beiname »zum Vögelchen« leitet sich von dem Wetterhahn auf der Kirche her. Die Architektur dieses Sakralbaus ist ein Sonderfall: Das Langhaus wird durch eine Reihe aus Säulen und Pfeilern in zwei Schiffe geteilt, der Chor weist ungewöhnlicherweise drei Apsiden auf. Die hier erhaltenen Reste von Freskenmalereien mit Apostelfiguren und anderen Heiligen vereinen romanische, frühgotische und byzantinische Stilelemente, ein typisches Merkmal für die Kunst Veronas zu Beginn des 14. Jhs.

In Assenza erhebt sich am baumbestandenen Hauptplatz die **Kirche San Nicola di Bari.** Der Kirchenbau geht auf das 14. Jh. zurück und beherbergt ein Abendmahlsfresko, das bei genauer Betrachtung große Ähnlichkeiten mit den Fresken in San Zeno de l'Oselet in Castelletto erkennen lässt, sodass man von demselben Künstler ausgehen kann.

7 MALCESINE

In **Malcesine** wartet dann am frühen Nachmittag die mächtige Scaligerburg. Die 3700 Einwohner des Ortes leben heute fast ausschließlich vom Fremdenverkehr, der hier behutsamer gewachsen ist als an anderen Orten am See.

Malcesine hat einiges vom Charme der Vergangenheit in unsere geschäftige Zeit hinübergerettet. Die Scaliger, die ebenso wie die Mailänder Visconti und die Venezianer das Städtchen in ih-

Wie in einen Fjord blickt man von Riva aus den Gardasee hinunter.

rem Besitz hatten, hinterließen mit der mächtigen, auf einem Vorgebirge errichteten **Scaligerburg** (13. und 14. Jh.) ein Wahrzeichen, das schon Goethe faszinierte – und ihn fast den Kopf gekostet hätte. Hingerissen vom Anblick der gewaltigen Zinnen, zückte er seinen Zeichenstift. Prompt hielt man ihn unter dem Verdacht fest, ein Spion der feindlichen Österreicher zu sein. Zum Glück aber war einem der Einheimischen sein Name ein Begriff, und so wurde er wieder freigelassen.

Heute lässt sich das Panorama vom 33 m hohen Turm des Kastells ungestört genießen. Die Burganlage, die man durch malerische Gässchen vom Ortskern in wenigen Minuten erreicht, umfasst einen unteren und einen oberen Palast sowie drei Innenhöfe. In der ehemaligen Pulverkammer wurde der **Goethe-Saal** eingerichtet;

💬 LEICHT NACH OBEN

Von Malcesine aus führt eine Seilbahn zu der auf 1760 m gelegenen Ortschaft Tratto Spino im Monte-Baldo-Massiv. Wanderer, Radfahrer und Gleitschirmflieger finden hier ihr Pläsier.

---

ausgestellt sind u. a. jene Skizzen, die den Dichter der Spionage verdächtig gemacht hatten. Die Burg beherbergt ferner das Doppelmuseum **Museo die storia naturale del Monte Baldo e del Garda** mit einer Dokumentation zu Flora, Fauna und Geologie der Umgebung sowie eines kühnen Schiffstransports der Venezianer über Land 1439 (April–Okt. tgl. 9.30–19.30, Nov.–März nur Sa, So, Fei 11–16 Uhr).

Der am Hafen gelegene **Palazzo dei Capitani del Lago** (16. Jh.) mit reizendem Palmengarten war einst Sitz der venezianischen Gouverneure. Die Eingangshalle schmückt ein Fresko (1672) mit der Burg von Malcesine. Den Ratssaal (leider häufig geschl.) zieren die Wappen der Statthalter und eine kostbare alte Holzdecke. In der **Pfarrkirche Santo Stefano** (18. Jh.) ist eine Pietà (16. Jh.) zu bewundern, die der Veroneser Künstler Girolamo dai Libri (um 1474–1555) schuf.

8 ARCO

Das Städtchen mit etwa 17 700 Einw., 5 km nördlich des Sees im Tal des Flusses Sarca gelegen, wird von einem hohen Felsen dominiert, auf dem die Reste einer mittelalterlichen Burg der Grafen von Arco, der **Rocca**, erhalten sind. Der Aufstieg dorthin lohnt sich auf jeden Fall, denn man hat von hier nicht nur einen tollen Blick auf den See, sondern auch auf die 300 m hohe **Colodri-Wand**, an der Freeclimber ihrem waghalsigen Sport frönen.

Die wichtigsten Bauten an der Piazza III Novembre sind die **Pfarrkirche Santa Maria Assunta**, ein Bauwerk der Spätrenaissance, reich ausgestattet mit Gemälden aus dem 16.–18. Jh., sowie der mit Fresken geschmückte **Palazzo Marchetti** aus dem 16. Jh. Von hier ist es ein Katzensprung zur **Galleria Civica G. Segantini**, die dem bedeutenden Maler Giovanni Segantini gewidmet ist, der 1858 in Arco geboren wurde (Via Segantini 9, Di–So 10–18 Uhr, www.museoalto garda.it). Inmitten eines Gartens liegt die ehemalige Villa des Erzherzogs Albert von Österreich. Zu besichtigen ist allerdings nur der Park, **L'Arboreto di Arco**, der mit einer Vielzahl an verschiedenen Baumarten fasziniert (April–Sept. 8–19, Okt.–März 9–16 Uhr, Eintritt frei).

9 RIVA DEL GARDA

Tradition und Eleganz prägen das 17 400-Ein-wohner-Städtchen am Nordende des Sees, wo sich im türkis schimmernden Wasser die steilen Ausläufer der Alpen spiegeln. Die Gegend, die schon Johann Wolfgang von Goethe als ein »Wunderwerk der Natur« beschrieb, lockte seit je Dichter und Denker, unter ihnen Stendhal, Fried-

rich Nietzsche, Franz Kafka und Thomas Mann, in die Stadt.

Aber auch an Riva sind die Jahrhunderte nicht spurlos vorbeigegangen. Der mittelalterliche Kern wurde durch Umbauten und Erweiterungen verändert, glücklicherweise haben sich jedoch se-henswerte Zeugen der Vergangenheit erhalten. Ausgangspunkt ist die **Piazza III Novembre,** die sich zum Hafen mit seinen bunten Segelbooten hin öffnet. Auf der anderen Seite wird der Platz von Bauten im venezianisch-lombardischen Stil (14. Jh.) und dem **Uhrturm Torre Apponale** be-grenzt. Zu diesem Ensemble gehört auch der **Pa-lazzo Municipale** (Rathaus, 15. Jh.), der durch die Porta Bruciata mit dem **Palazzo Pretorio** (14. Jh.) verbunden ist. Die Piazza mit ihren hüb-schen Cafés und Geschäften hat sich zum Frei-luftsalon der Stadt entwickelt; hier beginnt die Flaniermeile entlang des Sees und durch die schmalen Gässchen.

Durch die Via Andrea Maffei gelangt man zur **Piazza delle Erbe** mit der hübschen Marktloggia und zur Piazza Garibaldi, wo man die Stadtburg Rocca erblickt. Das an drei Seiten von einem Ka-nal und an der vierten vom See umschlossene Kastell stammt von 1124 und hat zahlreiche Um-bauten durch die Scaliger, Venezianer und Tri-dentiner Bischöfe hinter sich. Heute beherbergt der restaurierte Bau das **MAG (Museo del Alto Garda),** in dem man u. a. die prähistorischen Funde aus den Pfahlbausiedlungen am Ledro-See besichtigen kann sowie Werke der italienischen Malerei des 16. bis 20. Jhs. (Piazza C. Battisti 3/A, Mitte März–Anfang Nov. Di–So 10–18, Juni–Sept. tgl. 10–18 Uhr, www.museoaltogarda.it).

Der Barockbau der **Pfarrkirche Santa Maria Assunta** (Piazza Cavour) stammt aus dem 18. Jh. Beeindruckend ist die achteckige Cappella del Suffragio mit ihrem überbordenden Stuck (3. Ka-pelle rechts). Die **Chiesa dell'Inviolata,** zu der man durch das zinnengekrönte Stadttor San Mi-chele am Ende der Viale Roma gelangt, wurde 1603 von einem portugiesischen Architekten er-richtet. Der von außen fast schmucklos wirkende Bau überrascht im Inneren mit einem überwälti-genden barocken Formenreichtum.

INFORMATIONEN

TOUR ❼ Am Gardasee von Lazise bis Riva

Autotour, 2 Tage, ca. 65 km

STATIONEN

1. Lazise
2. Bardolino
3. Garda
4. Punta San Vigilio
5. Torri del Benaco
6. Castelletto und Assenza
7. Malcesine
8. Arco
9. Riva del Garda

INFO IM INTERNET

www.lagodigardaveneto.com

LAZISE
INFO
IAT
Via Porto Vecchio 5, Lazise,
Tel. 04 57 23 71 83

RESTAURANT
Il Porticciolo
Hier sollte man unbedingt Risotto
mit Fisch probieren. Di geschl.
Lungolago Marconi 22, Lazise,
Tel. 04 57 58 02 54,
www.ilporticcioloristorante.it

BARDOLINO
INFO
IAT
Piazzale Aldo Moro 5, Bardolino,
Tel. 04 57 21 00 78

RESTAURANTS
Il Giardino delle Esperidi
Spitzenrestaurant mit angeschlos-

sener netter Weinbar mitten in der
Altstadt. Di geschl.
Via G. Mameli 1, Bardolino,
Tel. 04 56 21 04 77

Al Commercio
Bodenständig, regional, gut und vor
allem keine Pizza – so lautet das
Motto von Renato Prete. Di geschl.
Via Solferino 1, Bardolino,
Tel. 04 57 21 11 83

EISCAFÉ
Caffè Italia
Direkt an der Seepromenade gibt
es hier neben Kaffee und Wein auch
Designobjekte zu kaufen.
Piazza Principe Amadeo 2, Bardoli-
no, www.cafeitalia.it

SHOPPING
Im **Museo dell'Olio** (Via Peschiera 54) kann man alte Pressen
bestaunen und Olivenöl kaufen
(Mo–Fr 9–12.30, 14.30–19, Sa, So
9–12.30 Uhr, www.museum.it).
Im **Museo del Vino** (Via Costabella
9, bei der Cantina Zeni, April–Okt.
tgl. 9–12.30, 14.30–19, sonst Mo–Sa
8.30–12.30, 14.30–18.30 Uhr, www.
museodelvino.it) erfahren Sie alles
über die Weinerzeugung, können
aber auch gute Tropfen erstehen.

EVENTS
Weinfeste:
Festa del Chiaretto (letztes
Maiwochenende), **Festa dell'Uva e
del Vino** (Ende Sept. bis Anf. Okt.),

Festa del Novello (erste Novem-
berwoche).

GARDA
INFO
IAT
Piazza Donatori di Sangue 1, Garda,
Tel. 04 57 25 58 24

RESTAURANTS
Ai Beati
In der stilvoll restaurierten Ölmühle
aus dem 14. Jh. genießt man den
herrlichen Blick auf den See und
eine Küche, die nur frische saisonale Produkte verwendet.
Via Val Mora 57/59, Garda (Ai Beati),
Tel. 04 59 81 31 30,
www.ristoranteaibeati.com

NIGHTLIFE
Osteria Can e Gatto
Hauptsächlich bei jungen Leuten
beliebte Bar. Tgl. ab 17 Uhr.
Corso Vittorio Emanuele 50, Garda,
Tel. 33 32 11 92 71

PUNTA SAN VIGILIO
RESTAURANT
Locanda San Vigilio
Top-Adresse für Feinschmecker und
zugleich Vier-Sterne-Hotel, in dem
schon Otto Hahn, Winston Churchill
und Prince Charles wohnten.
Punta San Vigilio, Garda,
Tel. 04 57 25 66 88,
www.locanda-sanvigilio.it

TORRI DEL BENACO

INFO

IAT
Via Gardesana 5, Torri del Benaco,
Tel. 04 56 29 64 82

HOTEL

Gardesana
Traditionsreiches Haus am Hafen
mit exzellentem Restaurant. Spezialität: Crêpes mit Fischfarce *(girella)*.
Piazza Calderini 5, Torri del Benaco,
Tel. 04 57 22 54 11,
www.gardesana.eu

SHOPPING

Antiquitätenmarkt auf der Viale
Marconi: Mitte Juni–Mitte Sept. Mi
20–24 Uhr

MALCESINE

INFO

IAT
Via Gardesana 238, Malcesine,
Tel. 04 57 40 00 44

EISCAFÉ

Gelateria Dolce Vita
Kurz gesagt: Hier sind wahre Eis-
künstler am Werk.
Corso G. Garibaldi 13, Malcesine

SHOPPING

Die **Enoteca Malcesine** (Viale
Roma 15b, www.enotecamalcesine.
it) bietet eine riesige Auswahl an
Gardasee-Weinen.
Feinste Olivenöle bekommt man im
Consorzio Olivicultori (Via Navene
21, www.oliomalcesine.it).

AKTIVITÄTEN

Stickl Sportcamp
Für Mountainbike-Fans veranstaltet
Stickl-Sport Bike-Camps mit Tech-

niktraining. Zugleich die älteste
Surfschule Italiens.
Via Gardesana 144b, Malcesine,
Tel. 04 57 40 16 97, www.stickl.com

ARCO

INFO

APT
Viale delle Palme 1, Arco,
Tel. 04 64 53 22 55,
www.gardatrentino.it

SHOPPING

Der Platz um die Kirche S. Maria
Assunta verwandelt sich an jedem
dritten Samstag im Monat in einen
Antiquitätenmarkt.

RIVA DEL GARDA

INFO

APT
Largo Medaglie d'Oro al V. M. 5,
Riva, Tel. 04 64 55 44 44,
www.gardatrentino.it

RESTAURANTS

Locanda Restel de Fer
Küchenchef Alfred Lageder und
sein Team verwenden saisonale,
biologisch hergestellte Zutaten,
aus denen sie nach traditionellen
Rezepten wahre Gaumenfreuden
zaubern. Frühjahr–Herbst Do–Di
ab 18 Uhr.
Via Restel de Fer 10, Riva,
Tel. 04 64 55 34 81,
www.resteldefer.com

Al Volt
Im Keller eines Palazzo aus dem
17. Jh. findet sich das elegante
Restaurant, in dem neben Fischspe-
zialitäten auch Wild serviert wird.
Mo geschl.

Via Fiume 73, Riva,
Tel. 04 64 55 25 70,
www.ristorantealvolt.com

CAFÉS

Caffè Italia
Beliebter Treffpunkt bei jungen
Leuten, die hier bei einem *aperitivo*
zusammenkommen.
Viale Roma 2, Riva

Gelateria Flora
Neben dem wohl besten Eis Rivas
gibt es tolle Snacks.
Viale Rovereto 54, Riva,
www.gelateriaflora.com

NIGHTLIFE

Pub all'Oca
In-Lokal der Stadt, das nicht nur
von den Schönen und Betuchten
gerne besucht wird, um beispielsweise auf den gemütlichen
Ledersofas den Tag ausklingen zu
lassen. Tgl. ab 18 Uhr.
Via S. Maria 9, Riva,
Tel. 04 64 55 34 57

Sky Pool & Bar
Am Pool liegen, einen Drink in der
Hand, das Ganze auf dem Dach des
Hotels Kristal Palace mit genialem
Blick – das Leben kann so schön
sein! April–Okt. tgl. 9–24 Uhr.
Via Confalonieri 8, Riva, www.
hotelkristalpalace-lagodigarda.it

SHOPPING

Cantina Frantoio Agraria
Hervorragende Einkaufsmöglich-
keit für Wein, Olivenöl u.v.m. Die
»Weintankstellen« sind einfach
klasse. Tipp: Probieren Sie auch das
hausgebraute Bier!
Via S. Nazzaro 44, Riva,
Tel. 04 64 55 21 33, www.agririva.it

Die mächtige Scaligerburg (Castello Scaligero) mit ihren unverwechselbaren Türmen wacht seit dem 13. Jahrhundert über dem Städtchen Sirmione am Südufer des Gardasees. Den Obststand mit frischen Kokosschiffchen, Melonen- und Ananasschnitzen gibt es heute noch.

NATUR-SCHÖNHEIT

GESTERN *In der Antike musste man sich durch dichte Wälder zum Gardasee vorkämpfen und stand dann auf einer lieblichen Halbinsel*

HEUTE *Die Lage auf der schmalem Halbinsel ist ein Hit – Sirmione hat sich seinen Status als Besuchermagnet bis heute bewahrt*

GESTERN

»Salve, o venusta Sirmio …« (»Sei gegrüßt, du liebliches Sirmione«) – schon in der Antike inspirierte Sirmione den aus Verona stammenden Dichter Catull (1. Jh v. Chr.) zu kraftvollen Gedichten, er besang den Ort als »Perle der Inseln und Halbinseln«. Seine Oden erwiesen sich als hervorragendes Marketinginstrument, um den Tourismus in

Sirmione anzukurbeln. Höhergestellte Römer ließen hier am südlichen Gardasee prächtige Villen bauen, selbst Julius Caesar soll zu Gast gewesen sein. Norditalien war lange ein Gebiet, um das sich der Papst und der Kaiser des Heiligen Römischen Reiches stritten. Im 13. und 14. Jh. verschaffte die Herrschaft der kaisertreuen Scaliger der Region wirtschaftlichen Aufschwung. Nach der Herrschaft der Scaliger kämpften Mailand und Venedig um die Macht. Die Venezianer siegten 1440, nachdem sie in einem gigantischen, komplizierten Transfer eine Flotte von 25 Lastkähnen und sechs Galeeren samt Soldaten über die Berge geschleppt hatten.

HEUTE

Sirmione ist ein Urlaubermagnet geblieben. Die Tour beginnt etwas weiter westlich in Desenzano del Garda, führt über Sirmione nach Peschiera und nach Süden bis zum Parco Giardino Sigurtà, eine der schönsten Gartenanlagen der Welt.
Adressen und Landkarte: Seite 58/59

1 DESENZANO DEL GARDA

Mit ihren knapp 29 000 Einw. ist die am Südwestende liegende Stadt der größte und lebendigste Ort des Gardasees. Schon unter den Römern wurde in dem seit prähistorischer Zeit besiedelten Hafen Handel betrieben, eine Tradition, die sich seit dem Mittelalter fortgesetzt hat.

Der riesige **Wochenmarkt** jeden Dienstag an der Seepromenade lockt ebenso wie die Eisdielen und Straßencafés an der von Arkaden umgebenen Piazza Malvezzi. Wenige Schritte vom Hauptplatz entfernt verbirgt sich am Ende der Via Crocefisso (Beginn li. vom Dom) die **Villa Romana** (3. Jh. n. Chr.). Sie besteht aus mehreren Gebäudekomplexen; man vermutet eine Thermenanlage des 1. Jhs. und eine frühchristliche Basilika (um 400). Hauptattraktion ist die Prunkvilla mit den Überresten von 240 m² Mosaikfußboden. Die einzelnen Mosaikfelder zeigen Putten bei der Jagd, beim Fischen oder bei der Weinlese und spiegeln ironisch die Vorliebe des Hausherrn für das Wohlleben. Ein Museum zeigt in drei Sälen bei den Ausgrabungen entdeckte Fundstücke (März–Okt. Di–So 8.30–19.30; Nov.–Feb. Di–Sa

8.30–19.30, archäolog. Außenbereich bis 17, So 8.30–14, 1. So im Monat 8.30–19.30, archäolog. Außenbereich bis 17 Uhr, www.villaromana desenzano.beniculturali.it).

Im Dom **Santa Maria Maddalena** (um 1600) beeindruckt in der zweiten Kapelle links Tiepolos Frühwerk »Letztes Abendmahl« mit raffinierter Lichtführung. Auch die Monumentalgemälde des Venezianers Andrea Celesti (1637–1712) an der Innenfassade und in der Apsis sind sehenswert. Der Aufstieg zu den Ruinen des mittelalterlichen **Castello** über der Stadt lohnt vor allem wegen der grandiosen Aussicht.

2 SIRMIONE

Das hübsche Städtchen (7500 Einw.) liegt an der Spitze einer 4 km weit in den See hineinragenden schmalen Halbinsel, die an ihrem Ende mit drei Felsenhügeln aus dem leuchtenden Blau des Wassers emporsteigt. Besonders stimmungsvoll ist es, sich der Stadt auf dem Wasserweg zu nähern.

Blickfang am Ortseingang ist die **Wasserburg der Scaliger,** die besterhaltene Festungsanlage Norditaliens. Mastino I. della Scala ließ diesen Wehrbau mit zinnengekrönten Ringmauern, Torbögen, Zugbrücken, Fallgittern und Schießscharten 1250 auf dem einstigen römischen Osthafen errichten. Ein 30 m hoher Turm, *Mastio*, überragt das Kastell. Von hier überblickt man den südlichen

Vom Castello Scaligero in Sirmione öffnet sich die Aussicht über den südlichen Gardasee.

See (April–Sept. Di–Sa 8.30–19.30, So 9.15–17.45, Okt.–März Di–Sa 8.30–19.30, So 8.30–13.30 Uhr).

Ein einziges Tor führt in Sirmiones Altstadt mit ihrem Gassengewirr und pittoresken Häusern. Das geschäftige Treiben nimmt beim **Thermalbad,** einem hässlichen Zweckbau, wieder ab. Jetzt beginnt auf dem Weg zu den Grotten des Catull eine Gartenlandschaft in Richtung Inselspitze. Inmitten der üppigen Vegetation steht auf dem Mavino-Hügel das **Kirchlein San Pietro in Mavino,** im 8. Jh. von langobardischen Mönchen erbaut und im Laufe der Jh. auf vier übereinander liegenden Putzschichten mit Fresken ausgestattet (tgl. von 8 Uhr bis Sonnenuntergang).

Der römische Dichter Gaius Valerius Catullus (87–45 v. Chr.) hat zwar nie in der nach ihm benannten Grotte bzw. Villa am Nordende der Halbinsel von Sirmione gewohnt, seine Verse besangen aber bereits vor zwei Jahrtausenden die Landschaft an diesem Uferabschnitt des Gardasees. An der Spitze der Halbinsel erstrecken sich die Reste einer über 17 000 m² großen römischen Anlage, die sog. **Grotten des Catull.** Der zu seiner Zeit wegen seiner deftigen Liebesverse wenig geschätzte Dichter konnte die Anlage nicht gekannt haben, da er rund 200 Jahre vor ihrer Errichtung starb. Welche Funktion dieser gewaltige Gebäudekomplex einst innehatte, lässt sich nur vermuten. Wahrscheinlich handelte es sich um ein kaiserliches Gästehaus oder gar einen kaiserlichen Palast mit angeschlossenem Thermalbad. Ein Schwimm-

Etikettenschwindel: Die Grotten des Catull stehen nicht mit dem Dichter in Zusammenhang.

becken wurde über Bleirohre von den Boiola-Quellen am Seeufer gespeist. Die schwefelhaltigen, 69 °C heißen Quellen wurden im 16. Jh. wiederentdeckt und 300 Jahre später gefasst.

Die Fundstücke im **Museum** in der erst teilweise freigelegten archäologischen Zone lassen die einstige Prachtentfaltung des römischen Bauwerks erahnen (April–Okt. Mo, Mi–Fr 8.30 bis 19.30, Sa, So, Fei 9–18, Außenbereich 9.30–19, Nov.–März Mo, Mi–Fr 8.30–19.30, Außenbereich 8.30–17, Sa, So, Fei 8.30–14 Uhr). Man sollte die Gelegenheit nutzen, an den berühmten **Kalkterrassen** direkt vor der Anlage im See zu baden.

3 PESCHIERA DEL GARDA

Seit der Römerzeit eine strategisch wichtige Festung, die auch Dante in seiner »Göttlichen Komödie« verewigte (20. Gesang der Hölle), hat das einstige Fischerstädtchen viel von seinem Charme eingebüßt. Der gut 2 km lange Bastionsgürtel, der den Ortskern umschließt, stammt aus venezianischer Zeit und wurde von Napoleon und danach von den Österreichern verstärkt. Seine gewaltigen Ausmaße sind am besten zu erfassen, wenn man mit einem Boot durch die Mauergräben fährt. Sehenswert sind der Hafen und die malerische **Altstadt,** die auf einer Insel am Austritt des Mincio aus dem See errichtet wurde.

4 BORGHETTO DI VALEGGIO SUL MINCIO

Der bezaubernde Vorort im Schatten von Valeggios Scaligerburg wurde 1393 zum Schauplatz einer Machtdemonstration, wie sie das Abendland nur selten erlebt hat. Giangaleazzo Visconti, unermesslich reicher Herr über Mailand, legte Mantua und Verona buchstäblich trocken und machte sie so wehrlos. Ein Vermögen war ihm der Bau einer Dammanlage wert, um das Wasser des Mincio von Mantuas drei Seen abzuleiten. Die Dimensionen sind zum Staunen: 600 m lang ist die Aufschüttung durch das Flusstal, 26 m breit und 10 m hoch. Der mit Mauern befestigte Damm der **Visconti-Brücke** wurde in nur acht Monaten fertiggestellt.

1438 wagten es nicht einmal die bis an die Zähne bewaffneten Venezianer, die Brücke anzugreifen, um dem von den Visconti belagerten Brescia

Im März verwandeln Millionen von Tulpen den Parco Giardino Sigurtà in ein Farbenmeer.

zu Hilfe zu eilen. Dafür besaß Venedig die Kühnheit, seine Kriegsschiffe (sechs Galeeren, zwei Galeonen, 25 Barken) mithilfe von 2000 Ochsen durch das Gebirge zu transportieren und bei Torbole wieder zu Wasser zu lassen. In der Burg von Malcesine (siehe Seite 50) ist dieses unglaubliche Unternehmen dokumentiert. Eine Tafel erinnert daran, dass auf dieser Brücke in späteren Tagen die Staatsgrenze zwischen Österreich und Italien verlief (heute Provinzgrenze Verona/Mantua).

Über 4000 Pasta-Fans nahmen bis 2018 jedes Jahr am dritten Dienstag im Juni an der langen Tafel auf der Visconti-Brücke Platz, um die »Liebesknoten«, die berühmten Tortellini von Valeggio, bei der **Festa del Nodo d'Amore** zu feiern. Nach einjähriger Pause soll das Fest vorauss. ab 2020 neu aufleben (aktuelle Infos und Eintrittskarten unter: www.ristorantivaleggio.it).

5 PARCO GIARDINO SIGURTÀ

Nur 1 km von Valeggio sul Mincio entfernt liegt der **Parco Giardino Sigurtà.** Ausgangspunkt für eine 1- bis 3-stündige Erkundung des 60 ha großen Parks ist die **Villa Maffei** (17. Jh.). Hier wohnte Graf Carlo Sigurtà, der das Gelände 1941 erwarb und 1978 für das Publikum öffnete.

Umgeben von üppiger Vegetation mit einer einmaligen Blumenpracht finden sich in der Anlage kleine Seen, Aussichtsterrassen, eine Eremitenkirche und die Ruinen einer Scaligerburg. Das blühende Paradies lässt sich über kilometerlange Spazierwege mit Muße zu Fuß erkunden oder auch mit einem Bähnchen; Fahrräder kann man ebenfalls mieten (Anf. März–Anf. Nov. tgl. 9–19, März, Okt., Nov. bis 18 Uhr, www.sigurta.it).

💬 **PASTA DER LIEBE**

Als die beiden Liebenden Hauptmann Malco und die Nymphe Silvia sich gemeinsam in den Fluss stürzen, um der Verfolgung durch die eifersüchtige Isabella zu entgehen, bleibt am Ufer nur ein geknotetes Tuch als Zeichen ihrer Liebe zurück. Jahr für Jahr gedenkt man dieser Legende mit einem fein gefüllten Pastateig, so dünn wie Seide.

INFORMATIONEN

TOUR **8** Am Südufer des Gardasees – von Desenzano über Sirmione bis Valeggio

Autotour, 1 Tag, ca. 40 km

STATIONEN

1 Desenzano del Garda
2 Sirmione
3 Peschiera del Garda
4 Borghetto di Valeggio
   sul Mincio
5 Parco Giardino Sigurtà

INFO IM INTERNET

www.visitgarda.com

DESENZANO DEL GARDA
INFO
IAT
Via Porto Vecchio 34, Desenzano
del Garda, Tel. 03 03 74 87 26

HOTEL
Piccola Vela
Charmantes Hotel mit Dachterrasse
und Seeblick. In dem schönen
Garten entspannt man unter Oliven-
bäumen oder im Pool.
Viale T. Dal Molin 36, Desenzano del
Garda, Tel. 03 09 91 46 66,
www.piccolavela.it

RESTAURANTS
Antica Hostaria Cavallino
Sehr elegante Topadresse mit
Tischen auch im Freien. Schwer-
punkt: Fisch. Große Weinauswahl.
So abends und Mo ganztägig sowie
14. Nov.–7. Dez. geschl.
Via Murachette 29, Desenzano del
Garda, Tel. 03 09 12 02 17,
www.ristorantecavallino.it

Esplanade
Herrliche Seeterrasse, exzellente
Fischterrinen und *dolci*, mit einem
Michelin-Stern ausgezeichnet. Mi
geschl.
Via Lario 3, Desenzano del Garda,
Tel. 03 09 14 33 61,
www.ristorante-esplanade.com

Wine Bar Alessi
Enothek mit leckeren Aufschnitt-
platten im Hotel Alessi.
Via Castello 3, Desenzano del
Garda, Tel. 03 09 14 19 80,
www.hotelalessi.com

EISCAFÉ
Vivaldi
Der Eismacher ist auf Halbgefro-
renes und Sorbets spezialisiert.
Köstlich: die Eistramezzini!
Piazza Matteotti 9, Desenzano del
Garda

SHOPPING
Salumeria da Angelo
Alteingesessenes Feinkostgeschäft
mit ausgesuchten Käse- und
Wurstspezialitäten. Die freundlichen Inhaber servieren auch einen
köstlichen Imbiss.
Via Sant'Angela Merici 26, Desenzano del Garda, Tel. 33 33 25 94 99,
www.salumeriadaangelodesenzano.it

Jeden 1. So im Monat (außer Jan./
Aug.) **Antiquitätenmarkt** auf der
Piazza Malvezzi.

SIRMIONE
INFO
IAT
Viale Marconi 2, Sirmione,
Tel. 03 03 74 87 21

HOTEL
Palace Hotel Villa Cortine
Residieren wie ein Fürst, umgeben von
einem wunderschönen Park: Das ist
ein Traum von einem Hotel.
Viale C. Gennari 2, Sirmione,
Tel. 03 09 90 58 90,
www.palacehotelvillacortine.com

RESTAURANTS
Risorgimento
Spitzenrestaurant, bekannt für
feine Gardaseeküche mit mediter-
ranem Touch. Terrasse direkt an der
Piazza. Di geschl.
Piazza Carducci 5/6, Sirmione,
Tel. 030 91 63 25,
www.risorgimento-sirmione.com

La Rucola 2.0
Hier sind Haubenköche am Werk:
anspruchsvolle und leichte mediterrane Küche. Do geschl.
Vicolo Strentelle 3, Sirmione,
Tel. 030 91 63 26,
www.ristorantelarucola.it

Osteria Al Torcol
Ein idyllischer Garten lädt mitten
in der Altstadt zum Genuss lokaler
Spezialitäten ein. Di–Fr mittags
geschl.

Via San Salvatore 30, Sirmione,
Tel. 03 09 90 46 05

Al Pescatore

Preiswertes Lokal in der Altstadt;
neben Fischgerichten auch leckere
Pizza. Do geschl.
Via Piana 20/22, Sirmione,
Tel. 030 91 62 16,
www.ristorantealpescatore.com

EISCAFÉ
Da Gino

Eine Institution seit 1965. Sirmiones
führender Eissalon wurde schon
1987 auf der internationalen
Eis-Expo preisgekrönt. Favoriten:
Erdbeer- und Himbeer-Sorbetti,
Haselnuss- und Schokoladeneis aus
geschmolzener Edelschokolade. Mi
geschl.
Piazza Flaminia 2, Sirmione

AKTIVITÄTEN

Die **Thermalanlagen** Sirmiones
gehören zu den renommiertesten in
Europa. Info und Kuranmeldungen:
Tel. 03 09 90 49 23,
www.termedisirmione.com

Aquaria Thermal Spa

Exklusive Therme mit schönem Außenbereich und Ruhezonen. So-Mi
9-22, Do 11-24, Fr, Sa 9-24, Juli, Aug.
tgl. bis 24 Uhr; im Juli u. Aug. Sa u.
So Anmeldung obligatorisch.
Piazza Don A. Piatti 1, Sirmione,
Tel. 030 91 60 44

PESCHIERA DEL GARDA
INFO
Tourism Peschiera

Piazzale Betteloni 15, Peschiera del
Garda, Tel. 04 52 23 71 83,
www.tourismpeschiera.it

HOTEL
B&B Massoni

Liebevoll gestaltetes B&B in einem
alten Landhaus inmitten von
Olivenhainen und Weinbergen. Das
reichhaltige Frühstück genießt
man bei schönem Wetter auf der
Terrasse.
Strada Massoni 6c, Peschiera del
Garda, Tel. 33 83 28 92 95,
www.bebmassoni.com

VALEGGIO SUL MINCIO
RESTAURANTS
Belvedere

Hotelrestaurant mit traditioneller
Küche, Fleisch vom Grill und wunderbarer Aussicht. Mi, Do geschl.
Loc. Santa Lucia Monti 12, Valeggio
sul Mincio, Tel. 04 56 30 10 19,
www.ristorantebelvedere.eu

Antica Locanda Mincio

Spezialitäten des Hauses sind
Pasta – z. B. mit Kürbis gefüllte Tor-
tellini – und Fischgerichte, die im
Sommer bei Kerzenschein im Freien
serviert werden. Mi, Do geschl.
Via Buonarrotti 12, Valeggio sul
Mincio (OT Borghetto),
Tel. 04 57 95 00 59,
www.anticalocandamincio.it

AKTIVITÄTEN
Cavour Aquapark

Im Ortsteil Ariano von Valeggio
kann man einen tollen Tag mit der
Familie verbringen. Diverse Rut-
schen und schön gestaltete Becken
mit Sandstrand. Juni–Anf. Sept. tgl.
10–19, letzter Einlass 17.45 Uhr.
Via Napoleonica, Loc. Ariano, Valeggio sul Mincio, Tel. 04 57 95 09 04,
www.parcoacquaticocavour.it

TOUR **9** **GARDASEE WESTUFER**

TUTTI FRUTTI

GESTERN *Zitronenplantagen überzogen einst das Gardasee-Westufer. Von Mönchen initiiert, wurden sie zum lukrativen Geschäft*

HEUTE *Der Tourismus beendete den Zitronen-Boom, doch einige »limonaie« sind noch erhalten. Wo? In Limone natürlich!*

GESTERN

Bereits im 13. Jh. brachten Mönche die ersten Zitrusfrüchte von der ligurischen Riviera an das Westufer des Gardasees und begannen, vor allem um den Doppelort Toscolano-Maderno, sie auf Plantagen zu kultivieren. 1464 notierte ein Gelehrter aus Verona: »Ein Ort, der sich nicht nur des Duftes von Rosengärten und purpurfarbener Blüten erfreut, sondern zudem überall beschattet wird von den dicht belaubten Zweigen der Zitronen- und Zitronatbäume.« Und der Schriftsteller Marin Sanudo berichtete 1483 von »zardini de zedri, naranzari et pomi damo« (»Gärten mit Zitronen, Apfelsinen und Granatäpfeln«), die er überall am Ufer sah. *Limonaie* nannte man die Zitronengärten, die rasch einen ordentlichen Gewinn abwarfen und der Region jahrhundertelang zu einem unverwechselbaren Gesicht verhalfen. Bei der Ernte wurden die Früchte nach ihrer Größe in fünf Klassen geordnet. Nur die besten, *fini* und *sopraffini,* kamen für den Export infrage – nach Ungarn, Polen, Russland und Österreich.

HEUTE

Der Zitronenanbau wurde ein zunehmend mühsames Geschäft, und mit der Entdeckung des Tourismus als Einnahmequelle stellten immer mehr Bauern die strapaziöse Arbeit ein. In den 1980er-Jahren besann man sich der einstigen Wahrzeichen und bewirtschaftete einige Zitronengärten wieder, etwa an der Uferstraße vor Porto di Tignale. Eine besonders schöne Pflanzung findet man in der Via Castello. Diese Tour führt von Toscolano-Maderno bis nach Limone.
Landkarte: Seite 64, Adressen: Seite 65

1 TOSCOLANO-MADERNO

Trotz der z. T. nicht einfachen Erreichbarkeit der Ortschaften war das Westufer des Gardasees immer eine wirtschaftlich rege Gegend. Eine kleine Flussmündung teilt den auf einer Halbinsel gelegenen Doppelort **Toscolano-Maderno** in das von malerischen Gassen durchzogene Maderno und Toscolano, das seit dem Mittelalter europaweit bekannte Zentrum der Papierherstellung. Dank

Im 18. Jahrhundert musste man nur zum Gardasee fahren, um live zu erleben, was Dichterfürst Goethe und Walzerkönig Strauß mit ihren lyrischen und musikalischen Werken über das »Land, wo die Zitronen blühen«, meinten. Hier eine Aufnahme aus dem Jahr 1910 – da war die Konkurrenz aus Süditalien allerdings schon stark geworden.

Meisterwerk des Straßenbaus: Für die ersten 28 Kilometer der Gardesana Occidentale von Riva nach Gargnano mussten 74 Tunnel in die Steilhänge gesprengt werden.

ihrer exzellenten touristischen Infrastruktur sind beide Städte als Ferienziele gleichermaßen beliebt.

Madernos Hauptattraktion ist die Pfarrkirche Sant'Andrea aus dem 12. Jh. am Ortseingang, von Gardone Riviera aus kommend (8–11.30, 14.30–18 Uhr). Fragmente eines vorchristlichen Tempels sowie Skulpturenreste des langobardischen Vorgängerbaus aus dem 8. Jh. sind an der Fassade, der Apsis und der Westwand zu sehen. Das Eingangsportal zeigt Tierskulpturen, Arabeskenschmuck, Menschenköpfe und langobardische Flechtbandornamentik.

Toscolano wiederum rühmt sich der Patenschaft für den gesamten Gardasee, der in der Antike *Lacus Benacus* hieß: Ein gallischer Seher namens Acus soll an der Stelle des heutigen Toscolano den Ort Benacus gegründet haben. Dass sowohl Torbole, Garda, Salò als auch einige andere Dörfer diese Legende für sich in Anspruch nehmen, stört die selbstbewussten Toscolaner wenig.

Bei einem Spaziergang im **Tal des Toscolano-Flusses** entlang der alten **Papiermühlen** – die letzte war bis in die 1960er-Jahre in Betrieb – trifft man nach etwa einer halben Stunde auf das kleine **Museo della Carta;** dieses Papiermuseum dokumentiert anschaulich das alte Handwerk (Via Valle delle Cartiere 57/59, Mitte März–Mitte Okt. tgl. 10–18 Uhr, sonst nur Gruppen nach Anmeldung, Tel. 33 89 33 64 51, www.valledellecartiere.it).

💬 **WICHTIGE PAPIERE**

… wurden hier erstellt. Die erste Auflage des Neuen Testaments, auch Lutherbibel genannt, erschien 1522 auf Papier aus dem Tal der hiesigen Mühlen.

2 GARGNANO

Von hier folgt man der Gardesana bis nach **Gargnano** (2900 Einw.). Bisher von den Folgen eines ausufernden Fremdenverkehrs weitgehend verschont, zeigt sich der malerische Gardaseeort Besuchern von seiner heiteren Seite. Der kleine, südlich vom Zentrum Gargnanos gelegene Ortsteil **Bogliaco** ist stolzer Besitzer eines »Mini-Schönbrunn«: Die kaiserliche Sommerresidenz der Habsburger in Wien diente offensichtlich der prächtigen **Villa Bettoni-Cazzago** (18. Jh.) als Vorbild. Sie ist leider nur von außen zu besichtigen. Die schönste Aussicht auf die seewärts gerichtete Fassade hat man vom kleinen Hafen aus, dahinter findet sich an der Straße eine elegante, mit Statuen geschmückte Freitreppe am Ende einer barocken Parkanlage.

Niemand stößt sich heute noch daran, dass die Ministerien der faschistischen »Republik von Salò« von 1943 bis 1945 tatsächlich im neoklassizistischen **Palazzo Feltrinelli** von Gargnano untergebracht waren. Mittlerweile dient der Palast als Sommersitz der Universität Mailand, die hier Sprachkurse für Ausländer veranstaltet. Nur wenige Schritte entfernt residierte einst Mussolini in der **Villa Feltrinelli,** die heute ein Grand Hotel ist (Via Rimembranza 38–40, www.villa feltrinelli.com). Sehenswert ist der »steinerne Zitronengarten« am Ortseingang, der sich im romanisch-gotischen Kreuzgang des **Klosters San Francesco** (spätes 13. Jh.) verbirgt. Hier zieren Orangen und Zitronen sogar die steinernen Kapitelle.

Am Hafen, mit seiner hübschen Promenade ein Anziehungspunkt, erinnern die eingemauerten, aus den Fassaden ragenden Kanonenkugeln an den Beschuss des friedlichen Fischerdorfes im Jahr 1866 durch die Österreicher während des italienischen Risorgimento.

In Gargnano ist Gelegenheit für eine Mittagspause in einem der Lokale am Hafen.

3 CAMPIONE DEL GARDA

Weiter geht es auf der Gardesana über das etwa 10 km weiter nördlich gelegene, winzige **Campione del Garda,** das bis etwa 1930 nur mit dem Boot erreichbar war. Einmalig ist seine Lage auf einer kleinen Halbinsel vor den fast senkrecht aufragenden Felsen. Der gleichnamige Fluss, der sich hier in einer Schlucht in den See ergießt, hat in den Jahrtausenden so viel Schwemmland mitgeführt, dass der Ort mit seinen ca. 180 Einwohnern Platz fand. Einst war das Dorf eines der größten am See.

Der Unternehmer Vittorio Olcese nutzte hier im 19. Jh. einen Wildbach für die Errichtung einer Baumwollspinnerei. Im 19. Jh. arbeiteten hier etwa 700 Menschen. Nach der Stilllegung der Fabrik im Jahr 1981 entwickelte sich der Ort zu einem beliebten Surfspot. Heutzutage bietet Campione jedoch ein trauriges Bild: Das Areal wurde von einem Investor aufgekauft. Nach ersten Bauaktivitäten sorgten einige Skandale und ein Felssturz 2014 für die Insolvenz. Die weitere Entwicklung ist derzeit ungewiss.

In den 1950er-Jahren war Camping am Gardasee vor allem bei deutschen Touristen sehr beliebt. Bis heute hat sich daran nicht viel geändert.

4 AUF DIE HOCHEBENE DES TREMOSINE

Von Campione fährt man über die Gardesana in das herrlich gelegene Limone sul Garda – oder man baut einen kleinen Abstecher ein, der zwar anspruchsvoll zu fahren, aber absolut lohnend ist. Knapp 2 km nördlich von Campione del Garda zweigt die Straße Richtung Pieve ab. Der Weg ins Dorf führt in Serpentinen hinauf zur wildromantischen Brasa-Schlucht mit ihrem Wasserfall.

Fast 400 m über dem Seeniveau befindet man sich, wenn man Pieve erreicht hat. Der Hauptort der Hochebene des Tremosine lädt mit seinen romantisch verwinkelten Gassen zu einem Spaziergang ein. Das Panorama und eine Stärkung genießt man am besten im Restaurant des Hotels Paradiso, etwas außerhalb in Richtung Arias gelegen. Seine legendäre *Terrazza del brivido* (Schauderterrasse) schwebt praktisch über dem See und bietet einen fantastischen Ausblick (Viale Europa 1, Pieve, Tremosine sul Garda, www.terrazzadelbrivido.it).

Am Ende der Ebene, direkt am Fuß der Berge, liegt das malerische Dörfchen Vesio. Von hier aus kann man eine etwa einstündige Wanderung zum Lago di Bondo in das gleichnamige Naturschutzgebiet unternehmen (eine gute Übersicht, auch zu weiteren Touren, bietet die Seite www.tremosine sulgarda.it). Der See, der ein Überbleibsel der Würm-Eiszeit ist, liegt während der Sommermonate trocken.

Zur Rückkehr ans Ufer nimmt man von Vesio aus am besten die Straße nach Voltino, die an Olivenhainen vorbei nach Limone sul Garda führt.

5 LIMONE SUL GARDA

Wie kein anderer Ort am Westufer wird der einstige »Zitronengarten« des Sees von Touristen bestürmt. Der Ortsname kündet bereits davon, für welches Erzeugnis die Gegend einst berühmt war: Zitronen. Ob der Ortsname Limone nur die wörtliche Übersetzung von »Zitrone« bedeutet oder nicht vielleicht doch das lateinische *limes* (Grenze) dahintersteckt, wird wohl nie mehr zu klären sein.

Im alten Zentrum lohnt sich ein Blick in die barocke Pfarrkirche San Benedetto aus dem 17. Jh. Ihr Inneres birgt Gemälde von Andrea Celesti (1637–1711), darunter auch eine Darstellung der »Hl. drei Könige« (rechts neben dem Altar).

2018 wurde zwischen Limone und Riva ein sehr schöner 4 km langer Rad- und Fußweg (Ciclopedonale Limone) eingeweiht. Er führt direkt am Ufer entlang und ist auf 2 km als freischwebender Steg angelegt. Am Beginn des Weges in Limone kann man E-Bikes leihen. Auch nicht entgehen lassen sollte man sich den Genuss eines der berühmten Limone-Karpfen.

INFORMATIONEN

TOUR ❾ Am Westufer des Gardasees

Autotour, 1 Tag, ca. 40 km

STATIONEN

1 Toscolano-Maderno
2 Gargnano
3 Campione del Garda
4 Auf die Hochebene
des Tremosine
5 Limone sul Garda

PRAKTISCHE HINWEISE

Kostenpflichtige Parkplätze gibt
es in allen Orten. Besonders
schön ist die Tour im Frühjahr
und Herbst, wenn die Straßen
nicht von Autokolonnen verstopft
sind. Die **Gardesana Occidentale**
von Riva nach Gargnano ist mit
ihren 74 Tunneln, die sich zum Teil
zum See hin öffnen, selbst eine
Sehenswürdigkeit. Hier wurde z. B.
der James-Bond-Film »Ein Quantum
Trost« gedreht.

RESTAURANT

Antica Trattoria Alle Rose

Etwas südlich dieser Tour gelegen,
aber das beste Restaurant am See.
Hier werden ausschließlich regionale Produkte verwendet. Mi geschl.
Via Gasparo da Salò 33, Salò,
Tel. 036 54 32 20,
www.ristanterosesalo.it

TOSCOLANO-MADERNO

INFO

Ufficio IAT

Viale Ugo Foscolo 3, Toscolano-
Maderno, Tel. 036 53 74 87 41,
www.visitgarda.com

RESTAURANT

La Cascina Sant Ambrogio

Freundliches Grillrestaurant in den
Hügel über der Stadt. Toller Blick
auf den See. Fr, Sa ab 19 Uhr, So nur
mittags.
Via Sant Ambrogio 24, Toscolano-Maderno, Tel. 33 19 79 65 29

GARGNANO

INFO

Associazione Turistica Gargnano

Piazzale Boldini 2, Gargnano,
Tel. 03 65 79 12 43,
www.gargnanosulgarda.com

HOTEL

Tiziana

Das im 18. Jh. erbaute Haus wurde
komplett restauriert. Das Frühstück
wird im Garten serviert, und der
Blick auf den See von den Zimmern
ist klasse.
Via Dosso 51, Gargnano,
Tel. 036 57 13 42,
www.albergotiziana.com

Villa Giulia

Elegante Zimmer in einer Villa aus
dem 19. Jh.
Via Rimembranza 20, Gargnano, Tel.
036 57 10 22, www.villagiulia.it

RESTAURANTS

La Tortuga

Mit die teuerste Feinschmecker-
adresse der Region mit einem

Michelin-Stern. Heißer Tipp: Terrine
mit Fisch aus dem See. Reservierung obligatorisch. Di geschl.
Via XXIV Maggio 5, Gargnano,
Tel. 036 57 12 51,
www.ristorantelatortuga.it

Allo Scoglio

Einrichtung wie Küche schlicht, aber
gut. Unbedingt die *tagliatelle al ragù
di lago* probieren! Mo geschl.
Via Barbacane 2, Bogliaco,
Tel. 036 57 10 30, www.alloscoglio.it

LIMONE SUL GARDA

INFO

Consorzio Turistico Limonese

Via IV Novembre 29, Limone,
Tel. 03 65 95 47 20,
www.limone-hotels.com

RESTAURANT

Monte Baldo

Traditionelle lokale Küche, herzlicher Service und eine herrliche
Terrasse direkt über dem See.
Via Porto 29, Limone, Tel. 03 65 95
40 21, www.montebaldolimone.it

SHOPPING

In der **Cooperativa Agricola Possi-
denti Oliveti**, Via Campaldo 10, gibt
es Führungen durch die Ölmühle
(10–16, im Sommer bis 18 Uhr,
www.oleificiolimonesulgarda.it),
ganzjährig sind in der Verkaufsstel-
le Olivenöl und andere Spezialitäten der Region.

Der Rennfahrer Piero Taruffi, hier beglückwünscht von seiner Gattin Isabella, gewann 1957 mit der »Scuderia Ferrari« die Mille Miglia. Danach machte das Rennen 20 Jahre Pause, da ein schwerer Unfall mehrere Todesopfer gefordert hatte.

TOUR **10** **BRESCIA**

START DER 1000 MEILEN

GESTERN *Benzin haben sie hier im Blut, sagt man. Kein Wunder, dass in Brescia die halsbrecherische Mille Miglia ausgeheckt wurde*

HEUTE *Das Autorennen ist mittlerweile eine Oldtimer-Genusstour, der Stadtrundgang in Brescia eher per pedes ein Vergnügen*

GESTERN

Im Dezember 1925 saßen vier junge Männer aus Brescia zusammen und brüteten über einer kühnen Idee: Sie wollten ein spektakuläres Autorennen veranstalten und damit ihre Heimatstadt zum Nabel des Motorsports machen. Ein Straßenrennen sollte es werden, über unbefestigte Landstraßen, das in Brescia starten und enden würde. Auch über die Streckenlänge war man sich rasch einig: 1600 km sollten es sein, was 1000 englischen Meilen (*mille* = tausend, *miglia* = Meilen) entsprach. Umkehrpunkt sollte Rom sein. Zwei Jahre später war es dann tatsächlich so weit: Die Premiere gewann das Team des einheimischen Autobauers OM (Officine Meccaniche) mit einer Zeit von 21 h 44 min und einer Durchschnittsgeschwindigkeit von 77 km/h. Seither gewannen fast immer Italiener in italienischen Fabrikaten. Aber auch Mercedes konnte zweimal triumphieren; 1931 mit Rudolf Caracciola und 1955 mit dem Briten Stirling Moss, der die schnellste Durchschnittsgeschwindigkeit in der Geschichte des Rennens fuhr. Nach einem schweren Unfall im Jahr 1957 wurde das Rennen eingestellt und erst 20 Jahre später wiederbelebt.

HEUTE

Seit 1977 findet die »Mille Miglia Storica« jedes Jahr im Mai statt. Es dürfen nur Fahrzeuge teilnehmen, deren Typ in der Geschichte des Rennens bis 1957 an den Start gegangen ist. Heute geht es nicht mehr um Geschwindigkeit, sondern um Gleichmäßigkeit und Zuverlässigkeit.

Bei einem Besuch in Brescia sollte das Mille Miglia Museum (siehe Seite 71) natürlich auf dem Programm stehen, doch die Stadt hat auch ganz »bleifreie« Attraktionen zu bieten.
Stadtplan: Seite 70, Adressen: Seite 71

Ⓐ BURGBERG

Die den Cidneo-Hügel umgürtenden Bastionen schließen die römische Festung aus dem 1. Jh. n. Chr. ein; in den folgenden Jahrhunderten entstanden weitere Wehranlagen, wie der mächtige

Rundturm **Torre Mirabella** (13. Jh.) und die Viscontifestung, das **Castello** aus dem 14. Jh. Beim Aufstieg zur Burg über die Via del Castello lässt man die Epochen der Stadtentwicklung Brescias von den Römern bis zur Renaissance Revue passieren. Die ab dem 12. Jh. angelegte Burg mit Türmen, Wehrmauern und Lagerhäusern (meist 15./16. Jh.) liegt in einem schönen Park. Sie beherbergt das Specola Cidnea-Observatorium, das Museo delle Armi (Waffenmuseum) sowie das sehenswerte **Museo del Risorgimento,** das Italiens Freiheitskampf im 19. Jh. dokumentiert (Via Castello 9, Mitte Juni–Mitte Sept. Di–Fr 10–18, Sa, So 10–19, sonst Di–Fr 9–17, Sa, So 10–18 Uhr, www.bresciamusei.com).

Ⓑ SAN PIETRO IN OLIVETO

Zurück in die Stadt kann man den Stufenweg des Südhangs, die **Via delle Barricate,** nehmen, von wo man zur **Piazza Tito Speri** gelangt; ostwärts wiederum führt eine Straße bis zur Terrasse der **Kirche San Pietro in Oliveto.** Das Gotteshaus aus dem 12. Jh., 1510 im Stil der Renaissance umgestaltet, liegt reizvoll über den Dächern der Stadt. Sehenswert sind die beiden Kreuzgänge aus dem 16. Jh. (falls die Kirche geschlossen ist, einfach läuten). Durch die Via Piamarta geht es weiter zur nächsten Station.

Ⓒ MONASTERO DI SANTA GIULIA

Das ehem. **Nonnenkloster Santa Giulia** mit Museum gehört zum UNESCO-Welterbe. Mitte des 8. Jhs. gründeten die Langobarden hier über den Resten einer römischen Prachtvilla (heute freigelegt) einen Konvent für die Benediktinerinnen. Drei Kirchen und zwei Kreuzgänge bilden den Kern der Klosteranlage. Eine ältere Kirche wurde Anfang des 9. Jhs. durch die Säulenbasilika **San Salvatore** mit wunderschönen Freskenresten aus karolingischer Zeit ersetzt, Architekturreste des

---

💬 PARTNERSTÄDTE

... von Brescia sind unter anderem Belén im Westjordanland, Shénzhen in China und Darmstadt.

Vorgängerbaus sind sichtbar in der Krypta. Die Renaissancekirche **Santa Giulia** und das romanische Gotteshaus **Santa Maria in Solario** mit Freskenschmuck von Brescianer Malern (16. Jh.) vervollständigen die Pracht.

Das **Museo di Santa Giulia** beherbergt eine reiche Sammlung römischer Fundstücke, die zum Großteil vom Tempio Capitolino stammen, darunter Mosaiken und die einst vergoldete Bronzestatue der geflügelten Siegesgöttin Victoria (1. Jh. n. Chr.). Weitere kostbare Exponate sind die Lipsanothek, ein mit christlichen Szenen verziertes Elfenbeinkästlein aus dem 4. Jh., sowie das mit Edelsteinen, Gemmen und Ornamenten dekorierte Desideriuskreuz aus dem 8. Jh. (Via dei Musei 81/b, Mitte Juni–Mitte Sept. Di–Fr 10–18, Sa, So 10–19, sonst Di–Fr 9–17, Sa 10–21, So 10 bis 18 Uhr, www.bresciamusei.com).

Ⓓ TEMPIO CAPITOLINO

In der Via dei Musei befand sich einst das Zentrum des römischen *Brixia*. Der ehemals reich ausgestattete **Tempio Capitolino,** 73 n. Chr. von Kaiser Vespasian errichtet und erst im Mittelalter zerstört, wurde im 20. Jh. ausgegraben und rekonstruiert. Der Tempel bildete die Schmalseite des einstigen **Forums**, des römischen Marktplatzes (Öffnungszeiten wie Castello, www.bresciamusei.com). An der heutigen, südlich des Tempio gelegenen **Piazza del Foro** legte man Teile der begrenzenden Wandelhallen des antiken Platzes frei. In der Fassade der **Kirche San Zeno** wurde eine röm. Säule mit mächtigem Architrav verbaut, die man hier fand. Imposant sind die Ruinen des **Teatro Romano** mit einer gewaltigen Tribüne, auf der bis ins Mittelalter Volksversammlungen abgehalten wurden, die Reste eines Bühnenraumes und eine original erhaltene Treppe zu den höheren Sitzreihen.

Ⓔ DUOMO VECCHIO

Auf der großzügig angelegten Piazza del Duomo (oder Piazza Paolo VI.) ragt der **Duomo Vecchio** (Alter Dom, auch *Rotonda* – Rotunde) aus dem 12. Jh. auf. Der dominierende Zentralkuppelbau wurde an der Stelle der Basilica di Santa Maria Maggiore aus dem 6. Jh. errichtet, von der Reste des Fußbodens erhalten sind. Die klare Geometrie des Gotteshauses wird nur durch das höher aufragende Presbyterium unterbrochen. Zu den kostbarsten Schätzen im Inneren zählen der Sarkophag des Bischofs Bernardo Maggi von 1308 sowie Gemälde von den Hauptmeistern der Brescianer Malerschule, Moretto da Brescia und Girolamo Romanino (Di–So 9–12, 15–18 Uhr).

🔴 DUOMO NUOVO

Bis zum 16. Jh. stand neben dem Alten Dom die frühchristliche Kathedrale San Pietro de Dom, doch dann hatte man mit der Errichtung des **Duomo Nuovo** ehrgeizigere Pläne. Den Spätrenaissancebau aus weißem Marmor krönt die mit 82 m dritthöchste Kuppel Italiens (nach St. Peter in Rom und dem Dom von Florenz).

🔴 PALAZZO DEL BROLETTO

Wie die kirchliche, so setzte auch die weltliche Macht am zentralen Platz der Stadt herausragende Akzente, was der heutige Sitz der Provinzialverwaltung bekundet, der **Palazzo del Broletto.** Das Stadthaus, errichtet im 12./13. Jh., wurde als Sitz der Gemeinde Sinnbild urbanen Selbstbewusstseins. Noch heute ertönt zur Einberufung des Stadtrats, der allerdings andernorts tagt, hoch oben auf der Torre del Pegol (11. Jh.) die große Glocke. Früher läutete sie, bevor man von der Loggia delle Gride, ältester Teil des Broletto, Verordnungen erließ.

🔴 BIBLIOTECA QUERINIANA

Die Stadtbibliothek **Biblioteca Queriniana** hat ihren Sitz hinter der Apsis des Duomo Nuovo. Sie beherbergt als Hinterlassenschaft ihres Namensgebers Kardinal Angelo Maria Querini über 300 000 kostbare Inkunabeln und Handschriften, u. a. von Dante und Petrarca, sowie wertvolle Evangeliare (Via Mazzini 3, Di–Fr 8.45–18, Sa 8.30–12.30 Uhr).

🔴 PIAZZA DELLA LOGGIA

Im 15. Jh. erhoben die Bürger von Brescia die Forderung nach einem neuen Gemeindesitz, und ein großes Stadthaus entstand, heute **Loggia** genannt, das einem der schönsten Plätze der Lom-

Der Hauptsaal der Biblioteca Queriniana ist mit prachtvollen Fresken ausgeschmückt.

bardei den Namen gab: **Piazza della Loggia.** Venezianischer kann die Atmosphäre außerhalb der Lagunenstadt kaum sein, sobald die Morgensonne über die Fassaden des Häuserensembles streicht und die steinernen Gesimse, Büsten und Verzierungen der auch **Palazzo del Comune** genannten Loggia zum Leuchten bringt. Die dekorativen Fensterumrahmungen im Stil der Hochrenaissance entwarf der Baumeister Andrea Palladio, die Putti des Frieses stammen von Jacopo Sansovino.

Venedig ist auch mit dem alten Pfandhaus **Monte di Pietà** aus dem 15./16. Jh. an der Südseite der Piazza präsent. Einen Blick verdient an der Schmalseite des Platzes der berühmte Uhrturm **Torre dell'Orologio** (16. Jh.).

🄹 CHIESA SANT'AGATA

Die Kirche gab der Gasse hinter der Loggia, bis heute eine der vornehmsten Adressen Brescias, ihren Namen. An der **Piazza della Vittoria** zeigt sich die Architektur des Faschismus von ihrer düsteren Seite. Versöhnlich dagegen wirken die schönen Geschäfte unter den Arkaden des südlich der Piazza verlaufenden **Corso Zanardelli**.

🄺 SANTA MARIA DEI MIRACOLI

Ein Schmuckstück der oberitalienischen Renaissance: Die Fassade des an der Wende vom 15. zum 16. Jh. errichteten Gotteshauses zieht mit ihrem überbordenden skulpturalen Schmuck die Blicke auf sich (Mo–Sa 8–12, 15–16.30 Uhr).

🄻 SANTI NAZARO E CELSO

Gleich um die Ecke befindet sich der klassizistische Bau der Kirche Santi Nazaro e Celso, die im Innern ein Meisterwerk des jungen Tizian beherbert, den **Averoldi-Altar** (1522), an dem die unirdische Farbigkeit der Gestalt des auferstehenden Christus auf der Mitteltafel beeindruckt.

🄼 PIAZZA MERCATO

Wo alltäglich der pittoreske Obst- und Gemüsemarkt abgehalten wird, beginnt das echte Brescia. Ein Gewirr von Gassen führt zu den kleinen Läden und Handwerksbetrieben des Viertels.

🄽 PINACOTECA TOSIO-MARTINENGO

Etwas außerhalb des Zentrums wird hinter imposanten Zedern die Silhouette der Gemäldegalerie sichtbar. In den 22 Sälen sieht man u. a. Werke von Raffael und Paolo Veneziano sowie ausgezeichnete Arbeiten der Brescianer Malerschule des 15./16. Jhs. (Öffnungszeiten wie Museo di Santa Giulia, www.bresciamusei.com).

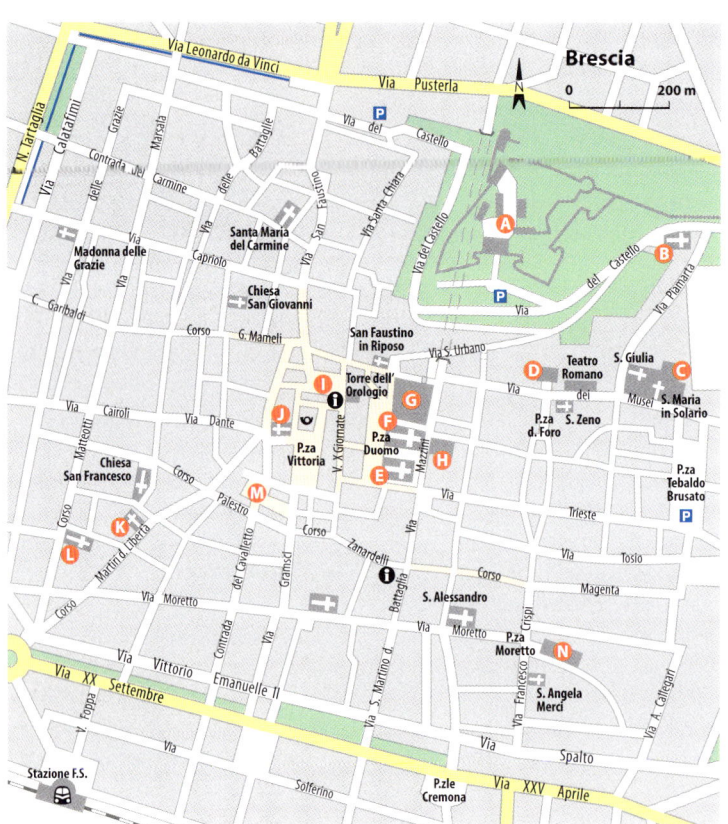

INFORMATIONEN
TOUR ⑩ Stadtrundgang in Brescia
Spaziergang, 1–2 Tage

STATIONEN
Ⓐ Burgberg
Ⓑ San Pietro in Oliveto
Ⓒ Monastero di Santa Giulia
Ⓓ Tempio Capitolino
Ⓔ Duomo Vecchio
Ⓕ Duomo Nuovo
Ⓖ Palazzo del Broletto
Ⓗ Biblioteca Queriniana
Ⓘ Piazza della Loggia
Ⓙ Chiesa Sant'Agata
Ⓚ Santa Maria dei Miracoli
Ⓛ Santi Nazaro e Celso
Ⓜ Piazza Mercato
Ⓝ Pinacoteca Tosio-Martinengo

INFO
IAT
Piazza del Duomo, Via Trieste 1,
Brescia, Tel. 03 02 40 03 57,
Im Bahnhof, Tel. 03 08 37 85 59,
www.bresciatourism.it

STADTVERKEHR
Ein städtisches **Busnetz** verbindet
alle Stadtviertel und Vororte. Die
Abfahrtsstelle für die Linienbusse
in die Umgebung liegt in der Nähe
des Bahnhofs.
Seit März 2013 verfügt Brescia auch
über eine **U-Bahn,** die die Vororte
S. Eufemia und Prealpino verbindet.
Für den Besuch der Innenstadt steige man an der Piazza Vittoria aus.
www.bresciamobilita.it

Parkplätze
Preisgünstigste Parkgelegenheit
ist der »Autosilouno« auf der Via

Vittorio Emanuele II. Ganz zentral
liegen die Parkgaragen unterhalb
der Piazza Vittoria und der Piazza
Mercato. Alle sind rund um die Uhr
geöffnet. Auch neben dem Bahnhof
gibt es einen größeren Parkplatz.

MUSEUM
Museo Mille Miglia
Sammlung von Fahrzeugen,
Informationen, Plakaten und Filmen
des legendären Straßenrennens im
ehemaligen Monastero di
Sant'Eufemia. Mit schönem Café.
Tgl. 10–18 Uhr.
Viale della Bornata 123, Brescia, OT
Sant'Eufemia,
www.museomillemiglia.it

HOTEL
Vittoria
Nobles Hotel in ruhiger Altstadtlage. Während der Mille Miglia
finden dort oft Empfänge statt.
Via X Giornate 20, Brescia,
Tel. 03 07 68 72 00,
www.hotelvittoria.com

Il Santellone
Geschmackvoll restauriertes Anwe-
sen mit Spa, etwas außerhalb.
Via del Santellone 116/120, Brescia,
Tel. 03 03 73 29 98,
www.ilsantellone.it

RESTAURANTS
La Piazzetta
Etwa 5 km südöstlich vom Zentrum
gelegenes Spitzenlokal mit nur

zwölf Tischen. Schwerpunkt sind
Fisch und Meeresfrüchte. Unbedingt
reservieren! Sa mittags, So und
Mitte Aug. geschl.
Via Indipendenza 87c, OT Sant'Eufemia della Fonte, Tel. 030 36 26 68,
www.allapiazzetta.com

Seconda Classe
In einem alten Industrieloft genießt
man tolle Steaks, Do bis Sa bei
Livemusik. So, Mo geschl.
Via Carlo Zima 9a, Brescia,
Tel. 030 375 38 21,
www.secondaclasse.it

Osteria Al Bianchi
Traditionslokal mit freundlicher
Atmosphäre und authentischer
lokaler Küche. Di, Mi geschl.
Via Gasparo da Salò 32, Brescia,
Tel. 030 29 23 28,
www.osteriaalbianchi.it

EISDIELE
Gelateria Ribera
Wirklich hervorragendes Eis –
unbedingt auch die ausgefallenen
Sorten probieren!
Via XX Settembre 64g, Brescia,
www.gelateriaribera.it

SHOPPING
Eine Reihe hübscher Geschäfte
gibt es in der Gegend um die **Porta
Bruciata**. Im Durchgang unter dem
Tor befindet sich auch der Zugang
zur kleinen romanischen Kirche San
Faustino in Riposo.

HIER GEHT'S RUND

GESTERN *Panem et circenses – in der Arena di Verona kämpften einst Gladiatoren, im 20. Jahrhundert allerdings nur noch im Film*

HEUTE *Wenn in der Arena Tränen fließen, dann solche der Verzückung. Ein Rundgang in Verona, beginnend am berühmten Amphitheater*

GESTERN

Panem et circenses, Brot und Spiele, genossen schon die Römer zur Kaiserzeit vor rund 2000 Jahren in der Arena. Seither hat das große Rund mit 20 000 Sitzplätzen Gerichtsverfahren erlebt, mittelalterliche Turniere und Duelle, diente als Stierkampfarena und als Theater, immer aber dem Vergnügen der Besucher – in der Rokokozeit warteten Liebesdienerinnen unter den Bogenreihen des Umgangs auf Kavaliere.

Die Arena als Filmkulisse: 1961 drehte Richard Fleischer hier »Barabbas«, mit Anthony Quinn in der Hauptrolle. Nicht nur starke Männer trafen in dem Streifen als Gladiatoren aufeinander und kämpften um ihr Leben, auch Amazonen und Kleinwüchsige (rechtes Foto) bevölkerten das Amphitheater.

Dass sich innerhalb der drei konzentrisch angelegten Mauerringe einmal Elefanten tummelten, wurde mittlerweile als Gerücht enttarnt. Dennoch hat es seinen Reiz, sich die riesigen Tiere hier vorzustellen: Ob anstelle der marmorverkleideten Fassade dann nicht nur ein rosa schimmernder Steinhaufen zu betrachten wäre?

Veronas Arena ist *der* Ort, um Giuseppe Verdis Oper »Aida« mitzuerleben. Die Idee, dieses römische Bauwerk ausgerechnet als Open-Air-Konzertsaal zu nutzen, entstand 1913 in einem Bierlokal (!) an der Piazza Brà: Ein paar Freunde unterhielten sich über das Ereignis des Jahres, Verdis 100. Geburtstag. Unter ihnen befand sich Giovanni Zenatello, den man heute einen »Startenor« nennen würde. Beim Anblick der Arena kam ihm der zündende Gedanke: Genau das war der Ort, um Verdi gebührend zu feiern. Um die Akustik der Arena zu prüfen, stimmte Zenatello sogleich »Celeste Aida« aus dem ersten Akt der Oper an, die er frisch im Repertoire hatte. Die Freunde waren begeistert, die Wandlung der ehemaligen Kampfstätte zum Zentrum der Verdi-Verehrung nahm ihren Anfang.

HEUTE

Als »Aida« 1913 zum ersten Mal aufgeführt wurde, gab es noch keinen Strom in der Arena. Um das Libretto im Dunkeln verfolgen zu können, behalf sich das Publikum mit Kerzen: Rings um das Oval leuchteten Tausende von Lichtern. Das schöne Ritual ist bis heute erhalten geblieben und trägt zur schlichtweg magischen Stimmung während der Aufführungen bei.
Adressen und Stadtplan: Seite 78/79

Ⓐ ARENA DI VERONA

Noch größer als das um 50 n. Chr. errichtete Amphitheater an der **Piazza Brà** (im Mittelalter Holz- und Getreidemarkt) sind nur noch das Kolosseum in Rom und das Amphitheater von Capua in Kampanien: Ursprünglich 152 m lang, 123 m breit und für 30 000 Zuschauer gebaut, weist die **Arena di Verona** nach diversen Erdbeben immer noch eine Länge von 138 m und eine Breite von 109 m auf (Di–So 8.30–19.30 Uhr, bei Aufführungen frühere Schließung).

Seit 1913 werden hier die Opernfestspiele veranstaltet, die zu den kulturellen Highlights Italiens gehören. Zu den über 40 Opern- und Ballettabenden kommen jeden Sommer an die 600 000 Besucher. Am bequemsten – und teuersten – sitzt man in der *poltronissima* in Lehnsesseln im Parkett (Information und Tickets siehe Seite 78). Unter kundigen Einheimischen befindet man sich in der preiswerten *gradinata,* wo schon mal während der Aufführung mitgesungen und zwischendrin gejubelt oder auch gebuht wird. Tipp: Die

Im Originalzustand war die Arena von Verona von einer Außenmauer aus rosafarbenem Marmor aus Valpolicella umgeben – vermisst heute kein Mensch, die Arena wird geliebt, wie sie ist.

Liston genannte Flaniermeile auf der Piazza Brà ist Veronas schönster Salon. Insider lauschen hier quasi kostenlos den Opernklängen.

Gegenüber der Arena markieren zwei venezianische Torbögen aus dem 15. Jh., die **Portoni della Brà**, den Beginn des breiten Corso Porta Nuova. In dem langgestreckten, mit großen Rundbogenarkaden versehenen Barockpalast **Palazzo della Gran Guardia** (frühes 17. Jh.) war einst die venezianische Hauptwache untergebracht. Wenige Schritte weiter wurde im 19. Jh. das säulengeschmückte klassizistische **Municipio** (Rathaus) für die Hauptwache der österreichischen Truppen errichtet. Von hier geht es entlang der **Via Mazzini,** der belebtesten Einkaufsstraße, hinauf zur Piazza delle Erbe.

Ⓑ TOMBA DI GIULIETTA

In der Via del Pontiere führt eine kleine Allee mit hohen griechischen Säulen zum angeblichen **Grab der Julia** im ehemaligen Franziskanerkloster **San Francesco al Corso.** Hier sollen Romeo und Julia heimlich getraut worden sein. In der stimmungsvollen Krypta wird ein leerer (!) Stein-

sarkophag als Grab der Julia ausgegeben, das Liebende aus aller Welt mit Bittschriften versehen. Das hier untergebrachte kleine **Museo degli Affreschi** zeigt eine Freskensammlung, Altarbilder und römische Amphoren (Via Luigi da Porto 5, Mo 13.30–19.30, Di–So 8.30–19.30 Uhr, letzter Einlass 18.30 Uhr).

Ⓒ CASA DI GIULIETTA

Zurück an der Piazza delle Erbe folgt man nur dem Touristenstrom, um alsbald unter dem berühmtesten Balkon der Welt zu stehen: Im **Palazzo Capuleti** soll Shakespeares Julia gewohnt haben. Vorbei an Tausenden Liebesschwüren an den Wänden gelangt man in den Hof mit ihrer Statue (Via Cappello 23, Mo 13.30–19.30, Di–So 8.30–19.30 Uhr).

Ⓓ SAN FERMO MAGGIORE

Weiter die Via Cappello hinauf, kommt man zur Kirche **San Fermo Maggiore,** die Benediktinermönche an der Stelle errichteten, wo Veronas Märtyrer Fermo und Rustico 361 n. Chr. den Tod fanden. Die Unterkirche (11. Jh.) ist das älteste romanische Gotteshaus Veronas.

E PIAZZA DELLE ERBE

Einst römisches Forum, heute Ort des pittoresken Obstmarktes, ist der Platz von historischen Bauten umrahmt. Die gotische **Colonna del Mercato** wurde 1401 unter den Visconti errichtet. Mittelpunkt der Piazza ist der **Capitello,** auch *Berlina* genannt. Der Marmorbaldachin (spätes 15. Jh.) diente erst als Ort der Amtseinführung der *podestà* (Stadtvögte) und später als Pranger.

Hinter der Marmorsäule mit dem geflügelten venezianischen Löwen findet sich der **Palazzo Maffei** (Mitte 17. Jh.), rechts davon liegt die **Casa dei Mazzanti,** ein im 14. Jh. von den Scaligern errichteter Prunkbau mit Resten mythologischer Fresken aus dem 16. Jh. Beachtung verdient der Marktbrunnen (14. Jh.): Ihn ziert die als Seele der Stadt geltende **Madonnenfigur,** die auf einem Spruchband das Veroneser Motto verkündet: *Est iusti latrix urbs et laudis amatrix* (»Die Stadt ist des Rechtes Dienerin und des Lobes Liebhaberin«).

F PIAZZA DEI SIGNORI

Der Arco della Costa – der Name leitet sich von der im Bogen aufgehängten Walrippe ab –, verbindet die Piazza delle Erbe mit der Piazza dei Signori. Gleich links stehen die **Casa dei Giudici** (17. Jh., einst Wohnsitz der venezianischen Richter) und rechts der **Palazzo della Ragione** (Rathaus) aus dem 12. Jh. mit der **Torre dei Lamberti;** der Turm bietet einen wunderbaren Blick über die Stadt (Mo–Fr 10–18, Sa, So 11–19 Uhr, www.torredeilamberti.it).

Im Renaissancebau des **Palazzo del Tribunale,** auch *Palazzo del Capitano,* 1530 nach dem Umbau eines Scaligerturms entstanden, residierten einst die Statthalter Venedigs. Der zinnengekrönte, 1532 in seiner jetzigen Form gestaltete **Palazzo del Governo,** einst Scaliger-Residenz, ist heute Sitz der Präfektur. 1303 lebte Dante in dem Palast. Ein Denkmal auf der Platzmitte erinnert an den großen Dichter. Am angrenzenden Piazzaletto delle **Arche degli Scaligeri** bewachen schmiedeeiserne Gitter die gotischen Scaligergräber, von denen sich einige an die Fassade der romanischen Kirche Santa Maria Antica (12. Jh.) schmiegen. Nur einen Steinwurf entfernt verbirgt

sich in der schräg gegenüber liegenden Via Arche Scaligere bei Nr. 2–4 das **angebliche Wohnhaus von Romeo** (12. Jh.).

G BASILICA SANT'ANASTASIA

Am Ende der Via Sant'Anastasia birgt die im 15. Jh. fertiggestellte Dominikanerkirche rechts vom Hauptchor Antonio Pisanellos berühmtes »Georgsfresko« aus dem 15. Jh. Einen Blick sollte man auch den beiden von buckligen Zwergen *(i due gobbi)* getragenen Weihwasserbecken gönnen sowie der Kapelle links vom Chor: Die Fresken (16. Jh.) zeigen Jesus predigend – nicht am See Genezareth, sondern am Gardasee.

H PONTE PIETRA

Der Etsch-Übergang, der als Steinbrücke bereits im Altertum existierte, wurde erstmals im Mittelalter und dann nochmals nach dem Zweiten Weltkrieg in der einstigen Form rekonstruiert. Von der Brücke bietet sich ein bezaubernder Blick auf das linke Etsch-Ufer und die pittoreske Kulisse des Colle di San Pietro.

I TEATRO ROMANO

Nahe des Ponte Pietra liegen am Fuß des Colle San Pietro die Ruinen des **Teatro Romano.** Um 10 n. Chr. entstanden, wurde das römische Thea-

Gute Stube: Im Volksmund wird die Piazza dei Signori auch »Salon von Verona« genannt.

ter im Mittelalter als Steinbruch missbraucht und erst im 19. Jh. systematisch freigelegt. Heute dient die teilweise überbaute Ruine als Schauplatz sommerlicher Shakespeare-Aufführungen.

Ein Aufzug führt vom Theater zu dem direkt darüberliegenden **Archäologischen Museum** in dem einstigen Kloster San Girolamo, das einen prachtvollen Blick über die Stadt erlaubt. Die wunderbaren Mosaike des Museums wirken nicht minder anziehend (Mo 13.30–19.30, Di–So 8.30 bis 19.30 Uhr). Wer möchte, erklimmt den Hügel von San Pietro, wo sich einst die Residenz des Gotenkönigs Theoderich befand, und wird oben – besonders abends – mit dem schönsten Blick über Verona belohnt.

🟠 SAN GIORGIO MAGGIORE

Flussaufwärts gehört **Santo Stefano** zu den ältesten Kirchenbauten Veronas (Gründung im 5. bis 6. Jh., Umbauten im 12. Jh.).

Ein Stück weiter steht **San Giorgio Maggiore.** Das im 15. und 16. Jh. errichtete Gotteshaus mit einer Kuppel von Sanmicheli ist die sicher schönste Renaissancekirche von Verona. Glanzstücke des mächtigen, einschiffigen Innenraums sind die »Taufe Christi« von Jacopo Tintoretto über dem Portal und das Altarbild »Die Marter des hl. Ge-

Wiedererrichtet: Ein Großteil der Ponte Pietra wurde 1945 von deutschen Truppen zerstört.

💬 **TIZIANS »HIMMELFAHRT MARIENS«**

… wurde 1518 vollendet. Mit einer Höhe von 6,90 Meter und einer Breite von 3,60 Meter ist es das größte, das Tizian je geschaffen hat.

---

org« von Paolo Veronese, das durch seine raffinierte Lichtführung besticht.

🟠 DOM

Auf den Fundamenten einer frühchristlichen Kirche (5. Jh.) ruht der Dom **Santa Maria Assunta.** Das ursprünglich romanische Gotteshaus wurde im 15. Jh. im gotischen Stil umgebaut. Am reich geschmückten Portal halten linker Hand Roland, rechts Olivier, die Paladine Karls des Großen, Wache. Das Portal schuf Meister Nicolò in der ersten Hälfte des 12. Jhs., der auch an San Zeno (siehe Seite 77) arbeitete. Im Inneren fasziniert die **»Himmelfahrt Mariens« von Tizian** durch die geniale Farbkomposition (erster Seitenaltar links). Auf dieser Seite versteckt sich unter der Orgel eine unscheinbare Holztür, die den Weg zur Taufkapelle San Giovanni in Fonte (12. Jh.) freigibt. Meisterhafte Reliefs am Taufbecken erzählen aus dem Leben Jesu. Links neben dem Dom führt der Weg zu der winzigen **Kirche Sant'Elena** (12. Jh.) sowie zum Kreuzgang des Domes.

Eine weitere Kostbarkeit ersten Ranges an der Piazza del Duomo ist die **Biblioteca Capitolare.** In der angeblich ältesten noch bestehenden Bibliothek der Welt sind Handschriften aus dem 4. und 5. Jh. zu bewundern (Mo–Fr 9.30–12.30 Uhr, im Sommer 2–3 Wochen Schließzeit, www.bibliotecacapitolare.it).

🟠 PORTA BORSARI

Nur noch die Frontwand des um 100 n. Chr. errichteten römischen Stadttores hat sich erhalten. Zwei Bögen ließen die Besucher der antiken Stadt ein- und hinaustreten. Der Name »Borsari« leitet sich übrigens von den Wechslern her, die hier im Mittelalter das Geld fremder Besucher in die heimische Währung tauschten. Vorbei an den Palästen des Veroneser Adels aus dem 16. bis 18. Jh. führt der Corso Cavour zum Castelvecchio.

Als romanische Kirche gebaut, wurde der Dom von Verona im 15. Jahrhundert zu einem gotischen Gotteshaus umgestaltet. Das Portal des Meisters Nicolò zählt zu seinen Prunkstücken.

Ⓜ CASTELVECCHIO

Unmittelbar am Fluss errichtete der verhasste Cangrande II. della Scala in der Mitte des 14. Jhs. das Castelvecchio zum Schutz vor Volksaufständen. Das größte Bauwerk der Scaligerzeit beherbergt heute das **Museo di Castelvecchio,** Veronas bedeutendes Kunstmuseum, das u. a. Meister der Veroneser und der Venezianischen Malerschule vom 13. bis 18. Jh. (darunter Gemälde von Pisanello, Veronese, Mantegna und Tintoretto) präsentiert. Ein Vorzeigestück der Veroneser Steinmetzkunst ist die **Reiterstatue des Cangrande** (Mo 13.30–19.30, Di–So 8.30–19.30 Uhr). Durch das Castello gelangt man auch auf den **Ponte Scaligero,** von Cangrande II. als Fluchtweg ans andere Ufer erbaut. Direkt neben der Burg wurde ein römischer Ehrenbogen, der **Arco dei Gavi,** aus dem 1. Jh. mit Orginalteilen rekonstruiert.

Nun geht es ein Stück an der Etsch entlang durch die Via Barbarani vorbei an der romanischen **Kirche San Procolo** nach San Zeno.

Ⓝ SAN ZENO MAGGIORE

Etwas abseits des prächtigen Altstadtkerns liegt die grandiose Basilika, die als schönster romanischer Sakralbau in ganz Oberitalien gilt. Nach der Zerstörung der Vorgängerkirche aus dem 9. Jh. wurde die neue, vergrößerte Basilika 1138 vollendet und Veronas erstem Bischof und Patron, dem hl. Zeno, geweiht. Fassade und Vorhalle sind eine eingehende Betrachtung wert. Neben dem großartigen **Bronzetor** mit den 48 Reliefplatten faszinieren v. a. die **Steinreliefs** des Meisters Nicolò (12. Jh.) zu beiden Seiten des stattlichen Portals. Auf der rechten Seite ist der Höllenritt des Gotenkönigs Theoderich dargestellt – als Arianer war er in den Augen der katholischen Kirche ein Ketzer. Im Inneren wird die farbige Holzstatue des heiter lächelnden Heiligen (14. Jh.) von den Veronesern als Symbol ihrer Stadt besonders verehrt. Neben den kostbaren Fresken (12.–14. Jh.) verdient das Altar-Triptychon »Madonna und Heilige« (15. Jh.) von Andrea Mantegna besondere Beachtung.

INFORMATIONEN
TOUR ⑪ Stadtrundgang in Verona
Stadtbesichtigung, ca. 3–4 Std. reine Gehzeit

STATIONEN
- Ⓐ Arena di Verona
- Ⓑ Tomba di Giulietta
- Ⓒ Casa di Giulietta
- Ⓓ San Fermo Maggiore
- Ⓔ Piazza delle Erbe
- Ⓕ Piazza dei Signori
- Ⓖ Basilica Sant'Anastasia
- Ⓗ Ponte Pietra
- Ⓘ Teatro Romano
- Ⓙ San Giorgio Maggiore
- Ⓚ Dom
- Ⓛ Porta Borsari
- Ⓜ Castelvecchio
- Ⓝ San Zeno Maggiore

INFO
IAI
Via degli Alpini 9 (Piazza Brà),
Verona, Tel. 04 58 06 86 80,
www.turismoverona.eu

DIE ARENA
Karten sind knapp – besonders für
die teuren Plätze und Premieren.
Wer also auf Nummer sicher
gehen will, sollte sich rechtzeitig
kümmern. Das geht am besten auf
der Webseite der Festspiele www.
arena.it (auch dt.), die auch viele
Infos zu den Aufführungen und
den Künstlern bereithält. Hier kann
man ab Okt. bereits die Karten für
kommendes Jahr ordern. Dies ist
auch telefonisch möglich (Tel. 04
58 00 51 51). Wer es eher klassisch
mag, sucht die Theaterkasse auf
(Via Dietro Anfiteatro 6/B). Fällt
die Veranstaltung wegen Regen

aus, gibt es am nächsten Morgen
Ersatzkarten oder das Geld wird an
den Kassen erstattet. Das gilt aber
nur, wenn das Orchester gar nicht
erst begonnen hat zu spielen!

HOTELS
Aurora
Renoviertes, freundliches Hotel im
Zentrum mit schöner Dachterrasse.
Piazzetta XIV Novembre 2 (Piazza
delle Erbe), Verona, Tel. 045 59 47 17,
www.hotelaurora.biz

Relais Empire
Sehr zuvorkommender Service,
schöne Gestaltung und beste Lage.
Corso Porta Nuova 22, Verona,
Tel. 04 54 64 92 75,
www.empireverona.com

RESTAURANTS
Tre Marchetti
Gute Aussichten, einmal den Stars
der Oper zu begegnen, hat man
in der winzigen Edeltrattoria
gleich hinter der Ala. Unbedingt
reservieren!
Vicolo Tre Marchetti 19/B, Verona,
Tel. 04 58 03 04 63,
www.tremarchetti.it

Osteria Le Vecete
Stets volle, traditionsreiche
Enoteca nahe der Piazza delle Erbe;
Wein und leckere Kleinigkeiten.
Via Pelliciai 32/A, Verona,
Tel. 045 59 47 48,
www.grupporialto.it

Le Arche
Hier gibt's z. B. Ravioli mit Stockfisch in Meeresspinnen-Pinien-
kern-Sauce. So abends, Mo geschl.

Verona

0   300 m   Giardino
Zoologico

Via Arche Scaligere 6, Verona,
Tel. 04 58 00 74 15,
www.ristorantearche.com

Il Desco

Kreative venetische Sterneküche
auf höchstem Niveau, serviert in
einem historischen Palazzo. So, Mo
geschl.; Juli/Aug. u. Dez. Mo abends
geöffnet.
Via Dietro San Sebastiano 5/7,

Verona, Tel. 045 59 53 58,
www.ristoranteildesco.it

Antica Bottega del Vino

Der schönste Weinkeller Veronas
(mit Restaurant) hat rund 1000 Flaschen im Angebot; für den kleinen
Hunger gibt's *cicchetti* (Häppchen).
Via Scudo di Francia 3, Verona,
Tel. 04 58 00 45 35,
www.bottegavini.it

Maffei

Scampi mit Spargelcreme sind die
Spezialität, typische Küche des
Veneto in einem der schönsten
Paläste an der Piazza. Das Personal
ist freundlich, man legt viel Wert
auf Details. Und die Weinauswahl
ist riesig.
Piazza delle Erbe 38, Verona,
Tel. 04 58 01 00 15,
www.ristorantemaffei.it

»Grappa herzustellen, ist einfach«, sagt Jacopo Poli. »Alles, was man braucht, ist frischer Trester und 100 Jahre Erfahrung.« Der heutige Inhaber führt die Poli-Destillerie gemeinsam mit seinen Geschwistern. Auf diesem Foto von 1940 ist Urgroßvater GioBatta Poli zu sehen, dessen Enkel ihm ein »Schlückchen« bringen.

TOUR **12** **NÖRDLICHES VENETO**

SCHÖN-GEISTER

GESTERN *Auch wenn der Ort nicht nach der Spirituose benannt ist – in Bassano del Grappa hat der Tresterbrand eine lange Tradition*

HEUTE *Ein Ausflug von Vicenza über Bassano del Grappa nach Asolo verbindet Kunstgenuss und Gaumenfreuden*

GESTERN

Vicenza und Umgebung sind für zwei Dinge bekannt: wunderschöne Villen und Grappa. Die Villen errichtete Andrea Palladio, erster großer Berufsarchitekt und bedeutender Baumeister der Renaissance, für reiche Venezianer. Die Grappa ist schon deutlich länger in Italien heimisch. Im 15. Jh. wird der Tresterbrand unter diesem Namen erstmals erwähnt; da war das Destillieren von Wein schon seit Jahrhunderten bekannt.

Im nahe Bassano del Grappa gelegenen Örtchen Schiavon liegen die Wurzeln der Destillerie Poli. Ab 1898 betrieb GioBatta Poli, Urgroßvater der heutigen Firmeninhaber, mit seinen Brüdern einen Handel mit Wein, Obst, Strohhüten und »sonstigen Waren«. Seine Leidenschaft aber galt der Grappa, und als Partner von Weinherstellern war es ihm ein Leichtes, an den Grundstoff, den Trester, zu kommen. Sein Sohn Giovanni erbte diese Passion und trieb das Geschäft voran. Sein Erfindungsgeist und Engagement brachten der Familie großen Wohlstand: Sie war die erste in

der Gegend, die ein Automobil und ein Telefon besaß. Technische Verbesserungen nahmen die Polis immer wieder vor, einen radikalen Schritt gingen sie dann in den 1980er-Jahren: weg von der Produktion großer Mengen und hin zur Kreation feiner Destillate. Heute stellt man nur ein Fünftel der einstigen Menge her, folgt aber (wieder) dem Motto von Giovanni Poli: *Vendi caro ma pesa giusto.* – »Verkaufe teuer, aber wiege richtig.« Der Preis darf hoch sein, wenn die Ware von entsprechender Qualität, also richtig »gewogen«, ist.

HEUTE

Dem »italienischsten aller Destillate« hat die Familie ein kleines Museum gewidmet, das aus zwei Teilen besteht: einem in Bassano del Grappa nahe des Ponte Vecchio (Via Gamba 6, tgl. 9–19.30 Uhr, beide Museen: www.grappa.com) und einem in Schiavon (Via Marconi 36, Mo–Sa 9–13, 14.30 bis 19 Uhr). Nun aber zuerst zum Ausgangspunkt der Tour, nach Vicenza.

Landkarte: Seite 86, Adressen: Seite 87

1 VICENZA

Die Provinzhauptstadt (111 600 Einw.) mit Stil ist durch die Bauten Palladios weltberühmt. Sogar die Industrie beschäftigt sich mit Edlem: Vicenza ist eines der weltgrößten Zentren der Gold- und Juwelenverarbeitung mit Hunderten von Firmen.

Seit der Römerzeit kennzeichnet eine verblüffende Kontinuität die Entwicklung. Der Hauptplatz liegt auf dem Forum des römischen *Vicetia* (49 v. Chr. zum Municipium erhoben). Anfang des 12. Jhs. wurde der alte römische Stadtkern um *Cardo* und *Decumanus* in vier Viertel aufgeteilt. Unter den Scaligern wurden die Stadtmauern um die Vorstädte im Osten und Westen erweitert, unter der Herrschaft Venedigs, der sich Vicenza 1404 freiwillig unterstellte, auch im Süden und Norden. Im 15. und 16. Jh. versuchte die aristokratische Elite, sich gegenseitig mit repräsentativen Palästen zu übertrumpfen, die bis heute das Stadtbild prägen.

Die **Piazza dei Signori** ist der Salon der Stadt. Dort sollte man erst einmal in aller Ruhe die großartige Fassadenwand von Palladios sogenannter **Basilika** betrachten. Mit seinem Entwurf, einem Meisterstück architektonischer Verkleidungskunst, gewann der bis dahin unbekannte Architekt 1546 den Wettbewerb zur Restaurierung des Palazzo della Ragione, dessen doppelstöckige Loggien eingestürzt waren. Die Aufgabe war eine zweifache: ein statisches Stützkorsett für das alte Bauwerk und ein dekoratives Fassadenbild für die Piazza schaffen. In künstlerischer Weise variierte er das Vorbild des Kolosseums in Rom und ummantelte den gotischen Kern mit zweigeschossigen Pfeilerarkaden, gegliedert durch Halbsäulen. Um die Unregelmäßigkeiten des Altbaus zu kaschieren, fügte er neben den Bö-

gen Rechtecköffnungen ein. Ihre Ausmaße wechseln unauffällig; so werden die verschiedenen Achsenbreiten ausgeglichen, ohne die Bogengröße zu verändern. Dadurch erhielt die Fassade eine reiche rhythmische Gliederung durch große und kleine Säulen und schattenreiche Öffnungen verschiedener Form und Größe. Diese Arkadenform fand so viele Nachahmer, dass sie als »Palladio-Motiv« in die Architekturgeschichte einging. Neben der Basilika ragt der gotische Stadtturm, die **Torre di Piazza**, 82 m in die Höhe. Den Schlussakkord des Platzensembles bilden zwei **Säulen**; eine trägt den geflügelten Löwen als Machtsymbol Venedigs, die andere eine Statue des Erlösers.

Die zierliche Bogenreihe an der Fassade des um 1500 entstandenen **Palazzo Monte di Pietà** gegenüber der Basilika zeigt, wie nachdrücklich Palladios Architektur neue Akzente setzte. Besonders markant ist der Kontrast zur **Loggia del Capitaniato** daneben, ein Spätwerk Palladios (1570) mit kolossalen Säulen auf hohen Sockeln bis zum Dachgesims.

Auf dem **Corso Palladio,** der Hauptachse der Altstadt, und in den Nebenstraßen reihen sich elegante Geschäfte, Buchhandlungen, Delikatessenläden und Paläste. An der Ecke zur Contrà Cavour – die Altstadtstraßen heißen in Vicenza »Contrà«, nicht »Via« – befindet sich das **Rathaus** in einem Palast des Palladio-Mitarbeiters und Nachfolgers Vincenzo Scamozzi von 1592. Im Haus Nr. 163, der **Casa del Palladio,** soll der Baumeister gewohnt haben.

Die Piazza Matteotti beherrscht der **Palazzo Chiericati** mit einer luftigen Fassade, die sich mit zwei Kolonnadenreihen zum Platz hin öffnet. Wie bei den meisten Bauten verwendet Palladio auch hier Ziegel und nicht kostbaren Marmor. Seine Architektur sollte in erster Linie durch gute Form und ausgewogene Proportionen überzeugen. Der Palazzo ist Sitz des **Museo Civico** mit einer bedeutenden Sammlung vicentinischer und venezianischer Malerei (Di–So 9–17, Juli, Aug. 10–18 Uhr).

Den hölzernen Bau des **Teatro Olimpico** (13. Jh.) entwarf Palladio für die Gesellschaft der Accademia Olympica (ab 1580). 1585 mit einer

---

> 💬 **PALLADIANISMUS**
>
> … wird der klassizistische Baustil von Andrea Palladio (1508–1580) genannt. Durch ihn erfuhr die Architektur Anerkennung als eigenständige Kunstform. Und nicht zuletzt wegen seiner Palazzi gehört Vicenza seit 1994 zum UNESCO-Welterbe.

Aufführung des »Oedipus Rex« von Sophokles eingeweiht und danach nie mehr benutzt, hat es als Rekonstruktion des antiken Theaters aus dem Geist des Humanismus die Zeiten überdauert (Di–So 9–17, Juli, Aug. 10–18 Uhr, www.teatro limpicovicenza.it).

In der **Contrà Porti,** der nobelsten Straße der Stadt, reihen sich die Paläste dicht aneinander: zwei von Palladio, **Iseppo da Porto** (Nr. 21) und **Barbaran da Porto** (Nr. 11, Di–So 10–18 Uhr, www.palladiomuseum.org), andere aus der Spätgotik (Nr. 14, 17, 19). Die Hauptfront des 1542 bis 1546 von Palladio erbauten **Palazzo Thiene** blickt auf die parallel verlaufende Contrà S. Gaetano da Thiene. Ein Bummel führt über die Contrà Riale zum Corso Fogazzaro. An der Nr. 16 des Corso zeigt Palladios **Palazzo Valmarana-Braga** das stolze Motiv hoher, durchlaufender Pilasterbänder, das zu einem typischen Gestaltungsmerkmal des Barock werden sollte. Der **Dom Santa Maria Maggiore,** im 13. Jh. auf älteren Vorgängerbauten errichtet, im 15. Jh. umgebaut und nach schweren Kriegszerstörungen wiederhergestellt, enthält im Inneren sehenswerte Altargemälde, u. a. ein Polyptychon (1366) von Lorenzo Veneziano (5. Kapelle rechts). Vom Domplatz geht es weiter über die Contrà Pigafetta zur **Casa Pigafetta** mit einer dekorationsfreudigen Mixtur aus spätgotischen und Renaissancemotiven und zur Piazza delle Erbe, dem Marktplatz an der Rückseite der Basilika.

Verlassen Sie Vicenza nach Norden in Richtung Thiene. Nach wenigen Kilometern können Sie in Caldogno Palladios **Villa Caldogno** (1542– 1567) mit Fresken von Gian Battista Zelotti besichtigen (März–Nov. Sa 9–12, 15–18, So 9–12, Do, Fr nur nach Voranmeldung 9–12 Uhr, www. villacaldogno.it).

2 LUGO DI VICENZA

Über Thiene erreicht man Zugliano und schließlich **Lugo di Vicenza,** in dessen Umgebung zwei

Palladio, wohin man schaut, auf der Piazza dei Signori in Vicenza: in der Mitte ein Spätwerk, die Loggia del Capitaniato mit wuchtigen Säulen, rechts der deutlich zierlichere Palazzo Monte di Pietà.

Vom Meister der Villen geplant: die überdachte Holzbrücke Ponte Vecchio in Bassano del Grappa.

unbekanntere Palladio-Villen (Godi und Piovene) stehen. Die **Villa Godi-Malinverni** ist die älteste Villa Palladios, ab 1537 geplant, noch ohne antike Zitate. Maßvolle Schlichtheit und Harmonie der Proportionen zeigen aber bereits die typische Handschrift des Meisters. Der Freskenzyklus mit mythologischen Szenen (1552–1557 von G. B. Zelotti u. a.) ist die älteste von vielen ähnlichen Villendekorationen des 16. Jhs. Zu sehen ist auch eine Sammlung italienischer Malerei des 19. Jhs. und ein Museum fossiler Funde (Mai–Sept. Di 15–19, Sa 9–14, So 10–19, März, April, Okt., Nov. Di, So 14–18, Sa 9–14 Uhr, www.villagodi.com).

Die **Villa Piovene Porto Godi** auf dem Nachbarhügel ist vermutlich ebenfalls ein Jugendwerk Palladios, wurde aber im 18. Jh. durch einen feierlichen Säulenportikus und die große Freitreppe bereichert; sie ist nur von außen zu besichtigen.

3 MAROSTICA

Danach geht es weiter Richtung Osten nach **Marostica** (14 000 Einw.). Dessen Altstadtkern am Fuß eines burgbekrönten Hügels liegt zwischen Wehrmauern des 14. Jhs., die sich bis zum **Castello Superiore** hinaufziehen. Auf dem weiten Geviert der Piazza vor dem **Castello Inferiore** findet alle zwei Jahre im September in geraden Jahren die große Schachpartie mit lebenden Figuren in historischen Kostümen statt. Sie erinnert an die Sage von der schönen Lionora, um die sich zwei junge Herren duellieren wollten. Ihr weiser Vater überzeugte die beiden jedoch, ihren Wettbewerb auf unblutige Weise am Schachbrett auszutragen. Dem Sieger wurde Lionora zugesprochen, dem Verlierer ihre Schwester.

4 BASSANO DEL GRAPPA

Nächster Tourpunkt ist **Bassano del Grappa** (43 500 Einw.), die größte unter den kleinen Städten der Provinz Vicenza. Hier sollten sich zumindest die Beifahrer eine Verkostung des Trester-Schnapses nicht entgehen lassen. Neben Poli ist hier auch die Destillerie Nardini zu Hause (Grapperia, Ponte Vecchio 2, www.nardini.it).

Wunderschön ist das Panorama an der Brenta mit der überdachten Holzbrücke, dem Wahrzeichen der Stadt. Von Palladio geplant, wurde der **Ponte Vecchio** nach mehrfacher Zerstörung durch Hochwasser und Krieg immer wieder aufgebaut, zuletzt 1948, als er von deutschen Truppen beim Rückzug gesprengt wurde. Zusammen mit dem Monte Grappa ist die Brücke ein patriotisches Wallfahrtsziel; zu Ehren des italienischen Alpenkorps, das Bassano am Monte Grappa verteidigte, wird sie auch Ponte degli Alpini genannt. Ein Volkslied weist ihr eine besondere Bedeutung für Liebespaare zu: *Sul Ponte di Bassano, là ci darem la mano ed un bacin d'amore* (»Auf der Brücke von Bassano werden wir uns die Hand und ein Küsschen der Liebe geben«). Bis heute ist die Brücke ein Treffpunkt von Liebespaaren.

Zwischen Brücke und zentraler **Piazza della Libertà** findet man in der Altstadt malerische Fassaden und verlockende Schaufenster. Die Piazza dominieren die Kirche San Giovanni Battista (18. Jh., in palladianischer Tradition) und die grazile **Loggia del Comune** (15. Jh.), Ecke Via Matteotti, mit einer Uhr aus dem 16. Jh. und den Wappen der venezianischen Statthalter *(Podestà)*.

An der Piazza Garibaldi steht die schlichte Franziskanerkirche San Franceso (1287–1331). Im ehemaligen Kloster zeigt das **Museo Civico** u. a. 17 Werke von Mitgliedern der Künstlerfamilie dal Ponte aus Bassano, die eine eigenwillige manieristische Variante der venezianischen Malerei repräsentieren. Hauptmeister ist Jacopo dal Ponte, genannt Jacopo Bassano (Mi–Mo 10 bis 19 Uhr, www.museibassano.it).

5 CITTADELLA

Mit einem vollständig erhaltenen elliptischen **Mauerring** aus dem 13. Jh. von 1461 m Länge, mit 28 Türmen, vier Toren, Wehrgang und Wassergraben, ist der Ort ein einzigartiges Relikt des mittelalterlichen Festungsbaus. Ein Spaziergang auf der Stadtmauer zeigt Ort und Landschaft aus allen Perspektiven. Die Torre di Malta an der Porta Padova im Süden ließ 1251 der schreckliche Ezzelino da Romano als Kerker errichten, in dem als politische Gefangene eine Reihe von Paduaner Adeligen zu Tode gefoltert wurden.

6 CASTELFRANCO

Das schmucke mittelalterliche Städtchen ist umgeben von mächtigen Stadtmauern. Die weiten, von Arkadenhäusern gerahmten Flächen vor dem Stadtgraben dienten seit alters her als Markt für die Produkte der Region. Die **Loggia Paveion** an der Piazza Giorgione war früher Stapelplatz für die Kornhändler. Auf einer Felsinsel im Wassergraben steht das Denkmal für den berühmten Sohn der Stadt, Giorgione (um 1478–1510), Begründer der venezianischen Malerei der Hochrenaissance. Eines der wenigen gesicherten Werke des Künstlers bewahrt der klassizistische **Dom** (18. Jh.): die »Pala di Castelfranco«, eine thronende Madonna mit dem hl. Franziskus und dem hl. Liberale. Neben dem Dom befindet sich das Geburtshaus des Meisters, die **Casa Giorgione** (Di–So 9.30–12.30, Fr bis So auch 14.30–18.30 Uhr, www.museocasagiorgione.it). Feine regionale Küche bietet die Osteria Pironetomosca (Via Priuli 17, Mo, Di geschl., www.osteriapironetomosca.it).

7 VILLA EMO

Auf der Weiterfahrt nach Norden lohnt ein Abstecher zur **Villa Emo** bei Fanzolo (um 1564) – sie ist noch immer im Besitz der Familie des Bauherrn, der Grafen Emo. Die Emos widmeten sich im 16. Jh. intensiv der Landwirtschaft und führten den Maisanbau im Veneto ein, Basis für die

Vor der Destillerie Poli wird am 1. Mai 1950 Grappa ausgeschenkt. Auch wenn er sicher nicht umsonst war, feierten die Menschen ausgelassen.

künftige Volksspeise der Region: die Polenta. An diese Pioniertat erinnern die Maisbündel auf den Festons der Fresken (1565 vom Veronese-Mitarbeiter G. B. Zelotti), auf denen die Familie in mythologischen Kostümen gefeiert wird. Der rampenartige Aufgang zum Hauptportal hatte auch einen praktischen Zweck: Er diente als Dreschplatz (April–Sept. tgl. 10–18, sonst bis 17.30 Uhr, www.villaemo.org).

8 ASOLO

Die Hügel von **Asolo** (9100 Einw.) mit ihrem mediterranen Klima, wo aus üppigem Grün dunkle Zypressen ragen, wurden im 19. Jh. von englischen Romantikern wie dem Dichter Robert Browning entdeckt. Eleonora Duse, die große Theater-Heroine, lebte hier und ist auf dem Friedhof von Sant'Anna begraben.

Der anmutige Ort war schon in der Renaissance berühmt: Hier unterhielt die Venezianerin Catarina Cornaro (1454–1510), Ex-Königin von Zypern, einen humanistischen Musenhof, in dem sie Künstler und Literaten um sich scharte. Ihre Residenz im Castello della Regina ist nicht erhalten geblieben. Ansonsten jedoch hat Asolo mit seinen verschlungenen Wegen am Hang, den prachtvollen Villen, schönen Palazzi und engen Gassen seinen historischen Charme bewahren können. Zahlreiche Winzerbetriebe sind hier ansässig, die zur Weinverkostung einladen.

9 VILLA BARBARO

Von den 19 Villen, die Andrea Palladio gebaut hat, ist die **Villa Barbaro** in Maser (7,5 km östlich von Asolo) sicherlich die schönste (um 1558), auch wegen der prächtigen Innendekoration durch den großen Renaissancemaler Paolo Veronese. Auftraggeber waren die Brüder Daniele und Marcantonio Barbaro, zwei venezianische Aristokraten. Bauherren und Baumeister huldigten denselben, an der Antike orientierten Idealen. Anmutig öffnet sich die Villa am Hügelfuß mit breiter Front auf die Ebene, ein vornehmer Giebelbau mit ionischen Frontsäulen, seitlich gerahmt von den niedrigen, arkadengesäumten Wirtschaftsgebäuden, den *barchesse*. Die stilvolle Kulisse für heitere Feste bilden Veroneses Fresken mit illusionistischen Effekten und gemalter Säulenarchitektur in perfekter Harmonie mit Palladios Baukunst (April–Okt. Di–Sa 10–18, So, Fei 11–18, Nov.–Anf. Dez. und Anf. Feb.–März Sa, So 11–17 Uhr, www.villadimaser.it).

INFORMATIONEN

TOUR ⑫ Von Vicenza nach Asolo

Autotour, 2 Tage (reine Fahrzeit 3 Std.), ca. 110 km

STATIONEN

1 Vicenza
2 Lugo di Vicenza
3 Marostica
4 Bassano del Grappa
5 Cittadella
6 Castelfranco
7 Villa Emo
8 Asolo
9 Villa Barbaro

VICENZA
INFO
IAT
Piazza Matteotti 12, Vicenza,
Tel. 04 44 32 08 54, www.vicenzae.org

HOTEL
Agriturismo San Michele
In der Nähe der Rotonda und im
palladianischen Stil, minimalistisch
eingerichtet – sehr elegant.
Via Pergoletta 118, Vicenza,
Tel. 34 97 36 22 49,
www.agrismichele.it

RESTAURANTS
Ponte delle Bele
Rustikale Trattoria mit Speziali-
täten aus dem Trentino. So u. 14
Tage im Aug. geschl.
Contrà Ponte delle Bele 5, Vicenza,
Tel. 04 44 32 06 47,
www.pontedellebele.it

Il Ceppo
Köstlichkeiten aus der Region,
frisch und delikat zubereitet, zum

Verspeisen an der Theke oder auch
zum Mitnehmen.
Corso Palladio 196, Vicenza,
Tel. 04 44 54 44 14,
www.gastronomiailceppo.com

La Meneghina
Traditionsreiche, stimmungsvol-
le Bar: gute Adresse für einen
aperitivo. Mo geschl.
Contrà Cavour 18, Vicenza,
Tel. 04 44 32 62 16

BASSANO DEL GRAPPA
INFO
IAT
Piazza Garibaldi 34, Bassano del
Grappa, Tel. 04 24 51 99 17,
www.comune.bassano.vi.it

RESTAURANT
Nuovo Borgo
Feine Küche in schönem Ambiente.
Sa mittags u. Mi geschl.
Via Margnan 7, Bassano del Grappa,
Tel. 04 24 52 21 55

Bossa Buffona
Die sympathische Bar bietet üppige
taglieri (Aufschnittplatten). Mo
geschl.
Via Gamba 25, Bassano del Grappa,
Tel. 37 55 04 82 09

SHOPPING
In der Altstadt finden sich viele
Delikatessengeschäfte, u. a. die
Casa del Porcino (Via Menarola 21).

ASOLO
HOTEL
Albergo Al Sole
Mitten in Asolo gelegenes, sehr
freundliches Hotel. Das üppige
Frühstück genießt man auf einer
tollen Panoramaterrasse.
Via Collegio 33, Asolo,
Tel. 04 23 95 13 32,
www.albergoalsoleasolo.com

RESTAURANTS
Due Mori
Überaus feine traditionelle Küche
mit modernen Akzenten. Der Herd
wird mit Holz befeuert. Die Aussicht
ist überwältigend. Mo geschl.
Piazza d'Annunzio 5, Asolo,
Tel. 04 23 95 09 53,
www.2mori.it

Osteria La Trave
Hier gibt es z. B. Hopfensprossen
im Blätterteig oder Suppe mit
Taubenfleisch – nicht alltäglich und
garantiert kreativ.
Via Bernardi 15, Asolo-Pagnano,
Tel. 04 23 95 22 92

SHOPPING
Die zentrale Via Browning mit ihren
schattigen Arkaden säumen viele
schöne Geschäfte, wie der Delikat-
essenladen **Sgarbossa** (Nr. 151). Die
einladende **Enoteca Alle Ore** (Nr. 185)
bietet eine gute Weinauswahl, und
Käsehäppchen und Fischgerichte
sorgen für die richtige Grundlage
(Di–Sa ab 17, So ab 11 Uhr).

Das Caffè Pedrocchi, hier auf einer Postkarte von 1920, ist Paduas ältestes Kaffeehaus und der Historie verpflichtet: Im Angebot finden sich Spezialitäten wie *Caffè del Michelangelo* oder *Zabaione Stendhal*. Während das Renaissance-Genie weit vor der Existenz des Lokals gelebt hat, war der Dichter aber tatsächlich hier – auf seiner Italienreise 1838 soll der Franzose von der schaumigen Crème so entzückt gewesen sein, dass man sie kurzerhand nach ihm benannte.

TOUR **13** **PADUA**

KAFFEE UND KUGELN

GESTERN   *Nicht nur schwarze, auch blaue »Bohnen« prägten die Geschichte des Caffè Pedrocchi in Padua*

HEUTE   *Nach einem Rundgang durch Padua geht's ins Pedrocchi – scharf geschossen wird hier aber schon lange nicht mehr*

GESTERN

Kaum ein anderes Getränk bringt man stärker mit Italien in Verbindung als *caffè*. Hier in Padua wird er im ältesten örtlichen Kaffeehaus, dem Caffè Pedrocchi, seit 1831 ausgeschenkt. Für ein Kaffeehaus eine lange Tradition, in der Geschichte des Kaffees eher eine kurze Etappe: Im nur knapp 40 km entfernten Venedig konnte man das schwarze Stimulans bereits seit dem Jahr 1645 genießen, ab 1673 kannte man es sogar in Bremen. Über Padua kam Johann Wolfgang von Goethe auf seiner 1786 begonnenen Italienreise nach Venedig, wo er die eine oder andere Tasse des dunklen Gebräus zu sich genommen haben mag. Jedenfalls regte er den Chemiker Friedlieb Ferdinand Runge dazu an, nach dem Wirkstoff in den Kaffeebohnen zu fahnden, und jener entdeckte 1820 tatsächlich das Koffein.

Sicherlich war dieser Stoff aber nicht die alleinige Ursache für den Aufstand, den die rebellischen Geister der Universität Padua im Jahr 1848 im Pedrocchi gegen die Österreicher anzettelten.

Der Straßenname »Via VIII Febbraio« weist auf den Tag des Revolutionsversuchs hin, den österreichische Truppen sofort unterdrückten. Die Uni wurde bis 1850 geschlossen, das Caffè blieb geöffnet. Von den Österreichern beim Sturm auf das Pedrocchi verschossene Kugeln stecken übrigens noch heute in den Wänden des weißen Salons ...

HEUTE

Padua (210 400 Einw.) ist nach Venedig und neben Verona die größte und wichtigste Stadt des Veneto. Rund 60 000 Studenten zählt die 1222 gegründete traditionsreiche Universität. Fast ebenso alt ist die Basilika des heiligen Antonius, eine der bedeutendsten Wallfahrtsstätten Italiens.

Von jeher wurde Paduas kommerzieller Reichtum auch in Kunst investiert. Wer die Museen, Kirchen und Villen besichtigen möchte, der sollte sich die **Padovacard** (16 € für 48 Std., 21 € für 72 Std.) besorgen. Sie berechtigt zum kostenlosen oder ermäßigten Eintritt.

Stadtplan und Adressen: Seite 93

Tagsüber findet vor dem prächtigen Palazzo della Ragione im Zentrum von Padua ein Gemüse- und Obstmarkt statt – seit Hunderten von Jahren. Abends brummen die Lokale rund um den Platz.

Ⓐ PALAZZO DELLA RAGIONE

Die Mitte der Bürgerstadt bildet der **Palazzo della Ragione,** der Rats- und Gerichtssaal von 1218 (Erweiterung 1309), ein mächtiger, freistehender Bau mit zweigeschossigen Loggien und einem gewaltigen Kielbogendach. *Salone* nennen ihn die Paduaner nach dem riesigen Versammlungsraum, der das Obergeschoss in ganzer Länge und Breite (80 m × 27 m) ausfüllt. Er ist komplett mit Fresken aus dem 14. Jh. bemalt, die u. a. den Einfluss der Sternzeichen zum Thema haben. Das überdimensionale Holzpferd im Saal stammt von einem Festumzug des 15. Jhs. (tgl. Feb.–Okt. Di–So 9–19, sonst bis 18 Uhr). Vor dem Palazzo breitet sich auf der **Piazza delle Erbe** der Gemüse- und Obstmarkt aus, der bereits auf das 12. Jh. zurückgeht.

Ⓑ LOGGIA DEL CONSIGLIO UND Ⓒ PALAZZO DEL CAPITANIO

Nur ein paar Schritte trennen das Zentrum der Bürgerstadt von dem der Machthaber, wo einst an der **Piazza dei Signori** der Herrschersitz der Carrara stand. Nach ihrem Sturz richteten hier die Venezianer die Säule mit dem Markuslöwen als Siegeszeichen auf und säumten die Piazza mit eleganten Verwaltungsbauten: der schön proportionierten **Loggia del Consiglio** (1496–1523) sowie den Flügeln des **Palazzo del Capitanio** (16./17. Jh.) mit Uhrturm, beide gestaltet vom Paduaner Baumeister Giovanni Falconetto.

Ⓓ LIVIANO

Durch den Bogen des Uhrturms gelangt man auf die Corte Capitaniato. Hier liegt links das **Liviano**, Sitz der Philosophischen Fakultät der Universität. Die Caféstühle unter schattigen Bäumen sind ein beliebter Treff der Studenten.

Ⓔ DOM UND Ⓕ BAPTISTERIUM

Durch die Via Accademia erreichen Sie die Piazza del Duomo. Neben dem **Dom**, gegründet im 9. Jh., dessen Architektur nach dem Neubau (1551–1754) keine mittelalterlichen Spuren mehr aufweist, liegt das romanische **Baptisterium**, die Taufkapelle (12./13. Jh.). Der schlichte Kubus ist innen bis in die Kuppel hinauf mit einem Freskenzyklus bemalt, in dem sich Einflüsse der Arena-Kapelle Giottos (siehe Seite 92) und byzantinische Bildtraditionen mischen. Dieses Hauptwerk des Florentiners Giusto de'Menabuoi wurde um 1380 ausgeführt (tgl. 10–18 Uhr).

Vom Domplatz zweigt die Via dei Soncin ab, wo sich bei Nr. 13 ein besonders sympathischer Ort für eine Erholungspause bietet, die **Osteria L'Anfora** (Via dei Soncin 13, Tel. 049 65 66 29, So geschl.). Die Straße führt weiter zu einem kleinen Platz an der Mündung der Via Solferino und in ein noch ganz mittelalterliches Padua enger Gassen mit heimeligen Laubengängen. Um die Via dei Soncin und Solferino lag zwischen 1603 und 1797 das jüdische **Ghetto.** Paduas Universität war damals die einzige, die Juden zum Medizinstudium zuließ. Die letzte der drei Synagogen, von den Nazis 1943 in Brand gesteckt, wurde 1998 restauriert.

Über die Via Roma und Via Umberto gelangt man in südlicher Richtung zur weiten Fläche des **Prato della Valle,** der im Jahr 1775 zu einem neuen Markt- und Messeplatz von barocker Pracht umgestaltet wurde. 78 Statuen berühmter Bürger flankieren einen elliptischen Ringkanal, über den zierliche Brücken zu einer zentralen Inselwiese *(prato)* führen. Hier treffen sich jeden dritten Sonntag im Monat beim großen Mercatino d'Antiquariato die Schnäppchenjäger.

SANTA GIUSTINA

Die Benediktinerkirche **Santa Giustina** wurde im 16. Jh. über älteren Vorgängerbauten mit kolossalen Ausmaßen und acht Kuppeln nach dem Vorbild der Antoniusbasilika errichtet. Interessant sind die Teile älterer Bauten zwischen südlichem Querhaus und Chor, etwa der Sacello di San Prodoscimo aus dem 6. Jh. und die Sakristei von 1462 (Sommer Mo–Sa 7.30–12, So 6.30–13 u. tgl. 15–20, im Winter Mo–Sa 8–12, So 8–13 u. tgl. 15–20 Uhr, www.abbaziasantagiustina.org).

ORTO BOTANICO

Auf dem Weg zur Basilika Sant'Antonio liegt der Eingang zum UNESCO-Welterbe **Orto Botanico,** dem ältesten seiner Art, der 1545 von der Universität zum Studium der Heilpflanzen angelegt wurde.

Von hier aus verbreiteten sich »Exoten« wie Kartoffel und Sonnenblume in Europa. Der älteste Baum, die 1578 gepflanzte »Goethepalme«, hat bereits der Dichterfürst bewundert. Goethe hat angesichts der Pflanzenvielfalt über seine Theorie einer »Urpflanze« nachgedacht (Juni–Sept. Di–So 9–19, Okt. bis 18, Nov.–März bis 17, April, Mai tgl. 9–19 Uhr, www.ortobotanico.unipd.it).

SANT'ANTONIO

Die **Basilika Sant'Antonio,** kurz auch *Il Santo* genannt, wurde 1232, ein Jahr nach dem Tod des Heiligen, über dessen Grab errichtet. Architekturgeschichtlich stellt sie ein Unikum dar in ihrer Synthese von spitzen gotischen Giebelfassaden, Kuppeln nach dem Vorbild von San Marco in Venedig und minarettartigen Türmen (tgl. 6.20 bis 19.45, im Winter Mo–Fr 6.20–18.45, Sa, So 6.20 bis 19.45 Uhr). Die Basilika enthält Bronzewerke von Donatello am Hochaltar und großartige Fresken von Altichieri in der Cappella di San Felice im rechten Querhausarm. Im linken Querhaus befindet sich die Cappella dell'Arca del Santo, die Grabkapelle des hl. Antonio.

Die Architektur von Sant'Antonio ist eine einzigartige Mischung aus spitzen und runden Formen.

Der Bankier Enrico Scrovegni verpflichtete für die Innenausstattung der Arena-Kapelle die größten Künstler seiner Zeit.

Ⓙ SCUOLA DEL SANTO UND
Ⓚ ORATORIO SAN GIORGIO

Rechts von der Basilika schließt sich die **Scuola del Santo** an mit Fresken des frühen 16. Jhs., an denen der junge Tizian mitwirkte und die das Leben des Heiligen abbilden, und das **Oratorio San Giorgio** mit sehr schönen Fresken von Altichieri von 1384 (beide Di–So 9–13, 14–18 Uhr).

Ⓛ EREMITANI-KIRCHE UND
Ⓜ MUSEO CIVICO EREMITANI

Als ein Bombenangriff im Jahr 1944 die **Eremitani-Kirche** und das zugehörige Kloster in Schutt und Asche legte, ging mit den einstürzenden Mauern u. a. das Frühwerk von Andrea Mantegna

---

💬 **ERFINDUNGEN**

… machte Galileo Galilei auch während seiner Professur in Padua (1592–1610), etwa den Proportionszirkel, einen Vorgänger des Rechenschiebers.

---

in der Ovetari-Kapelle verloren, einer der bedeutendsten Freskenzyklen der Frührenaissance. Nur zwei Bildszenen sind z. T. erhalten, anhand derer man die Größe des Verlusts ermessen kann (Juli, Aug. Mo–Fr 8–12.30, 16–19, Sa, So ab 9, sonst Mo–Fr 7.30–12.30, 15.30–19, Sa, So 9–12.30, 16 bis 19 Uhr). Im rekonstruierten Klosterkomplex präsentieren die **Musei Civici agli Eremitani** archäologische Funde und eine Pinakothek (Di–So 9–19 Uhr).

Ⓝ ARENA-KAPELLE

Über das Museum erhält man Zugang zur Arena-Kapelle, offiziell **Cappella degli Scrovegni.** Sie wurde vom Bankier Enrico Scrovegni kurz nach 1300 zusammen mit einem Palast (abgebrochen) auf dem Gelände des römischen Amphitheaters in Auftrag gegeben. Im Jahr 1305 holte er Giotto aus Florenz, der mit einzigartigen Fresken sein Meisterwerk schuf. Unter dem blauen Himmelsgrund der Wölbung wird das Leben Christi und Mariens in einer zukunftsweisenden Bildsprache illustriert. Die Besichtigung der Kapelle muss mindestens 24 Std., besser bereits drei Tage im Voraus, telefonisch oder über die Webseite angemeldet werden (tgl. 9–19 Uhr, Tel. 04 92 01 00 20, www.cappelladegliscrovegni.it).

Ⓞ CAFFÈ PEDROCCHI UND
Ⓟ UNIVERSITÄT

An der Piazza Cavour lockt nun das geschichtsträchtige **Caffè Pedrocchi,** in dem ganz moderne Veranstaltungen wie z. B. Show-Cooking stattfinden (www.caffepedrocchi.it).

An der Via VIII Febbraio steht das Hauptgebäude der 1222 gegründeten **Universität.** Den größten Ruhm trägt ihr bis heute die medizinische Forschung ein. Bei einer Führung kann man u. a. das Katheder besichtigen, an dem Galilei 1592 bis 1610 lehrte, und das berühmte **Teatro Anatomico.** In diesem Anatomiesaal von 1592 wurden trotz kirchlichen Verbots nachts heimlich Leichen seziert und so die Grundlagen für die moderne Anatomie geschaffen wurden (engl. Führungen: Mo–Fr 10.30, 12.30, 14.30, 16.30, Sa 10.30, 12.30 Uhr; ital. Führungen: www.unipd.it).

INFORMATIONEN
TOUR ⓭ Stadtrundgang durch Padua
Spaziergang, ein Tag

STATIONEN
Ⓐ Palazzo della Ragione
Ⓑ Loggia del Consiglio
Ⓒ Palazzo del Capitanio
Ⓓ Liviano
Ⓔ Dom
Ⓕ Baptisterium
Ⓖ Santa Giustina
Ⓗ Orto Botanico
Ⓘ Sant'Antonio
Ⓙ Scuola del Santo
Ⓚ Oratorio San Giorgio
Ⓛ Eremitani-Kirche
Ⓜ Musei Civici agli Eremitani
Ⓝ Arena-Kapelle

Ⓞ Caffè Pedrocchi
Ⓟ Universität

INFO
IAT
Vicolo Pedrocchi, Padua,
Tel. 04 95 20 74 15,
www.turismopadova.it

HOTELS
Majestic Toscanelli
Mitten in der Altstadt gelegen; die
stilvolle Gestaltung der Zimmer
bezieht Teile der historischen Bau-
struktur aus dem 18. Jh. mit ein.
Via dell'Arco 2, Padua,
Tel. 049 66 32 44,
www.toscanelli.com

Al Fagiano
Farbenfroh und modern empfängt
das Mittelklassehotel seine Gäste;
jede Etage hat ihr individuelles
Design. Kleine, aber komfortable
Zimmer.
Via A. Locatelli 45, Padua,
Tel. 04 98 75 00 73,
www.alfagiano.com

RESTAURANTS
La Corte dei Leoni
Nahe der Piazza delle Frutta
gelegene Enoteca mit hübschem
Innenhof. Es gibt leckere kleine
Gerichte, und an manchen Abenden
treten Jazzmusiker auf.
Via Boccalerie 8, Padua,
Tel. 04 98 75 00 83,
www.cortedeileoni.com

Osteria Dal Capo
Das winzige Traditionslokal im
ehemaligen Ghetto ist für seine
bodenständige Küche berühmt und
beliebt. Mo mittags, So u. 3 Wochen
im Aug. geschl.
Via Degli Obizzi 2, Padua,
Tel. 049 66 31 05,
www.osteriadalcapo.it

EISDIELE
Ciokkolatte
Die Kreationen dieser fröhlichen
Gelateria sollte man sich nicht
entgehen lassen.
Piazza dei Signori 27, Padua,
www.ciokkolatte.it

AKTIVITÄTEN
Eine **Schiffsfahrt** auf dem
Brenta-Kanal bis Venedig, vorbei
an den eleganten Villen aus dem
16. bis 19. Jh., ist ein unvergess-
liches Erlebnis. Das »Burchiello«
genannte Schiff verkehrt von Mitte
März bis Anfang November. Abfahrt
ist Mi, Fr und So um 8 Uhr in Padua
an der Piazzale Boschetti in der
Nähe des Bahnhofs (Bustransfer
zum Hafen). Di, Do und Sa startet es
um 9 Uhr am Pontile Pietà an der
Riva degli Schiavoni in Venedig in
umgekehrter Richtung. Die Boots-
partie dauert einen ganzen Tag, die
Rückfahrt erfolgt jeweils mit dem
Bus. Die Tour kostet 109 €.
Infos und Buchungen in Padua
unter Tel. 04 98 76 02 33 oder
online: www.ilburchiello.it

FISCH-FLÜSTERER

GESTERN *Der Fischmarkt von Chioggia ist sehr alt. Seit wann unter den Großhändlern geflüstert wird, ist leider nicht überliefert*

HEUTE *Chioggia ist das Ziel einer abwechslungsreichen Fahrt von Abano Terme ins Po-Delta und weiter nach Norden an die Lagune*

GESTERN

Gemüse und Fisch sind seit Langem die wichtigsten Wirtschaftsgüter von Chioggia. Die kleine Inselstadt besitzt den größten Fischereihafen Italiens und gleich zwei Fischmärkte: den nicht öffentlich zugänglichen, 1960 eingeweihten Groß-markt *(Mercato Ittico)* im Süden und den lebhaften historischen Markt *(Mercato del pesce al minuto),* auch *La Pescheria* genannt. Ab dem 19. Jh. bot der rote Palazzo Granaio, ein ehemaliger Kornspeicher von 1322, den Rahmen für La Pescheria. Den sog. Chioggia-Krieg (1378–1381)

Bis in die Spätantike lässt sich Chioggias ökonomische Entwicklung, v. a. die des Fischhandels, zurückverfolgen. Um 1900 noch recht übersichtlich, ist der Mercato del Pesce heute einer der größten Fischmärkte Italiens.

zwischen Genua und Venedig hat er jedenfalls gut überstanden und bietet heute eine pittoreske Kulisse für den werktäglichen Fischmarkt.

HEUTE

Auf dem Großmarkt wird der frische Fang frühmorgens immer noch auf althergebrachte Weise versteigert: Wer den höchsten Preis ins Ohr des Verkäufers flüstert, bekommt den Zuschlag; schreien ist während des Bietens verpönt. Die professionellen Händler und Restaurantinhaber, die hier einkaufen, wissen das natürlich. Danach gelangt die Ware zu den *mògnoli,* den Ständen der Einzelhändler auf der *Pescheria* hinter dem Palazzo Granaio. Dort kaufen Privatleute und Hobbyköche ein, Touristen freuen sich am lebhaften Marktgewusel unter den roten Markisen.

Diese Tour beginnt südwestlich von Padua in den **Colli Eugane,** wo Olivenbäume und Feigenkakteen, Wein und Obst gedeihen.
Landkarte: Seite 98, Adressen: Seite 99

1 ABANO TERME

In den Heilquellen der Stadt **Abano Terme** (20 100 Einw.) kann man allerlei Beschwerden lindern lassen oder einfach entspannen. Zentrum des beliebten Kurorts ist der grüne **Viale delle Terme** mit dem alten Nobelhotel »Trieste & Victoria«. Eine majestätische Säulenfront markiert den Eingang zur ältesten Heilquelle Montirone, dessen Wasser mit einer Temperatur von 87 °C zutage tritt. Genutzt wurde dessen Heilkraft bereits von den Venetern; nach ihnen suchten die römischen Bürger Paduas in einer wahren Thermenstadt Heilung, Entspannung und Unterhaltung. Erst das 19. Jh. knüpfte an die Thermentradition an und machte Abano und die anderen Kurorte zu mondänen Bädern. Jedes von Abanos rund 100 Hotels hat eine Kuranlage mit eigener Quelle. Längst ergänzen moderne Wellnesseinrichtungen und Golfplätze das Freizeitangebot.

2 ABBAZIA DI PRAGLIA

Durch die Colli Euganei geht es nun 6 km nach Westen zur ehrwürdigen **Abbazia di Praglia.** Im 11. Jh. gegründet, stellt sich die große Benediktinerabtei heute als einheitliche Renaissanceanlage um vier große Kreuzgänge dar. Die Kirche (1490 bis 1560) entstand nach Plänen von Tullio Lombardo (Führungen: Sommerzeit Di–Sa 15, 16, 17, Sa auch 11, So halbstdl. 15.30–17.30 Uhr, Juni bis Aug. Di–Fr 10, 16, 17, Sa 11, 15, 16, 17, So halbstdl. 15.30–17.30 Uhr, Winterzeit So jeweils 1 Std. früher, www.praglia.it). Das Kloster mit seiner prächtigen Bibliothek ist heute ein internationales Zentrum der Buchrestaurierung.

3 LUVIGLIANO UND MONTE RUA

Vorbei an Weingärten und Villen fährt man hinein in die Hügel nach **Luvigliano,** wo sich Falconettos Villa dei Vescovi (16. Jh.) beherrschend am Hang erhebt (Nov.–Anf. Dez., März Mi–Sa 10 bis 17, So 10–18, April–Juni, Sept., Okt. je eine Std. länger, Juli, Aug. Mi–Fr 15–21, Sa, So 10–18 Uhr, www.fondoambiente.it).

Vom **Monte Rua** (416 m) über Torreglia Vecchia, den ein Einsiedlerkloster *(Eremo)* der Camaldulenser krönt, eröffnet sich ein schöner Panoramablick über die Euganei.

4 TEOLO

Nächstes Ziel ist **Teolo,** der Ort, aus dem der römische Geschichtsschreiber Titus Livius stammen soll. Teolo ist Ausgangpunkt für schöne Spaziergänge. Im Palazzo dei Vicari, wo die venezianischen Statthalter residierten, gibt es ein Museum zeitgenössischer Malerei (Fr–So 15.30 bis 19.30, So auch 9–13 Uhr).

5 BOCCON

Auf der Weiterfahrt lohnt ein Halt in der **Ca' Sceriman in Boccon** (südöstl. von Vo), dem Spitzengut im Weinbauzentrum Vo Euganei. Mittelpunkt

Nur nicht verlaufen: Rechts von der Hauptallee, die auf die Villa Barbarigo zuführt, befindet sich ein großes Buchsbaumlabyrinth aus dem 17. Jahrhundert.

ist eine elegante Barockvilla mit Enoteca zum Verkosten (März–Nov. Mo–Sa 10–12, 15–19, sonst bis 18 Uhr, www.villasceriman.it).

6 VILLA BARBARIGO

Unweit von Valsanzibio schmückt sich die **Villa Barbarigo** mit einem berühmten Garten aus dem 17. Jh. (Garten: Ende Feb.–Anf. Dez. Mo–Fr 10 bis 13, 14 Uhr bis Sonnenuntergang, Sa, So ohne Pause, www.valsanzibiogiardino.it). Die vom Haupteingang ansteigenden Terrassen mit Wasserbecken und Statuen werden malerisch vom Hügelpanorama gerahmt. Das große barocke **Buchsbaumlabyrinth** ist eine Besonderheit.

7 ARQUÀ PETRARCA

Die erste Etappe endet in **Arquà Petrarca,** das nicht nur ein hübsches Stadtbild besitzt, sondern auch letzte Ruhestätte eines der größten Dichter Italiens, Francesco Petrarca (1304–1374), sein soll. Der Ort hat viel von seiner mittelalterlichen Atmosphäre bewahren können. Hier verbrachte Petrarca in Zurückgezogenheit seine letzten Lebensjahre in der **Casa del Petrarca** (März–Okt. Di–So 9–12.30, 15–19, sonst 9–12.30, 14.30–17.30 Uhr).

Vor der Pfarrkirche steht die Tomba del Petrarca (14. Jh.). Seit man den Sarkophag 2004 geöffnet hat, rätselt die Wissenschaft: Darin fand man nicht Petrarcas Schädel, sondern den einer Frau.

8 MONSELICE

Der Ort (17 600 Einw.) liegt am Fuß der Euganeischen Hügel. Hübsch ist die zentrale **Piazza Mazzini** mit einer Loggia des 16. Jhs. und dem Stadtturm aus dem 13./16. Jh. Von der Piazza Mazzini hügelaufwärts erreicht man auf der gepflasterten Straße gleich das **Castello Cini-Ca'Marcello,** einen restaurierten Burgkomplex mit Möbeln aus Mittelalter und Renaissance , einer interessanten Waffensammlung und einer Bibliothek (nur mit Führung: März–Okt. tgl. 9, 10, 11, 15, 16, 17, sonst tgl. 10, 11, 14, 15 Uhr, www.castellodimonselice.it).

Hangaufwärts passiert man die **Villa Nani-Mocenigo** mit grotesken Gnomen auf der Mauer, die auf den Familiennamen anspielen (ital. *nani* – Zwerge), und kommt zum **Duomo Vecchio,** der ehemaligen Kathedrale mit einer streng-schönen spätromanischen Außengliederung und Glockenturm (13. Jh.).

Eine Reihe von sechs Kapellen und eine kleine Kirche vor dem Aufgang zur **Villa Duodo** bilden den Santuario delle Sette Chiese. Pietro Duodo, der Erbauer der Villa, bewahrte hier die Reliquien auf, die er vom Papst 1592 für seine Dienste als Gesandter Venedigs am Heiligen Stuhl erhalten hatte. Die Villa selbst kann man nicht besichtigen.

9 ESTE

Vor 3000 Jahren war der Ort (16 350 Einw.) das bedeutendste Zentrum der Veneter, die im Gebiet der Colli Euganei siedelten. Die mit Türmen bewehrten Mauern des **Castello** (14. Jh.), der Burgruine am Hang, bilden heute den monumentalen Rahmen für den **Stadtpark,** vor dessen Aufgang das reich mit archäologischen Funden bestückte **Museo Nazionale Atestino** steht (tgl. 8.30 bis 19.30 Uhr). Gegenüber liegt das Zentrum um die **Piazza Maggiore** mit dem Rathaus (16. Jh.) und der breiten **Via Matteotti.** Westlich der Piazza erreicht man über die Via Cavour den **Dom Santa Tecla** (um 1700) mit einem dramatischen Hochaltarbild von Tiepolo (1759), das die Befreiung der Stadt von der Pest durch Fürbitte der hl. Thekla darstellt. Wer Lust und Zeit hat, schlendert von hier aus noch zur Via Principe Umberto, die **Kirche San Martino** samt schiefem Glockenturm ist einen Blick wert.

10 MONTAGNANA

Nun geht es ein Stück nach Westen; die Strecke fahren Sie anschließend wieder retour. Das Städtchen **Montagnana** besitzt eine bestens erhaltene **Stadtmauer** mit 24 Türmen, 1360 bis 1362 unter den Carrara errichtet. Man kann sie außen im grünen Stadtgraben umwandern. In diesem Graben wird am ersten Septembersonntag der berühmte **Palio dei 10 Comuni** veranstaltet, ein historisches Pferderennen, zu dem Besucher aus nah und fern herbeiströmen (www.palio10comuni.it). An den Schmalseiten stehen sich die Rocca degli Alberi und das Castello di San Zeno (Museum) gegenüber, die Burg Ezzelinos da Romano (1242). An der **Via Matteotti** liegt der Dom, an dem ab 1431 70 Jahre lang gebaut wurde und der sich im Übergang von der Gotik zur Renaissance präsentiert.

11 ADRIA

Ein Kontrastprogramm zur Hügelwelt bildet das weitverzweigte, 400 km² große **Po-Delta.** Mehrfach hat der Hauptarm seinen Lauf nach Überschwemmungskatastrophen geändert. Seit der Römerzeit wird das Land durch Trockenlegung urbar gemacht und durch Dämme geschützt. Für die Fahrt nach **Adria** empfiehlt sich die Nebenstrecke über **Sant'Elena d'Este** (Villa Miari de Cumani mit einem romantischen Park; Feb.–Nov. Di–So 9.30–12.30, 14.30–19.30 Uhr) und **Vescovana** (Villa Pisani mit Freskensälen und Park; April–Mitte Okt. Mo–Fr 9–12, 13.30–17, sonst 10–12, 13.30–16 Uhr, Sa, So nur nach telefon. Anmeldung, Tel. 04 25 92 00 16, www.villapisani.it).

Rovigo, die Hauptstadt (51 150 Einw.) des Polesine, ist nicht übermäßig attraktiv. Wieder lohnt sich ein kleiner Abstecher nach Westen, diesmal zur **Villa Badoer** (Sa, So 9.30–12.30, 15 bis 18.30 Uhr), die zu den berühmtesten Palladio-Villen gehört. Der Entwurf aus dem Jahr 1566 ist von klassischer Schönheit.

Adria (19 400 Einw.) war einer der größten Häfen an dem Meer, das heute noch seinen Namen trägt. Heute liegt der Ort 25 km von der Küste entfernt, und noch immer schiebt sich die Po-Mündung jährlich 60 m weiter ins Meer vor. Im Museo Archeologico Nazionale (Piazzale degli Etruschi, tgl. 8.30–19.30, letzter So im Monat 14.30–19.30 Uhr) ist die große Vergangenheit der Stadt vom 6. bis 1. Jh. v. Chr. dokumentiert.

12 PO-DELTA

Wenn Sie sich in die Landschaft verliebt haben, dann übernachten Sie doch in der eleganten **Tenuta Goro Veneto** kurz vor Gorino (Via Po di Gorino 4, Ariano nel Polesine, Tel. 32 99 65 83 58, www.tenutagoroveneto.it), wo Sie Fahrräder leihen und das Delta intensiv erkunden können. Einen endlos weiten Strand, die **Spiagga di Barricata,** finden Sie bei Porto Tolle.

13 CHIOGGIA

Nun geht es wieder ein Stück ins Landesinnere und nach Norden. Über **Porto Viro** und **Rosolina,** in dessen Nähe das Agriturismo San Gaetano köstli-

💬 CARLO GOLDONI

Der Librettist und Komödiendichter (1707–1793) wurde durch Chioggia zu seinem Stück »Viel Lärm in Chiozza« inspiriert: In Goldonis Fischerdorf leben 40 000 Menschen, davon 30 000 Frauen. Das führt zu allerlei »Kabale und Liebe« – allerdings heiter und unterhaltsam. Ganz italienisch eben.

che Delta-Spezialitäten zubereitet (Via Moceniga 22, Tel. 34 78 46 38 33, www.sangaetanorosolina.it; im Sommer tgl., im Winter nur Sa, So geöffnet) führt die Tour nach **Chioggia** (49 400 Einw.). Venedigs kleine Schwester schließt die Lagune im Süden ab. Wie die Serenissima wurde sie teils auf Pfählen erbaut. Drei geradlinig verlaufende Kanäle unterteilen das Stadtgebiet. Seit dem Jahr 1380 war Chioggia Venedig untertan.

Von Süden kommend, betreten Sie die Altstadt am Garibaldi-Tor. Die **Kathedrale** wurde um das Jahr 1110 errichtet und nach einem Brand im 17. Jh. von Baldassare Longhena barock wieder aufgebaut. Das **Oratorio di San Martino** nebenan birgt ein Tafelbild von Paolo Veneziano, ist aber leider meist verschlossen. Den Corso del Popolo nach Norden gehend, passiert man weitere Gotteshäuser und biegt nach der Piazza XX Settembre zum Fischmarkt am Kornspeicher **Granaio** ab. Lassen Sie das bunte Gewimmel auf sich wirken, tauchen Sie ein in die Atmosphäre! Hier stehen Sie an der mittleren der drei Wasserstraßen, dem **Canal Vena,** der sich mit seinen Brücken und den im Wasser dümpelnden Booten sehr idyllisch präsentiert. Am Ende des Corso nach rechts über den Ponte Vigo und weiter geradeaus geht es schließlich auf die Isola di San Domenico mit dem gleichnamigen Kloster, dessen **Kirche San Domenico** neben Werken von Tintoretto auch das letzte von Vittore Carpaccio signierte Gemälde, »San Paolo«, birgt.

INFORMATIONEN

TOUR ⑭ Von Abano Terme bis nach Chioggia

Autotour, 2–3 Tage, ca. 190 km

STATIONEN

1. Abano Terme
2. Abbazia di Praglia
3. Luvigliano und Monte Rua
4. Teolo
5. Boccon
6. Villa Barbarigo
7. Arquà Petrarca
8. Monselice
9. Este
10. Montagnana
11. Adria
12. Po-Delta
13. Chioggia

PRAKTISCHE HINWEISE

Eine detaillierte Karte ist auf dieser Tour von Vorteil, weil man viel auf Nebenstraßen unterwegs ist.

ARQUÀ PETRARCA
RESTAURANT
La Montanella

Feines Lokal in einem blühenden Garten. Spezialität des Hauses ist ein altes Paduaner Rezept: Ente in Obst. Di, Mi geschl.
Via dei Carraresi 9, Arquà Petrarca, Tel. 04 29 71 82 00, www.montanella.it

SHOPPING
Enoteca da Loris

Für Feinschmecker: Hier bekommt man den roten Moscato und auch das eigene Olivenöl.
Via Valleselle 20, Arquà Petrarca, www.enotecadaloris.it

Frantoio Evo del Borgo

Hier gibt es sehr gutes Olivenöl.
Via Fonteghe 17, Arquà Petrarca, www.evodelborgo.com

MONSELICE
RESTAURANT
La Torre

Das Restaurant ist auf Gerichte mit Trüffeln und anderen Pilzen spezialisiert. So abends u. Mo geschl.
Piazza Mazzini 14, Monselice, Tel. 042 97 37 52, www.ristorantelatorremonselice.it

ESTE
SHOPPING
Este Ceramiche Porcellane

Este ist ein bekanntes Keramikzentrum. Hier werden schöne Töpferwaren verkauft.
Via S. Sabina 31, Este, www.esteceramiche.com

MONTAGNANA
INFO
IAT

Castel San Zeno, Piazza Trieste 15, Montagnana, Tel. 042 98 13 20, www.comune.montagnana.pd.it

HOTEL & RESTAURANT
Albergo Aldo Moro

In dem sympathischen Hotel können Sie in komfortablen Zimmern übernachten und abends im Restaurant die Köstlichkeiten der Region goutieren.
Via Marconi 27, Montagnana, Tel. 042 98 13 51, www.hotelaldomoro.com

SHOPPING
Prosciutteria Duomo

Der *Prosciutto Dolce* von Montagnana zählt zu den vorzüglichsten Rohschinken Italiens. Hier kann man ihn verkosten und auch für zu Hause einpacken lassen.
Piazza Vittorio Emanuele 50, Montagnana, www.prosciutteriadimontagnana.it

CHIOGGIA
INFO
IAT

Lungomare Adriatico 101, Chioggia, Tel. 041 40 36 52, www.chioggia.org

RESTAURANTS
Alle Baruffe Chiozzotte

Das Edelrestaurant im Hotel Grande Italia steht für traditionelle Küche.
Rione S. Andrea 597, Chioggia, Tel. 041 40 05 15, www.hotelgrandeitalia.com

Al Capitello

Das Restaurant am Canal Lombardo überzeugt mit hervorragenden Fischgerichten. Im Winter Di geschl.
Fond. Canal Lombardo 1294, Chioggia, Tel. 041 40 06 97, www.alcapitellochioggia.it

TOUR ⑮ VENEDIG

WENN DIE GONDELN ...

GESTERN   *... Promis tragen: Filmstars und Regisseure, Künstler und Musiker – sie alle kommen, um in der Serenissima zu glänzen*

HEUTE   *Die Gondel ist das Symbol der Stadt und wird innig geliebt. Den Canal Grande entdeckt man aber schneller per Vaporetto*

GESTERN

Venezianische Gondeln haben in ihrer rund 1000-jährigen Geschichte schon viel gesehen: Dogen und andere Führer, die Pest, große Künstler, ungezählte Karnevalsteilnehmer und den einen oder anderen VIP. Ihr etwas düsteres Aussehen ist aber schon lange unverändert: Weil die venezianischen Adels- und Patrizierfamilien sich bei der Ausstattung ihrer Gondeln nicht zu beschränken wussten, wies der Senat in einem Gesetz von 1562 an, dass die Boote schwarz zu sein hätten – ausgenommen waren die auf beiden Seiten angebrachten Seepferde und der Bugbeschlag. Diese Anweisung gilt bis heute; mittlerweile bietet die Kleidung der Fahrgäste aber ausreichend Farbakzente. Eine weitere Ausnahme von dieser Regel bildete die Gondola d'Oro, der Hauptpreis der 1965 zum ersten Mal ausgetragenen »Mostra Internazionale di Musica Leggera«, einer Musikshow im Fernsehen. Ob die Rolling Stones mit ihrem im selben Jahr entstandenen Hit »Satisfaction« die Goldene Gondel gewonnen hätten?

HEUTE

Bei einer Fahrt über den Canal Grande, der die Stadt in einer großen S-förmigen Schleife von 3800 m Länge in zwei Hälften teilt, gleitet man an einzigartigen Architekturdenkmälern vorbei. Die Venezianer legten die Schauseiten ihrer Wohn- und Handelshäuser an die Wasserfront. Venedig lag sehr geschützt und konnte sich daher einen offenen, repräsentativen Baustil erlauben.
Stadtplan: Seite 104/105, Adressen: Seite 107

1 STAZIONE SANTA LUCIA

Am Ausgangspunkt der Fahrt lohnt sich als Erstes ein Blick auf den **Ponte della Costituzione.** Die neueste, vierte Brücke über den Canal Grande, die den Bahnhof mit dem Piazzale Roma verbindet, wurde 2008 eröffnet. 11,2 Mio. Euro hat das skandalträchtige Bauwerk gekostet, und am Entwurf Santiago Calatravas scheiden sich die Geister. Nach Meinung vieler Venezianer ist die Brücke schlichtweg überflüssig, denn der Ponte Scalzi liegt in Sichtweite.

(Wasser-) Straße der Promis und Schönen: Mick und Bianca Jagger genossen im Juni 1971 ein paar ruhige Tag in der Lagunenstadt. Einen Monat zuvor hatten sie im französischen St. Tropez ihre turbulente Hochzeit gefeiert.

2 SAN SIMEONE PICCOLO

Gegenüber dem Bahnhof fällt die Säulenvorhalle der **Kirche San Simeone Piccolo** auf; das Pantheon in Rom war Vorbild für diesen Kuppelbau (1718–1738). Man sagt, dem Vedutenmaler Canaletto habe an dieser Stelle etwas für sein Bild gefehlt, und so habe er das kleine Pantheon »erfunden«. Die Venezianer sollen es dann nach seinem Bild erbaut haben.

3 SANTA MARIA DEGLI SCALZI

Auf der Bahnhofsseite erhebt sich kurz vor der Brücke die aus bestem Carrara-Marmor bestehende Fassade der im Ersten Weltkrieg fast vollständig zerstörten **Kirche Santa Maria degli Scalzi**, in der Ludovico Manin, der letzte Doge Venedigs, begraben ist (tgl. 7–12, 15–18.50 Uhr, www. chiesadegliscalzi.it).

4 SAN GEREMIA BIS
7 PALAZZO VENDRAMIN-CALERGI

Gegenüber der Anlegestelle Riva di Biasio erblickt man die **Kirche San Geremia** mit den Reliquien der Märtyrerin Lucia aus Syrakus. Da die Kirche an der Mündung des Cannaregio-Kanals in den Canal Grande liegt, erhielt sie auf beiden Seiten eine Fassade. Links der gleichnamigen Station liegt die Kirche **San Marcuola** **5** aus dem 18. Jh., vis-à-vis ein Musterbeispiel der venezianischen Baukunst im byzantinischen Stil: der prunkvoll ausgestattete **Fondaco dei Turchi** **6**, in dem heute das Museum für Naturgeschichte untergebracht ist (Juni–Okt. Di–Fr 10–18, Sa, So 10.30–18, Nov.–Mai Di–Fr 9–17, Sa, So 10.30–17 Uhr).

Gegenüber steht der **Palazzo Vendramin-Calergi,** eine wuchtige Schöpfung der Renaissance (um 1500) von Mauro Codussi. In diesem Palast starb am 13. Februar 1883 Richard Wagner. Heute sind in dem eleganten Palazzo das Spielkasino und ein kleines Wagner-Museum untergebracht.

Die nächste Anlegestelle heißt San Stae; auf diesem Ufer folgt die **Ca' Pesaro,** nach dem Dogenpalast der zweitgrößte Palast Venedigs, eine Schöpfung Baldassare Longhenas (1598–1682), der durch monumentale Fassaden das Gesicht Venedigs prägte. 1628 begonnen, wurde die

Ca' Pesaro erst Anfang des 18. Jhs. vollendet; sie beherbergt heute die Galerie für moderne Kunst (April–Okt. Di–So 10.30–18, sonst bis 16.30 Uhr, www.capesaro.visitmuve.it).

8 CA' D'ORO

Die nächste Anlegestelle ist nach einem Juwel der gotischen Baukunst in Venedig **Ca' d'Oro** benannt. Der Palast, dessen Fassade einst vergoldet war, entstand 1422 bis 1440 und beherbergt heute ein Kunstmuseum, die **Galleria Franchetti** (Mo 9–14, Di–So 9–19 Uhr).

9 CA' DA MOSTO

Kurz vor der Rialtobrücke wird Venedigs schönster Markt abgehalten (Anlegestelle Rialto Mercato). In der Mitte der 25 Bogen zur Kanalfront wird der Blick aufs andere Ufer reich belohnt: Die **Ca' da Mosto** (13. Jh.) zeigt sich im veneto-byzantinischen Stil. Bis zum Ende der Republik 1797 stiegen hier, im damaligen Gasthof Leon Bianco, sogar gekrönte Häupter wie Kaiser Joseph II. ab.

Der Canal Grande setzt jetzt zu der scharfen Rechtskurve an, die zur Rialtobrücke führt; rechts vor der Brücke sieht man den **Palazzo dei Camerlenghi**, errichtet nach dem schweren Brand von 1513, der das Rialto-Viertel in weiten Teilen zerstörte. Untergebracht war hier die gefürchtete Finanzverwaltung. Steuersünder wanderten ins Gefängnis, dessen Zellen im Erdgeschoss für jeden Vorbeigehenden einsehbar waren. Direkt vis-à-vis erhebt sich die Wasserfront des 1508 fertiggestellten **Fondaco (Fontego) dei Tedeschi**. Seit 2016 beherbergt der ehemalige Handelshof der deutschen Kaufleute trotz Protesten von Denkmalschützern ein Luxuskaufhaus (www.dfs.com).

Mit der **Rialtobrücke** folgt die weltberühmte Kanalbrücke, die bis vor etwa 150 Jahren den einzigen Übergang über den Canal Grande darstellte.

10 PALAZZO DOLFIN-MANIN

Bedeutung für den heutigen Handel hat als Sitz der Banca d'Italia der **Palazzo Dolfin-Manin.** Die klassischen Renaissancelinien, die Sansovino im 16. Jh. entwarf, werden von den blauen Markisen vorteilhaft unterstützt. Der Kontrast folgt gleich nebenan mit dem **Palazzo Bembo,** einem noblen Hotel: Gotik aus dem 15. Jh. auf roter Fassade.

11 CA' FARSETTI

Auf demselben Ufer folgt mit der **Ca' Farsetti** erneut einer der prunkvollen, byzantinisch geprägten Bauten. Die Bogen erscheinen nicht nur dort, wo sie statisch notwendig sind, sondern haben sich zum Dekorationsprinzip verwandelt, das die ganze Fassadenfläche zu gliedern hat. So entsteht eine harmonisch durchdachte Reihung wie im Wassergeschoss der Ca' Farsetti, in der heute Venedigs Rathaus *(municipio)* beheimatet ist.

12 PALAZZO BARZIZZA

Gegenüber, neben der Anlegestelle San Silvestro, steht mit dem Ziegelbau des **Palazzo Barzizza** ein weiterer Prototyp eines veneto-byzantinischen Hauses (12./13. Jh.); die kunstvoll gestaltete Fensterpartie im Balkongeschoss stammt noch aus der Entstehungszeit.

13 PALAZZO GRIMANI UND 14 PALAZZO CORNER CONTARINI DEI CAVALLI

Auf der anderen Seite ragt die kolossale Fassade des **Palazzo Grimani** empor, den der Veroneser Michele Sanmicheli im 16. Jh. schuf und der heute den Appellationsgerichtshof beherbergt. Daneben steht die elegante spätgotische Loggia des **Palazzo Corner Contarini dei Cavalli** (15. Jh.).

15 PALAZZO BARBARIGO DELLA TERRAZZA UND 16 PALAZZO CORNER-SPINELLI

Ein besonderes Schmuckstück der blühenden Spätgotik ist der um das Jahr 1568/69 fertiggestellte **Palazzo Barbarigo della Terrazza,** der an seiner Terrasse zu erkennen ist. Neben der Anlegestelle San Angelo errichtete Mauro Codussi Ende des 15. Jhs. den **Palazzo Corner-Spinelli:** unübertreffliche Eleganz der Frührenaissance.

17 PALAZZI MOCENIGO

Von der Anlegestelle San Tomà aus blickt man am anderen Ufer auf die vier **Palazzi Mocenigo.** Beim ersten, einem Renaissancebau, setzen blaue Markisen Farbtupfen, die die helle Fassade beto-

Rushhour auf dem Canal Grande. Im Hintergrund: Santa Maria della Salute.

nen. Im zweiten, etwas breiteren und nicht so spektakulären, wohnte Lord Byron mit seiner Geliebten. Man erkennt das Haus an den Löwenköpfen, die sich über die gesamte Breite ziehen.

18 CA' FOSCARI

An der Kanalbiegung mündet rechts der Rio di **Ca' Foscari** ein; nach der Mündung folgt der Komplex der Ca' Foscari, heute Hauptsitz der Universität. Der Palast gehört zu den letzten der Spätgotik. Der Doge Foscari (1423–1457) ersteigerte 1452 den Vorgängerbau, ließ ihn abreißen und in der heutigen Gestalt neu aufbauen. Er selbst erlebte jedoch die Vollendung des prächtigen Palazzo nicht mehr; nach fast 35-jähriger Regierungszeit wurde er abgesetzt und starb aus Gram über die Wahl seines Nachfolgers.

19 CA' REZZONICO

Die **Ca' Rezzonico** kurz vor der gleichnamigen Anlegestelle ist ein Werk von Baldassare Longhena aus dem 17. Jh. in monumentalem Klassizismus. Hier ist das **Museo del Settecento Veneziano** (Museum des 18. Jhs.) untergebracht. Es zeigt Stuck, Marmor, Teppiche, Keramiken, erlesenes Mobiliar, wertvolle Fresken, dazu eine Galerie mit Werken der Genremaler Longhi und Guardi, eine alte Apotheke und ein kleines Theater (April–Okt. Mi–Mo 10.30–18, Nov.–März bis 16.30 Uhr).

20 PALAZZO GRASSI

Direkt gegenüber liegt der monumentale **Palazzo Grassi**. Er gilt als Musterbeispiel der klassizistischen Architektur des 18. Jhs. und wurde vom japanischen Stararchitekten Tadao Ando mit Fingerspitzengefühl umgebaut. Heute beherbergt er auf 5000 m² die Privatsammlung zeitgenössischer Kunst des französischen Industriellen François Pinault (Mi–Mo 10–19 Uhr, www.palazzograssi.it).

Rechts daneben reckt sich mit dem Campanile der ehemaligen **Kirche San Samuele** einer der ältesten Glockentürme von Venedig (12. Jh.) in den Himmel. Hier soll Giacomo Casanova kurzzeitig als Priester tätig gewesen und volltrunken von der Kanzel gefallen sein.

21 PALAZZO LOREDAN DELL'AMBASCIATORE

Auf dem rechten Ufer folgt mit dem **Palazzo Loredan dell'Ambasciatore** eine spätgotische Konstruktion (15. Jh.), in deren Nischen bereits Skulpturen im lombardischen Stil der Frührenaissance (Ende 15. Jh.) stehen. In diesem Bau residierten während des 18. Jhs. die kaiserlichen Botschafter; daher der Beiname »dell'Ambasciatore« .

22 GALLERIE DELL'ACCADEMIA UND
23 PALAZZO CAVALLI-FRANCHETTI

Wer zum Ponte dell'Accademia (Akademiebrücke) blickt, sieht rechter Hand die schlanke, aufstrebende Fassade der ehemaligen Kirche **Santa Maria della Carità**. Im rechten Winkel dazu erstreckt sich die Fassade der berühmten **Gallerie dell'Accademia,** der bedeutendsten venezianischen Gemäldesammlung mit Werken von Bellini bis Tintoretto und Tiepolo (Mo 8.15–14, Di–So 8.15–19.15 Uhr, www.gallerieaccademia.it). Gleich nach der Brücke erhebt sich auf dem linken Kanalufer der **Palazzo Cavalli-Franchetti** mit aufwendig gestalteter Fensterzone (15. Jh.).

24 PALAZZO CONTARINI DAL ZAFFO UND
25 PALAZZO BARBARIGO

Am anderen Ufer sieht man als zweites Gebäude nach der Brücke ein Musterbeispiel für die lom-

bardische Architektur des späten 15. Jhs., den **Palazzo Contarini dal Zaffo.** Auf derselben Seite folgt nach der Einmündung des Rio San Vio ein Unglücksfall für den Canal Grande und die ganze Stadt: Die imitierten Mosaiken an der Fassade des **Palazzo Barbarigo** aus dem Jahr 1887 stören das ansonsten harmonische Gesamtbild.

26 PALAZZO CORNER CA' GRANDE

Gegenüber erblickt man den **Palazzo Corner Ca' Grande**, das »große Haus«. Sansovino hat es

entworfen, nachdem der Vorgängerbau 1532 abgebrannt war. Das Untergeschoss auf dem Wasser ist stilistisch von den oberen abgesetzt, die durch klassische Säulenordnungen hervorgehoben werden. Der ehemalige Besitz der Familie Corner dient heute der Provinzverwaltung und als Präfektur.

27 COLLEZIONE PEGGY GUGGENHEIM

Am rechten Ufer direkt gegenüber sieht man einen Flachbau mit einem Garten dahinter: den unvollendeten **Palazzo Venier dei Leoni** aus dem

Venezia (Venedig)

0   200 m

18. Jh. Der ehemalige Wohnsitz der Kunstsammlerin und -mäzenin Peggy Guggenheim ist heute Ausstellungsgebäude und beherbergt seit 1980 die hochkarätige Sammlung mit Meisterwerken der Moderne, die sie bis 1979 zusammentrug, u. a. von Picasso und Kandinsky (Mi–Mo 10–18 Uhr, www.guggenheim-venice.it).

28 CA' DARIO

Am selben Ufer kommt mit der **Ca' Dario** wieder eine Perle der Frührenaissance ins Blickfeld. Die farbigen Marmorintarsien verraten den lombardischen Stil des späten 15. Jhs. – vielleicht war Pietro Lombardo selbst Baumeister. Auf dem Palast soll angeblich ein Fluch liegen – alle bisherigen Inhaber und Bewohner waren vom Unglück verfolgt.

29 PALAZZO PISANI-GRITTI BIS
31 CA' GIUSTINIAN

Auf dem anderen Kanalufer erkennt man leicht den **Palazzo Pisani-Gritti**. Hinter ihm mündet ein Seitenkanal in den Canal Grande, das dritte Haus danach ist der zierliche **Palazzo Contarini-Fasan** 30. Seine Balkonbrüstungen sind mit radartigen Dekorationselementen verziert, mit denen sich der Übergang von der Spätgotik zur Renaissance ankündigt. Hier wohnte angeblich Desdemona, die mit Shakespeares Tragödie »Othello« in die Weltliteratur einging.

Die Bauten auf der anderen Seite laufen in den alten Zollgebäuden und der Punta della Dogana aus, die ein Museum für zeitgenössische Kunst beherbergt (Mi–Mo 10–19 Uhr, www.palazzograssi.it). Auf der Gegenseite sticht die **Ca' Giustinian** im Stil der Spätgotik heraus (15. Jh.).

> 💬 **DER KLASSIKER**
>
> »Wenn die Gondeln Trauer tragen« von Nicolas Roeg sorgte bei seiner Veröffentlichung 1973 für eine Kontroverse. War der Akt zwischen Julie Christie und Donald Sutherland gespielt oder wurde er tatsächlich vollzogen? Dabei ist die Schnitttechnik dieser Szene bis heute viel aufregender als die Frage: Haben sie oder haben sie nicht?

---

32 PIAZZA SAN MARCO

Es ist der schönste Platz, das Herzstück und touristische Zentrum der Stadt. Auf der L-förmig angelegten Piazza wurden zur Zeit der Serenissima rauschende Feste gefeiert, hier befanden sich rund 24 Kaffeehäuser, und hier bauten die Händler ihre Marktstände auf. Die Gebäudeflügel, die den **Markusplatz** rahmen, sind die Procuratie. Im linken Flügel waren vom 16. Jh. an die höchsten Verwaltungsbeamten der Republik untergebracht; den rechten begann Scamozzi im 16. Jh. nach dem Vorbild der Biblioteca Marciana. Zunächst Verwaltungssitz, dienten sie nach dem Ende der Republik als Kaiserresidenz.

Nehmen Sie sich auf dem lebhaften Markusplatz noch etwas Zeit für die **Basilica di San Marco** und den **Dogenpalast**. Das bedeutendste Sakralbauwerk Venedigs ist ein Gesamtkunstwerk von vollendeter Schönheit. Die Markusbasilika (Stiftung des Dogen Domenico Contarini, 11. Jh.) besitzt das größte zusammenhängende Mosaik der Welt und versinnbildlicht die Größe und Macht der venezianischen Republik. Im Jahr 828 war es venezianischen Kaufleuten gelungen, die Gebeine des hl. Markus aus Alexandria zu stehlen und, bedeckt mit Schweinefleisch, an muslimischen Zöllnern vorbeizuschmuggeln. Der Legende nach kam der Evangelist Markus als Schiffbrüchiger auf einer Laguneninsel wieder zu sich, nachdem ihm im Traum ein Engel mit den Worten »Pax tibi, Marce, evangelista meus« (Friede mit dir, Markus, mein Evangelist) erschienen war. Für ihren Schutzpatron baute die Stadt ihre erste große Kirche (Mo–Sa 9.30–17, So, Fei 14–17, Nov.–Ostern So bis 16.30 Uhr, www.basilicasanmarco.it).

Der eindrucksvolle **Palazzo Ducale** (Dogenpalast) neben der Basilica di San Marco war der Regierungssitz des Dogen und Schaltzentrum der venezianischen Macht. Hier wurde Weltgeschichte geschrieben und ein Jahrtausend lang über Schicksale entschieden, hier befanden sich zugleich die Privatgemächer des Dogen, der Sitz der Geheimpolizei und die berüchtigten Gefängnisse (April–Okt. So–Do 8.30–21, Fr, Sa bis 23, Nov. bis März tgl. 8.30–19 Uhr, www.palazzoducale.visitmuve.it).

INFORMATIONEN

TOUR ⑮ Fahrt auf dem Canal Grande
Fahrt mit dem Vaporetto, mind. ein halber Tag

STATIONEN
1. Stazione Santa Lucia
2. San Simeone Piccolo
3. Santa Maria degli Scalzi
4. San Geremia
5. San Marcuola
6. Fondaco dei Turchi
7. Palazzo Vendramin-Calergi
8. Ca' d'Oro
9. Ca' da Mosto
10. Palazzo Dolfin-Manin
11. Ca' Farsetti
12. Palazzo Barzizza
13. Palazzo Grimani
14. Palazzo Corner Contarini dei Cavalli
15. Palazzo Barbarigo della Terrazza
16. Palazzo Corner-Spinelli
17. Palazzi Mocenigo
18. Ca' Foscari
19. Ca' Rezzonico
20. Palazzo Grassi
21. Palazzo Loredan dell'Ambasciatore
22. Gallerie dell'Accademia
23. Palazzo Cavalli-Franchetti
24. Palazzo Contarini dal Zaffo
25. Palazzo Barbarigo
26. Palazzo Corner Ca' Grande
27. Collezione Peggy Guggenheim
28. Ca' Dario
29. Palazzo Pisani-Gritti
30. Palazzo Contarini-Fasan
31. Ca' Giustinian
32. Piazza San Marco

PRAKTISCHE HINWEISE
Ca. 30 Min. dauert die Tour mit dem Vaporetto, mindestens einen halben Tag sollte man aber einplanen, wenn man zwischendurch aussteigen und etwas besichtigen möchte. Man könnte natürlich auch sämtliche Sehenswürdigkeiten an der Strecke besichtigen; dann bräuchte man mehrere Tage.
Die Vaporetti sind tagsüber sehr voll. Wer weder stehen noch drinnen sitzen, sondern die Palazzi in aller Ruhe betrachten oder fotografieren will, der sollte die Tour für den frühen Morgen einplanen.
Es empfiehlt sich der Erwerb des City Passes »Venezia Unica«, der zur Nutzung des ÖPNV und/oder zum Eintritt in verschiedene Museen berechtigt. Infos und Buchung unter www.veneziaunica.it oder Tel. 041 24 24.
Um den negativen Auswirkungen der Touristenströme entgegenzuwirken, müssen Tagestouristen seit 2019 Eintritt für die Stadt zahlen (3 €/Tag; ab 2020 je nach Saison 3–10 €/Tag). Ausgenommen sind aber z. B. Inhaber des City Passes und wer einen Hotelaufenthalt nachweisen kann.

INFORMATION
IAT
Infobüros befinden sich am Flughafen Marco Polo, am Bhf. Santa Lucia und an der Piazza San Marco 71/F.
www.comune.venezia.it

HOTEL
American-Dinesen
Hübsches, ruhiges Hotel ganz nahe beim Guggenheim-Museum. Einige Zimmer haben Blick auf den Kanal.
Dorsoduro 628, Venedig,
Tel. 04 15 20 47 33,
www.hotelamerican.com

RESTAURANT
Ruga di Jaffa
Authentisches, typisch venezianisches Lokal, das eine köstliche Auswahl an *cicchetti*, aber auch fangfrischen Fisch und Meeresfrüchte bietet. Sehr freundlich und urig!
Castello 4864, Venedig,
Tel. 04 12 41 10 62,
www.osteriarugadijaffa.it

SHOPPING
Bressanello Artstudio
Fotografien als Kunstwerke: Fassadendetails, die sich in einer Pfütze spiegeln, mystisch-dunstige Lagune ... So geschl.
Ponte dei Pugni, Dorsoduro 2835/A, Venedig, Tel. 04 17 24 10 80,
www.fabiobressanellophoto.com

Ca' del Sol
Eine der ältesten Masken- und Kostümwerkstätten Venedigs. Die aufwendig gearbeiteten, fantasievollen Masken sind handgemacht.
Fondamenta dell' Osmarin, Castello 4964, Venedig, Tel. 04 15 28 55 49,
www.cadelsolmascherevenezia.com

Das Forum Romanum in Aquileia war einst das pulsierende Herz des politischen und gesellschaftlichen Lebens der Stadt. Noch sind längst nicht alle Ruinen aus römischer Zeit freigelegt, doch erkennbar ist: Die bereits gefundenen Reste gelten als die besterhaltenen Zeugnisse der antiken römischen Macht.

TOUR **16** **FRIAUL-JULISCH VENETIEN**

SCHÄTZE AUS STEIN

GESTERN *Lange Zeit glaubte man nicht an die Aussagekraft von »alten Steinen«. In Aquileia änderte sich das im 19. Jahrhundert*

HEUTE *Antike und alpine »Steine« hat die UNESCO im Friaul zu Welterbestätten erklärt – und nicht nur das …*

GESTERN

Als das Archäologische Museum von Aquileia im Jahr 1882 eröffnet wurde, war die Stadt ein kleiner Ort am Rand der österreichisch-ungarischen Monarchie. Rund 2000 Jahre zuvor hatte das noch ganz anders ausgesehen: Aquileia lag zwar ebenfalls am Rand – des Römischen Reiches – war aber eines seiner größten und wichtigsten Zentren! Die Blütezeit der Stadt dauerte jedoch nur wenige Jahrhunderte: Im Jahr 452 zerstörten die Hunnen Aquileia, die Bevölkerung floh; auch als Bischofssitz verlor die Stadt immer weiter an Bedeutung. Im Laufe der Zeit wurden die Ruinen römischer Bauwerke überbaut und vergessen.

Im 15. und 16. Jh. begann man, sich in Europa für das Geistesleben der Antike zu interessieren. Dass man sich dabei nicht auf schriftliche Quellen oder die Bibel, sondern auf tatsächliche Artefakte stützte, war eine Neuerung des 18. Jhs. und markiert die Geburtsstunde der Archäologie. In jener Zeit begann der Altertumsforscher Giandomenico Bertoli, Funde aus der römischen Zeit

Aquileias zusammenzutragen. Nach seinem Tod 1763 kaufte der Adelige Antonio Cassis Faraone die Sammlung und stellte sie in seiner Villa aus. Anfang des 19. Jhs. gab es in Aquileia Bestrebungen, ein städtisches Museum mit diesen Funden zu eröffnen. Die Macher gerieten jedoch zwischen die politischen Fronten der Mailänder Zen-

Himmlische Hilfe: Das Bodenmosaik in der Basilika von Aquileia zeigt u. a. Engel beim Fischen.

Die Basilika Santa Maria Assunta in Aquileia ist ein Meisterwerk der Romanik. Eigentliche Sensation ist jedoch der mehrere Jahrhunderte ältere Mosaikfußboden, der erst vor rund 100 Jahren entdeckt wurde.

tralregierung auf der einen und den Österreichern auf der anderen Seite, und so wurde es bald wieder geschlossen. Der kaiserliche Beamte und Präsident der »k. k. Central-Commission zur Erforschung und Erhaltung der Baudenkmale« Karl von Czoernig eröffnete es 1858 erneut. Weitere Anstrengungen unternahm ab 1875 der Archäologe Enrico Majonica, der mehrere private Sammlungen erwarb und 1882 erster Direktor des Museo Archeologico Nazionale di Aquileia wurde. Man wählte die Villa Cassis Faraone als Standort, und dort befindet sich das – im Übrigen noch immer wachsende – Museum bis heute.

HEUTE

Aquileia kommt in Sachen römischer Geschichte nicht zur Ruhe, noch immer werden antike Strukturen zutage gefördert. Die UNESCO hat das Ausgrabungsgelände 1998 zum Weltkulturerbe er-

klärt, und seit 2008 liegt die Steuerung aller Aktivitäten – Forschung, Erschließung und touristische Nutzung – bei der Fondazione Aquileia.

Diese Tour durch das Friaul geht ebenso spannend wie genussreich weiter und streift mehrere von der UNESCO gewürdigte Stationen: Nach Aquileia wartet die Stadt Cividale del Friuli mit ihrem langobardischen Erbe. Die Friaulischen Dolomiten gehören aufgrund ihrer landschaftlichen Schönheit und Artenvielfalt zum Weltnaturerbe, und die Pfahlbausiedlung Palù di Livenza bietet Einblicke in noch länger vergangene Jahrtausende, nämlich bis in die Steinzeit.

Landkarte: Seite 114, Adressen: Seite 115

1 AQUILEIA

Doch zunächst zu Aquileia: Der von den Römern an strategisch wichtiger Stelle errichtete Stützpunkt entwickelte sich zu einer bedeutenden Handelsmetropole, zu einem Bischofssitz und zum »letzten Hort der Zivilisation« – alles, was nordöstlich davon lag, wurde als »barbarisch« betrachtet. Bernstein wurde von der Ostsee bis hierher transportiert, und auch für Glas war Aquileia bekannt. Die Eisenverhüttung war ein weiterer Industriezweig. In großen Werften wurden Schiffe gebaut, um die auf dem Landweg hierher gelangten Waren nach Süden weiterzutransportieren. Bald war die Stadt eine der größten des ganzen Imperiums – bis zu 200 000 Menschen sollen hier gelebt haben.

Aus dem Bistum von Aquileia, das bereits im Jahr 313 gegründet wurde, erwuchs der mittelalterliche Feudalstaat der Patriarchen von Aquileia, der unter der Oberhoheit des Heiligen Römischen Reiches das Friaul beherrschte. Nach den Zerstörungen durch die Hunnen (452) und Langobarden (552) wurde Aquileia aufgegeben, die Bevölkerung flüchtete mit dem Bischof in den Küstenort Grado. Der Lagunenbereich blieb als Seevenetien unter byzantinischer Hoheit.

Wer die Stadt besucht, sieht sich meist als Erstes die **Basilika Santa Maria Assunta** an, einen Höhepunkt romanischer Baukunst aus dem 11. Jh. Die wahre Attraktion ist jedoch noch viel älter: Der prachtvolle Mosaikfußboden wurde für einen Vorgängerbau des 4. Jhs. gestaltet und ist mit über 600 m² einer der größten der christlichen Spätantike. Die Bildsprache ist ungeheuer vielfältig und spannend: Neben einer Vielzahl von Tieren und Ornamenten sind zum Beispiel Engel zu sehen, die zusammen mit Fischern in einem Boot stehen und mit Netzen hantieren (April–Sept. tgl. 9–19, März, Okt. tgl. 9–18, Nov. bis Feb. Mo–Fr 10–16, Sa, So, Fei 9–17 Uhr, www. basilicadiaquileia.it).

Der Glockenturm der Basilika, um das Jahr 1000 als Wachturm erbaut, bietet mit seinen 73 m eine atemberaubende Aussicht (April–Sept. tgl. 10.30–13.30, 14.30–18.30, Okt. Sa, So 10–17 Uhr). Ehrfurchtsvoll stimmt auch die Krypta (9. Jh.) mit byzantinischen Fresken (um 1180).

An der Basilika beginnt die Via Sacra, auf der man eine Art archäologischen Spaziergang machen kann: zu Überresten des römischen Forums, zu einem Gräberfeld und Häuserfundamenten (Fondo Cal und Fondo ex Cossar); man sieht Statuen der Via Sacra, der Märkte, der Stadtmauer, des Flusshafens und eines großen Mausoleums (tgl. 8–20 Uhr).

Im **Museo Archeologico Nazionale di Aquileia** auf der anderen Seite der Hauptstraße kann man Büsten, Grabbeigaben, Statuen, Stelen, Schmuck und Gefäße, Bodenmosaike und Inschriften aus dem römischen Aquileia bestaunen. Alle Ausstellungsgegenstände wurden hier gefunden! In den Sommermonaten ist auch das Lager des Museums für das Publikum geöffnet. Dort kann man die Mosaiken bewundern, die Dekoration der Tempel aus der republikanischen Zeit, Skulpturen und Epigraphen (Di–So 10–19, letzter Einlass 18 Uhr, www.museoarcheologicoaquileia. beniculturali.it). Das frühchristliche Aquileia ist im **Museo Paleocristiano** dokumentiert (Do–Sa 8.30–13.30 Uhr, Besuch an anderen Tagen nach Anmeldung mind. 10 Tage im Voraus möglich).

2 CIVIDALE DEL FRIULI

Die interessante Langobardenstadt (11 200 Einw.), deren Panorama sich jenseits des 22 m hohen,

Detail aus dem Tempietto Longobardo in Cividale del Friuli, dessen genaues Alter unbekannt ist. Sämtliche Erdbeben hat er jedenfalls überstanden.

mittelalterlichen Ponte del Diavolo (Teufelsbrücke) über der Natisone-Schlucht aufbaut, hat heute etwas von einer geschlossenen Festung. Die Campanili ragen wie Wehrtürme über den Altstadthäusern auf, und die engen Gassen, die hier *strette* heißen (von *stretto* – eng), liegen in tiefen Mauerschatten.

Vom römischen Forum Julii, dem die Stadt ihre Gründung durch Julius Caesar verdankt, leitet sich der Name der Region, Friuli, ab, und vom langobardischen Civitas Forum Julii der heutige Name der Stadt. Den Langobarden, die sie 568 zur ersten Hauptstadt ihres oberitalienischen Reiches machten, verdankt sie ihren Ruhm. 737 verlegten die Patriarchen des zerstörten Aquileia ihren Sitz nach Cividale und residierten bis 1238 hier.

Tempietto Longobardo nennt man das kleine Oratorium von Santa Maria della Valle über einem Felshang am Natisone, das alle Erdbeben überlebte (April–Sept. Mo–Fr 10–13, 15–18, Sa, So 10–18, Okt.–März Mo–Fr 10–13, 14–17, Sa, So 10–17 Uhr, www.tempiettolongobardo.it). Das Innere des Tempelchens gehört zu den eindrucksvollsten Räumen des frühen Mittelalters. Über sein genaues Alter – 8. oder 9. Jh., langobardisch oder karolingisch – streiten die Gelehrten bis heute. Ungewöhnlich sind die original bemalten Stuckreliefs der Westwand. Mehr über die Langobarden erfährt man im **Museo Archeologico** am Domplatz mit reichen Gräberfunden (Mo 9–14, Di–So 8.30–19.30 Uhr, www.museoarcheologico cividale.beniculturali.it).

Langobardenkunst zeigt das **Museo Cristiano** des Doms: das achteckige Taufbecken des Patriarchen Calixtus (737–756) mit Säulenbaldachin sowie den Altar des Ratchis mit Figurenreliefs (Aug. tgl., April–Juli, Sept., Okt. Mi–So 10–13, 15–18, Nov.–März bis 17 Uhr). Die UNESCO hat Cividale del Friuli im Jahr 2011 in die Liste des Weltkulturerbes aufgenommen.

3 FRIAULISCHE DOLOMITEN

Ein Highlight ganz anderer Art sind die reizvollen Wege, die zerklüfteten Grate und stillen Täler, die sonnigen Weiden, die Gipfel und Geröllwän-

Mit seiner Eigenschaft als gut erhaltene langobardische Stadt hat es Cividale del Friuli auf die UNESCO-Liste des Welterbes geschafft. Von oben erkennt man die Geschlossenheit der Siedlung.

Die Friaulischen Dolomiten begeistern mit Landschaften wie dieser: Hier ragen die wild gezackten Felsen der Monfalconi-Gruppe in den Himmel.

de in den Friaulischen Dolomiten. Die UNESCO hat sie 2009 auf die Liste des Welterbes gesetzt. Doch anders als etwa das Grödnertal oder die Sextener Dolomiten wird die Gegend, abgesehen von »Hotspots« wie dem Campanile di Val Montanaia, nicht von großen Touristenströmen besucht. Der Naturpark Friaulische Dolomiten ist mit 37 000 Hektar das größte Naturschutzgebiet der Region. Wer hier wandern geht, kann geschützte Tierarten wie Murmeltiere, Gämsen, Steinböcke oder den majestätischen Steinadler beobachten.

Das Dörfchen **Poffabro** (525 m) ist einer der vielen sehenswerten Orte. Mit seinen schlichten Häusern aus Naturstein und Holz gilt es als eines

der schönsten Dörfer Italiens. Hübsche Mitbringsel sind handgemachte Samtpantoffeln *(scarpeti)* und Kunsthandwerk aus Holz und Flechtwerk. Im Besucherzentrum (siehe Seite 115) gibt es eine Ausstellung über Almwirtschaft und Käse. Und probieren sollte man ihn auch unbedingt: Der *Frico* ist ein Käse in Salzlake, der in der Pfanne gebraten wird.

Ein guter Ausgangspunkt ist auch **Cimolais** (652 m), das Tor zum Val Cimoliana, das direkt ins Herz der Friaulischen Dolomiten führt. Hier befindet sich ebenfalls eines der Besucherzentren des Naturparks. Die hiesigen Berge sind besonders interessant geformt und laden zum Wandern, Schauen und Interpretieren ein. Und nicht weit von hier steht er nun, der berühmte **Campanile di Val Montanaia,** eine 300 m hohe Felsnadel.

💬 SPEZIALITÄT AUS POFFABRO

Muset e brovade ist eine Wurst mit sauren, in Trester eingelegten weißen Rüben. Probieren!

---

4 PALÙ DI LIVENZA

Nun geht es wieder ein Stück nach Süden; man lässt die majestätischen Gipfel hinter sich und begibt sich in flacheres Land. In der Provinz Pordenone, in der feuchten und sumpfigen Gegend zwischen den Gemeinden Caneva und Polcenigo im Tal des Flusses Livenza, liegt ein archäologisches Juwel, das sogar noch viel älter ist als die Stätten in Aquileia oder Cividale del Friuli: die Pfahlbausiedlung Palù di Livenza. Sie ist eine der ältesten ihrer Art in Norditalien. Zusammen mit 111 ähnlichen Stätten in den Alpen (von Frankreich bis Slowenien, einschließlich Deutschlands, der Schweiz, Österreichs und verschiedener italienischer Orte) gehört sie zur Gruppe der »prähistorischen Pfahlbausiedlungen der Alpen«, die seit 2011 auf der UNESCO-Welterbeliste stehen. Schon Ende des 19. Jhs. hatten Bauern auf den Feldern erste Überreste aus der späten Jungsteinzeit entdeckt, doch erst in den 1960er-Jahren begann man, den Sumpf trockenzulegen und die

Gegend zu erkunden. Die Forschung hat gezeigt, dass Palù di Livenza seit der Steinzeit (ca. 4900 v. Chr.) besiedelt war. Ausgrabungen brachten drei verschiedene Arten von Pfahlbauten zutage, die von einer rund 3000-jährigen Besiedlungsgeschichte zeugen, von der Alt- bis zur späten Jungsteinzeit. Zahlreiche Artefakte wurden gefunden, von Gegenständen und Werkzeugen aus Stein bis zu solchen aus Keramik. Rekonstruierte Pfahlbauten, wie man sie etwa vom Bodensee kennt, finden sich hier allerdings nicht. Die archäologischen Funde aus der Siedlung sind im Archäologischen Museum des westlichen Friaul in Pordenone ausgestellt (Via Vittorio Veneto 19/21; bis auf Weiteres wegen Bauarbeiten geschlossen, sonst Fr, Sa 15–19, So 10–12, 15–19, Okt.–Mai Schließung schon 18 Uhr, aktuelle Informationen: www.comune.pordenone.it).

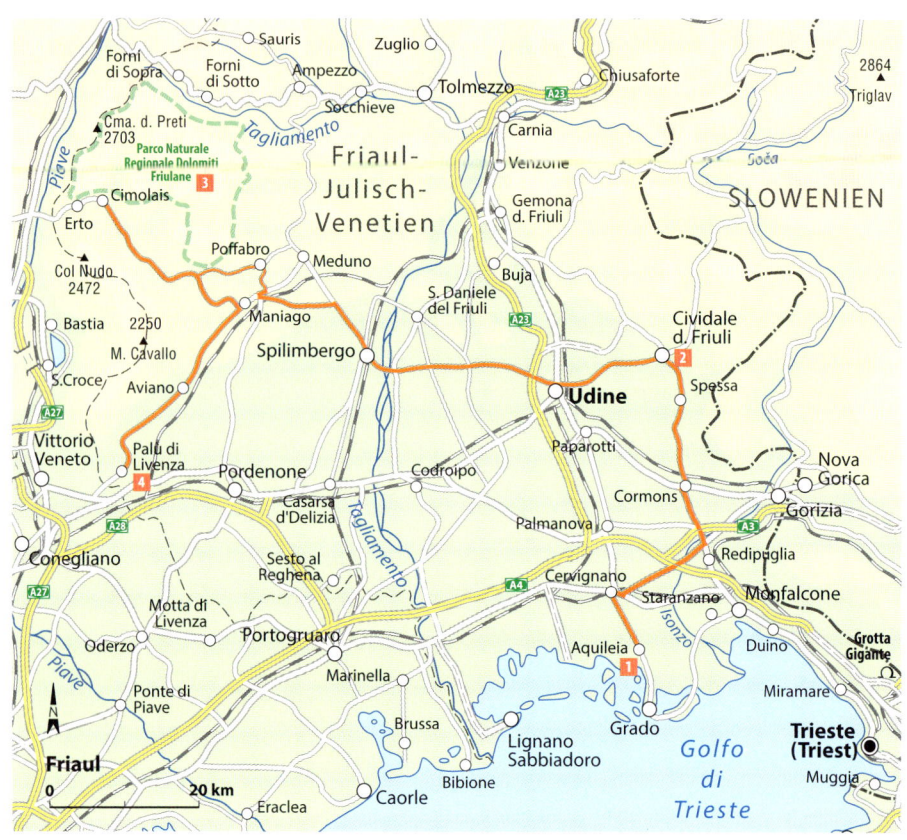

INFORMATIONEN
TOUR ⑯ Von Aquileia nach Palù di Livenza
Autotour, 3 Tage, ca. 230 km

STATIONEN
1 Aquileia
2 Cividale del Friuli
3 Friaulische Dolomiten
4 Palù di Livenza

AQUILEIA
INFO
Pro Loco
Piazza Capitolo 4, Aquileia,
Tel. 043 19 10 87,
www.prolocoaquileia.it

Info Point Aquileia
Via Giulia Augusta 11, Parkplatz/Bus-
terminal, Aquileia, tgl. 9–19 Uhr.
Tel. 04 31 91 94 91,
www.turismofvg.it

FVGcard
Mit der FVGcard können Sie kostenlos
an der Stadtführung teilnehmen, Audioguides ausleihen, die Krypten und
die Südhalle in Aquileia sowie etliche
weitere Museen im Friaul besuchen.
Erhältlich für 48, 72 Std. oder eine
Woche (25, 29, 39 €) beim Info Point
Aquileia oder online:
www.turismofvg.it

RESTAURANT
Patriarchi
Das Hotelrestaurant bietet exzel-
lente Fisch- und lokale Gerichte und
friaulische Weine. Mi geschl.
Via G. Augusta 12, Aquileia,
Tel. 04 31 91 91 95,
www.visitaquileia.com

GRADO
HOTEL
Laguna Palace
11 km südlich von Aquileia in Grado
gelegen, das einen Abstecher
wert ist. Modernes, freundliches
Strandhotel mit großen Zimmern
und Wellnessbereich.
Riva Brioni 17, Grado,
Tel. 043 18 56 12,
www.lagunapalacehotel.it

CIVIDALE DEL FRIULI
INFO
InformaCittà
Piazza Paolo Diacono 10, Cividale
del Friuli, Tel. 04 32 71 04 60,
www.cividale.net

HOTEL
Al Castello
Romantisches Schlosshotel mit
schönem Wellnessbereich und
feinem Restaurant.
Via del Castello 12, Cividale
del Friuli, Tel. 04 32 73 32 42,
www.alcastello.net

RESTAURANT
Al Monastero
Idyllisch dinieren in einem ehe-
maligen Kloster, z. B. Cialcions del
Monastero – Kartoffelteigtaschen
mit Spinat, Ricotta und Zimt! So
abends, Mo geschl.
Via Ristori 9, Cividale del Friuli,
Tel. 04 32 70 08 08,
www.almonastero.com

SHOPPING
Bottega Longobarda
Schöner Schmuck nach lango-
bardischen Vorbildern.
Via Monastero Maggiore 22,
Cividale del Friuli,
Tel. 04 32 73 09 32

EVENTS
Das **Mittelfest** (10 Tage Mitte Juli)
ist seit 1991 ein bedeutendes mit-
teleuropäisches Kunstfestival mit
Theater, Musik und Tanz:
www.mittelfest.org
Beim **Palio di San Donato** (3 Tage
Ende August) wird das Mittelalter
wieder lebendig:
www.paliodicividale.it

PARCO NATURALE DOLOMITI FRIULANE
INFO
Tel. 042 78 73 33,
www.parcodolomitifriulane.it

Besucherzentrum Cimolais
Mit einer schönen Ausstellung
zu Fauna, Flora und Geologie des
Naturparks. Öffnungszeiten siehe
Webseite.
Via Roma 6, Cimolais

Besucherzentrum Poffabro
Mit den Ausstellungen »Die
Molkerei von Poffabro« und »In
Mont – die Almhütten des Parks«.
Öffnungszeiten siehe Webseite.
Piazza XX Settembre 1, Poffabro

Für Bierbrauer der vergangenen Jahrhunderte – hier eine Aufnahme von etwa 1890 – war vor allem das Sommerhalbjahr ein Problem, ist Wärme doch einer der größten Feinde des Biers. Carl Lindes Erfindung der Kühlmaschine, die in Triest erstmals eingesetzt wurde, schuf schließlich Abhilfe.

TOUR **17** **TRIEST**

UNA BIRRA, PER FAVORE!

GESTERN   *Aber bitte gut gekühlt! In Triest wurden große Schritte in der Entwicklung der modernen Bierproduktion gemacht*

HEUTE   *Zwischen weißen Karstklippen und dem blauen Meer erhebt sich eine bunte und vielfältige Stadt*

GESTERN

Von der imposanten Küste am azurblauen Golf steigt die Stadt (204 300 Einw.) steil auf zu den weißen Felsen der Karstberge. Aufgrund seiner geografischen Lage seit Jahrhunderten Schmelztiegel verschiedener Völker und Kulturen, bezaubert Triest mit einer faszinierenden, multikulturellen Atmosphäre.

Der alte Name der Stadt, *Tergeste,* stammt aus vorrömischer Zeit. Unter Kaiser Augustus wuchs der Ort den Hang hinunter bis zum Hafen. Nach wechselnder Herrschaft von Byzantinern, Goten, Langobarden, Franken und einer kurzen Epoche als freie Stadt unterstellte sich Triest 1382 der Herrschaft der Habsburger, um Venedigs Machtanspruch zu entgehen. Der kometengleiche Aufstieg begann 1719 mit der Ernennung zum Freihafen. Unternehmungslustige strömten aus allen Himmelsrichtungen in die Stadt, die zu einem typischen Produkt des Vielvölkerstaats der Donaumonarchie wurde und im 19. Jh. ihre größte Blütezeit als Handelszentrum erlebte.

Das war auch die große Zeit der Familie Dreher, ohne die die Bierwelt heute ärmer wäre. Aus der kleinen, im Jahr 1632 gegründeten Brauerei Klein-Schwechat in Wien, die 1796 von Franz

Una birra im Zentrum – oder doch erst mal einen caffè auf der Piazza dell'Unità?

Dem irischen Schriftsteller James Joyce wurde in Triest ein Denkmal gesetzt. Er lebte hier mehrere Jahre – ließ sich am liebsten durch die Stadt treiben, saß in Cafés, trank mit Arbeitern in Spelunken.

Anton Dreher übernommen wurde, stammen die Methoden und Produkte, die noch immer aktuell sind. Drehers Sohn Anton hatte erkannt, dass für die Produktion untergäriger Biere niedrige Temperaturen erforderlich waren. Darum legte er große, mit Natureis gefüllte Keller an, in denen das Bier gelagert und zur Reifung gebracht wurde. Sein im Jahr 1841 entwickeltes »Schwechater Lagerbier«, das erste Lagerbier der Welt, erfreute sich bald so großer Beliebtheit, dass ab 1850 eine Dampfmaschine zur Bierherstellung eingesetzt wurde, um die enorme Nachfrage zu befriedigen.

Die Wiener kauften weitere Brauereien – darunter 1869 jene in Triest. Nach einem warmen Winter im Jahr 1872, in dem man das Eis zur Bierkühlung per Eisenbahn von Polen nach Wien schaffen musste, sann Dreher auf eine einfachere Lösung und beauftragte den deutschen Erfinder Carl von Linde mit der Konstruktion einer Kühlmaschine. 1877 wurde sie in der Brauerei in Triest aufgestellt – künstliche Kellerkühlung im Brauwesen war eingeführt.

Das florierende Unternehmen wurde nach einigen familiären Wirren im Jahr 1925 an ein Bankenkonsortium verkauft, gehörte ab 1974 zum Heineken-Konzern und wurde 1976 geschlossen. Dreher-Bier wird heute nur noch in Budapest produziert.

HEUTE

Nach dem Zerfall Jugoslawiens und dem EU-Beitritt Sloweniens öffneten sich 2004 die Grenzen für Triest: Hafen und Wirtschaft erlebten einen Aufschwung. Die wirtschaftlichen und politischen Schwierigkeiten, in denen sich Italien seit einigen Jahren befindet, lassen viele Triestiner wieder von einem »Freien Territorium Triest« träumen – von einem Freistaat mit eigenem Freihandelshafen.

Stadtplan: Seite 120, Adressen: Seite 121

A PIAZZA DELL'UNITÀ

Die zum Meer hin geöffnete Piazza säumen das prunkvolle Rathaus, der **Palazzo Comunale** (1875), die **Casa Stratti** an der Nordseite mit dem legendären, 1839 eröffneten **Caffè degli Specchi**, der mit Mosaiken geschmückte **Palazzo del Governo** an der Hafenseite (1905) und der Palazzo des **Lloyd Triestino** (entstanden 1880–1883), ein Gebäude des Wiener Ringstraßen-Architekten Heinrich Ferstel. Auf dem **Molo Audace** vor der Piazza gehen die Triester gerne spazieren. Die im Boden eingravierte Windrose benennt die hier vorherrschenden Winde.

B SANTA MARIA MAGGIORE

Ein Treppensteig führt von der Via del Teatro Romano zur barocken **Kirche Santa Maria Maggiore** und zur kleinen mittelalterlichen **Backsteinkirche San Silvestro** hinauf, seit Ende des 18. Jhs. Sitz der Waldenser-Gemeinde. Nahebei versteckt sich der römische Torbogen Arco di Riccardo (1. Jh.) im Altstadtwirrwarr.

C SAN GIUSTO MARTIRE

Auf der Kuppe des **Colle di San Giusto** befindet sich als ältestes Denkmal der Stadtgeschichte die Ruine der römischen Forumsbasilika.

Daneben befindet sich die Kathedrale San Giusto Martire. Das Gotteshaus ist ein hochinteressantes Konglomerat von Bauelementen verschiedener Epochen. Römische Versatzstücke und eine byzantinische Madonna schmücken den Campanile, und römische Grabsteine rahmen das Portal der Westfassade mit dem schönen gotischen Radfenster. Der asymmetrische fünfschiffige Raum entstand im 14. Jh. durch die Verbindung der romanischen Basiliken Santa Maria Assunta und San Giusto zu einem Gebäude. Ebenfalls beachtenswert: die Kapitelle aus dem 11. Jh. und das Mosaik mit dem byzantinischen Madonnenbild (um 1200) in der linken Seitenapsis (Sommerzeit Mo–Sa 7.30–19, So 8–20, Winterzeit Mo–Sa 7.30–18.30, So 8–20 Uhr, Campanile: April–Sept. tgl. 9–17.30, März, Okt. tgl. 9–12, 14.30–17 Uhr, www.sangiustomartire.it).

D MUSEO D'ANTICHITÀ

Die Via della Cattedrale führt wieder hinunter, zum **Museo d'Antichità J. J. Winckelmann,** ehemals Museo di Storia ed Arte, mit dem romantischen Lapidarium *(Orto lapidario),* das Grabinschriften und Architekturfragmente aus den Gebieten um Triest, Aquileia und Istrien ausstellt. Das Museum besitzt zudem eine schöne ägyptische Sammlung (Di–So 10–19 Uhr, www.museostoriaeartetrieste.it).

E KASTELL SAN GIUSTO

Der Hügel wird von dem wuchtigen **Kastell San Giusto** gekrönt, das im 14. Jh. von den Venezianern erbaut wurde. Herrlich ist der Panoramablick über die Stadt (April–Sept. tgl. 10–19, Okt. bis März Di–So 10–19 Uhr, www.castellodisangiustotrieste.it).

F TEATRO ROMANO

Über den Parco della Rimembranza gelangt man hügelabwärts zum **Teatro Romano.** Das mit seinem Sitzrund in den Hang gebettete antike Theater (um 100 n. Chr.) bot 6000 Zuschauern Platz und freien Blick auf das Meer. Das Terrain von hier bis zum Hafen wurde erst in späterer Zeit aufgeschüttet.

G SANT'ANTONIO NUOVO UND
H PALAZZO CARCIOTTI

Das neue Stadtviertel des Handels und der Schifffahrt, Borgo Teresiano, entstand auf Anordnung Kaiserin Maria Theresias im 19. Jh. als Schachbrettanlage über trockengelegten Salinen um die Achse des kurzen Canal Grande. Heute ist es eines der angesagten Shoppingviertel Triests. Eine nostalgische Institution ist hier die beliebte **Pasticceria La Bomboniera** (Via XXX Ottobre 3, Mo geschl.).

💬 SÜSSE VERFÜHRUNG

In der berühmten Pasticceria La Bomboniera mit ihrem nostalgischen Interieur gibt es die für Triest typischen *dolci mitteleuropei: strudel, krapfen* und *chiffeletti* (Kipferl).

Der Canal Grande endete einst direkt vor der **Kirche Sant'Antonio Nuovo,** einem kühlen klassizistischen Pantheon (1825–1849). An der Piazza Sant'Antonio fällt der neo-byzantinische Kuppelbau mit glänzenden Fassadenmosaiken auf. Es handelt sich um die **Kirche San Spiridone** (1869) der serbisch-orthodoxen Gemeinde.

Auf der Kanalbrücke Ponte Rosso steht seit 2004 eine Bronzestatue, die **James Joyce** als Flaneur darstellt. Sie wurde anlässlich des 100. Jahrestages der Ankunft des Iren in Triest aufgestellt.

An der Ecke zum Hafen liegt der riesige **Palazzo Carciotti,** in den Jahren 1798 bis 1805 vom bedeutendsten Architekten des Triestiner Klassizismus, Matthäus Pertsch, erbaut.

ⓘ PIAZZA DELLA BORSA

Die **Borsa Vecchia** (1806–1809), halb dorischer Tempel, halb römischer Triumphbogen, und das **Teatro Verdi** (1801), die Oper, werden durch die **Galleria Tergesteo** (1804), eine überdachte Passage mit Läden und Cafés, miteinander verbunden. Hier war im 19. Jh. der Treffpunkt von »tout Triest«.

Klassizistisch ist auch die Zweiturmfassade von **San Nicolò dei Greci** (1782–1821), der Kirche der griechisch-orthodoxen Gemeinde. Für eine kurze Verschnaufpause bietet sich das elegan-te, stuckverzierte **Caffè Tommaseo** (seit 1830) an der gleichnamigen Piazza an.

Ⓙ PIAZZA HORTIS

Das älteste Stadtviertel Triests, **Città Vecchia,** erfuhr in den letzten Jahren eine Wiederbelebung und avancierte zum Szeneviertel. Am Rand der Altstadt verläuft die Via Cavana mit kleinen Läden, Kneipen und ein paar Antiquariaten. Sie endet an der **Piazza Hortis,** einem grünen Platz mit der **Biblioteca Civica.** Ganz in der Nähe liegt das **James-Joyce-Museum,** auf das Italo Svevos Bronzestatue am Platz aufmerksam macht. Beide Schriftsteller lebten Anfang des 20. Jhs. in Triest und waren befreundet; Joyce gab Svevo Englischunterricht. Dokumente beleuchten das Leben der beiden Autoren (Via Madonna del Mare 13, 2. Etage, Mo–Sa 9–13, Mi–Fr auch 15–19 Uhr, www.museojoycetrieste.it).

Ⓚ PALAZZO REVOLTELLA

Eine Ecke weiter wird es herrschaftlich. Zwei einstige Kaufmannspaläste bilden den **Palazzo Revoltella** (Via Diaz 27, Mi–Mo 9–19 Uhr, www.museorevoltella.it) mit einem der bedeutendsten italienischen Museen für zeitgenössische Kunst. Die Raumfluchten dokumentieren mit großbürgerlicher Möblierung das Leben Mitte des 19. Jhs.

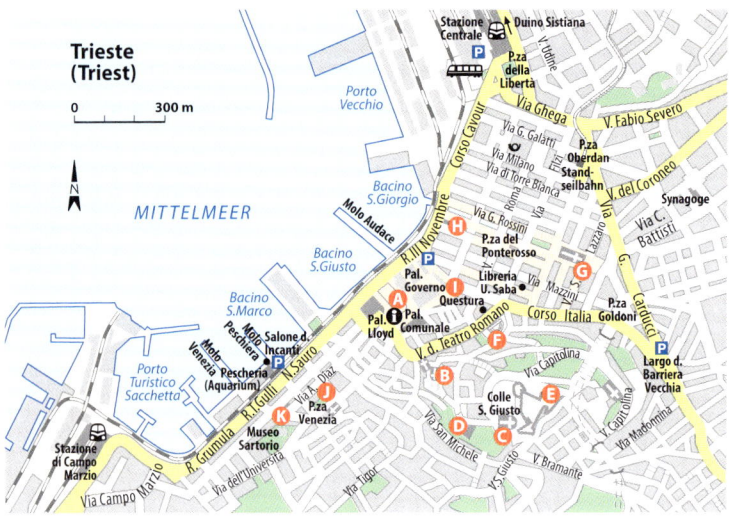

INFORMATIONEN

TOUR ⓱ Stadtrundgang in Triest

Spaziergang, halber Tag

STATIONEN

Ⓐ Piazza dell'Unità
Ⓑ Santa Maria Maggiore
Ⓒ San Giusto Martire
Ⓓ Museo d'Antichità
Ⓔ Kastell San Giusto
Ⓕ Teatro Romano
Ⓖ Sant'Antonio Nuovo
Ⓗ Palazzo Carciotti
Ⓘ Piazza della Borsa
Ⓙ Piazza Hortis
Ⓚ Palazzo Revoltella

INFO
Info Point Triest
Via dell'Orologio 1, Ecke Piazza Unità, Triest, Tel. 04 03 47 83 12, www.turismofvg.it

HOTEL
Grand Hotel Duchi d'Aosta
Der aufwendig renovierte Stadtpalast des 19. Jhs. schmückt die Piazza Unità. Die Zimmer verbreiten aristokratisches Flair; ein feiner Wellnessbereich sorgt für Wohlbefinden. Die Dependance, das Hotel Vis a Vis, kontrastiert mit stilsicherem, kühlem Minimalismus. Piazza Unità 2/1, Triest, Tel. 04 07 60 00 11, www.duchi.eu, www.hotelvisavis.net

RESTAURANTS
Harry's Grill
Massimo Sperli bereitet im Restaurant des Hotels Duchi auf höchstem Niveau traditionelle Gerichte, international verfeinert, zu.

Scabar
Feinschmecker haben die Qual der Wahl, denn die Geschwister Ami und Giorgio Scabar sind Virtuosen der Kochkunst: Man setzt auf Fisch und Meeresfrüchte aus heimischen Gewässern und auf eine Küche, die kreativ-genial Slowenien und Italien vermählt. Unbedingt *Trilogia di Baccalà* probieren und reservieren! Etwa 4 km südöstl. des Zentrums gelegen, Mo geschl. Erta di Sant'Anna 63, Triest, Tel. 040 81 03 68, www.scabar.it

Osteria Salvagente
Kleines Lokal, das v. a. tollen Fisch und Meeresfrüchte serviert. Das Personal ist überaus freundlich, die Atmosphäre familiär. Unbedingt reservieren! Mo, Di geschl. Via dei Burlo 1c, Triest, Tel. 04 02 60 66 99

BUFFETS
Buffets heißen die typischen Triestiner Restaurants, in denen man preiswerte Speisen nach k. u. k.-Tradition auf der Basis von frischem Kesselfleisch, scharfem Kren (Meerrettich) und Kraut serviert. Eines der berühmtesten Buffets ist **Da Pepi** (Via Cassa di Risparmio 3, Tel. 040 36 68 58). Beliebt ist auch das Buffet **Da Siora Rosa** (So, Mo geschl., Piazza Hortis 3, Tel. 040 30 14 60), wo man bei schönem Wetter auf der Piazza sitzt.

OSMIZE
Auf eine alte slowenische Tradition gehen die etwa 50 sog. Osmize im Karstgebiet rund um Triest zurück. Bauern dürfen an acht aufeinanderfolgenden Tage (slowen. *osem* = acht) ihren Hof für Gäste öffnen und eigene Produkte und lokalen Wein verkaufen. Die Kost ist einfach und gut: Wurst, eingelegtes Gemüse, gekochte Eier. Den Weg zu den geöffneten Höfen weisen an der Straße aufgehängte Büschel von Zweigen. Wann die Osmize geöffnet sind, erfährt man auf dieser Webseite: www.osmize.com

EISDIELE
Gelateria Jazzin
Köstliches Eis in immer neuen Kreationen nahe der Piazza Unità. Via Mercato Vecchio 1d, Triest

SHOPPING
Podrecca
Seit 1870 werden in diesem kleinen, überbordenden Laden Haushaltswaren verkauft. Interessant ist das Sortiment an Keramik mit traditionellem Dekor. Via Mazzini 42a, Triest, Tel. 040 63 60 90

EVENTS
In Triest findet mit der **Barcolana** alljährlich (eine Woche im Oktober) die weltgrößte Segelregatta mit über 2000 Booten statt. www.barcolana.it

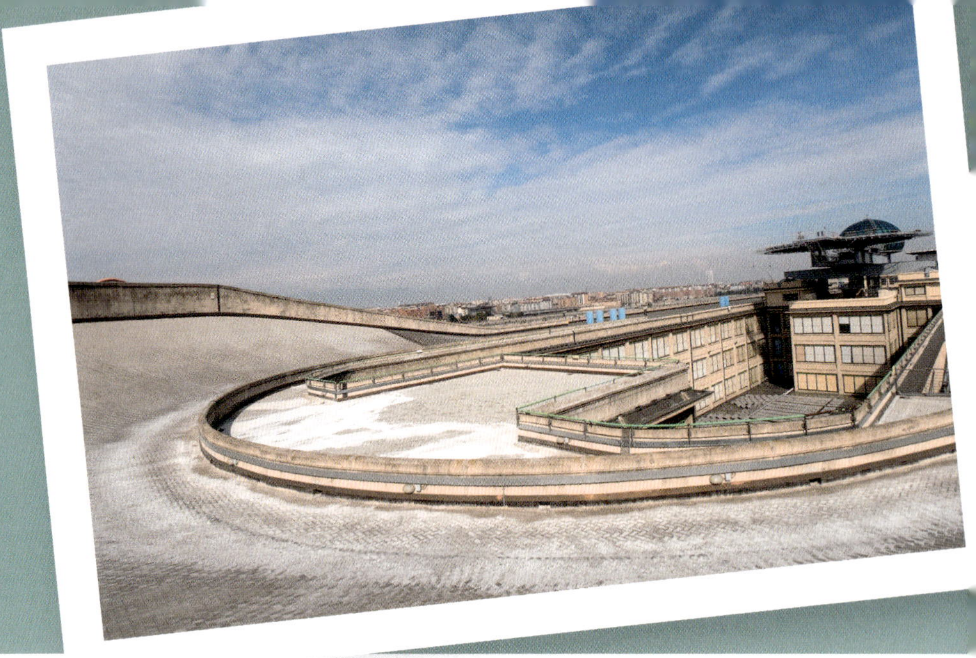

TOUR 18 **PIEMONT & AOSTA-TAL**

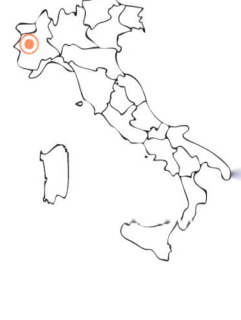

BELLA MACCHINA

GESTERN *Fahrzeugproduktion mit Blick auf Turin – im Fiat-Werk wurde bis 1982 jedes dort gefertigte Auto getestet. Auf dem Dach!*

HEUTE *Heute joggen Hotelgäste über die ehemalige Teststrecke und umrunden dabei ein exquisite Kunstsammlung*

GESTERN

Im Jahr 1919, kurz nach Ende des Ersten Weltkriegs, brachte die Fabbrica Italiana Automobili Torino, kurz Fiat, ihr erstes ziviles Auto auf den Markt. Mit seinen 23 PS erreichte der Fiat 501 eine Höchstgeschwindigkeit von 70 km/h – für damalige Zeiten recht ordentliche Werte. Rekorde hat das Fahrzeug mit dieser Leistung allerdings

504 Meter lang und 24 Meter breit ist das ehemalige Fiat-Werk Lingotto in Turin. Auf dem Dach der Anlage wurden so legendäre Autos wie der Topolino (1936), der Multipla (1956) und der Fiat 500 (1957) auf ihre Verkehrstauglichkeit getestet – jedes einzelne Exemplar. »La Pista«, wie das Oval früher genannt wurde, steht heute für ein Gourmetrestaurant, von dem aus man einen wunderbaren Blick über die Stadt und bis zu den Alpen hat.

nicht eingefahren, das behielt sich im Juli 1924 der Fiat Mefistofele vor: Basierend auf einem Fiat-Rennwagen und mit einem Flugzeugmotor von 21,7 Litern Hubraum bestückt, stellte das automobile Einzelstück den damaligen Landgeschwindigkeitsrekord von 234,98 km/h auf.

Ein Jahr zuvor hatte Fiat im Turiner Stadtteil Lingotto sein neues Werk eröffnet, damals die größte und fortschrittlichste Produktionsanlage Europas. Auf einer Fläche von 153 000 m², verteilt über fünf Stockwerke, fertigten hier bis zu 30 000 Arbeiter am Fließband die Autos, wobei in jeder Etage ein Teilbereich der Produktion ablief: Im Erdgeschoss wurden Einzelteile und Rohmaterial mit dem Zug angeliefert, dann stockwerkweise zu einem vollständigen Fahrzeug zusammengebaut. Erst wenn ein Auto den 1,4 km langen Testparcours auf dem Dach des Werkes problemlos absolviert hatte, durfte es runter auf die Straße.

1982 wurde die Produktion in Lingotto eingestellt, das Werksgelände begann zu verfallen. Die Turiner Bevölkerung bestand jedoch auf einer Wiederbelebung und erreichte durch zahlreiche Demonstrationen, dass ein Architekturwettbewerb zur Modernisierung des Geländes ausgeschrieben wurde. Die Umbauarbeiten nach den Plänen des Wettbewerbsgewinners Renzo Piano waren 1989 abgeschlossen; in dem früheren Automobilwerk fanden nun unter anderem ein Kultur- und Messezentrum, eine Konzerthalle, zwei Luxushotels und ein Einkaufszentrum Platz.

Inmitten der ehemaligen Teststrecke, die heute Hotelgästen als Laufareal dient, platzierte der Architekt einen kubusförmigen Bau, die Pinacoteca Giovanni e Marella Agnelli. In dem vom früheren Fiat-Chef und seiner Ehefrau gestifteten Museum sind Bilder aus dem 18. bis zum 20. Jh. zu sehen.

HEUTE

Nicht nur Autohersteller wie Fiat oder Lancia sind eng mit der piemontesischen Hauptstadt verbunden, auch andere weit über Italien hinaus bekannte Marken kommen von hier: Kaffeebohnen (Lavazza), Aperitifweine (Martini & Rossi) und zwei Fußballclubs (Juventus Turin und FC Turin). Außerdem besitzt Turin ein reiches Kulturleben und konnte sich trotz schwerer Beschädigungen im Zweiten Weltkrieg viele sehenswerte Baudenkmäler erhalten. Die Zeichen stehen nicht schlecht, denn schließlich heißt das Lateinische *fiat* übersetzt »es werde«.

Landkarte: Seite 126, Adressen: Seite 127

Auf der Piazza San Carlo in Turin fuhren im 19. Jahrhundert von Pferden gezogene Straßenbahnen um das Reiterstandbild von Emanuele Filiberto herum. Die Pflastersteine erinnern noch heute daran.

1 TURIN

Die Tour beginnt in **Turin**, dessen schachbrettartig angelegtes Zentrum zum Flanieren unter Arkaden, zu angenehmen Aufenthalten in Cafés und neben erhabener Barockarchitektur auch zu modernstem Design einlädt. Die viertgrößte Stadt Italiens (über 882 500 Einw.) ist die Hauptstadt der Region Piemont. Im Süden liegen grüne Hügel, in weiter Ferne die Gipfel der Alpen. Die stark von zeitgenössischer Kunst und Architektur geprägte Stadt war im Jahr 2008 **Design-Welthauptstadt** (www.worlddesigncapital.com; Informationen zu entsprechenden Spaziergängen bei Turismo Torino, siehe Seite 127).

Breite Alleen, gesäumt von insgesamt 18 km langen Bogengängen mit gemäßigten Barockfassaden, prägen das homogene Stadtbild. Nirgends zeigt sich die prachtvolle Seite der Stadt mehr als auf der **Piazza Castello,** die 1584 als Komplex von einheitlichen, mit Bogengängen umgebenen Bau-

ten angelegt wurde. Auf dem Platz präsentiert sich der von Juvarra 1721 errichtete **Palazzo Madama,** der römische Reste und ein mittelalterliches Kastell hinter der barocken Monumentalfassade zusammenfasst. In seinem prunkvollen Inneren residiert das **Museo Civico d'Arte Antica** (Mi–Mo 10 bis 18 Uhr, www.palazzomadamatorino.it). Die 1668 von Guarini erbaute **Theatinerkirche San Lorenzo** besticht durch einen grandiosen Innenraum – gleichsam eine Vergeistigung von Architektur.

Weltlicher präsentiert sich hingegen der prächtige **Palazzo Reale** an der **Piazza Reale,** der wie alle königlichen Residenzen der Savoyer (auch der Palazzo Madama) zum UNESCO-Welterbe gehört. Hinter der weißen Marmorfassade des **Renaissance-Doms** wartet die berühmte Chorkapelle mit dem **Turiner Grabtuch:** Die Cappella della Sacra Sindone verwandelte Guarini zu einem Gesamtkunstwerk (Mo 10–19, Di–Sa 9–19 Uhr, www.museireali.beniculturali.it).

Über die elegante **Via Roma** spaziert man zur noblen **Piazza San Carlo** (17. Jh.) mit dem **Caffè San Carlo**. 1678 errichtete Guarini den **Palazzo dell'Accademia delle Scienze,** der zwei bedeutende Museen beherbergt: die nach Kairo weltgrößte **Sammlung Ägyptischer Kunst** (Museo Egizio, Mo 9–14, Di–So 9–18.30 Uhr, www.museo egizio.it) und die **Galleria Sabauda** (Di–So 9–19 Uhr, www.museireali.beniculturali.it).

2 VILLA STUPINIGI UND **3** STAFFARDA

Nach zwei Tagen setzen Sie Ihre Reise fort. Etwa 10 km südwestlich von Turin trifft man auf die herrliche Rokoko-Villa **Palazzina di Caccia di Stupinigi** inmitten einer großen Parkanlage, die Filippo Juvarra 1730 ursprünglich als Jagdschloss errichtete. Niemandem wird die Ähnlichkeit mit Versailles entgehen (Di–Fr 10–17.30, Sa, So 10 bis 18.30 Uhr). Knapp 50 km südlich liegt **Staffarda,** wo Zisterziensermönche 1135 die stille Abtei Santa Maria errichteten (April–Okt. Di–So 9–12.30, 13.30–18, Nov.–Feb. bis 17, März Di–Sa 9–12.30, 13.30–17, So bis 18 Uhr, für beide: www.ordine mauriziano.it).

4 SALUZZO

Am Nachmittag durchstreifen Sie in aller Ruhe **Saluzzo**. Die einladende Kleinstadt liegt südlich des Flusses Po (17 000 Einw.) vor den Höhen des Monvisio. Weithin sichtbar ragen die **Kirchen- und Wohntürme** der mittelalterlichen Altstadt aus dem Umland. Enge Straßen und Treppengässchen prägen die Hauptstadt der ehemaligen Markgrafschaft.

5 MANTA UND **6** ALBA

Der folgende Tag ist zunächst dem großartigen gotischen Freskenzyklus in der Burg von **Manta Cuneo** gewidmet (2. Hälfte Feb.–Anf. Dez. Di–So 10–18 Uhr).

Danach geht es weiter nach **Alba**. Die Stadt (31 500 Einw.) in den Hügeln der Langhe verwöhnt Feinschmecker: Im Herbst gibt es hier weiße Trüffel, dazu den weltberühmten Barolo. Im Herbst dreht sich alles um die heiß begehrte Knolle bei der **Fiera Internazionale del Tartufo**

Bianco d'Alba (www.fieradeltartufo.org). Schön ist ein Bummel durch die **mittelalterliche Altstadt** oder eine **Radtour** rund um Alba (Information siehe Seite 127).

7 ASTI

Am Fluss Tanaro entlang geht es in das Hügelland des Monferrato. Weinberge stimmen auf **Asti** (76 200 Einw.) ein. Roter Barbera d'Asti und Asti Spumante sind nur zwei Namen aus einer großen Palette. Den Höhepunkt der Weinsaison bildet das zehntägige Fest **Douja d'Or** im September (www.doujador.it).

Zentrum der mittelalterlichen Altstadt ist die **Piazza Vittorio Alfieri**, die wie die Flaniermeile Corso Alfieri nach dem in Asti geborenen Tragödiendichter (1749–1803) benannt ist. Mittelalterliche Wohntürme ragen aus dem Häusergewirr, ein Blick auf die **Kathedrale SS. Maria Assunta e Gottardo** (um 1300) und der Besuch des romanischen **Baptisteriums Rotonda di San Pietro** (Corso Alfieri 6) lohnen sich.

Wein wird in der Gegend rund um Asti bereits seit der Römerzeit angebaut.

💬 **NOBLE FEDER**

Die legendären Schreibgeräte von Montblanc tragen als Markenzeichen einen Stern auf der Kappe – es ist der stilisierte Gipfel des namensgebenden Berges mit seinen sechs Tälern.

8 VERCELLI

Am nächsten Tag fahren Sie in die Stadt **Vercelli** (46 200 Einw.) am Rande des Hügellands des Monferrato. Der Außenbau der sonst frühgotischen **Kirche Sant'Andrea** zeigt noch romanische Tradition. Sehr empfehlenswert und gar nicht so anstrengend ist eine **Fahrradtour** um die Stadt, durch das ein wenig an Asien erinnernde Hauptanbaugebiet für Reis in Italien.

Wer möchte, baut hier einen eintägigen Abstecher zum **Lago Maggiore** ein und besucht Stresa, Verbania und die Borromäischen Inseln (siehe Seite 33).

9 AOSTA-TAL

Nach einer weiteren Übernachtung geht es dann hinein ins gebirgige **Aosta-Tal.** Zahllose Burgen säumen den Fluss Dora Baltea. Zu den schönsten zählen die **Burg Fénis** und das mit Fresken ausgestattete **Kastell in Issogne** (beide: April–Sept. tgl. 9–19, Okt.–März Di–So 10–13, 14–17 Uhr, Zeiten können abweichen, daher vorab unter Tel. 01 65 76 42 63 für Fénis bzw. 01 25 92 93 73 für Issogne informieren, www.lovevda.it).

Das Aosta-Tal mit seiner überwältigenden hochalpinen Bergwelt ist die kleinste Region Italiens. Den Eingang der Römerstadt **Aosta** (heute ca. 34 000 Einw.) markiert ein **Augustusbogen** (25 v. Chr.). Der romanische Campanile weist den Weg zur **Klosteranlage Sant'Orso**, wo es Ende Januar einen schönen Kunsthandwerkermarkt gibt. Römische Relikte endeckt man bei einem Bummel zum Stadttor **Porta Pretoria**, zum **Parco Archeologico del Teatro Romano** mit Resten des Theaters sowie entlang der **Stadtmauern.**

Wenn Sie am Ende der Reise noch ein wenig Hochgebirgsluft schnuppern wollen: Der **Mont Blanc**, mit 4807 m höchster Berg Europas, liegt nur 35 km westlich, oberhalb von Courmayeur. Eine Zahnradbahn bringt Sie hinauf.

INFORMATIONEN

TOUR ⑱ Von Turin bis ins Aosta-Tal

Autotour, 7–8 Tage, ca. 360 km

STATIONEN

1. Turin
2. Villa Stupinigi
3. Staffarda
4. Saluzzo
5. Manta
6. Alba
7. Asti
8. Vercelli
9. Aosta-Tal

TURIN
INFO
IAT
Im Bahnhof Porta Nuova und Piazza Castello 161, Turin, Tel. 011 53 51 81, www.turismotorino.org

HOTEL
Il Gioeillino
Zentral gelegenes, charmantes B&B mit äußerst freundlichem Service. Corso Vittorio Emanuele II 100, Turin, Tel. 33 56 88 99 32, www.gioiellino.com

RESTAURANT
Pizzeria Alberoni
Piemonteser Küche, mit Garten direkt am Po. Mo mittags geschl. Corso Moncalieri 288, Turin, Tel. 01 16 61 54 33, www.alberonipizzeria.it

NIGHTLIFE
Im **Quadrilatero romano**, dem Zentrum der Altstadt, finden sich die meisten Lokale.

SALUZZO
INFO
IAT
Piazza Risorgimento 1, Saluzzo, Tel. 017 54 67 10, www.cuneoholiday.com

SHOPPING
In der Provinz Cuneo werden exzellente Käse hergestellt, u. a. Toma Piemontese, Raschera oder Bra. Unbedingt ein Feinkostgeschäft oder Agriturismo ansteuern!

ALBA
INFO
ATL Langhe-Roero
Piazza Risorgimento 2, Alba, Tel. 017 33 58 33, www.langheroero.it

SHOPPING
Enoteca Regionale del Barolo
Mi sowie Jan., Feb. geschl. Piazza Falletti, Barolo (10 km von Alba), Tel. 017 35 62 77, www.barolodibarolo.com

AKTIVITÄTEN
Nach Wein- und Käsegenuss etwas Bewegung? Entlang des Flusses Tanaro führt ein schöner 25 km langer **Radweg** um Alba. Weitere Radtouren und Wanderwege aller Schwierigkeitsgrade führen durch die Langhe. Karten bei der Tourist-info, Radverleih siehe Webseite.

ASTI
INFO
IAT
Piazza Vittorio Alfieri 34, Asti, Tel. 01 41 53 03 57, www.astiturismo.it

RESTAURANT
Tacabanda
Günstige Mittagsmenüs und Barbera-Weine. Mo geschl. Via Teatro Alfieri 5, Asti, Tel. 01 41 53 09 99, www.ristorantetacabanda.com

AKTIVITÄTEN
Wandern und Biken: www.winetrekking.it, www.piemonteciclabile.it

VERCELLI
RESTAURANT
Il Paiolo
Typische Küche des Piemont, z. B. feines Risotto. Viale Garibaldi 72, Vercelli, Tel. 01 61 25 05 77, www.ristoranteilpaiolovercelli.com

AOSTA
INFO
Ufficio del turismo
Webseite mit Wanderungen und Radtouren; Reiterhöfe und viele Ideen für Wintersport. Piazza Porta Praetoria 3, Aosta, Tel. 01 65 23 66 27, www.lovevda.it

Wenig hat sich verändert, seit diese Aufnahme in den 1950er-
Jahren gemacht wurde. Über den Charme der Galleria Vittorio
Emanuele II wird akribisch gewacht: Alle Geschäfte müssen ihre
Schilder in Schwarz und Gold halten.

HERZ DER MILANESITÀ

GESTERN *Die Galleria Vittorio Emanuele II ist seit jeher nicht nur Mailands Laufsteg, sondern auch der »salotto«, die gute Stube*

HEUTE *Kunst und Kirchen, Prunk und Palazzi – an der Galleria beginnt ein schöner Spaziergang durch Mailands Altstadt*

GESTERN

Am 7. März 1865 war die feierliche Grundsteinlegung, zwei Jahre später konnte die Galleria bereits durch König Vittorio Emanuele II. eingeweiht werden. Die Passage ist beeindruckend: Zwei Arme bilden die Form eines Kreuzes, der eine ist 196 m, der andere 105 m lang. Nach oben wird der Raum durch ein gläsernes Gewölbe auf Eisenträgern abgeschlossen. Die Kuppel über dem Kreuzungsoktogon ist 47 m hoch.

Die Galleria teilte mit den Mailändern die traurigsten Ereignisse, darunter die Bombardierung im Jahr 1943, und die glücklichsten Stunden. Und wie fast alle bedeutenden Bauwerke der Stadt ist auch sie mit ihrem harmonischen Nebeneinander von Kunst und Kommerz ein typisches Produkt der *milanesità.*

HEUTE

Die Passage **1** animiert seit Jahrzehnten zum rituellen Abend- und Sonntagsbummel, zu dem sich anscheinend die ganze Welt einfindet: Der elegante Geschäftsmann durcheilt die ehrwürdigen Konsumhallen, während die Tramper mit Rucksäcken erst einmal auf dem kühlen Mosaikboden ein Sit-in abhalten. Japaner fotografieren die Architektur und die Geschäftsauslagen, fliegende Händler verkaufen Schirme und Feuerzeuge. Selbst die Polizeigarden promenieren hier in edlen dunkelblauen Uniformen mit glänzendem Säbel und erinnern eher an Statisten aus der nahen Scala als an Carabinieri.

Lassen Sie die Galleria, diesen Tempel der Eitelkeiten, noch ein wenig auf sich wirken, bevor Sie Ihren Spaziergang beginnen. Wie wäre es mit einem *caffè* oder einem Campari bei **Camparino?** Die weltberühmte Bar wurde im Jahr 1867 vom Likörmacher Gaspare Campari eröffnet, der den gleichnamigen Drink erfand. Aus der kleinen Brennerei im Keller wurde, als der Campari seinen Siegeszug um die Welt antrat, ein riesiger Industriebetrieb.

Auch heute trifft man sich in der Bar (Mo geschl.) mit den Jugendstilmosaiken auf den ro-

Die Dachterrasse des Mailänder Doms eröffnet spektakuläre Ein- und Ausblicke: auf die 135 Turm-spitzen und bei gutem Wetter über die gesamte Stadt bis zu den Alpen.

ten Aperitif oder auf eine *zucca,* einen schwarz-braunen Rhabarberlikör, zu dem man Salzgebäck und Oliven nascht – Mailänder Tradition zum Feierabendbeginn.
Stadtplan und Adressen: Seite 135

2 PIAZZA DEL DUOMO

Die *milanesità* erlebt man auch nebenan auf dem **Domplatz** – trotz der Touristenmassen. Moderne Lichtreklame kontrastiert mit der Pracht der Vergangenheit: Stuckfassaden, der Triumphbogen zur Galleria Vittorio Emanuele II und das Marmorgebirge des Doms Santa Maria Nascente fügen sich zu einer faszinierenden Einheit von Einst und Jetzt. Es lohnt sich, ein paar Minuten auf den Stufen des Doms zu verweilen und das bunte Treiben zu beobachten.

In der Mitte des zwischen 1862 und 1878 gestalteten Platzes sitzt Italiens König Vittorio Ema-

nuele II. hoch zu Ross. Mailand hat dem König viel zu verdanken – daher begegnet man allerorts seinem Namen. Er war es, der die Stadt 1859 von der österreichischen Fremdherrschaft befreite, wovon die Reliefs am Sockel des Reiterstandbildes erzählen.

3 DOM SANTA MARIA NASCENTE

Il Duomo ist in Mailand viel mehr als eine gotische Kathedrale. Er ist religiöser Mittelpunkt, Treffpunkt, Symbol, Markenzeichen, Verkaufsschlager, Herzstück und absolute Mitte der Stadt. Mehr als vier Jahrhunderte sollte sich die Bauzeit hinziehen. Gian Galeazzo Visconti hatte den Dom 1386 in Auftrag gegeben, als sichtbares Zeichen seiner Macht. Bis zur Errichtung von St. Peter in Rom war der Mailänder Dom dann auch tatsächlich die größte Kirche Europas. Ihren Titel als höchstes Bauwerk der Stadt musste Santa Maria

Nascente hingegen 1959 an das Pirelli-Hochhaus abgeben (tgl. 8–19 Uhr, kostenpfl. Anmelde- und Audioguidepflicht für Gruppen ab 7 Pers., Krypta: Mo–Fr 11–17.30, Sa, 11–17, So 13.30–15.30 Uhr, Aufstieg zum Dach: tgl. 9–19 Uhr, aktuelle Zeiten und Tickets: www.duomomilano.it).

Den höchsten Punkt des Doms markiert eine 4 m hohe **Madonna,** die eine bunt zusammengewürfelte Völkerschar unter sich hat: Mit 2245 Statuen und 95 Atlanten sind Dach und Außenwände geschmückt. Wandelt man auf den mit Marmortafeln gepflasterten **Dachterrassen** des Doms, zu denen an der Nordseite eine Treppe und ein Fahrstuhl führen, reicht der Ausblick bis weit in die Lombardische Ebene hinein.

Im **Innenraum** tragen die 52 Bündelpfeiler schwer am Gebälk und lenken den Blick in gleichsam unermessliche Höhen, in deren Dunkel die Rippengewölbe verschwinden. Nur Vierung und Chor sind an klaren Tagen vom Licht erhellt, das ihre Bedeutung wirkungsvoll hervorhebt. Die Innenausstattung des Doms geht vor allem auf den manieristischen Künstler Pellegrino Tibaldi zurück, den Carlo Borromeo (1538–1584), heiliggesprochener Bischof von Mailand, mit der Gestaltung der Fußbodenmosaiken sowie zahlreicher Altäre beauftragte. Hauptwerk Tibaldis ist der **Hochaltar** im Hauptchor. Auch die **Krypta** unter dem Chor entstand 1606 nach seinen Plänen. Der äußerst sittenstrenge, aber volksnahe Kardinal und Erzbischof Carlo Borromeo – einer der wichtigsten Kämpfer der Gegenreformation – ruht hier in einem **Sarg aus Bergkristall,** einem Geschenk Philipps IV. von Spanien.

Im nördlichen Querschiff des Doms gibt es eine weitere kunsthistorische Kostbarkeit zu sehen, den berühmten **Trivulzio-Kandelaber.** Es handelt sich dabei um einen siebenarmigen, fünf Meter hohen Bronzeleuchter aus dem 13. Jh., in dessen Ranken die Heilsgeschichte dargestellt ist.

4 PALAZZO REALE

Im Südosten geht der monumentale Domplatz in die kleine, feierliche **Piazetta Reale** über, deren Name vom **Palazzo Reale** herrührt. Im Königspalast residierte nach der Einigung Italiens Um-

berto I., wenn er nach Mailand kam. Er setzte damit die Tradition der Visconti fort, die sich 1310 hier ihre Residenz errichten ließen. Als der Dom gebaut wurde, musste ein Teil der Residenz wieder abgetragen werden, und die Visconti zogen in das Castello Sforzesco um (siehe Seite 133). Der Palast verwaiste, bis ihn die spanischen Statthalter im 16. Jh. wieder bewohnten.

Seine heute klassizistischen Bauformen erhielt der Palast 1771 bis 1778 durch die österreichischen Habsburger, die ihn abermals als Residenz nutzten. Heute ist er das wichtigste Ausstellungsgebäude der Stadt. Besonders stimmungsvoll sind Präsentationen in der historischen **Sala dei Cariatidi** (Mo 14.30–19.30, Di, Mi, Fr, So 9.30 bis 19.30, Do, Sa 9.30–22.30 Uhr, aktuelles Programm: www.comune.milano.it/palazzoreale).

Sightseeing mit einer historischen Tram – 150 Fahrzeuge dieses Modells aus den 1930er-Jahren sind heute noch in der Stadt unterwegs.

Die Piazza dei Mercanti gilt als einer der schönsten Plätze Mailands. Die Loggia degli Osii (links) und der Palazzo dei Notai (hinten) bilden die Kulisse für ein stimmungsvolles Dinner.

5 MUSEO DEL NOVECENTO

Der Palazzo dell'Arengario rahmt als Gegenstück zum Palazzo Reale den Eingang zur Via Marconi. Der strenge Bau steht für die faschistische Architektur Italiens. Er ist der Sitz des **Museo del Novecento** eröffnet (Mo 14.30–19.30, Di, Mi, Fr, So 9.30–19.30, Do, Sa 9.30–22.30 Uhr, www.museodelnovecento.org), das die Kunstentwicklung Italiens von 1900 bis 1980 dokumentiert.

6 SANTA MARIA PRESSO SAN SATIRO

Die Basilika an der lauten Via Torino, die direkt von der Piazza del Duomo abzweigt, ist leider ein wenig eingezwängt. Dabei hätte der ungewöhnliche Frührenaissancebau mehr Platz verdient. **San Satiro** ist das erste Werk Bramantes in Mailand, welches zwei Jahre nach seiner Ankunft am Hofe Ludovico Sforzas 1480 begonnen wurde. Dabei bezog er auch Vorgängerbauten – eine Kirche aus dem 9. Jh. und den Campanile des 11. Jhs. – mit ein. Anlass für die Erweiterung von San Satiro

war ein Wunder, das allerdings schon mehr als zwei Jahrhunderte zurücklag: 1242 soll ein Marienbild, das von einem wutentbrannten Spieler mit dem Messer verletzt worden war, geblutet haben. Das Wunder lockte Wallfahrer an, sodass schließlich eine neue und größere Kirche nötig wurde.

Bramante stand hier vor dem Problem, dass der Zuschnitt des Baugrundstücks es nicht erlaubte, dem dreischiffigen Bau mit Querhaus eine halbrunde Apsis anzufügen. Er löste das genial, indem er mit den Mitteln der Perspektive in einer ganz flachen Mauernische räumliche Tiefe vortäuschte. Erst auf den zweiten Blick erkennt man, dass man einer optischen Täuschung erlegen ist.

7 PALAZZO DELL'AMBROSIANA

Dieser **Palazzo** wurde 1603 bis 1609 im Auftrag des Kardinals Federico Borromeo errichtet, um dessen Bibliothek und Kunstsammlung aufzunehmen, für die im Familienpalast kein Platz mehr war. Dem sittenstrengen Kardinal, der ab

1595 als wichtiger Mäzen die Kunst seiner Zeit förderte, hat Mailand die nach der Sammlung der Brera bedeutendste Kunstkollektion der Stadt zu verdanken: Die Gemäldegalerie der **Pinacoteca Ambrosiana** bietet einen Überblick der Malerei vom 14. bis zum 19. Jh., u. a. besitzt sie das Porträt Beatrice d'Estes von Botticelli, Werke von Tizian und Tiepolo, aber auch die Vorzeichnungen Raffaels für die »Disputa« im Vatikan sowie Caravaggios »Früchtekorb«. Bedeutendster Besitz ist aber neben dem »Bildnis eines Musikers« die weltweit größte Sammlung von Manuskripten Leonardo da Vincis, von denen ein Teil immer zu sehen ist (Piazza Pio XI, Di–So 10–18 Uhr, www.ambrosiana.eu).

8 PIAZZA DEI MERCANTI

Der Platz gehört zu den schönsten Winkeln der Stadt. Vor allem wenn man durch einen der Bogengänge von der hektischen Via Orefici auf die Piazza kommt, hat man das Gefühl, in eine andere Welt einzutreten. Vor der imposanten Kulisse mehrerer Verwaltungsgebäude des Mittelalters fällt es leicht, sich das städtische Leben zur Zeit der freien Kommune vorzustellen. Von der einst geschlossenen viereckigen Platzanlage führten sechs Tore zu den sechs *quartieri,* den Vierteln der Stadt – die **Piazza dei Mercanti** war der Nabel Mailands. Leider schlug man Mitte des 19. Jhs. mit der Via Mercanti eine Schneise in die Piazza und zerstörte damit ihre harmonische Stille.

Der lang gestreckte **Palazzo della Ragione** teilt den Platz in zwei Hälften. Im ehemaligen Rathaus wurde Markt abgehalten, es trafen sich die Ratsmitglieder zu Versammlungen, später auch die Bankiers. Der große Ratssaal nimmt das ganze Obergeschoss ein, das heute für wechselnde Ausstellungen genutzt wird. Bis 1770 diente der Palast als Sitz der Stadtverwaltung. Dann ließ Maria Theresia hier das noch bis heute bestehende Notariatsarchiv unterbringen, das eine Aufstockung des Baus erforderte: Rund 40 Mio. Akten vom 13. Jh. bis zur Gegenwart lagern hier.

Gegenüber dem alten Rathaus liegt die elegante **Loggia degli Osii,** über deren Fassade sich schwarze und weiße Marmorbänder ziehen. Sie

entstand 1316 nach toskanischen Vorbildern. Erst später wurden von ihrem Balkon aus Gerichtsurteile verkündet, die im **Palazzo dei Giureconsulti** an der nördlichen Seite des Platzes gefällt worden waren. Papst Pius IV. hatte ihn 1558 in Auftrag gegeben. Als Pendant zum Justizpalast fügte Carlo Buzzi 1645 den **Palazzo delle Scuole Palatine** in das Platzensemble ein. Der ursprüngliche Charakter verlor sich leider bei Umbauten im 19. Jh., allein die Fassade blieb erhalten. Vom **Palazzo dei Notai** aus dem 15. Jh. haben leider auch nur die spätgotischen Spitzbogenfenster sowie die Spitzbogenloggia die Jahrhunderte überdauert.

9 VIA DANTE UND PICCOLO TEATRO

Über die Piazza Cordusio kommt man auf die mit imposanten Palazzi des 19. Jhs. gesäumte **Via Dante,** eine der schönsten Straßen Mailands. Dieser Prachtboulevard wurde 1890 durch die mittelalterliche Bebauung gebrochen, um dem Repräsentationsbedürfnis der Epoche zu entsprechen. Auf halber Höhe der für den Verkehr gesperrten Straße kann man auf der einen Seite über den Dächern die Madonnina des Doms sehen. Als Blickfang auf der anderen Seite grüßt von Weitem der Uhrturm des mächtigen Castello Sforzesco.

Rechts geht die Via Rovello ab, wo im **Piccolo Teatro** mit den Inszenierungen Giorgio Strehlers (1921–1997) Theatergeschichte geschrieben wurde. Das Theater in einem ehemaligen Kino setzte v. a. mit spektakulären Brecht-Aufführungen politische und ästhetische Akzente (www.piccoloteatro.org)

10 CASTELLO SFORZESCO

Ein Stück der Mailänder *grandezza* hat sich im **Castello Sforzesco** erhalten (Castello tgl. 7 bis

> 💬 **PASSERELLA**
>
> … ist das italienische Wort für Laufsteg. Viermal jährlich findet in Mailand die Modemesse statt. Dann wird die ganze Stadt zur Bühne für alle, die sehen und gesehen werden wollen.

19.30, Museen Di–So 9–17.30 Uhr, www.milanocastello.it). Schon die Annäherung über die Via Dante gleicht einer Inszenierung. Bevor man auf die halbkreisförmige Piazza des Castello tritt, durchschreitet man das **Foro Bonaparte,** einen Komplex herrschaftlicher Wohnarchitektur vom Ende des 19. Jhs., das sich wie ein Hufeisen um das Castello legt. Hinter einer dieser Fassaden soll auch der Schriftsteller Umberto Eco (1932 bis 2016) mit seiner immensen Bibliothek gewohnt haben.

Die Visconti hatten den Ort bereits für ihre Residenz gewählt, doch ihr Schloss war nach dem Tod Filippo Maria Viscontis 1447 geplündert und zerstört worden, sodass Francesco Sforza, der neue Herzog von Mailand, 1450 eine Zwingburg errichten ließ. Die Sforza fühlten sich hier sicher und führten ein rauschendes Leben.

Seine friedlichste und kunstsinnigste Zeit erlebte das Castello unter Ludovico il Moro, der die besten Künstler der Renaissance an seinen Hof holte. Leonardo da Vinci malte mehrere Säle des Palastes aus und Donato Bramante vollendete den Portikus der *Rocchetta* (Zitadelle). Das jüngst renovierte Museum für Kunstgewerbe, **Museo delle Arte Decorative,** zeigt neben Goldschmiedearbeiten und Elfenbeinschnitzereien auch Objekte der Glasbläserei, Leder- und Stoffarbeiten – insgesamt 1300 Objekte vom Mittelalter bis in die Gegenwart. Ebenfalls beeindruckend ist die Sammlung des **Musikinstrumentenmuseums.**

Den Hof der **Rocchetta** säumen Arkadengänge aus dem 15. Jh., an denen unter anderem Filarete und Bramante arbeiteten. Von hier aus erreicht man die **Schatzkammer,** in der die Herzöge Gold, Silber und Edelsteine hüteten. Heute sind hier die **Prähistorische Sammlung** mit Fundstücken vom Paläolithikum bis zur Eisenzeit sowie die **Ägyptische Sammlung** (bis Mitte 2020 wg. Umbau geschl.) untergebracht.

Das **Museum der Holzmöbel und -skulpturen** zeigt neben zahlreichen interessanten Stücken das letzte Werk Michelangelos (1475–1564), die »Pietá Rondanini«. Bedeutsam sind aber nicht allein die Exponate, sondern vor allem die prachtvolle Ausstattung der Räume. Ein Höhepunkt ist die **Sala delle Asse** im nordöstlichen Eckturm des Schlosses, die Leonardo da Vinci 1497 bis 1498 ausmalte. Die Malerei entführt mit Bäumen, Wurzelwerk und einer Blätterpergola, durch die der Himmel scheint, in die Natur.

Beim Castello liegt das **Museo d'Arte e Scienza** mit einer interessanten Ausstellung zum Leben und Werk Leonardo da Vincis (Via Q. Sella 4, Mo bis Fr 10–18 Uhr, www.museoartescienza.com).

11 PARCO SEMPIONE

Durch die Porta del Parco gelangt man in den **Parco Sempione.** 1893 wurde der Stadtpark im Stil eines englischen Landschaftsgartens angelegt. Die Mailänder kommen gerne hierher. Es ist einer der wenigen Orte, wo Kinder spielen können und man den Abend mit Freunden im Grünen verbringen kann. Im **Acquario Civico** in einem schönen Jugendstilgebäude haben zahlreiche Meerestiere ein Zuhause gefunden. In 48 Becken tummeln sich Fische und andere Meeresbewohner. Bei seiner Eröffnung 1908 galt das Mailänder Aquarium als eines der bedeutendsten in Europa. Heute gehört die Abteilung der exotischen Fische immer noch zu den weltweit größten. In der Bibliothek werden Jahrhunderte hydrobiologischer Forschung zusammengefasst (Di–So 9–17.30 Uhr, www.acquariocivicomilano.eu).

Der **Palazzo dell'Arte** entstand 1933 im westlichen Teil des Parks als Ausstellungsgebäude der Mailänder **Triennale,** einer internationalen Ausstellung für Architektur. Im Obergeschoss beherbergt der Palazzo das **Triennale Design Museum,** das sich als Dokumentationsstätte für zeitgenössische angewandte Kunst versteht (Di bis So 10.30–20.30 Uhr, www.triennale.it).

In der Nähe des Palazzo dell'Arte steht die 109 m hohe **Torre Branca.** Der stählerne Turm, der aus Anlass der Triennale 1933 errichtet wurde, bietet von seiner Aussichtsplattform einen tollen Blick auf Mailand. An klaren Tagen wirken die Alpen zum Greifen nah. Auch der Blick auf das abendliche Lichtermeer der Großstadt gehört zu den Highlights eines Mailandbesuches (bei schlechtem Wetter geschl., aktuelle Öffnungszeiten: www.museobranca.it).

INFORMATIONEN
TOUR ⓲ Spaziergang durch Mailands Altstadt
Spaziergang, ca. 3–4 Std. Gehzeit

STATIONEN
1. Galleria Vittorio Emanuele II
2. Piazza del Duomo
3. Dom Santa Maria Nascente
4. Palazzo Reale
5. Museo del Novecento
6. Santa Maria presso San Satiro
7. Palazzo dell'Ambrosiana
8. Piazza dei Mercanti
9. Via Dante und
   Piccolo Teatro
10. Castello Sforzesco
11. Parco Sempione

INFO
Yesmilano Tourism Space, Via dei
Mercanti 8, und **Infomilano**, Piazza
Duomo 14, Tel. 02 88 45 55 55,
www.turismo.milano.it
Die **App VisitMilano** bietet viel
Praktisches, wie Verbindungen
und Tickets der öffentlichen
Verkehrsmittel, Bikesharing, Infos
zu Sehenswürdigkeiten und Veran-
staltungen etc.

HOTEL
UNA Hotel Cusani Milano
Unschlagbare Lage an der Piazza
Cairoli mit angenehmen Zimmern
zu bezahlbaren Preisen.
Via Cusani 13, Mailand,
Tel. 02 85 601,
www.gruppouna.it

RESTAURANTS
Rinascente
Den Dom im Blick, stärkt man
sich im obersten Stockwerk des
Kaufhauses Rinascente bei diversen
Köstlichkeiten in der Food Hall.
Haute Cuisine bietet das Restaurant
Maio. Tgl. 10–21 Uhr, Restaurant bis
24 Uhr.
Galleria Vittorio Emanuele II,
Mailand, www.rinascente.it

Just Cavalli Café
Ob zum Essen oder nur für einen
Cocktail: Das Restaurant Roberto
Cavallis am Fuß der Torre Branca ist
ein Highlight.
Via Luigi Camoens, Mailand,
Tel. 02 31 18 17,
www.justcavallimilano.com

SHOPPING
Antiquitäten werden am
letzten Sonntag im Monat (außer
Juli) an den Navigli gehandelt. Es
ist ratsam, sich schon frühmorgens
auf den Weg zu machen, denn die
Mailänder strömen in Scharen
dorthin.

Peck
Salami, Parmesan, Steinpilzsauce,
hervorragende Weine, Schoko-
lade … das Beste aus Italiens Küche
eben. Ein Paradies! Mittlerweile gibt
es drei Läden. Öffnungszeiten siehe
Webseite.
Via Spadari 9, Via Salvini und Piazza
Tre Torri, Mailand, www.peck.it

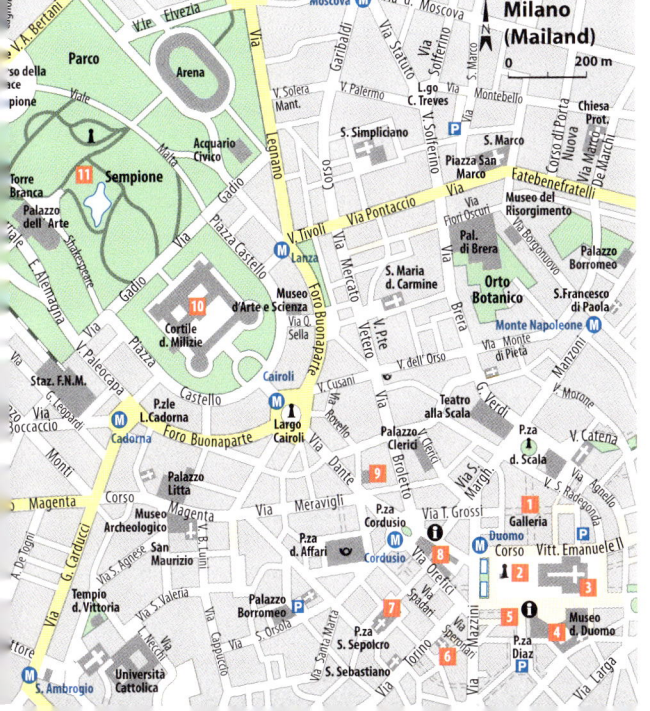

TOUR **20** BLUMENRIVIERA

GRAZIE DEI FIORI!

GESTERN *San Remo, Hotspot der Schlagerkultur – viele italienische Stars machten hier erste Schritte, auch ein gewisser Eros Ramazzotti*

HEUTE *San Remo liegt an der Blumenriviera – entdecken Sie die noblen Seebäder und die idyllischen Oliventäler im Hinterland*

GESTERN

Grazie dei fiori! – Danke für die Blumen! Seit Nilla Pizzi 1951 mit diesem Titel das erste Festival della Canzone Italiana gewann, wird San Remo jedes Jahr im Februar zum Mekka der Fans italienischer Schlager (www.sanremo.rai.it). Der eigentliche Wettbewerb geht seit 1977 im Teatro Ariston über die Bühne: 1963 als Kino eröffnet, bietet es mit seinen knapp 2000 Sitzen genug Platz für ein begeistertes Publikum.

Auch wenn viele der Beiträge über Italien hinaus erfolgreich waren, verlief das Festival nicht für alle Teilnehmer glücklich, für einen sogar hochdramatisch: Weil er mit seinem Lied *Ciao amore ciao* im Halbfinale des Sanremo-Festivals ausgeschieden war, nahm sich der Liedermacher Luigi Tenco im Jahr 1967 das Leben. In seinem Abschiedsbrief bezeichnete er seinen Tod als Protestakt »gegen ein Publikum, welches *Io tu e le rose* ins Finale wählt, und gegen eine Jury, welche *La rivoluzione* kürt. Ich hoffe, dass dies jemandem zu Klarheit verhilft. Ciao, Luigi.«

HEUTE

Eine Tour von Imperia über San Remo nach Bordighera führt streckenweise direkt an der Küste entlang und bietet immer wieder Bilderbuchansichten mit glitzerndem Meer und üppiger Blütenpracht. **Adressen und Landkarte: Seite 142/143**

1 IMPERIA

Imperia (42 300 Einwohner) ist keine gewachsene Stadt, sondern ein 1923 von oben verordneter Zusammenschluss der Orte **Oneglia** und **Porto Maurizio,** nachdem sich beide Städte jahrhundertelang feindselig gegenübergestanden hatten: Porto Maurizio als treue Verbündete Genuas, Oneglia als Seehafen der Savoyer. Benannt wurde die Neugründung nach dem Bach Impero, der bis dahin die Grenzlinie markiert hatte.

Obwohl das moderne Oneglia einst Heimat des berühmt-berüchtigten Andrea Doria (1466 bis 1560) war, jenem gerissenen Admiral, der die Seerepublik Genua 30 Jahre beherrschte, steht es touristisch im Schatten Porto Maurizios. Einen

Im Jahr 1961, zwei Jahre vor der Eröffnung des Teatro Ariston, war das Spielcasino noch Austragungsort des Sanremo-Festivals. Für die Kameras posieren hier (von links): Rocco Granata, Jolanda Rossin, Pino Donaggio, Silvia Guidi, Little Tony, Nadia Liani, Tony Renis, Betty Curtis (die spätere Gewinnerin) und Wilma de Angelis.

Der Architekt des Palazzo Comunale an der Piazza Dante, Giacomo Agnesi, erwies Imperia einen gro-ßen Dienst, sorgte er doch nach einem schweren Erdbeben 1887 für den Wiederaufbau der Altstadt.

Besuch lohnt jedoch unbedingt das **Museo dell'Olivo** (siehe Seite 142). Danach kann man unter den Arkaden an der zentralen Piazza Dante shoppen oder von einem der Fischrestaurants in den Laubengängen am Hafenkai den Schiffen beim Entladen zuschauen.

Die Hauptader der Altstadt von Porto Maurizio ist die schmale Via Cascione mit Geschäften, Cafés, einem Kino und der kleinen Markthalle. Eine Flaniermeile *en miniature* ist die palmenbestandene Seitenstraße **Via XX Settembre.** Die imposante **Kathedrale San Maurizio** fällt vor allem durch ihre Ausmaße auf. Sie wurde im späten 18. Jh. begonnen, aber erst im Jahr 1838 vollendet. Das klassizistische Gebäude gegenüber des Doms beherbergt eine kleine Gemäldegalerie, die **Pinacoteca Civica** (Mi, Sa, So 16–19, Juli, Aug. 21–24 Uhr).

Enge Gassen und Treppenwege führen in das noch intakte mittelalterliche Alstadtviertel **Parasio** hinauf. Auf den Resten der alten Stadtmauer ruht die **Kirche San Pietro** mit Fresken aus dem 18. Jh. Von der Terrasse der Kirche erreicht man die Loggia des **Convento di Santa Chiara** (18. Jh.) mit traumhaftem Blick aufs Meer.

Lebhaft geht es im Sommer an der Marina zu, an der sich neben dem großen Jachthafen Strandbäder an einer feinsandigen Bucht reihen. Hier bezog 2017 auch das **Museo Navale Imperia** seinen neuen Standort und informiert über die Seefahrtsgeschichte der westlichen Riviera (Di 9.30 bis 11.30, Do, Sa 15.30–19.30, Juli., Aug. Di 9.30 bis 11.30, Do–Sa 18.30–22.30 Uhr).

2 PIEVE DI TECO

Von Imperia Oneglia geht es ins Landesinnere, ins 25 km entfernte mittelalterliche **Pieve di Teco.** Der Ort war einst ein wichtiger Knotenpunkt der alten Salzstraßen, die vom Meer über die ligurischen Alpen- und Apenninpässe in die piemontesisch-lombardische Ebene führten. Die Handelskarawanen, die seit dem Mittelalter kostbares Salz von der ligurischen Küste über die Berge transportierten, kehrten gern unter den schattigen Lauben der Hauptstraße **Corso Ponzoni** ein. Elegante Palazzi sowie kunstvolle Schieferportale mit Wappen und Heiligenfiguren zeugen hier von einstigem Wohlstand. Die klassizistische **Pfarrkirche San Giovanni Battista** (1792–1806) ist ein Werk des Baumeisters Gaetano Cantone, ebenso wie der Dom von Porto Maurizio und die Pfarrkirche in Pietra Ligure.

Wieder zurück an der Küste zweigt gleich nach Imperia-Porto Maurizio die Straße in die Olivenäler ab.

3 DOLCEDO

Im Hinterland von Porto Maurizio kann man hübsche Dörfer wie **Dolcedo** entdecken, das durch den Ölhandel im Mittelalter reich geworden ist. Mehr ein Dorfverband zieht sich Dolcedo mit seinen zehn Weilern und doppelt so vielen Kirchen durch eine von Oliventerrassen geprägte Landschaft zu beiden Seiten des Prino-Tals entlang. Malerisch schmiegt sich das Hauptdorf Dolcedo Piazza an die alte **Steinbrücke** (13. Jh.), die von der barocken **Kirche San Tommaso** überragt wird. Alte Maultierpfade verbinden die Ortsteile, in denen man an Ölmühlen vorbeikommt, die oft nur für den Eigenbedarf produzieren. Wer das Glück hat, eine Flasche Öl direkt vom Bauern zu bekommen, weiß, warum das hiesige Olivenöl den Beinamen »flüssiges Gold« hat.

4 BUSSANA VECCHIA

An der Küste entlang geht es bis Arma di Taggia, dann fährt man 2 km landeinwärts bis ins Künstlerdorf **Bussana Vecchia.** Der herrlich gelegene Ort wurde 1887 von einem heftigen Erdbeben weitgehend zerstört. Während am Meer das neue Bussana entstand, verfiel das Hügeldorf Bussana Vecchia. Häuser und Mauern stürzten ein und wurden von Pflanzen und Gras überwuchert.

1963 begann ein bunt gemischtes Häufchen von Kunsthandwerkern, Künstlern und Hippies, das ausgestorbene Dorf zu neuem Leben zu erwecken. Ohne die Ruinenromantik zu zerstören, restaurierten sie die Gebäude und richteten Wohnungen, Ateliers und Verkaufsräume ein. Die jahrzentelange Ruine der **Kirche Sacro Cuore** (errichtet 1887–1901) wurde erst jüngst restauriert und erstrahlt nun in neuem Glanz.

5 SAN REMO

Die nächste Station, **San Remo** (54 500 Einw.), entfaltet alle Facetten einer Riviera-Stadt: die typische Altstadt mit den engen *caruggi* genannten Gassen, dem kleinen Fischerhafen und dazu als Kontrastprogramm elegante Boulevards, Luxushotels, Jachthafen und Villen mit prächtigen Parks.

Der Schriftsteller Giovanni Ruffini (1807 bis 1881) gehört zwar nicht zu den großen Namen der italienischen Literatur, aber sein Liebesroman »Doktor Antonio«, der in San Remo und Bordighera spielt, legte seinerzeit den Grundstein für den kometenhaften Aufstieg der italienischen Riviera als beliebtes Reiseziel. Nachdem der Roman 1855 in Edinburgh erschienen war, folgten viele Leser dem Vorbild des Romanhelden und flüchteten aus dem britischen Nebel ins milde Klima der Rivieraküste. Die ersten Gäste wurden noch von der Gräfin Adele Roverizio di Roccastorone in einer privaten Villa beherbergt. Schon 1860

Mit 21 Jahren gewann Eros Ramazzotti 1984 in der Sparte »Newcomer« beim Sanremo-Festival – nur zwei Jahre später holte er den Gesamtsieg.

wurde das **Grand Hôtel Londra** erbaut, bald darauf das **Royal,** das heute noch zu den exklusivsten Adressen am Ort zählt. Bis 1900 entstanden 25 Hotels und annähernd 200 Villen. Mit ca. 250 Hotels, Campingplätzen und Feriendörfern ist San Remo die unangefochtene Tourismusmetropole der Blumenriviera. Und noch immer strömen wohlhabende Gäste herbei, die hier überwintern und das riesige Freizeitangebot nutzen bzw. die prominenten Autorallyes, Radrennen und Segelregatten verfolgen.

Die Belle Époque hat überall ihre Spuren hinterlassen: in den Grand Hotels mit ihren Zuckerbäckerfassaden, am palmengesäumten **Corso Imperatrice** (Kaiserin-Allee), zu Ehren der Zarin Maria Alexandrowna so benannt, und in den eleganten Villen. Auch der Jugendstil hielt in der Blütezeit der Stadt Einzug und hinterließ so prachtvolle Palais wie die **Villa Nobel,** in der Alfred Nobel 1891 bis 1896 seine letzten Jahre verbrachte. Derzeit wird sie zu einem Museum umgestaltet (www.villanobel.it). Das **Casinò San Remo,** das 1904–1906 nach Entwürfen des Architekten Eugène Ferret entstand, bringt der Stadt heute Millionen ein.

Den Beginn des Corso Imperatrice markieren die bunten Zwiebeltürme der russisch-orthodoxen **Kirche San Basilio,** die im späten 19. Jh. von der russischen Kolonie gestiftet wurde (tgl. 9.30 bis 12.30, 15–18.30, im Winter bis 18 Uhr). Im frisch restaurierten **Palazzo Nota** zeigt das **Museo Civico** Objekte der Stadtgeschichte, Funde aus der Region und Ausgrabungsmaterial aus der Römerzeit (Piazza Alberto Nota 2, Di–Sa 8.30–18.30 Uhr, www.comunedisanremo.it).

Die Fassade des spätromanischen **Doms San Siro,** der im 13. Jh. auf den Resten einer älteren Kirche entstand, wurde bis um 1900 vollständig erneuert. Dem linken Portal gegenüber erhebt sich das **Battistero,** ein ursprünglich dreischiffiges romanisches Gotteshaus, das sich heute als Zentralbau des 17. Jhs. präsentiert.

Zum elegant-nostalgischen Flair der Nobelherbergen am Meer bildet die in die Jahre gekommene **Altstadt La Pigna** einen herben Kontrast. Dennoch besitzt das Gewirr aus Gässchen, Trep-

pen und überwölbten Durchgängen einen gewissen Charme. Überragt wird die Altstadt von der **Wallfahrtskirche Madonna della Costa** aus dem 17. Jh., von wo sich eine herrliche Sicht auf die Küste bietet.

6 BAIARDO

Die Fahrt in die Berge lässt die mit Gewächshäusern bestückten Hügel rund um San Remo schnell vergessen. Vorbei an der Sommerfrische **San Romolo** auf 786 m schraubt sich die Straße durch Mischwälder hinauf. Wer gut zu Fuß ist, kann von San Romolo in ca. 2 Std. den Hausberg San Remos erklimmen, den **Monte Bignone** (1299 m).

Die malerische Lage auf einem Bergsporn (900 m) vor der eindrucksvollen Kulisse der Ligurischen Alpen ist nicht der einzige Grund, warum sich der Weg nach **Baiardo** lohnt. Die noch vorhandenen Außenmauern der romanischen **Kirche San Nicolò** erinnern an das schwere Erdbeben am 23. Februar 1887, als das Kirchendach während der Morgenmesse einstürzte und über 200 Menschen unter sich begrub. Bewegend wirkt inmitten dieser Mauerreste der mit barocken Putti geschmückte **Antoniusaltar,** an dem noch Messen zelebriert werden. Von der Terrasse hinter der Kirche hat man den besten Blick auf die Seealpen.

7 APRICALE UND 8 DOLCEACQUA

Nun geht es weiter auf der kurvigen, schmalen Panoramastraße nach **Apricale** (nicht über Perinaldo, die Straße ist oft wegen Erdrutsch gesperrt!). Gotische Stadttore des 13. Jhs. führen in den Ort, der mit seinem malerischen Kirchplatz und den kopfsteingepflasterten Gassen zu den schönsten Dörfern Liguriens zählt. Über mittelalterlichen Lauben erheben sich hier die im 19./20. Jh. wieder aufgebaute **Pfarrkirche Purificazione di Maria** und ihr gegenüber das **Oratorio di San Bartolomeo** mit Rokokostuckaturen.

An der Piazza steht der **Palazzo del Comune,** an dem wie im ganzen Ort zeitgenössische *murales* (Wandmalereien) das bäuerliche Leben und ligurische Landschaften darstellen. Außerhalb der alten Ringmauer trifft man auf die festungsartige spätmittelalterliche **Kirche Santa Maria**

> ### 💬 »SCHLAMPERTONI«
>
> ... wird der hl. Antonius auch spöttisch-liebevoll genannt, weil er neben vielen anderen guten Diensten auch dabei helfen kann, verlorene Gegenstände wiederzufinden.

degli **Angeli,** deren einschiffiger Innenraum mit Freskenzyklen des 15. bis 18. Jhs. überzogen ist.

Die Steinbrücke von **Dolceacqua** faszinierte vor 100 Jahren schon den französischen Maler Claude Monet. Sie verbindet zwei Ortsteile miteinander. Im mittelalterlichen Terra wird klar, wie die ligurischen Dörfer sich gegen Angriffe verteidigten: Nur die Einheimischen kennen sich in den labyrinthartigen Gassen aus, deren Schlüsselstellen bei Gefahr verriegelt werden konnten. Hoch über dem Ort ragt die Ruine einer **Doria-Burg** auf, in der im Sommer kulturelle Veranstaltungen stattfinden (Frühling–Sommer tgl. 10 bis 18 Uhr, sonst Mo geschl.). Vor der barocken **Pfarrkirche Sant'Antonio** erinnert ein modernes Denkmal an Pier Vincenzo Mela, der im 18. Jh. entdeckte, wie man auch die Pressrückstände der Oliven zu Öl verarbeiten konnte. Aus handverlesenen, kaltgepressten Früchten stammen die besten hier angebotenen Olivenöle.

9 BORDIGHERA

Ähnlich wie San Remo besteht das noble Seebad **Bordighera** aus zwei getrennten Stadtteilen. Die historische Altstadt erstreckt sich über den Hügel Capo San Ampelio im Osten. Ihr Zentrum bildet die hübsche **Piazza del Popolo** mit der **Pfarrkirche S. Maria Maddalena.** Hier finden sich zahlreiche gute Restaurants und Trattorien.

Ganz anders dagegen die im 19. und 20. Jh. angelegte **Gartenstadt,** die sich westlich des Kaps ausbreitet: Ihre eleganten Villen, schattigen Parks und feinen Hotels umweht noch immer ein Hauch von Noblesse jener glanzvollen Tagen, als der Adel hier residierte. Animiert durch den Roman »Doktor Antonio« von Giovanni Ruffini – eine Büste erinnert heute an ihn – avancierte auch Bordighera Ende des 19. Jhs. zum beliebten Ferienort der Engländer. Unter ihnen war der Pastor und Botaniker Clarence Bicknell, der das **Museo Bicknell** und eine umfangreiche **Bibliothek** zur Geschichte und Archäologie gründete (Via Romana 39, Di–Do 9–13 Uhr, www.museobicknell.com).

Der Ortsname des mittelalterlichen Apricale ist vom lateinischen Wort »apricus« (besonnt) abgeleitet.

INFORMATIONEN

TOUR ⑳ Von Imperia nach Bordighera

Autotour, 2–4 Tage, ca. 90 km (ohne Pieve di Teco und Dolcedo)

STATIONEN

1 Imperia
2 Pieve di Teco
3 Dolcedo
4 Bussana Vecchia
5 San Remo
6 Baiardo
7 Apricale
8 Dolceacqua
9 Bordighera

PRAKTISCHE HINWEISE

Die beschriebene Route ist ca.
90 km lang – ohne die Fahrt nach
Pieve di Teco (25 km) und Dolcedo
(10 km). Für den ersten Abstecher
benötigt man einen Tag.
Wer an der Küste nicht alle Orte
besuchen will, benutzt besser die Autobahn oder übt sich bei den vielen
Ortsdurchfahrten in Geduld.

IMPERIA
INFO
IAT
Largo San Francesco da Paola,
Imperia, Tel. 01 83 70 16 09

HOTEL
Rossini al Teatro
Von außen etwas abweisend,
verwöhnt das einzige Vier-Sterne-
Hotel in Imperia innen aber mit
allem Komfort, wie Panorama-
terrasse und Spa.
Piazza Rossini 14, Imperia,
Tel. 018 37 40 00,
www.hotel-rossini.it

RESTAURANTS
Osteria dell'Olio Grosso
Gemütliche Osteria in einer
einstigen Ölmühle, wo unverfälsch-
te ligurische Gerichte an langen
Holztischen serviert werden. Nur
abends, Mi geschl.
Via Parasio 36, Imperia,
Tel. 018 36 08 15

Sarri
Elegant das Restaurant, elegant die
Gerichte. Tipp: Degustationsmenü
Lasciatemi fare (»Lasst mich mal
machen«). Mi, Do mittags geschl.
Lungo Mare Colombo 108, Imperia,
Tel. 01 83 75 40 56,
www.ristorantesarri.it

EISDIELE
Acquolina
Kleine Gelateria mit sehr gutem Eis.
Via Scarincio 84, Imperia

MUSEUM
Museo dell'Olivo
Der Marktführer unter den
ligurischen Ölproduzenten, Fratelli
Carli, betreibt dieses Museum
(Mo–Sa 9–12.30, 15–18.30, Aug.
10-18.30 Uhr). In 18 Sälen präsentiert die preisgekrönte Schau
anschaulich alles Wissenswerte
rund um Anbau, Ölgewinnung und
Handel mit den Erzeugnissen
des Ölbaums. Dabei zeigt sich,
welch herausragende Rolle die
Symbolpflanze des Mittelmeers von
der Antike an in Kult, Küche und

Kosmetik besaß. Abschließend lockt
der Museumsshop.
Via Garessio 11–13, Imperia,
www.museodellolivo.com

SAN REMO
RESTAURANTS
Paolo e Barbara
Gourmetrestaurant, in dem so aus-
gefallene Kreationen wie Seeigel
mit Wachteleiern und Lauch auf den
Tisch kommen. Mi, Do geschl.
Via Roma 47, San Remo, Tel. 01 84
53 16 53, www.paolobarbara.it

Cantine Sanremesi
Alter Weinkeller, in dem es u. a.
sardenaira, eine Art Pizza mit
Tomatensugo, Knoblauch, Kapern,
Oliven, Oregano und frischen
Sardellen gibt.
Via Palazzo 7, San Remo,
Tel. 01 84 57 20 63

PASTICCERIA
San Romolo
Freunde feiner Süßigkeiten sind
hier bestens aufgehoben. Beson-
ders verführerisch: die »Baci di San
Remo«. Mo geschl.
Via Carli 6, San Remo

SHOPPING
Hauptgeschäftsstraßen sind der
Corso Matteotti, die **Via Roma**
und die Nebenstraßen. Di und Sa
Wochenmarkt, vormittags um die
Markthalle, Piazza Eroi Sanremesi.

BAIARDO
RESTAURANT
Armonia

Hier wird ligurische und sardische Küche serviert. Köstliche hausgemachte Pasta, z. B. die Borretsch-Tagliolini, und raffiniert gewürzte Fleischgerichte. Dabei genießt man eine herrliche Aussicht. So ab 9, Mi–Sa ab 19 Uhr. Via Roma 124, Baiardo, Tel. 37 13 40 88 55

APRICALE
INFO
Comune di Apricale

Via Cavour 2,
Tel. 01 84 20 81 26,
www.apricale.org

RESTAURANT
Da Delio

Raffinierte lokale Küche, schöner Blick über die Hügel. Mo, Di geschl. Piazza Vittorio Veneto 9, Apricale, Tel. 01 84 20 80 08, www.ristoranteapricale.it

BORDIGHERA
INFO
Ufficio Informazioni Turistiche

Via Vittorio Emanuele 172, Bordighera, Tel. 01 84 26 28 82, www.bordighera.it

HOTEL
Parigi

Freundliches Vier-Sterne-Hotel mit Spa direkt am Meer.

Via Sant'Ampelio 19, Bordighera, Tel. 01 84 26 14 05, www.hotelparigi.com

RESTAURANTS
Magiargè

Hier gibt es Klassiker wie Brandacujon (Stockfisch mit Kartoffeln, Knoblauch und Olivenöl) und Innovatives wie gegrillte Calamari mit Pilzen und Kürbisblüten. Via Dritta 2, Bordighera, Tel. 01 84 26 29 46, www.magiarge.it

Osteria A Tartana

Köstliche *farinate* (Fladen aus Kichererbsenmehl). So geschl. Via Vittorio Emanuele 62, Bordighera, Tel. 01 84 26 13 92

Ligurien

0   5 km

AUS DER BAHN!

GESTERN *Auf der Piazza de Ferrari fuhren erst die Straßenbahn, dann Autos und Motorräder im Kreis*

HEUTE *Die Piazza mit ihrem großen Brunnen ist heute Fußgängern vorbehalten, aber das Pflaster erinnert an die Straßenbahngleise*

GESTERN

Genua mit der Straßenbahn zu erkunden, ist seit 1966 unmöglich – in diesem Jahr wurde ihr Betrieb eingestellt. Stattdessen fahren nun Busse und die Metropolitana Genova. Diese U-Bahn bedient nur eine Strecke: zwischen Brignole und Brin. Die dortige Haltestelle, ein alter Trambahntunnel, ist der letzte Überrest des einstigen Straßenbahnnetzes. Vier aus Genua stammende Tramzüge waren in den 1940er-Jahren in Augs-

Um 1900 fuhren auf der Via Roma noch Straßenbahnen, heute ist sie
eine Fußgängerzone, in der jeder glücklich wird, der gern Geld ausgibt:
Hier reiht sich ein Markengeschäft an das andere.

burg eingesetzt; drei davon überstanden den Krieg und kehrten in die Hafenstadt zurück. Auf ihren Fahrten umrundeten sie dabei u. a. die Piazza De Ferrari und den beeindruckenden Brunnen in der Mitte. Ihn bekam die Stadt Genua 1936 von der Industriellenfamilie Piaggio geschenkt. Um die Bronzeschale mit 11 m Durchmesser und 25 t Gewicht auf die Piazza zu bringen, mussten Bäume gestutzt und der Untergrund für den Transport verstärkt werden. Was hätte Niccolò Paganini, 1782 in Genua geborener »Teufelsgeiger«, wohl beim Anblick der Riesenwanne getan? Seinen Geigenkasten vor der Fontäne in Sicherheit gebracht oder gegen das Wasserrauschen angespielt? Beim 1954 gegründeten Violinwettbewerb Premio Paganini im Teatro Carlo Felice, der Oper von Genua an der Piazza De Ferrari, dürfen das junge Musiker der Gegenwart für ihn tun.

HEUTE

Genuas große Altstadt hat das typische Flair mediterraner Hafenstädte. Durch die Gassen treiben Menschen aus aller Welt und allen sozialen Schichten; Glanz und Verfall liegen dicht beieinander. Neben bröckelnden Fassaden stehen prunkvolle Palazzi, neben stilvollen Cafés bieten winzige Imbissbuden ihre Snacks an. Im Sommer pulsiert das Leben auf den Straßen bis spät in die Nacht. Drei Ereignisse brachten Subventionen in Milliardenhöhe: die Kolumbusfeiern 1992, der G8-Gipfel 2001 und die Wahl zur Europäischen Kulturhauptstadt 2004. Jedesmal wurde kräftig restauriert.
Stadtplan: Seite 149, Adressen: Seite 150/151

Ⓐ VILLA DEL PRINCIPE

Am Hauptbahnhofsvorplatz begrüßt die monumentale Statue von Christoph Kolumbus, dem berühmtesten Sohn der Stadt, die Ankommenden. An der Piazza Principe liegt auch der Zugang zur Fürstenvilla, der Villa del Principe. Mit ihrem Park und den restaurierten Sälen (Fresken

von Perin del Vaga, einem Schüler Raffaels, und Wandtteppichen aus dem 15. bis 16. Jh.) macht die Palastanlage ihrem alten Namen, das »Paradies«, alle Ehre (tgl. 10–18 Uhr, www.doriapam philj.it/genova). Von der Piazza Principe sollte man die Zahnradbahn zum Granarolo besteigen, einem großartigen Aussichtspunkt. Aus 220 m Höhe blickt man auf die Altstadt und den Hafen mit dem Leuchtturm Lanterna.

Ⓑ VIA BALBI

Unermesslichen Reichtum müssen die Balbi angesammelt haben, als sie zu Beginn des 17. Jhs. die Via Balbi anlegen und mit sieben Familienpalästen bestücken ließen. Der riesige Palazzo Reale wurde 1643 bis 1655 errichtet und zu Beginn des 18. Jhs. vom berühmten römischen Barockarchitekten Carlo Fontana erweitert. Das Museum des Königlichen Palastes gestattet den Blick in die prunkvollen Wohnräume, den berühmten Spiegelsaal und den Thronsaal der Savoyer. Die Gemäldegalerie zeigt u. a.Werke von venezianischen Meistern des 16. und 17. Jhs. (Di, Fr 9–14, Mi, Do 9–19, Sa, So, Fei 13.30–19 Uhr, www.palazzorealegenova.beniculturali.it). Gegenüber erhebt sich der Palazzo dell'Università (17. Jh.), ursprünglich ein Jesuitenkolleg, mit schönem Innenhof.

Die Via Balbi mündet auf die Piazza della Nunziata mit der Kirche Santissima Annunziata del Vastato (16./17. Jh.). Durch eine klassizistische

---

💬 **JEANS KOMMEN AUS GENUA**

Na ja, zumindest indirekt, denn die groben Baumwollhosen wurden von hiesigen Matrosen getragen und gelangten über Frankreich in die USA. Da die französische Form des Städtenamens »Gênes« für Amerikaner schwer auszusprechen war, entstand der Begriff »Jeans«.

Säulenhalle (19. Jh.) gelangt man in den mit Marmorintarsien, Stuck und Fresken geschmückten Kirchenraum, dessen Altarbilder eine kleine Pinakothek genuesischer Malerei des 17. Jhs. bilden (Mo–Sa 7.30–19.30, So 8.30–19.30 Uhr).

ⓒ VIA GARIBALDI

Als Elitequartier wurde Genuas Prachtstraße im 16. Jh. angelegt. Hinter den strengen Fassaden der Paläste verbergen sich wunderschöne Höfe und prächtige Innenräume mit reichen Kunstschätzen. **Palazzo Rosso** (17. Jh.), **Palazzo Bianco** und **Palazzo Doria-Tursi** (18. Jh.) bilden heute einen zusammenhängenden Museumskomplex, die **Musei di Strada Nuova,** mit Gemälden berühmter Künstler, darunter Dürer, Rubens, Caravaggio oder Murillo. Ein eigener Raum ist der Violine von Niccolò Paganini (1782–1840) gewidmet. Unübertroffen ist der **Panoramablick** von der Dachterrasse des Palazzo Doria-Tursi (Sommerzeit Di–Fr 9–19, Sa, So 10–19.30, Winterzeit Di–Fr 9–18.30, Sa, So 9.30–18.30 Uhr, www.museidigenova.it).

Madame de Staël bezeichnete die Via Garibaldi als »Rue des Rois« – Straße der Könige.

Die Palazzi selbst gehören zu einem Ensemble von 42 Adelspalästen, die die UNESCO im Jahr 2006 als **»Palazzi dei Rolli«** in die Liste des Weltkulturerbes aufgenommen hat. Dabei handelt es sich um herausragende Gebäude aus dem 16. bis 18. Jh. in den »Strade nuove« (Via Balbi und Via Garibaldi), die auf die wohlhabendsten und einflussreichsten Genueser Adelsfamilien zurückgehen. Der Senat der Republik Genua erstellte 1576 eine offizielle Liste *(rollo)* derjenigen Adelspaläste die auserwählt waren, Staatsgäste zu beherbergen.

Wer nicht in Museumslaune ist und trotzdem einen spektakulären Panoramablick auf Genuas Dächer, Türme und den Hafen haben möchte, kann mit dem Aufzug zur **Spianata Castelletto** (Belvedere Montaldo) hinauffahren. Einstieg ist an der Piazza Portello hinter der Via Garibaldi.

ⓓ PIAZZA DE FERRARI

Das Herz des im 19. Jh. entstandenen modernen Stadtzentrums ist die **Piazza De Ferrari** mit einem monumentalen Bronzebrunnen (1934) in der Mitte und umgeben von Prunkbauten des Historismus, in denen überwiegend Großbanken und die Neue Börse residieren. Der verkehrsberuhigte Platz ist Knotenpunkt von Genuas Einkaufsstraßen, der Shoppingmeile Via XX Settembre, der exklusiven Via Roma mit der parallel verlaufenden Einkaufspassage **Galleria Mazzini** (1872) und der beschaulichen Via XXV Aprile.

Hinter der **Kunstakademie** ragt markant der kubische Bühnenturm des **Teatro Carlo Felice** auf. Das mit der Akademie als klassizistisches Ensemble errichtete Opernhaus (1827) wurde im Zweiten Weltkrieg bis auf die Außenmauern zerstört und zum Kolumbusjahr 1992 vom Stararchitekten Aldo Rossi als postmodernes Theater wiederaufgebaut.

Die Westseite der Piazza De Ferrari wird von der reich gegliederten Seitenfassade des **Palazzo Ducale** beherrscht. Nach seiner Restaurierung strahlt der Dogenpalast der genuesischen Republik wieder in seiner einstigen Pracht. Eindrucksvoll sind die imposanten Innenhöfe, die beiden opulent mit Stuck, Fresken und Gemälden dekorierten Ratssäle. Der Dogenpalast dient heute

Die Piazza De Ferrari wurde 1992 restauriert. Die in konzentrischen Kreisen verlegten dunklen Pflastersteine erinnern noch an die Trambahnen, die hier einst fuhren.

als Kulturzentrum für Ausstellungen, Konzerte, Messen und Kongresse (tgl. geöffnet, Öffnungszeiten siehe www.palazzoducale.genova.it).

E PIAZZA DANTE

Hier steht die **Casa di Cristoforo Colombo,** wo der 1451 in Genua geborene Seefahrer seine Kindheit verbracht haben soll (April, Sept., Okt. Di–So 11–17, März–Aug. Di–So 11–18, Nov.–März Di bis Do 11–15 Uhr). Hinter dem benachbarten romanischen **Kreuzgang Sant'Andrea** mit schönen Kapitellen (12. Jh.) sieht man die beiden Türme des gut erhaltenen Stadttores **Porta Soprana** (12. Jh).

F DOM SAN LORENZO

Auf halbem Weg zwischen Porta Soprana und Hafen erhebt sich die 1118 geweihte **Kathedrale** Genuas. Nach französischen Vorbildern wie Chartres und Rouen entwarfen französische Baumeister im 13. Jh. die Fassade mit den drei gotischen Portalen. Eine Attraktion im linken Seitenschiff ist die Cappella di San Giovanni Battista. Die Renaissancekapelle wurde im 15. Jh. für die Asche von Johannes dem Täufer, Genuas Stadtpatron, errichtet. Im **Museo del Tesoro di San Lorenzo** kann man den Domschatz mit Gold- und Silberschmiedearbeiten aus dem 9. bis 19. Jh. bewundern, darunter auch den Schrein für die kostbare Reliquie des Täufers (Mo–Sa 9–12, 15–18, So 15–18 Uhr, www.museidigenova.it).

G PIAZZA SAN MATTEO

Ganz im Zeichen der in Genua allgegenwärtigen Familie Doria steht die **Piazza San Matteo,** einer der schönsten Plätze der Altstadt. Vom 12. Jh. an hatte die Patrizierfamilie diesen Platz zu ihrem Hauptquartier gemacht. Martino Doria ließ hier 1125 die **Kirche San Matteo** errichten, an deren Stelle 150 Jahre später das heutige gotische Bauwerk entstand (Di–Sa 10–12, 15–19, So, Fei 9-12 Uhr). In der Krypta befindet sich das Grab des großen Andrea Doria. Neben der Kirche entstanden eine Reihe von Palazzi, so der **Palazzo di Branca Doria**, der mächtige **Palazzo di Lamba Doria** und der **Palazzo di Andrea Doria** mit spätgotischen Elementen. Was die Piazza so einheitlich macht, sind die hell-dunklen Querstreifen, die sich wie ein Band über alle den Platz säumenden Bauwerke hinziehen.

Ⓗ CASTELLO-VIERTEL

Einen Abstecher lohnt Genuas ältestes Viertel **Castello** mit seinem Gassengewirr und seinen hübschen Fassaden mit Schiefer- und Marmorportalen, Reliefs und Stuckwerk. Die kleine **Kirche Santa Maria di Castello** (12. Jh.) ist ein Werk lombardischer Baumeister und Steinmetze. Die Dominikaner ließen im 15./16. Jh. an die dreischiffige Kirche ein Kloster mit drei Kreuzgängen anbauen. Hinter der bescheidenen Fassade überraschen schöne Gärten und freskengeschmückte Wandelgänge. Ein **Museum** zeigt kostbare Kirchenbücher und Wiegendrucke (Museum und Kreuzgänge tgl. 10–13, 15–18 Uhr). Neben der Kirche Santa Maria di Castello steht die **Torre degli Embriaci** (12. Jh.). Er ist der besterhaltene von den einst mindestens 66 Wohntürmen Genuas und hat noch als einziger seine volle Höhe von 41 m.

Ⓘ ALTER HAFEN

Der **Porto Vecchio** wurde von Renzo Piano, dem renommierten Stararchitekten aus Genua, für das Kolumbusjahr 1992 zu einem attraktiven Ausstellungs- und Erholungsgelände umgebaut. Einen fantastischen Rundblick eröffnet der freischwebende Panoramaaufzug des **Bigo**, ein stilisierter Hafenkran mit 40 m hohen, weißen Stahlarmen, an denen auch das monumentale Zeltdach der **Piazza delle Feste** aufgehängt ist. Die Kinderstadt **Città dei Bambini** präsentiert Wissenschaft und Technik zum Anfassen für Kinder und Jugendliche (Di–So 10–18, letzter Einlass 16.45 Uhr, April, Mai, Aug. auch Mo, www.cittadeibambini.net). Hauptattraktion des Alten Hafens ist das **Acquario.** Es zeigt über 5000 Meeres- und Süßwassertiere in rund 50 Bassins und Streichelbecken (März–Juni, Sept., Okt. Mo–Fr 9–20, Sa, So 8.30–21, Juli, Aug. tgl. 8.30–21, Nov.–Feb. Mo–Fr 9.30–20, Sa, So

9.30–21 Uhr, letzter Einlass jeweils 2 Std. vor Schließung, www.acquariodigenova.it). Ein ökologisches Prestigeprojekt ist die **Biosfera,** eine schwimmende Glaskugel mit Pflanzen des Regenwalds, die Renzo Piano 2001 neben dem Aquarium verankern ließ (März, Okt. tgl. 10–18, April–Sept. bis 19, Nov.–Jan. bis 17 Uhr).

An der Piazza Caricamento gegenüber erhebt sich der farbenprächtig **Palazzo San Giorgio** der Hafenbehörde. 1260 als Amtssitz des Stadthauptmanns Guglielmo Boccanegra erbaut, diente er als Rathaus, später als Zollhaus. Im ersten Stock ist der mittelalterliche Rats- und Versammlungssaal zugänglich. Die Malereien der Fassade wurden 1990 nach dem Vorbild der Fresken von Lazzaro Tavarone (17. Jh.) gemalt, die man bei den Restaurierungsarbeiten wiederentdeckte.

Bunt wie ein arabischer Souk sind die **Portici di Sottoripa:** Unter den Laubengängen treffen genuesische Traditionen und farbig-kosmopolitisches Hafentreiben aufeinander. Neben winzigen Läden findet man hier die *friggitorie,* Bratküchen, in denen man sich mit Stockfisch, Gemüse oder Kichererbsenfladen stärken kann.

Von den Portici aus gelangt man durch eine der Seitengassen zum **Palazzo Spinola,** der im Jahr 1580 einem mittelalterlichen Quartier aufgepfropft wurde. Mit seiner Stuckfassade und den reichen Innenräumen ist er das Musterbeispiel eines genuesischen Patrizierpalastes. Die **Galleria Nazionale di Palazzo Spinola** umfasst Gemälde des 14. bis 18. Jhs., unter denen »Ecce Homo« von Antonello da Messina, »Betende Madonna« von Joos van Cleve und »Porträt eines Knaben« von Anton van Dyck die Glanzlichter sind. Im 3. und 4. Stock zeigt die **Galleria Nazionale della Liguria** ihre Meisterwerke, u. a. ein Altarbild von Joos van Cleve und das »Porträt von Gio Carlo Doria« von Peter Paul Rubens (Di–Sa 8.30–19.30, Juli–Sept. Fr bis 22.30, Okt.–März auch 1. So im Monat 13.30–19.30 Uhr, www.palazzospinola.beniculturali.it).

Ⓙ VIA DI PRÉ

In der **Via di Pré** und der parallel verlaufenden Via Gramsci steht alles zum Kauf: von geschmuggelten Zigaretten über Elektrogeräte bis hin zu

Liebesabenteuern. Aber es wäre falsch, diese originelle Altstadtstraße mit ihren vielen Trattorien und *friggitorie* deshalb auszulassen. Alles wirkt hier neapolitanisch-südländisch, besonders die vielen Altärchen und Nischen mit Madonnen und Heiligen an den Hauswänden, die auf das nicht gerade fromme Treiben zu ihren Füßen herabschauen. Nach Einbruch der Dunkelheit sollte man sich von diesem Viertel aber fernhalten.

Vor 900 Jahren warteten an dieser Stelle Kreuzfahrer und Jerusalempilger auf die Abfahrt ihrer Schiffe in der Pilgerherberge der zweistöckigen **Kirche San Giovanni di Pré,** die zusammen mit dem Konvent der Templer und später der Malteser die **Commenda di Pré** bildet, ein vorbildlich restaurierter romanischer Gebäudekomplex (12. Jh.).

Ⓚ GALATA MUSEO DEL MARE

Das ebenfalls von Renzo Piano erbaute **Museum** ist das größte Schifffahrtsmuseum im Mittelmeerraum. Mit Modellen und Filmprojektionen veranschaulicht es die Geschichte der Seefahrt. Highlights sind zwei in Originalgröße nachgebaute Schiffe (März–Okt. tgl. 10–19.30, Nov.–Feb. Di–Fr 10–18, Sa, So 10–19.30 Uhr, letzter Einlass 60 Min. vor Schließung, www.galatamuseodelmare.it).

INFORMATIONEN

TOUR ㉑ Stadtrundgang in Genua
Spaziergang, 1–2 Tage

STATIONEN
Ⓐ Villa del Principe
Ⓑ Via Balbi
Ⓒ Via Garibaldi
Ⓓ Piazza De Ferrari
Ⓔ Piazza Dante
Ⓕ Dom San Lorenzo
Ⓖ Piazza San Matteo
Ⓗ Castello-Viertel
Ⓘ Alter Hafen
Ⓙ Via di Pré
Ⓚ Galata Museo del Mare

PRAKTISCHE HINWEISE
In Genua lohnt sich die **Sammel-karte** für 22 Museen, darunter die wichtigsten Palazzi dei Rolli, nicht jedoch das Aquarium. Die Karte gilt wahlweise 24 oder 48 Stunden. Das Angebot **card + bus** ermöglicht dazu die freie Benutzung der Stadtbusse im Großraum Genua.

INFO
Ufficio IAT Garibaldi
Via Garibaldi 12r, Genua,
Tel. 01 05 57 29 03

Ufficio IAT Porto Antico
Via al Porto Antico 2, Genua,
Tel. 01 05 57 29 03,

Flughafen Cristoforo Colombo
Tgl. 10–20 Uhr (30 Min. Mittagspause, je nach Flugankünften).

Ufficio IAT Stazione Marittima
Kreuzfahrtterminal, Ponte dei Mille
www.visitgenoa.it/de

VERKEHR
Vom Flughafen Cristoforo Colombo (6 km westl. vom Zentrum) fahren **Flughafenbusse** in 30 Min. zu den Bahnhöfen Principe und Brignole: www.airport.genova.it
Die wichtigsten öffentlichen Verkehrsmittel der Verkehrsbetriebe AMT sind die **Stadtbusse.**
Die **Metropolitana (M),** Genuas U-Bahn, hat eine Länge von 7 km. Sie verbindet auf 8 Stationen den nördlichen Vorort Rivarolo mit dem Bahnhof Brignole im Westen.
In einer an den Hang gebauten Stadt wie Genua gehören auch **Zahnradbahnen** *(funicolari)* und **Aufzüge** *(ascensori)* zu den gängigen Verkehrsmitteln. Um von einer Etage der Stadt in die nächsthöhere zu kommen, kann man die Zahnradbahnen Largo Zecca–Righi und Piazza Principe–Granarolo bzw. die diversen Aufzüge benutzen. Sie sind preiswert und verkehren von morgens bis nachts (so z. B. die *ascensori* Galleria Garibaldi–Belvedere Montaldo und Piazza del Portello–Belvedere Montaldo).
Zwischen dem Alten Hafen und Pegli verkehrt ein **Wasserbus (NaveBus).** Er ist eine günstige Alternative zur Hafenrundfahrt. Informationen und Fahrpläne allgemein findet man im Internet unter: www.amt.genova.it (um die Bus-Pläne zu erhalten: *Rete e orari - Bus - Linea* und dann die Bus-Nr. eingeben).

Hafenrundfahrt
Von der Calata agli Zingari (neben der Stazione Marittima) aus kann man zu einer knapp einstündigen Hafenrundfahrt starten. In dem Jugendstilgebäude der Stazione Marittima hat das **Instituto Idro-grafico della Marina** seinen Sitz. Hier bekommt man Seekarten von allen italienischen Küsten.

HOTELS
Metropoli Best Western
Moderne, mit Werken zeitgenössischer Künstler ausgestattete Zimmer. Außerdem extra Zimmer für Familien mit Kindern.
Piazza Fontana Marose, Genua,
Tel. 01 02 46 88 88,
www.hotelmetropoli.it

Agnello d'Oro
Familiäres Haus in den Räumen einer ehemaligen Klosterschule; schöne moderne Zimmer mit historischen Reminiszenzen. In der Nähe des Fährhafens.
Vico delle Monachette 6, Genua,
Tel. 01 02 46 20 84,
www.hotelagnellodoro.it

Le nuvole
B&B mit behaglichen und geschmackvoll mit Designklassikern ausgestatteten Zimmern ganz in der Nähe des Alten Hafens.
Piazza delle Vigne 6, Genua,
Tel. 01 02 51 00 18,
www.hotellenuvole.it

RESTAURANTS

Tristano e Isotta

Knusprige Pizza und ligurische Küche; zum Stammpublikum gehören auch die Künstler des nahegelegenen Opernhauses, Di–So ab 18 Uhr.
Vico del Fieno 33 r, Genua,
Tel. 01 02 47 43 01,
www.tristanoeisotta.com

Pintori

Ausgezeichnete Küche, vor allem Spezialitäten aus Sardinien.
So und Mo geschl.
Via San Bernardo 68r, Genua,
Tel. 01 02 75 75 07, www.pintori.net

Da Genio

Bodenständiges Restaurant mit traditioneller ligurischer Küche,
So geschl.
Salita San Leonardo 61r, Genua,
Tel. 010 58 84 63

Sa Pesta

Lokal mit ausgezeichneter *farinata* und anderen traditionellen Gerichten. *Farinata* ist eine Art Fladenbrot aus Kichererbsenmehl, Olivenöl, Wasser und Salz auf einem Kupferblech im Holzofen gebacken. Man isst sie mit Kräutern, Sardinen, Zwiebeln oder was da ist. So geschl.
Via dei Giustiniani 16r, Genua,
Tel. 01 02 46 83 36,
www.sapesta.com

I Tre Merli

Das Restaurant mit Weinbar, direkt am Porto Antico gelegen, serviert leckere Fischgerichte; Weingenießer können hier zwischen 300 Sorten wählen, tgl. 12.10–15, 19.30–23 Uhr.
Calata Cattaneo 17, Genua,
Tel. 01 02 46 44 16, www.itremerli.it

Signor Kiwi

Üppig und originell belegte Panini für zwischendurch.
Salita San Matteo 13r, Genua,
Tel. 38 86 42 61 10, www.signorkiwi.it

CAFÉ

Fratelli Klainguti

Das im Jahr 1826 von Graubündner Zuckerbäckern gegründete Café ist Kult in der Stadt, So geschl.
Piazza di Soziglia 98, Genua,
Tel. 01 08 60 26 28

EISDIELE

Cremeria Buonafede

Kleine Gelateria mit ausgesuchten Sorten. Probieren sollte man hier unbedingt die *Panera genovese*, Halbgefrorenes mit Kaffeegeschmack. So geschl.
Via Luccoli 12r, Genua

NIGHTLIFE

Teatro Carlo Felice

Postmodernes, prestigeträchtiges Opernhaus. Eine Stunde vor Aufführungsbeginn gibt es um ca. 30 % reduzierte Last-Minute-Tickets; sind diese ausverkauft, gibt es 10 Min. vor der Aufführung noch die traditionellen Stehplatzkarten.
Passo Eugenio Montale 4,
Genua, Tel. 010 58 93 29,
www.carlofelicegenova.it

Mako Discotheque

Angesagte Disko in coolem Ambiente, Fr–So 24–4 Uhr, Restaurant 21–4 Uhr.
Corso Italia 28r, Genua,
www.makogenova.com

SHOPPING

Die elegantesten Geschäftsstraßen sind die **Via XX Settembre** und die umliegenden Straßen. Charakteristische Läden für den Alltagsbedarf finden sich vor allem in den Altstadtgassen.

Mercato orientale

Sehenswerte traditionelle Markthalle, Mo–Mi 7.30–13, 15.30–19.30, Do–Sa 7.30–19.30 Uhr. Im Zentrum gibt es einen neuen Food Court mit vielfältigem Angebot, tgl. 10–24 Uhr.
Via XX Settembre 75r, Genua,
www.moggenova.it

Libreria Bozzi

Eine Institution seit 1810. Hier stöbert man in antiquarischen und neuen Büchern rund ums Thema Seefahrt, außerdem Gewässerkarten.
Via S. Siro 28r, Genua,
www.libreria-genova.it

L'Isola Oronero

Handgefertigte Schmuckobjekte, Uhren und Bilderrahmen aus Schiefer, bunter Wandschmuck aus Holz.
Via Fieschi 150, Genua,
www.lisolaoronero.it

Pasticceria Villa

Alteingesessener Familienbetrieb: Feinste Konditoreiwaren und ligurische Spezialitäten, die je nach Saison wechseln. Mo geschl.
Via del Portello 2, Genua,
www.villa1827.it

Marescotti di Cavo

Die im 18. Jh. gegründete Pasticceria ist berühmt für ihre Liköre. Unübertroffen ist der Amaretto.
Via di Fossatello 35–37, Genua,
www.cavo.it

TOUR **22** **PORTOFINO-HALBINSEL**

WIE IM BILDERBUCH

GESTERN *Portofino, der kleine Ort mit seinem halbkreisförmigen Natur-hafen, wurde in den 1950er-Jahren zum Geheimtipp des Jetset*

HEUTE *Die Portofino-Halbinsel zu Fuß oder mit dem Schiff zu entdecken, fällt nicht schwer – sie ist klein genug*

GESTERN

Mit ihrem Lied »Love in Portofino« setzte die in Ägypten aufgewachsene italienische Sängerin Dalida dem Örtchen ein musikalisches Denkmal. 1959, als der Song entstand, hatte der Aufstieg des Fischerdorfs zur ersten Adresse für Hollywood-stars wie Ava Gardner, Humphrey Bogart oder Elizabeth Taylor schon begonnen. Später ergänz-ten die italienischen Diven Sophia Loren und Gina Lollobrigida zusammen mit Regisseuren und Künstlern den illustren Kreis.

Die manchmal nur fensterbreiten, dafür bis zu vier Stockwerke hohen Häuser, die sich um die ge-pflasterte Piazzetta drängen, boten den Paparazzi ideale Verhältnisse, um ihre Motive abzulichten. Gleich, ob beim *caffè* oder *aperitivo,* auf der Yacht oder im Ristorante, die Fotos der Berühmtheiten trugen den Glanz Portofinos hinaus in die Welt.

Dass Dalida in ihrem Portofino-Lied auf Eng-lisch, Italienisch und Französisch singt, entspricht quasi – unbeabsichtigt – dem internationalen Hype, der Portofino bis heute umgibt.

HEUTE

Von manchen »Das achte Weltwunder« genannt, ist die Halbinsel ein Anziehungspunkt für die Schwerreichen und sehr Reichen dieser Welt, für strahlende und verglühende Sterne am Promi-nentenhimmel. In den Erdgeschossen der Häuser um die Piazzetta haben sich Nobelmarken einge-mietet – zumindest in der Saison zwischen Os-tern und Ende September. Portofino ist der Schlusspunkt dieser Tour, die in Recco beginnt.
Landkarte: Seite 156, Adressen: Seite 157

1 RECCO

Am ersten Tag nehmen Sie sich Recco vor und fahren mit dem Boot erst nach Camogli und dann weiter zur Abtei San Fruttuoso. **Recco** ist das Tor zur Riviera di Levante. Unbedingt probieren soll-te man hier die fladenbrotartigen *focacce*. Sie be-stehen in der lokalen Variante aus zwei dünnen, mit Käse gefüllten und gebackenen Teigblättern. Dem schmackhaften Fladen ist sogar ein Fest ge-widmet, die **Festa della Focaccia** am vier-

Elizabeth Taylor und Ehemann Nr. 4, der Sänger Eddie Fisher, reisten 1959 von Cannes mit der Jacht nach Portofino. Hier verbrachten sie einen Teil ihrer Flitterwochen – und zwar im Hotel Splendido, in dem Ehemann Nr. 5 (und 6), Richard Burton, 1964 um ihre Hand anhalten sollte.

ten Sonntag im Mai. Highlight im Festkalender Reccos ist jedoch die **Sagra del Fuoco** am 7./8. September, bei der zwei Abende lang Feuerwerke den Himmel über Recco entflammen.

2 CAMOGLI

Seine Attraktivität verdankt das einstige Seefahrerstädtchen **Camogli** (5300 Einw.) vor allem seinem fotogenen Stadtbild mit den turmhohen, bonbonfarbenen Häusern. Die leuchtenden Farben sollten einst den heimkehrenden Fischern den Weg zum Hafen weisen. Das **Museo Marinaro G. B. Ferrari** erinnert an Camoglis große Vergangenheit als Seefahrerstadt: Im 18. Jh. besaß der Ort eine größere Flotte als Genua und Hamburg. An die 3000 hochseetüchtige Segelschiffe sind in einem Jahrhundert vom Stapel gelaufen (Via G. B. Ferrari 42, Di–Fr 9–12, Sa, So 9–12, 15–18 Uhr, www.museomarinaro.it). Bei der **Sagra del Pesce** am zweiten Maisonntag werden in einer 4 m großen Pfanne mehrere Zentner Fisch frittiert und gratis an die Besucher verteilt.

3 ABTEI SAN FRUTTUOSO

Die Entstehungsgeschichte der **Abtei** reicht weit ins Mittelalter zurück. Als die Araber im frühen 8. Jh. in Spanien einfielen, suchte Bischof Prosperus von Tarragona in Norditalien Zuflucht. Zu

Camogli, »Stadt der tausend weißen Segel«, besaß 1856 bis 1888 die größte Flotte der Welt.

Ehren der vom Bischof herübergeretteten Reliquien des hl. Fructuosus entstanden hier bald eine Kirche und ein Kloster, von den Sarazenen zerstört, später wieder aufgebaut und im 13. Jh. von den Doria verschönert und erweitert. Das Adelsgeschlecht der Doria bestattete hier zwischen 1275 und 1305 sechs seiner Angehörigen (Sommer tgl. 10–17.45, Winter tgl. 10–15.45 Uhr). Den mächtigen **Wehrturm** östlich der Abtei ließ 1550 Admiral Andrea Doria errichten. Ein Bad im glasklaren Wasser der felsigen Bucht und danach eine Stärkung in einer der Trattorien am Strand krönen den Ausflug.

Mehr Bewegung gefällig? Von der Abtei kann man auf einem reizvollen Weg entlang der Küste (teilweise nahe am Steilabbruch) in zwei Stunden bis Portofino wandern und von dort ein Schiff zurück nach Recco nehmen (März–Okt., Fahrpläne: www.golfoparadiso.it).

4 NATURPARK PORTOFINO

Am nächsten Tag erkunden Sie den **Naturpark Portofino** mit seinen romantischen Orten und schönen Wanderwegen. Das oberhalb von Camogli gelegene Dörfchen **San Rocco** – bequem mit dem Auto erreichbar, großer Parkplatz am Ortsrand – ist ein guter Ausgangspunkt für eine Wanderung auf den **Monte Portofino.** Obwohl nur 610 m hoch, kann man an klaren Tagen bis Elba und Korsika sehen. Zahlreiche Wanderwege erschließen den 1800 ha großen Naturpark. Gut 700 Pflanzenarten wurden hier registriert. Unter Naturschutz steht auch ein 1300 m breiter Meeressaum unter Wasser (www.parcoportofino.it).

Der **Golfo di Paradiso** wird seinem Namen nicht nur über, sondern auch unter Wasser gerecht. Die herrliche Unterwasserwelt vor Portofino ist für Taucher längst kein Geheimtipp mehr.

Wer es am Tag zuvor nicht bis zur Abtei San Fruttuoso geschafft hat, kann nun von San Rocco aus dorthin wandern. Doch Vorsicht: Der direkte Weg dauert 3 Std. und ist nur für trittsichere Wanderer geeignet (gutes Schuhwerk!). Die weit ins Meer ragende Felsnase **Punta Chiappa** erreicht man in einer etwa anderthalbstündigen, einfachen Wanderung.

Der Vertrag von Rapallo wurde 1922 zwischen dem Deutschen Reich und der russischen SFSR geschlossen. Ziel war die Normalisierung der Beziehungen zwischen beiden Staaten.

5 RAPALLO

Nach einer weiteren Übernachtung machen Sie einen Rundgang in **Rapallo** (29 700 Einw.). Nur das Kastell (16. Jh.) am Hafen erinnert noch an die gefahrvollen Zeiten, als das Städtchen stets auf Überfälle gefasst sein musste. Heute glänzt Rapallo nach Portofino und Santa Margherita als dritte Perle am Golfo del Tigullio. Die Uferpromenade **Lungomare Vittorio Veneto** säumen nostalgische Jugendstilbauten und charmante Cafés mit Glasveranden. Im Musikpavillon **Chiosco della Banda Cittadina** spielen noch heute kleine Orchester. Neben dem **Oratorio dei Bianchi** (Sa, So 10–12, 16–18 Uhr) mit seiner Sammlung ligurischer Prozessionskreuze lohnt die **Kirche Santo Stefano** einen Besuch. Sie ist über 1000 Jahre alt, verdankt ihre heutige Gestalt aber einem Umbau im 17. Jh.

Eine spektakuläre Aussicht bietet die barocke **Wallfahrtskirche Nostra Signora di Montallegro** (612 m), zu der man mit einer Seilbahn hinaufgelangt. Anfang Juli pilgert die ganze Stadt zum Fest der Muttergottes, von deren Wunderkraft zahlreiche Votivgaben in der Kirche berichten.

Während die Männer auf See waren, vertrieben sich im 19. Jh. die Frauen die Zeit daheim mit dem Klöppeln zarter Spitzen. Die schönsten Handarbeiten sind im **Museo del Merletto** in der Villa Tigullio zu sehen (Juli–Mitte Sept. Di, Mi 14.30–19.30, Do–Sa 9.30–14, Mitte Sept.–Juni Di, Mi, Fr 14–18, Do 9.30–12, Sa 9–17.30 Uhr). Das Schiff nach Santa Margherita Ligure fährt nur 15 Min.

6 SANTA MARGHERITA LIGURE

Der Ort am Fuß des Monte Portofino zieht vor allem ein junges und vergnügungsfreudiges Publikum an. Die palmengesäumte Uferpromenade lädt zu genussreichem Schlendern ein. Hotels gibt es für jeden Geschmack. Durch einen Park mit exotischen Pflanzen gelangt man zur **Villa Duraz-**

💬 **DIE VILLA TIGULLIO …**

… war einst ein gesellschaftlicher Treffpunkt für so berühmte Gäste wie Gerhart Hauptmann, Ezra Pound und Thomas Mann.

Portofino verdankt seinen Namen wahrscheinlich den im Tigullischen Golf lebenden Delfinen.

zo Centurione. Der um 1560 errichtete Renaissancebau in Rot, Weiß und Grün bildet heute einen stimmungsvollen Rahmen für sommerliche Klassikkonzerte (Villa: Sommer tgl. 9.30–13, 14 bis 18, Winter bis 17 Uhr; Garten: Sommer tgl. 9–19, Winter bis 17 Uhr, www.villadurazzo.it).

Bevor das Städtchen vom Nobelpublikum entdeckt wurde, war es ein Fischerdorf. In der **Kir-**che **Sant'Erasmo** erzählen Votivbilder von den Gefahren, denen Fischer und Seeleute auf dem nicht immer sanften Mittelmeer ausgesetzt waren. Der Fischfang brachte immerhin so großen Wohlstand ein, dass Langobarden, Sarazenen und Venezianer Santa Margherita Ligure eroberten. Maßvolle Tourismusplanung verhinderte bisher erfolgreich ein Ausufern von Bettenburgen.

Nach Portofino gelangen Sie mit dem Schiff in abermals nur 15 Minuten.

7 PORTOFINO

Den Römern verdankt der kleine Hafen, den schon die Phönizier als sicheren Ankerplatz schätzten, seinen Namen: *Portus Delphini* (Delfinhafen). Jahrhundertelang waren hier die Fischer unter sich und bauten rund um die Bucht schmale, hohe Häuser, die sie in zarten Farben anmalten. Nach dem Zweiten Weltkrieg entwickelte sich das 500-Seelen-Dorf zu einem mondänen Seebad des internationalen Jetsets, Musiker besangen den Ort, Filme wurden gedreht, sogar eine »Derrick«-Folge spielte hier.

Nachdem man den zauberhaften Anblick in einem der Cafés am Hafen lange genug genossen hat, lohnt ein Spaziergang durch Olivenhaine zum Leuchtturm an der **Punta del Capo,** vorbei an der herrlich gelegenen **Kirche San Giorgio** aus dem 12. Jh. und am **Castello di San Giorgio,** eine der um 1600 errichteten genuesischen Bastionen zur Verteidigung des Tigullischen Golfs.

INFORMATIONEN

TOUR ㉒ Portofino-Halbinsel zu Fuß & per Schiff

Wanderung und Schifffahrt, 2–3 Tage

STATIONEN

1. Recco
2. Camogli
3. Abtei San Fruttuoso
4. Naturpark Portofino
5. Rapallo
6. Santa Margherita Ligure
7. Portofino

PRAKTISCHE HINWEISE

Von **Recco** kommt man bequem mit dem Bus nach **Camogli**, schöner jedoch mit dem Boot, das weiter bis zur Abtei **San Fruttuoso** fährt. **Portofino** hat nur eingeschränkte Parkmöglichkeiten, Tagesausflügler sollten dorthin besser auf Bus oder Boot umsteigen. Vom Bahnhof in **Santa Margherita Ligure** fährt mind. alle 45 Min. ein Bus nach Portofino, und mehrmals täglich verkehren Boote von **Rapallo** über S. Margherita nach Portofino (www.atpesercizio.it). Fährpläne für Schiffe von Recco und Camogli: www.golfoparadiso.it Fährpläne für die Strecke Rapallo–Santa Margherita Ligure–Portofino: www.traghettiportofino.it

RECCO

HOTEL

Manuelina – La Villa

Schöne First-Class-Hotelanlage in einer Villa mit Garten, Pool und Solarium. Etwas außerhalb von Recco gelegen.
Via Roma 296, Recco,
Tel. 01 85 72 07 79,
www.manuelinalavilla.com

RESTAURANT

Manuelina

Das zum Hotel La Villa gehörende Ristorante ist für seine exzellente Regionalküche bekannt und auch bei Einheimischen beliebt.
Mi geschl.
Via Roma 296, Recco,
Tel. 018 57 41 28,
www.manuelinaristorante.it

CAMOGLI

INFO

Pro Loco
Via XX Settembre 33, Camogli,
Tel. 01 85 77 10 66,
www.camogliturismo.it

RESTAURANT

Il Portico Spaghetteria

Gute Auswahl leckerer Pastagerichte, viele natürlich mit Fisch und Meeresfrüchten.
Via Garibaldi, 197/A, Camogli,
Tel. 01 85 77 02 54,
www.ilporticodicamogli.com

AKTIVITÄTEN

B & B Diving Centre

Tauchkurse und -touren, Bootsverleih.
Via S. Fortunato 7, Camogli,
Tel. 01 85 77 27 51, www.bbdiving.it

RAPALLO

INFO

IAT
Lungomare Vittorio Veneto 38,
Rapallo, Tel. 01 85 23 03 46,
www.comune.rapallo.ge.it

RESTAURANT

Hostaria Vecchia Rapallo

Traditionsreiches Fischlokal und Weinbar in der Altstadt. Mittags und abends geöfnet, April–Sept. tgl., Okt.–Mitte Jan. Di–So, Mitte Jan.–Anf. Feb. geschl., Anf. Feb.–März Do–So.
Via Fratelli Cairoli 20–24, Rapallo,
Tel. 018 55 00 53,
www.vecchiarapallo.com

PORTOFINO

INFO

IAT
Via Roma 35, Portofino,
Tel. 01 85 26 90 24,
www.comune.portofino.genova.it

RESTAURANT

Da I Gemelli

Exzellenter Fisch und Meeresfrüchte, tolle Lage direkt am Hafen.
Calata Marconi 7, Portofino,
Tel. 01 85 26 92 57

Al Faro di Portofino

Perfekter Ort für einen Drink: herrliche Terrasse beim Leuchtturm an der Spitze der Halbinsel.
Via della Penisola, Portofino,
Tel. 32 03 08 70 36

Palio 1949

AM GOLF IST WAS LOS!

GESTERN *Seit fast 90 Jahren wetteifern 13 Gemeinden in einer Ruderregatta im Golf von La Spezia, dem Palio del Golfo*

HEUTE *Erst entdecken Sie die bezaubernden Cinque Terre zu Fuß, dann Portovenere und La Spezia per Schiff*

GESTERN

Beim Wort »Palio« denkt der Italienkenner natürlich zuerst an ein Pferderennen. An der ligurischen Küste ist das jedoch anders: Hier wird nicht um die Wette geritten, sondern gerudert. Doch ebenso wie in Siena und anderswo ist die Trophäe für die Sieger ein dekoriertes Tuch, eben ein *palio*.

Auf diesem historischen Bild vom Palio del Golfo 1949 (links) ist die Mannschaft aus Cadimare zu sehen. Mit über 25 Siegen ist die Gemeinde die erfolgreichste in der Geschichte des Wettbewerbs und nennt sich selbst »Königin der Stadtteile« (regina delle borgate), während die Konkurrenz die Ruderer als »Piraten von Cadimare« schmäht.

An der felsigen Küste der Cinque Terre und des Golfs von La Spezia war die Kultur schon immer auf das Meer ausgerichtet. So war denn auch der Höhepunkt des Jahres die Festa del Mare, zu der seit jeher Wettbewerbe im Schwimmen und Rudern gehörten. War das Bootsrennen lange nur eines unter vielen Ereignissen, so bekam es in den 1920ern plötzlich mehr Beachtung. Die Fischer von 13 Dörfern der Umgebung ruderten dabei in ihren traditionellen bunten Kähnen, mit denen sie sonst das »schwarze Gold« der Gegend, die Miesmuschel, sammelten. In den 1930er-Jahren entwickelte sich das Rennen vollends zum Höhepunkt der Festa, und der Sieg war mit enormem Prestige verbunden. Man begann Boote zu bauen, die zwar den traditionellen Formen folgten, aber auf Schnelligkeit ausgelegt waren; man trainierte regelmäßig, und es wurden Regeln und Spezifikationen festgeschrieben. Nach einer Unterbrechung während der Kriegsjahre ging es in den 1950er-Jahren so richtig los: Es wurden die ganze Saison über Rennen veranstaltet, und das Boot mit den meisten Punkten gewann einen Pokal. Doch nutzte es überhaupt nichts, die Saison über die stärkste Bootsbesatzung zu sein, wenn man beim Jahreshöhepunkt, dem Palio am zweiten Sonntag im August, versagte. Denn nur das Tuch sichert der Crew einen Platz im Geschichtsbuch.

HEUTE

Nach wie vor ist der Palio del Golfo ein Großereignis, das von einer Parade, Shows, Konzerten und einem Feuerwerk umrahmt wird. Die Boote werden wie ehedem nach traditioneller Bauart von lokalen Handwerkern gefertigt und liebevoll in den Farben der jeweiligen Stadtteile bemalt und verziert. Das Publikum will da in nichts nachstehen und kleidet und schminkt sich entsprechend – eine Mischung aus Karneval und Fußballspiel.

Adressen und Landkarte: Seite 164/165

Der Palio del Golfo ist noch immer ein Riesenevent. Die meisten Zuschauer sind in den Farben ihrer Mannschaft gekleidet und geschminkt.

CINQUE TERRE

Doch bevor Sie die Heimat des Palio del Golfo entdecken, zunächst zu einer weiteren Attraktion gleich um die Ecke: den »fünf Ländern«. Wie Adlerhorste kleben die Dörfer der **Cinque Terre** mit ihren bunten Häusern an der Küste. Inzwischen zum UNESCO-Welterbe und Nationalpark erhoben, bilden die Orte Monterosso, Vernazza, Corniglia, Manarola und Riomaggiore eine eigene Welt. Bis zum 19. Jh. lebten die Einheimischen in völliger Abgeschiedenheit – heute zählen die Cinque Terre zu den beliebtesten Reisezielen an der gesamten ligurischen Riviera. Auch wenn der lange Sandstrand von Monterosso mit kristallklarem Wasser lockt und die übrigen Dörfer kleine, teils wildromantische Fels- und Kiesstrände bieten – in die Cinque Terre kommt man vor allem zum Wandern, nicht so sehr zum Baden.

1 MONTEROSSO

Ausgangspunkt dieser Tour ist **Monterosso,** wo der etwa 12 km lange **Sentiero Azzurro** beginnt. Dieser klassische Cinque-Terre-Wanderweg (gebührenpflichtig, Wanderweg Nr. 2, rot-weiße Markierung) führt in knapp fünf Stunden (reine Gehzeit) durch alle fünf Dörfer. Um in den vollen Genuss dieser Tour zu kommen, sollte man sich jedoch mehr Zeit nehmen.

Monterosso ist der größte Ort der »fünf Länder«. Das typische Cinque-Terre-Ambiente mit steilen Gassen und bis auf die Dorfpiazza gezogenen Fischerbooten findet man hier jedoch nicht. Dafür lockt Monterosso mit seinem **Badestrand** und bietet zudem die größte Auswahl an Hotels und Restaurants.

In Monterosso steht auch die älteste der fünf Pfarrkirchen der Cinque Terre, **San Giovanni**

Schöner kann man sich einen Küstenort kaum vorstellen: Die bunten Häuser des Cinque-Terre-Dorfes Vernazza, die sich um das kleine Hafenbecken gruppieren, scheinen ineinander gebaut zu sein.

Battista (Anfang 14. Jh.), die dem genuesischen Schutzpatron Johannes dem Täufer geweiht ist. Aus Genua kamen damals Künstler wie Luca Cambiaso, Bernardo Castello und Bernardo Strozzi, deren Werke (16./17. Jh.) die am Hang gelegene Kapuzinerkirche San Francesco (1619) schmücken.

Der Sentiero Azzurro verläuft noch heute auf mittelalterlichen Saumpfaden, auf denen die Einheimischen ihre Waren transportierten. Archaische Olivenhaine, Weinberge und Gärten säumen den Weg, der spektakuläre Ausblicke auf die Küste eröffnet.

Zur Übernachtung bieten sich die nächsten Orte an: das labyrinthartig verschlungene Vernazza ebenso wie das auf einer 80 m hohen Felsklippe klebende Corniglia.

2 VERNAZZA UND 3 CORNIGLIA

Vernazza gilt als die Perle der Cinque Terre. Die mehrstöckigen Häuser sind wie zu einem einzigen, labyrinthartigen Bauwerk zusammengewachsen, schmale Gassen führen an reliefgeschmückten Portalen vorbei. Über den Ort wacht ein wie aus dem Felsen gewachsener mittelalterlicher Rundturm, der wie der klotzige Sarazenenturm am Hafen längst seine Funktion verloren hat. Treffpunkt ist die kleine Piazza hinter der Pfarrkirche Santa Margherita d'Antiochia (14. Jh.) direkt am Hafen. Um Platz zu sparen, hat die Kirche eine abgeflachte, der Piazza zugewandte Apsiswand mit eigenem Eingang.

In Corniglia sind keine Fischer, sondern Weinbauern zu Hause. Eine süffige Rarität ist der bernsteinfarbene Sciacchetrà-Wein, der hier aus wochenlang gedörrten Trauben gepresst wird. Nicht weniger süffig ist der Weißwein Cinque Terre D.O.C., der ebenso aus Albarola-, Bosco- und Vermentino-Trauben gewonnen wird. In die Streifenfassade der Pfarrkirche San Pietro (1335) ist eine Fensterrose aus weißem Carrara-Marmor eingelassen.

Großartig ist der schwindelerregende Ausblick von der Belvedere-Terrasse, 377 Stufen hoch über dem Meer, die man vom Bahnhof aus hinaufsteigen muss, um in den Ortskern zu gelangen.

Manarola ist kein reiner Touristenort, sondern lebt auch von Fischfang und Landwirtschaft, insbesondere dem Weinanbau.

4 MANAROLA

Ab hier wird die Tour einfacher. In Groppo kann man sich bei der Cooperativa Agricultura 5 Terre mit köstlichem Wein eindecken (siehe Seite 165). Der beschauliche Fischerort Manarola beeindruckt mit seinem winzigen Hafen. Die in warmen Terrakotta- und Beigetönen getünchten Häuser des fotogenen Fischernests kleben in einem wild verschachtelten Neben- und Übereinander auf dem felsigem Grund, als wären sie einst auf dieses knappe Land strafversetzt worden. Die Piazza des Ortes ist klein und der Hafen so winzig, dass die bunten Fischerboote an Land gezogen werden müssen und vor den Häusern auf der Hauptgasse parken.

Die aus Platznot geborene, romantische Häuserkomposition hat wie in den anderen Cinque-Terre-Orten Künstler wie Renato Birolli (1905–1959) angezogen, einen der bedeutendsten italienischen Maler des 20. Jhs. Sehenswert ist die gotische Pfarrkirche San Lorenzo aus dem

Schon im 5. Jahrhundert wurde auf diesem Felsen in Portovenere ein Kirchenbau errichtet. Die heute hier stehende Kirche San Pietro geht auf das 13. Jahrhundert zurück.

14. Jh. mit einer marmornen Fensterrose. Sie wird von einem zum Campanile umfunktionierten Wachturm flankiert.

5 RIOMAGGIORE

In Manarola beginnt ein besonders bequemer Tourabschnitt, die berühmte **Via dell'Amore,** welche in ca. 30 Minuten über in Fels gehauene Steige nach **Riomaggiore** führt. Der Weg, der weniger romantisch ist als sein Name suggeriert, wurde in den 1930er-Jahren als Verbindung zu den Pulvermagazinen angelegt.

Obwohl Riomaggiore von La Spezia her auch auf einer gut ausgebauten Straße zu erreichen ist, atmet man hier noch den Geist vergangener Zeiten. Einer der ersten Touristen im Dorf war der Maler Telemaco Signorini, führender Vertreter der »Macchiaioli«, einer Gruppe italienischer Impressionisten. Ihm erging es nicht anders als jedem Besucher von heute: Die Cinque Terre ließen ihn nicht mehr los. Er verbrachte manchen Sommer hier und hielt viele charakteristische Motive auf Leinwand fest. Die nach ihm benannte **Via Signorini** führt vom Bahnhof hinauf zum Kirchplatz. Man kann auch mit einem Aufzug *(ascensore)* in den oberen Teil dieses verschachtelten Dorfes gelangen. Die gotische **Pfarrkirche San Giovanni Battista** besitzt eine schön reliefierte Marmorkanzel (16. Jh.). Weltlichere Genüsse findet man an der Via Cristoforo Colombo mit einladenden Cafés, Trattorien und Geschäften. Einen Panoramablick der Superlative über die gesamte Küste hat man von der **Wallfahrtskirche Madonna di Montenero** südlich von Riomaggiore aus (45 Min. Gehzeit von Riomaggiore, 15 Min. von der Straße).

Nun fahren Sie mit dem Schiff erst nach Portovenere, dann nach La Spezia. Von dort können Sie mit dem Schiff in 2 Std. wieder zurück nach Monterosso fahren. Achtung, Fahrplan beachten (www.navigazionegolfodeipoeti.it)!

6 PORTOVENERE

Dass die schaumgeborene Venus hier und nicht in Zypern dem Meer entstiegen sein soll, wundert wohl keinen Besucher dieses Bilderbuchortes. *Portus Veneris,* Hafen der Venus, nannten die Römer dieses herrliche Fleckchen Erde am Golf von La Spezia, den die Genuesen im Jahr 1113 erwarben. Sie verwandelten das Fischerdorf in eine Festung gegen Piraten und gegen ihren ärgsten Rivalen Pisa, der in der Burg in Lerici am gegenüberliegenden Ufer des Golfs saß. Im Ernstfall konnten die Klippen mit rutschigem Talg beschmiert werden, während die Frauen aus den Fenstern Teer oder heißes Öl über die anrückenden Feinde gossen.

Über dem Ort thront stolz das **Castello Doria,** das im Jahr 1162 errichtet, im 15. Jh. zerstört, und im 16. und 17. Jh. wiederaufgebaut wurde (Ostern–Okt. tgl. 10–18, Nov.–März Sa, So, Fei 11–17 Uhr).

In malerischer Lage erhebt sich die romanisch-gotische **Kirche San Lorenzo.** Sie wurde 1131 geweiht, aber nach einem Brand im 14. Jh. vollständig erneuert. Bemerkenswert sind in der Portallünette das »Martyrium des hl. Lorenz« und im Inneren ein kleines Marienbild: Engel sollen die »Weiße Madonna« auf Pergament gemalt haben, um 1399 eine schlimme Pestepidemie abzuwenden. Alljährlich am 17. August leuchtet die Kirche bei einer nächtlichen Prozession im Schein unzähliger Fackeln.

Eine lange Freitreppe verbindet die Oberstadt mit der **Calata Doria** am Hafen, wo vor den bunt getünchten Häusern emsiges Treiben herrscht. Vor dieser Bilderbuchkulisse wurden viele Filme gedreht. Der **Wehrturm** aus dem 12. Jh. markiert den Eingang ins mittelalterliche Gassengewirr. Hauptader ist die **Via Capellini.**

Am ihrem Ende sieht man auf einem Felskap die **Kirche San Pietro** (ab 1250) mit schönem Ausblick auf die Küste. Am Fuß des Felsens erinnert die **Grotta Byron** an den englischen Dichter des 19. Jhs., der sich gern hierher zurückzog, um lauthals seine Verse zu deklamieren – nachdem er quer über den Golf geschwommen war. Jeden August erinnert die Coppa Byron, ein Wettschwim-

men nach San Terenzo-Lerici, an den prominenten Besucher. Ein Schiff bringt Sie nun in 30 Min. nach La Spezia.

7 LA SPEZIA

Schon Napoleon beeindruckte die optimale strategische Lage des Hafens von **La Spezia.** Aber erst in der Mitte des 19. Jhs. ließ der erste Ministerpräsident des geeinten Italiens die Stadt zum Kriegshafen ausbauen. La Spezia ist heute Italiens wichtigster Marinestützpunkt und die zweitgrößte Stadt Liguriens (93 300 Einw.). Jugendstilvillen an den Hängen und die großen Paläste an der **Piazza Giuseppe Verdi** und in der **Via Domenico Chiodo** sind gut erhaltene Zeugnisse der Stadtentstehung. Viele Besucher der verkehrsreichen Industrie- und Hafenstadt reisen mit der Fähre weiter zu den Inseln Elba (siehe Seite 232) und Korsika.

Einige interessante Museen lohnen einen Besuch, insbesondere das **Museo Amedeo Lia.** Die hochkarätige Sammlung, die auf eine Stiftung des Industriellen Amedeo Lia zurückgeht, zeigt Kunst des 13. bis 18. Jhs. (Via del Prione 234, Di–So 10–18 Uhr). Das **Centro d'Arte Moderna e Contemporanea** beherbergt Grafiken und Gemälde aus der Zeit nach 1950 sowie zeitgenössische Kunst (Piazza C. Battisti 1, Di–So 11–18 Uhr, http://camec.spezianet.it).

Das **Museo Tecnico Navale** präsentiert historische Schiffsmodelle, Tauchglocken und Galionsfiguren, darunter die 1864 gefundene barbusige »Atlanta« (Viale Amendola 1, tgl. 8.30–19.30 Uhr).

Die Glanzstücke der Sammlungen im **Museum im Castello San Giorgio** aus dem 13./16. Jh. bilden die berühmten Lunigiana-Stelen, stilisierte Figurensteine aus der Bronze- und Eisenzeit (um 2000 v. Chr.), sowie Funde aus dem römischen Luni (Via XXVII Marzo, tgl. 10.30–17.30 Uhr).

💬 **ALLES FRISCH!**

Jeden Vormittag ist die Piazza Cavour in La Spezia Schauplatz des größten Marktes der Region. Frisches Obst und Gemüse, Käse, Fleisch und Fisch kauft man am besten hier.

INFORMATIONEN

TOUR ㉓ Cinque Terre und Golf von La Spezia

Wanderung (12 km) und Stadtrundgänge; 2–5 Tage

STATIONEN

1 Monterosso
2 Vernazza
3 Corniglia
4 Manarola
5 Riomaggiore
6 Portovenere
7 La Spezia

VERKEHRSMITTEL

Einen großen, gebührenpflichtigen **Parkplatz** gibt es in Monterosso, in den anderen Orten sind Parkplätze rar und teuer. Die **Bahn** verbindet die Dörfer fast im Stundentakt: www.trenitalia.com
Schiffe verkehren im Sommerhalbjahr zwischen allen Orten – außer Corniglia – und fahren dann weiter bis Portovenere: www.navigazionegolfodeipoeti.it

WANDERN IN DEN CINQUE TERRE

Die Cinque-Terre-Wanderungen sind keine Spaziergänge, fast alle sind mit steilen An- und Abstiegen über Treppenwege und schmale, steinige Pfade verbunden. Gutes Schuhwerk ist unerlässlich, Trittsicherheit erforderlich, Vorsicht bei Nässe! Zur Hauptsaison im Frühjahr und Herbst wird es auf den bekannteren Wegen oft sehr voll – am besten frühmorgens oder nachmittags starten. Da immer wieder Teilstrecken gesperrt sind, ist es sinnvoll, sich vor der Wanderung online über

aktuelle Sperrungen zu informieren (www.parconazionale5terre.it, auch auf Engl.).
Wanderkarten sind an den meisten Kiosken erhältlich. Besonders empfehlenswert: Cinque Terre 1 : 50 000 von Studio F. M. B. Bologna. Die **Tageskarte** für den Nationalpark kostet 7,50 €. Es empfiehlt sich, die etwas teurere »**Carta Cinque Terre Treno**« zu erwerben (an den Bahnhöfen oder online). Sie gestattet auch beliebig viele Bahnfahrten zwischen La Spezia und Levanto sowie die kostenlose Benutzung der Elektrobusse in den Orten. Die »Carta Cinque Terre Treno« ist für 1, 2 oder 3 Tage (16/29/41 €) erhältlich, Kinder von 4 bis 12 Jahren zahlen pro Tag 10 €, Senioren 13 €, eine Familienkarte gibt es für 42 €.

INFO
Infobüros des Nationalparks
An den Bahnhöfen in:
Monterosso, Tel. 01 87 81 70 59,
Vernazza, Tel. 01 87 81 25 33,
Corniglia, Tel. 01 87 81 25 23,
Manarola, Tel. 01 87 76 05 11,
Riomaggiore, Tel. 01 87 92 06 33,
La Spezia, Tel. 01 87 74 35 00

MONTEROSSO
HOTEL
Porto Roca
Eines der besten Quartiere der Cinque Terre, fast alle Zimmer mit

Balkon und Meerblick.
Via Corone 1, Monterosso,
Tel. 01 87 81 75 02, www.portoroca.it

RESTAURANTS
Miky
Frischer Fisch als Antipasto, mit Pasta oder im Ofen gebacken. Di geschl.
Via Fegina 104, Monterosso,
Tel. 01 87 81 76 08,
www.ristorantemiky.it

Da Eraldo
Gut besuchtes Lokal mit schön präsentierten Speisen. Schon die köstlichen Antipasti machen Lust auf mehr, viel Fisch und Meeresfrüchte. Do geschl.
Piazza Matteotti, Monterosso,
Tel. 36 63 38 84 40

VERNAZZA
RESTAURANT
Gambero Rosso
Klassiker mit Atmosphäre und gepflegter Küche. Do geschl.
Piazza Marconi 7, Vernazza,
Tel. 01 87 81 22 65,
www.ristorantegamberorosso.net

CORNIGLIA
RESTAURANT
A Cantina Da Mananan
Diese ausgezeichnete Osteria befindet sich in einem Palazzo des 14. Jhs. Die hiesige Spezialität sind

Sardinen nach Art des Hauses. Mo, Di geschl.
Via Fieschi 117, Corniglia,
Tel. 01 87 82 11 66

MANAROLA
RESTAURANT
Cappun Magru
Maurizio Bordoni ist der beste Koch der Cinque Terre: Hier gibt es exzellent verfeinerte Regionalküche. Mo geschl.
Via Riccobaldi 1, Manarolo,
Tel. 01 87 76 00 57

RIOMAGGIORE
AKTIVITÄTEN
Diving Center 5 Terre
Tauch- und Schnorchelkurse sowie Kajakverleih. Im Durchgang zum Hafen.
Tel. 01 87 92 00 11,
www.5terrediving.it

EISDIELE
Old School
Kleine, sehr sympathische Gelateria in toller Lage. Das köstliche Eis genießt man mit Blick über die Dächer und aufs Meer.
Via Lino Pecunia 110, Riomaggiore

SHOPPING
Cooperativa Agricoltura 5 Terre
Die Genossenschaft von 250 Weinbauern vertreibt u. a. auch den Süßwein Sciacchetrà.
Loc. Groppo, Riomaggiore,
Tel. 01 87 92 04 35,
www.cantinacinqueterre.com

PORTOVENERE
INFO
Pro Loco
Piazza Bastreri 7, Portovenere,
Tel. 01 87 79 06 91,
www.portovenere.com

RESTAURANT
Antica Osteria del Carugio
Sympathisches Restaurant im Zentrum. Hier isst man u. a. das traditionelle Suppengericht *Mesciua* aus weißen Bohnen, Kichererbsen und Dinkel.
Via Capellini 66, Portovenere,
Tel. 01 87 79 06 17,
www.anticaosteriadelcarugio.com

LA SPEZIA
HOTEL
Via Chiodo Luxury Rooms
Schön gestaltete Zimmer und Appartments in optimaler Lage in Hafennähe. Sehr freundlicher Empfang.
Via D. Chiodo 13, La Spezia,
Tel. 018 72 26 07,
www.costaestate.it

RESTAURANTS
Autedo
Ligurische Spezialitäten im alten Seemannsviertel, Mo geschl.
Viale Fieschi 138, OT Marola, La Spezia, Tel. 33 88 08 01 61

Il Papeoto
Ausgezeichnetes vegetarisch-veganes Lokal. Die saisonale Karte verwendet vorrangig lokale Produkte. Man legt viel Wert auf Details und guten Service. Mo-Sa ab 19.30 Uhr.
Via Urbano Rattazzi 25,
Tel. 018 71 50 95 68

EISDIELE
Stella Marina
Das beste Eis in La Spezia bietet diese familiengeführte Gelateria mitten in der Altstadt. Mo geschl.
Via G. Sforza 15, La Spezia

Als Ferruccio Lamborghini (linkes Bild) begann, in der Nähe von Bologna Sportwagen zu bauen, war er bereits ein reicher Mann. Sein Büro lag gegenüber der Produktionsstätte, und man erzählt sich, dass er schon mal selbst Hand anlegte, wenn ihm etwas an einem Fahrzeug nicht gefiel. Bild oben: Für den Lamborghini Miura von 1966 standen die Promis Schlange in Sant'Agata Bolognese. Der heute bekanntere, kantige Lambo-Look wurde erst in den 1970er-Jahren entwickelt.

TOUR ㉔ EMILIA-ROMAGNA

AMORI & MOTORI

GESTERN *Die Gegend um Parma, Modena und Bologna versteht sich als »Motor Valley« Italiens, Heimat diverser Rennmaschinen*

HEUTE *PS-Jünger werden hier glücklich, aber auch mit anderen Reizen geizen die Städte nicht – Schönheit und Genuss!*

GESTERN

Der Rausch der Geschwindigkeit, die Faszination der Technik, die Hingabe an schönes Design: Italien und seine Fahrzeuge, das war schon immer *amore* und *motore*. Die Emilia-Romagna mag als Region der Genüsse in den Sinn kommen – man denke an den berühmten *aceto balsamico tradizionale* aus Modena oder auch die Königin der Pastasaucen, *ragù alla bolognese* –, doch sie ist auch das Land der leidenschaftlichen Konstrukteure. Nirgendwo ist die Dichte exklusiver Marken und Werke so hoch wie hier. Lamborghini baut seine Geschosse in Sant'Agata Bolognese bei Bologna, Ferrari hat seinen Sitz in Maranello, Maserati ist in Modena zu Hause, auch Bugatti ist eng mit der Stadt verbunden. Von den mehr als 80 Motorradherstellern, die einst in der Region angesiedelt waren, produzieren Ducati in Bologna und Moto Morini im nahe gelegnen Casalecchio Reno. Und das sind noch nicht einmal alle Motormarken.

Um eine Geschichte herauszugreifen: Das Unternehmen Lamborghini war nach seiner Gründung im Jahr 1948 in erster Linie unter Landwirten bekannt, denn es stellte Traktoren her. Doch die wahre Leidenschaft von Firmenchef Ferruccio Lamborghini galt den Sportwagen; Mercedes-Benz, Jaguar und Ferrari hatten ihn »ange-

Den Teilnehmern der Mille Miglia wird in Modena sogar ein Teppich ausgerollt.

Enzo Ferrari in seinem Garten in Bergamo.

mel-1-Weltcupsiege und über 5000 (!) Triumphe in Rennserien rund um den Globus.

Der Mann heißt Enzo Ferrari (1898–1988), sein Emblem ist das springende Pferd, seine Farbe ist das leidenschaftliche Rot. Und die Legende Ferrari? Sie lebt!

HEUTE

Haben Sie schon das Gebrüll eines 750-PS-Motors im Ohr? In Sant'Agata Bolognese kann man die ganz jungen Stiere bei einer Werksführung und die älteren Schätze im Lamborghini-Museum Mudetec bewundern (Via Modena 12, April–Okt. tgl. 9.30–19, sonst bis 18 Uhr, www.lamborghini.com).

Weitere Tempel der PS-starken Verehrung sind das Ducati-Museum mit Werksführung in Bologna (Öffnungszeiten siehe www.ducati.com), das Museo Ferrari in Maranello (siehe Seite 171) und in Modena gleich mehrere Stätten: die private Oldtimer-Sammlung Umberto Panini mit der größten Sammlung von Maserati-Oldtimern im ganzen Land (März–Okt. nur auf Anfrage, www.paninimotormuseum.it), das sehenswerte Museo dell'Auto Storica Stanguellini (nur nach Voranmeldung, www.stanguellini.it) sowie das Museo Enzo Ferrari. Das umfassend renovierte Geburtshaus sowie die neu erbaute Nuova Galleria widmen sich dem Lebenswerk der weltberühmten Motorsportlegende (siehe Seite 171).

Die Kulturstädte Bologna und Modena haben natürlich noch mehr zu bieten als Boliden und heiße Öfen. Entdecken Sie die »rote, gelehrte und fette« Stadt und machen Sie sich dann auf in die »Schöne«. Bologna ist die Musikstadt im Creative Cities Network der UNESCO, das Ensemble um die Piazza Grande in Modena ist Welterbe.

Stadtpläne: Seite 169 u. 171, Adressen: Seite 172/173

BOLOGNA

Arkaden mit einer Länge von mehr als 40 km säumen die Straßen der Hauptstadt der Emilia-Romagna – das gibt es sonst nirgends auf der Welt. Die Beinamen der Stadt haben sie allerdings nicht geprägt: »La Rossa« (die Rote) wird sie wegen der warmen Rottöne ihrer Dächer und Fassaden genannt. Den Titel »La Dotta« (die Gelehrte)

fixt«. Der gewitzte Unternehmer und Konstrukteur war ehrgeizig genug, bessere Autos bauen zu wollen, und so stellte er im Jahr 1963 den ersten Prototypen vor. Die *macchina* (Auto) war definitiv *bella* (schön), doch gefahren ist sie nicht: Der Wagen hatte weder eine Kardanwelle noch irgendeine Art von Elektrik.

So etwas kam natürlich nicht wieder vor. In den folgenden Jahrzehnten wurde erfolgreich am Ruhm des Luxusherstellers gearbeitet; wirtschaftlich lief es nicht immer ganz rund. Doch es gibt sie noch, die Marke mit dem Stier: 2013 feierte sie ihr 50-jähriges Bestehen.

Ein Mann, ein Emblem, eine Farbe, eine Legende: Ende des 19. Jhs. wurde in Modena der Sohn eines Schlossers geboren. Schon als Kind träumte er davon, Rennfahrer zu werden. Mit 21 Jahren nahm er zunächst auf eigene Faust an Rennen teil, wenig später verpflichtete ihn Alfa Romeo. Doch den jungen Mann interessierte einfach alles am Autobusiness: die Technik, die Zulieferer, sogar die Organisation der Wettkämpfe. 1939 startete er ein eigenes Automobilwerk unter dem Namen »Auto Avio Costruzioni«; nach dem Zweiten Weltkrieg trug es seinen Nachnamen. Acht Jahre später fuhr das erste Fahrzeug der Marke einen Sieg ein: Franco Cortese zeigte der Konkurrenz beim Grand Prix in Rom die Rücklichter. Der Rest ist Geschichte: Neun For-

verdiente sich Bologna mit der ältesten Universität Europas, gegründet im Jahr 1088. Liebevoll-bewundernd ist der dritte Spitzname »La Grassa« gemeint: »Die Fette« steht für die Freude am Essen in den unzähligen *osterie* (Kneipen), für die Lust am Genuss und am Leben. Opulent ist auch der Reichtum an Kunstschätzen: Kirchen, Museen und Palazzi bergen eine immense Fülle großer Werke verschiedenster Epochen.

Zur Zeit der kommunalen Autonomie im 13. Jh. zählte die Stadt mit 50 000 Einwohnern zu den Großstädten Europas. Seit damals ist die **1** **Piazza Maggiore** Zentrum des städtischen Lebens. Der Palazzo del Podestà aus der Renaissance wird von der Torre dell'Arengo (1212) überragt. Fröhlich stimmt der Neptunbrunnen des Flamen Giambologna (1563) mit seinem bronzenen Wassergott, den Nymphen und Putti an der Piazza del Nettuno. Der **2** **Palazzo Comunale** aus dem 14. Jh. nimmt die Westseite des Platzes ein. Hier befindet sich das Rathaus der Stadt, und außerdem birgt er die sehenswerten städtischen Kunstsammlungen mit Werken von Bologneser Künstlern aus dem 13. bis 19. Jh.

Die Piazza Maggiore, Herz der roten Stadt, ist seit dem Mittelalter der zentrale Platz Bolognas.

Die **3** **Basilica San Petronio** wurde als Symbol der wiedererlangten kommunalen Freiheit von den Bürgern ab dem Jahr 1390 in stolzen Ausmaßen – 132 m lang, 57 m breit und 44 m hoch – und mit dem wunderschönen Hauptportal Porta Magna errichtet.

Das **4 Museo Civico Archeologico** ist für seine Sammlungen berühmt: Eine Abteilung widmet sich den vielen Jahrhunderten der Stadtgeschichte, darüber hinaus beherbergt es eine der wichtigsten ägyptischen Sammlungen Europas, eine griechisch-römische und eine etruskische Abteilung (derzeit Einschränkungen wg. Umbauten, Mo, Mi–Fr 9–18, Sa, So, Fei 10–18.30 Uhr, www.museibologna.it/archeologico).

Ein Stück südlich der Piazza Maggiore liegt der **5 Palazzo dell'Archiginnasio,** einst Sitz der Universität mit herrlichen Arkaden. Im ersten Stock liegt das holzverkleidete Teatro Anatomico, wo die Medizinstudenten früher Anatomievorlesungen hörten (Mo–Fr 10–18, Sa bis 19, So, Fei 10–14, Teatro Anatomico und Stabat-Mater-Saal manchmal wg. Veranstaltungen geschl., www.archiginnasio.it). Ein Juwel ist auch die Aula Magna, heute Lesesaal der Bibliothek (nicht öffentlich).

Nördlich der Piazza Maggiore kann man durch die **Via Rizzoli** mit ihren einladenden Cafés zu den Wahrzeichen Bolognas bummeln, den beiden »schiefen Türmen« **Torre Garisenda** (47 m, geschl.) und **6 Torre degli Asinelli** (97 m, 498 Stufen, März–Okt. tgl. 9.30–19.30, sonst bis 17.45 Uhr, www.duetorribologna.com). Oben hat man einen fantastischen Blick von den Alpen bis zur Adria.

Über die Via Zamboni erreicht man die gotische **7 Kirche San Giacomo Maggiore** und die Pinacoteca Nazionale. Neben Giotto zeigt sie Renaissance- und Barockkünstler wie Francesco Francia, Annibale Carracci (1560–1609), Guido Reni (1575–1642) und Domenichino (1581–1641) (Via Belle Arti 56, Sept.–Juni Di–So 8.30–19.30 Uhr, Juli, Aug. Di, Mi 8.30–14, Do–So 13.45–19.30 Uhr, www.pinacotecabologna.beni culturali.it).

Das **8 Museo d'Arte Moderna di Bologna** (MAMbo) zeigt moderne Kunst von der politischen Kunst der 1960er-Jahre bis zu zeitgenössischen Werken und integriert das früher eigenständige Museo Giorgio Morandi (Via Don Giovanni Minzoni 14, Di–So, Fei 10–18.30, Do bis 22 Uhr, www.mambo-bologna.org).

Dass Bologna einst, ähnlich wie Venedig, von Kanälen durchzogen war, auf denen zahllose

Extravagante »Karosserie« für legendäre Ausstellungsstücke: Das Museo Enzo Ferrari in Modena besteht aus einem futuristischen Museumsbau und dem Geburtshaus des Markengründers.

Boote und Lastschiffe kreuzten, ist beinahe in Vergessenheit geraten. Das Wasser ist jedoch nicht verschwunden, sondern fließt meist unbemerkt unterirdisch dahin. In der Via Piella im Zentrum gibt es ein Fenster, durch das man den darunterliegenden Kanal sehen kann.

MODENA

Wer auf der Via Aemilia nach Nordwesten fährt, gelangt nach Modena (Beiname: »die Schöne«). Liebhaber der feinen Küche kennen den berühmten Essig *(Aceto balsamico tradizionale),* der hier jahrzehntelang in Holzfässern reift. Auch auf ein weiteres kulinarisches Original sollte man nicht verzichten: ein Glas perlenden Lambrusco, der zu Modena gehört wie die unvergessliche Stimme Luciano Pavarottis (1935 bis 2007).

Doch die Stadt hat noch mehr zu bieten: Auf der zentralen **1 Piazza Grande** – von der UNESCO zum Weltkulturerbe erklärt – stehen bedeutende Zeugnisse romanischer Kunst, beispielsweise der im Jahr 1099 vollendete **2 Dom San Geminian** und der 88 m in den Himmel ragende Glockenturm **3 Ghirlandina,** das Symbol der Stadt. Der **4 Palazzo Comunale,** das Rathaus, und der Uhrenturm begrenzen die Piazza an zwei Seiten. Der **5 Palazzo Ducale,** der Herzogspalast aus dem

17. Jh., gehört zu den wichtigsten Barockpalästen ganz Italiens.

Vor einigen Jahren öffnete ein extravaganter neuer Museumsbau, eine Art futuristischer *palazzo,* seine Tore: Das **Museo Enzo Ferrari** gleich nördlich des Palazzo Ducale spielt sowohl mit organischen als auch mit typischen Karosserieformen; der gelbe Korpus der Nuova Galleria scheint das Geburtshaus des Gründers zu umarmen. Besucher erfahren hier vor allem etwas über das Leben von Enzo Ferrari, seine Familie, seine ersten Berührungspunkte mit Automobilen (Via P. Ferrari 85, April–Okt. tgl. 9.30–19, sonst bis 18 Uhr, www.musei.ferrari.com).

Mehr Fahrzeuge sieht man im **Museo Ferrari** 14 km südlich von Modena – in Maranello sind die roten Flitzer zu Hause. Hier werden Modelle aus der gesamten Firmengeschichte, Filme und Innovationen gezeigt. Wer möchte, besucht die Fiorano-Testrennstrecke (Via Dino Ferrari 43).

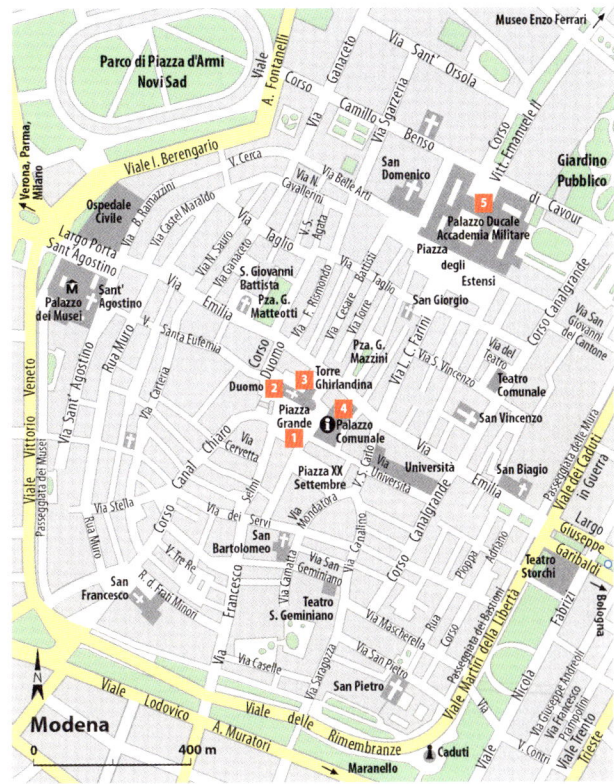

INFORMATIONEN
TOUR ㉔ »Motor Valley« Bologna und Modena
Stadtspaziergänge mit Ausflügen, 2–4 Tage

STATIONEN BOLOGNA
1. Piazza Maggiore
2. Palazzo Comunale
3. Basilica San Petronio
4. Museo Civico Archeologico
5. Palazzo dell'Archiginnasio
6. Torre degli Asinelli
7. Chiesa San Giacomo Maggiore
8. Museo d'Arte Moderna di Bologna

STATIONEN MODENA
1. Piazza Grande
2. Dom San Geminiano
3. Ghirlandina
4. Palazzo Comunale
5. Palazzo Ducale

BOLOGNA
INFO
Bologna Welcome
Mo–Sa 9–19, So, Fei 10–17 Uhr.
Piazza Maggiore 1/e, im Palazzo del Podestà, Bologna,
Tel. 05 16 58 31 11,
www.bolognawelcome.com

Wer mehrere Museen besuchen will, sollte die **Bologna Welcome Card Easy** nutzen. Sie gilt ein Jahr, kostet 25 € und berechtigt zum einmaligen Eintritt in die Dauerausstellungen der wichtigsten Museen, zum Besuch der Torre Asinelli und zur Teilnahme an einer Stadtführung. Erhältlich ist sie in den Büros von Bologna Welcome oder online.

HOTELS
Touring
Freundliches B&B-Hotel, ruhige Lage am Rande der Altstadt.
Via De' Mattuiani 1, Bologna,
Tel. 051 58 43 05,
www.hoteltouring.it

Art Hotel Novecento
Elegantes Boutique Hotel mit individuell gestalteten Zimmern. Beste Lage nahe der Piazza Maggiore.
Piazza Galileo 4/3, Bologna,
Tel. 05 17 45 73 11,
www.art-hotel-novecento.com

RESTAURANTS
Teresina
Bologneser Küche, darunter herrliche Tortellini-Gerichte. Auch im Hof sitzt man schön.
Via Oberdan 4, Bologna,
Tel. 051 27 26 31,
www.ristoranteteresinabologna.it

Tamburini
Ein Schlaraffenland für Liebhaber von Tortellini, Prosciutto & Co., mitten in den Gassen der Altstadt gelegen; bei einem Aperitif in der dazugehörigen Weinbar erlebt man die Stadt, wie sie leibt und lebt – nicht verpassen!
Feinkostladen: Mo–Sa 8.30–20, So 10–18.30 Uhr.
Weinbar: Mo–Do 12–23.30, Fr, Sa bis 0.30, So bis 22.30 Uhr.
Via Caprarie 1, Bologna,
Tel. 051 23 47 26, www.tamburini.com

KOCHKURSE
Wo, wenn nicht hier? In dieser Genussregion lässt es sich nicht nur vorzüglich speisen, die Kochkünstler geben auch ihr Wissen weiter. Kochkurse, die auch in Englisch stattfinden, werden von diesen Veranstaltern angeboten:

Otto in Cucina
www.ottoincucina.it

VSB Bologna
www.vsb-bologna.it

Culinary Institute Bologna
www.cookingclassesinbologna.com

SHOPPING
Der »Bauch von Bologna« liegt, wie schon im Mittelalter, im Gassengewirr hinter dem Palazzo dei Banchi an der Piazza Maggiore. Über die Via Pescherie Vecchie und die Via Clavature erreicht man den **Mercato di Mezzo,** eine malerisch-bunte Markthalle. Viele kleine Lebensmittel- und Delikatessgeschäfte liegen ebenfalls in diesem Viertel sowie Handwerksläden mit langer Tradition. Die **Via degli Orefici** (Straße der Goldschmiede) beherbergt noch heute einige Juweliergeschäfte. Auch viele Instrumentenbauer, vor allem für Geigen und Gitarren, haben hier ihre Werkstattläden. Die **Galleria Cavour** vereint alle großen Designermarken unter dem Dach einer Passage.

EVENTS
Bolognafestival
Konzerte, Tanz, Theater und Multi-media-Kunst in diversen Theatern sowie an anderen Schauplätzen in Stadt und Umland, über das ganze Jahr verteilt.
www.bolognafestival.it

Tartufesta
Großes Trüffelfest in den Berg-dörfern des Bologneser Apennins im Oktober und November.
www.cittametropolitana.bo.it/tartufesta

MODENA
INFO
Ufficio IAT
Piazza Grande 14, Modena,
Tel. 05 92 03 26 60,
www.visitmodena.it

HOTEL
Best Western Premier Hotel Milano Palace
Elegantes 4-Sterne-Hotel am Bahnhof.
Corso Vittorio Emanuele II 68, Modena, Tel. 059 22 30 11,
www.milanopalacehotel.it

Salotto delle Arti
Fünf großzügige Zimmer in einem historischen Palazzo. Sehr gutes Frühstück, freundliches Personal.
Via Rua Muro 86, Modena,
Tel. 38 99 55 90 87,
www.salottodellearti.it

RESTAURANTS
Da Danilo
Hier wird die traditionelle Küche der Stadt serviert. So geschl.
Via Coltellini 31, Modena,

Tel. 059 22 54 98,
www.ristorantedadanilomodena.it

L'Erba del Re
Restaurant von Sternekoch Luca Marchini, der auch die Kochschule Scuola di cucina Amaltea führt. So ganztägig u., Mo mittags geschl.
Via Castel Maraldo 45, Modena,
Tel. 059 21 81 88,
www.lerbadelre.it

MUSEEN
Casa Museo Luciano Pavarotti
In seinem ehemaligen Wohnhaus kann man dem Weltstar anhand von Kostümen, Auszeichnungen, Fotos, Büchern u. v. m. ganz nah kommen. Tgl. 10–18 Uhr.
Stradello Nava 6, Modena,
Tel. 059 46 07 78

Galleria Estense
Weltberühmte Nationalgalerie mit der Sammlung der Familie d'Este. Herausragende Künstler sind Bernini, Velázquez, El Greco und Mantegna. Di–Sa 8.30–19.30, So, Fei 10–18 Uhr.
Largo Porta S. Agostino 337, Mode-na, Tel. 05 94 39 57 11
www.gallerie-estensi.beniculturali.it

Galleria Civica
Im Palazzo Santa Margherita wer-den moderne Kunst und Fotogra-fie in wechselnden Ausstellungen gezeigt.
Corso Canalgrande 103, Modena,
Tel. 05 92 03 29 11,
www.fmav.org/galleriacivica

Museo della Figurina
Wer kennt sie nicht, die Panini-Sam-melbilder? Hier ist dem Kulturgut ein ganzes Museum gewidmet. Es

entstand 1992 und zeigt Kalender, Alben u. v. m.
Corso Canalgrande 103, Modena,
www.fmav.org/museofigurina

SHOPPING
Überall in der Stadt können Sie den **Balsamessig** mit der geschützten Herkunftsbezeichnung *Aceto Balsamico Tradizionale di Modena* erwerben.
www.balsamicotradizionale.it,
www.balsamico.it

TOUR
Discover Ferrari & Pavarotti Land
Wer die Highlights der Region kon-zentriert an einem Tag erleben will, bucht die Tour »Discover Ferrari and Pavarotti Land«. Ein Shuttlebus steuert die Ferrari-Museen in Modena und Maranello, die Casa Museo Luciano Pavarotti sowie Balsamicohersteller, Käsereien und Weinkeller an (ab Modena 48 €, ab Bologna 60 € pro Person).
Info und Reservierung unter:
www.ferraripavarottiland.it
www.modenatur.it

EVENTS
Concours d'Élégance
Genießertour im März: Oldtimer fahren, Museen besuchen, Kuli-narisches probieren. Anmeldung erforderlich.
Via Salvarola 109, OT Salvarola Terme, Sassuolo,
www.trofeosalvarolaterme.it

Motorgallery
Originelle Ausstellung rund um alte und neue Autos und Zweiräder. Ende September.
Viale Virgilio 70/90, Modena,
www.motorgallery.it

CIAO TEDESCHI ...

GESTERN *Seit den 1960er-Jahren galt Rimini als Sehnsuchtsziel der Deutschen. Glamour, Strand und Badespaß – was wollte man mehr?*

HEUTE *An der Adria entlang führt diese Tour, von Ravenna bis zu den Abruzzen – und selbstverständlich über Rimini*

GESTERN

Bereits 1843 wurde in Rimini das erste Strandbad eingeweiht, das erste an der Adria. Der Ort mit seinen kilometerlangen Stränden wurde im Handumdrehen eine begehrte Anlaufstelle für betuchte Leute aus den italienischen Großstädten, die zur Sommerfrische ans Meer wollten. Der Ansturm der Deutschen setzte in den 1950ern ein. Rimini wurde zum Synonym für Traumurlaub, den sich im Aufwind des Wirtschaftswachs-

Spätestens seit den 1960er-Jahren staute es sich auf Riminis Strandpromenade. Mit der invasione tedesca, der deutschen Invasion, stieg innerhalb kürzester Zeit auch die Anzahl der Hotels. Heute hört man in den 250 bagni vor allem Italienisch und Russisch.

tums bald immer mehr Menschen erfüllen konnten. Nach ersten Urlaubserfahrungen im eigenen Land und in den österreichischen Bergen wuchs der Hunger nach Sonne, Strand und Meer. Mit dem eigenen Auto nach Italien fahren – mehr brauchte es nicht zum Glück.

Riminis berühmtester Sohn, Starregisseur Federico Fellini (»La Dolce Vita«), hat auch einiges zum Ruhm seiner Stadt beigetragen. Viele seiner Filme spielen in Rimini – auch wenn er nicht vor Ort drehte, sondern die Schauplätze in den legendären Filmstudios von Cinecittà in Rom rekonstruieren ließ.

HEUTE

Mit seinem 15 km langen Strand ist Rimini einer der beliebtesten »Sandkästen« Europas. Das Image des »Teutonengrills« ist längst abgeschüttelt, stattdessen hat sich Rimini zum internationalen Partytreff gemausert, der im Hochsommer bis zu 1 Mio. amüsierbegabter Urlauber anlockt.

Diese lange Adria-Tour beginnt in Ravenna und folgt der Küste nach Süden. Kunstgenuss und Badespaß wechseln sich dabei ab.

Landkarte: Seite 178, Adressen: Seite 178/179

1 RAVENNA

Ravenna (159 100 Einw.) ist die Stadt mit den bedeutendsten spätantiken Bauwerken und Mosaiken weltweit. In römischer Zeit wichtige Hafenstadt, wirkt Ravenna heute auf freundliche Weise verschlafen. In der Spätantike war es die Hauptstadt des Weströmischen Reiches – die Gebäude aus dieser Epoche zählen zum Weltkulturerbe. Zu den bedeutendsten byzantinischen Werken in ganz Italien gehört die 547/48 geweihte **Basilika San Vitale.** Der Innenraum des achteckigen Backsteinbaus zieht jeden Besucher in Bann. Marmor und Mosaiken glänzen gleichermaßen in dem in ein inneres und ein äußeres Achteck gegliederten Raum. Die berühmtesten Mosaiken der Kirche zeigen Kaiser Justinian und seine Gattin Theodora, die mit ihrem Gefolge am

💬 MITBRINGSEL

Ravennas frühchristliche Bauten sind voller Mosaiken, die der Stadt 1996 zum UNESCO-Welterbe-Status verhalfen. Wer Mosaiken liebt, findet in den Werkstätten vor Ort eine große Auswahl an Souvenirs.

Abendmahl teilnehmen. In unmittelbarer Nachbarschaft bezaubern im **Mausoleum der Galla Placidia** (vor 450) ebenfalls schöne Mosaiken. Gleich neben dem barocken Dom liegt das **Battistero degli Ortodossi,** das Taufhaus der Katholiken, ein spätantiker Raum mit reichen Stuck- und Mosaikornamenten (um 450). Nach so vielen Mosaiken ist eine Steigerung kaum vorstellbar, und doch übertrifft **Sant'Apollinare Nuovo** alle Erwartungen. An den fein skulpierten Kapitellen gleitet der Blick nach oben zur Prozession der Märtyrer, zu Christus und den Jungfrauen, zur Muttergottes. Im südlichen Stadtteil **Classe** faszinieren die byzantinischen Mosaiken der **Basilika Sant'Apollinare in Classe** (549 geweiht). Hier sind weitgehend Originale aus dem letzten Zyklus der ravennatischen Mosaikkunst des 6. Jhs. zu sehen. Der zylindrische **Campanile** ist eines der Wahrzeichen der Stadt (Öffnungszeiten der Kirchen unter www.turismo.ra.it).

2 RIMINI

Nach so vielen kunstvoll gelegten Steinchen erleben Sie am zweiten Tag das Strandleben an den Lieblingsstränden deutscher und auch russischer Touristen: **Rimini** (149 400 Einw.). Neben Hotelburgen, Pizzerien, knalligen Eisdielen, lauten Diskos, Sandstränden und Meer im Sommer bietet es im Winter die melancholische Stimmung

Die Mosaiken in der Basilika San Vitale in Ravenna bestehen aus (Halbedel-) Steinen und Blattgold.

der Filme Federico Fellinis (1920–1993). Ihm und seinem Werk wird sich ab 2020 ein Museum widmen (Info unter www.federicofellini.it).

Sigismondo Malatesta, Söldnerführer und Stadtherr von Rimini im 15. Jh., hinterließ mit dem **Tempio Malatestiano** (San Francesco) die bedeutendste Sehenswürdigkeit. Im Süden Riminis schließen sich fast nahtlos die Strände von **Riccione** und **Cattolica** an.

3 SAN MARINO

Von Rimini aus lohnt sich am frühen Abend ein Ausflug nach **San Marino** (33 400 Einw.). Kitsch und Kommerz dominieren den Zwergstaat, der sich fotogen auf dem **Monte Titano** erstreckt. Zwischen falschem und echtem Mittelalter spazieren Touristen aller Länder zu den **Burgruinen Guaita** und **Cesta** und genießen die schöne Aussicht.

4 URBINO

Nach einer Übernachtung in Rimini geht es weiter nach **Urbino** (14 600 Einw.), um Renaissancekunst zu entdecken. Der Geburtsort Raffaels (1483 bis 1520) – sein Elternhaus ist ein **Museum** (Via Raffaello 57, März–Okt. Mo–Sa 9–13, 15–19, So, Fei 10–13, 15–18, sonst Mo–Sa 9–14, So, Fei 10–13 Uhr, www.casaraffaello.com) – verdankt Federico da Montefeltro einen vollendeten Profanbau der Renaissance. In dem ab 1468 errichteten **Palazzo Ducale** sieht man wundervolle Säle und genießt in der **Nationalgalerie der Marken** Werke von Piero della Francesca, Raffael und Barocci (Mo 8.30–14, Di–So 8.30–19.15 Uhr, Kasse schließt 1 Stunde vorher, www.gallerianazionalemarche.it).

5 FANO, 6 SENIGALLIA UND 7 ANCONA

Auf dem Weg nach **Ancona** lässt sich wunderbar ein Badetag einlegen – im ganz von römischen Stadtmauern umgebenen **Fano** oder an den weiten Sandstränden des Urlaubsorts **Senigallia**. Am Morgen erwartet Sie wieder große Kunst und eine herrliche Aussicht. Die moderne Hafen- und Hauptstadt der Marken **Ancona** (100 900 Einw.) besitzt oberhalb des Ortes den romanischen **Dom San Ciriaco** mit römischen Säulen und zwölfeckiger Kuppel. Auf dem Weg vom Dom ins Zen-

Der Legende nach soll um 300 n. Chr. der Steinhauer Marinus vor der Christenverfolgung auf den Berg Titano geflüchtet sein, wo sich eine christliche Gemeinschaft zusammenfand – der Staat San Marino.

trum passiert man das **Archäologische Nationalmuseum** (Di–So 8.30–19.30 Uhr, www.musei.marche.beniculturali.it) und die **Pinacoteca Civica Franco Podesti** mit venezianischer Renaissancekunst (Via Pizzecolli 17, Mai–Sept. Di, Mi, Do 17–20, Fr 10–20, Sa, So 10–13, 17–20, sonst Di–Fr 16–19, Sa, So 10–19 Uhr).

8 MONTE CONERO

Zum Baden verlocken am nächsten Tag die feinsandigen Buchten von **Sirolo** und **Numana** unterhalb des **Monte Conero** im Süden der Stadt.

9 LORETO UND 10 ASCOLI PICENO

Von Ancona fahren Sie tags darauf nach Ascoli Piceno, wobei Sie unbedingt einen Zwischenstopp in **Loreto** (12 800 Einw.) einplanen sollten. Weithin sichtbar erhebt sich die Wallfahrtskirche in der Ebene. Der **Santuario della Santa Casa** wurde ab 1468 von Francesco di Giorgio Martini und Bramante in klaren Renaissanceformen errichtet. Im Innenraum steht das angeblich 1294 aus Nazareth hierher gebrachte **Geburtshaus Marias,** ummantelt von Marmorreliefs.

Mit **Ascoli Piceno** (48 800 Einw.) besuchen Sie eine der schönsten Städte der Marken, die trotz ihrer Kunstschätze und der reizvollen mittelalterlichen Altstadt von Touristen kaum angesteuert wird. Wunderschön ist die **Piazza del Popolo** mit dem aus der Periode der kommunalen Autonomie stammenden **Palazzo dei Capitani del Popolo.** Links schließt sich das traditionsreiche **Jugendstilcafé Meletti** an, das den berühmten Anisetta-Likör herstellt (Mo geschl.). Ein schlanker **Campanile** markiert die gotische **Kirche San Francesco.** Der Spaziergang durch Ascoli Piceno führt anschließend weiter zur **Römerbrücke** über den Tronto bei der **Porta Solestà.**

11 NATIONALPARKS DER ABRUZZEN

Im Hinterland des abruzzischen Küstenabschnitts steht eine weitgehend unberührte, grandiose Bergwelt unter Schutz, der **Parco Nazionale del Gran Sasso e Monti della Laga.** Hier, wie auch im **Parco Nazionale della Majella,** kommen u. a. noch Appeningämsen, Appeninwölfe und sogar noch einige wenige Braunbären vor.

INFORMATIONEN

TOUR ㉕ Von Ravenna bis zu den Nationalparks der Abruzzen

Autotour, 8 Tage, ca. 550 km

STATIONEN

1 Ravenna
2 Rimini
3 San Marino
4 Urbino
5 Fano
6 Senigallia
7 Ancona
8 Monte Conero
9 Loreto
10 Ascoli Piceno
11 Nationalparks der Abruzzen

PRAKTISCHE HINWEISE

In **Ravenna** sollten Sie ein Fernglas mitnehmen, um die Details der Mosaike besser sehen zu können. In den **Badeorten** muss man im Hochsommer rechtzeitig buchen. Wer im Juni oder September reist, erhält bis zu 50 % Rabatt in den Hotels. Im **Gebirge** sollte man auch im Sommer an warme Kleidung denken.

RAVENNA

INFO
IAT
Piazza S. Francesco 7, Ravenna,
Tel. 054 43 54 04, www.turismo.ra.it,
www.emiliaromagnaturismo.it

STRÄNDE
Ravennas feinsandige Strände
werden regelmäßig mit der Blauen
Flagge ausgezeichnet:
www.bandierablu.org

HOTEL
Centrale Byron
Zentral, elegant und traditionsreich,
gute Ausstattung.
Via IV Novembre 14, Ravenna, Tel.
05 44 21 22 25, www.hotelsravenna.it

RESTAURANT
Osteria Del Tempo Perso
Spezialitäten sind die romagnoli-
schen *Capeletti in Brodo*, aber auch
frischer Fisch. Tgl. abends, Sa, So,
Fei auch mittags.
Via Gamba 12, Ravenna,
Tel. 05 44 21 53 93,
www.osteriadeltempoperso.it

Piadineria Lokalino
Sympathische Imbissstube mit sehr
guten *piadine*. Sa, So geschl.
Via Bartolo Nigrisoli 37, Ravenna,
www.piadinerialokalino.it

RIMINI
INFO
IAT
Piazzale Fellini 3 und im Bahnhof,
Rimini, Tel. 054 15 33 99,
www.riminiturismo.it

HOTEL
Mirabel
Direkt am Lungomare am pittoresken Hafen, einfache, aber angenehme Zimmer, sehr freundlich.
Via G. Dati 184, Viserba,
Tel. 05 41 73 81 27,
www.hotelmirabelviserba.com

URBINO
INFO
IAT
Piazza Rinascimento 1, Urbino,
Tel. 07 22 26 13,
www.turismo.pesarourbino.it

HOTEL
Valdinoce
Netter Bio-Agriturismo mit
drei rustikal eingerichteten
Zimmern und traditioneller Küche
der Marken.
Via Monte Avorio 43, Urbino,
Tel. 07 22 34 51 80,
www.valdinoce.it

ANCONA
INFO
IAT
Banchina N. Sauro 50, Ancona,
Tel. 07 12 07 64 31,
www.turismo.marche.it

VERKEHR
Fährverbindungen
Nach Griechenland, Kroatien, Monte-
negro, Albanien und in die Türkei.

www.traghettiweb.it,
www.elladeviaggi.it

HOTELS
Ego Hotel
Elegante Zimmer mit grandiosem
Meerblick. Wellnessbereich, Pool.
Via Flaminia 220, OT Torrette,
Ancona, Tel. 07 12 18 12 62,
www.egohotelancona.it

L'Antigo Granaro
Luxuriöses Agriturismo mit Außenpool, Sauna und tollem Frühstück.
Contrada San Luigi 108, OT Gallig-
nano, Ancona, Tel. 34 87 51 94 07,
www.camereantigogranaro.com

RESTAURANT
La Moretta
Alteingesessene Trattoria,
geht auf das Jahr 1897 zurück.
Die große Speisekarte betont
regionale und lokale Spezialitäten.
So geschl.
Piazza Plebiscito 52, Ancona,
Tel. 071 20 23 17,
www.trattoriamoretta.com

STRÄNDE
Für Badetage eignen sich die
weiten Sandstrände nördlich
im Urlaubsort **Senigallia** oder im
noch ganz von römischen Stadtmauern umgebenen **Fano** sowie
die herrlichen Buchten von **Sirolo**
und **Numana** unterhalb des Monte
Conero im Süden der Stadt.

ASCOLI PICENO
INFO
IAT
Piazza Arringo 7, Ascoli Piceno,
Tel. 07 36 25 30 45,
www.turismo.marche.it

HOTEL
Villa Cicchi
4 km außerhalb von Ascoli über-
nachtet man in einer wunderschönen, stilvoll eingerichteten
Residenz des 18. Jhs. unter hohen,
freskengeschmückten Decken. Park
mit eigenem Swimmingpool.
Via Salaria Superiore 137, OT Abbazia di Rosara, Ascoli Piceno,
www.villacicchi.it

RESTAURANT
Il Desco
Hier bekommt man regionale
Spezialitäten wie die fleisch-
gefüllten *Olive ascolane*.
So abends u. Mo geschl.
Via Vidacilio 10, Ascoli Piceno,
Tel. 07 36 25 07 57

NATIONALPARKS
HOTEL
La Bilancia
Rustikaler Familienbetrieb, am Ran-
de des Nationalparks Gran Sasso
gelegen. Einfache, aber angenehme
Zimmer, reichhaltiges Frühstücks-
buffet; im Restaurant Küche der
Abruzzen.
Contrada Palazzo 11, Loreto
Aprutino, Tel. 08 58 28 93 21,
www.hotellabilancia.it

AKTIVITÄTEN
Den letzten Tag (oder auch
mehrere Tage) der langen Tour
verbringen Sie in den großen
Nationalparks. Zahlreiche Wege
zum **Wandern, Biken und Reiten**
führen durch den Gran-Sasso-Park
und den Majella-Park.
Informationen unter:
www.gransassolagapark.it,
www.parcomajella.it

TOUR **26** **PISA & COSTA DEGLI ETRUSCHI**

PFUSCH AM BAU

GESTERN *Morastiger Untergrund bescherte dem Turm von Pisa seine Neigung. Galileo Galilei soll das auf neue Ideen gebracht haben*

HEUTE *Der Turm zählt zu den bekanntesten Gebäuden der Welt. Erkunden Sie nach der Stadt Pisa auch die Costa degli Etruschi!*

GESTERN

Geplant war das Gebäude als freistehender Glockenturm *(Campanile)* für den daneben angesiedelten Dom von Pisa. Im Jahr 1173 fand die Grundsteinlegung statt – da wurde an dem Gotteshaus schon über ein Jahrhundert lang gebaut. Zwölf Jahre später, als gerade einmal drei Stockwerke fertiggestellt waren, gab der sandige Boden unter dem Fundament nach, was dem Turm seine Schlagseite bescherte und zu einem 100-jährigen Baustopp führte. Als Giovanni di Simone die Arbeiten 1275 wieder aufnahm, ließ er die nächsten vier Stockwerke schräg bauen und setzte sie dadurch ins Lot. Doch der Turm neigte sich mit den Jahren immer weiter. Nach einer weiteren Bauunterbrechung konnte das 54 m hohe Bauwerk im Jahr 1372 schließlich eingeweiht werden. Der in Pisa geborene Galileo Galilei (1564–1642) soll der Legende nach bei Versuchen auf dem Schiefen Turm den freien Fall von Gegenständen untersucht haben. Seit dem Jahr 1987 zählt das Bauwerk zum UNESCO-Welterbe.

HEUTE

Nach zwölfjährigen Sanierungsarbeiten kann der Schiefe Turm seit 2001 wieder bestiegen werden (293 Stufen; Informationen siehe auch Seite 183), allerdings nur in kleinen Gruppen von maximal 30 Personen. Sicher ist sicher …

Nach der Stadtbesichtigung von Pisa geht es an die Etruskische Riviera (Costa degli Etruschi), die südlich von Livorno beginnt. Hier öffnen sich immer wieder felsige kleine Buchten vor der macchiabewachsenen Küste.

Landkarte: Seite 183, Adressen: Seite 186/187

1 PISA

Die Tour beginnt in **Pisa** (90 100 Einw.), einst einer der größten Häfen der Welt. Die Universität, eine der bedeutendsten Italiens (heute etwa 48 000 Studierende), bildet seit einem halben Jahrtausend den Mittelpunkt des städtischen Lebens. Davor dominierten Kaufleute und Seefahrer die Geschicke Pisas. In dieser Blütezeit vom 11. bis ins 13. Jh. entstanden auch die wichtigsten

Haltet den Turm, damit er nicht umfällt! Das Fotomotiv war schon in den 1960er-Jahren bei Touristen ein Muss – und ist bis heute nicht totzukriegen.

Bauten. 1406 gelang den Florentinern nach langer Belagerung die Eroberung Pisas.

Den Besuch der Stadt beginnt man am besten auf dem Domplatz, der **Piazza dei Miracoli** (Platz der Wunder). Wie für die Ewigkeit geschaffen, erheben sich Turm, Dom und Baptisterium aus der grünen Wiese. Die einheitliche weiße Marmorverkleidung unterstreicht die Einzigartigkeit der Piazza.

Als eines der ersten Monumentalbauwerke des Mittelalters wurde der **Dom Santa Maria** 1063 begonnen. Baumeister Buscheto verband eine frühchristliche Basilika (Langhaus mit Apsis) mit einem Querschiff: Nie zuvor hatte es in Italien einen Sakralbau in Form eines lateinischen Kreuzes gegeben! Buscheto kannte die islamische Architektur, auch die reiche Außendekoration mit Marmorintarsien spiegelt ihre Einflüsse. Die Fassade mit ihren Bogen auf Halbsäulen und Säulengalerien wurde wie das Langhaus unter Baumeister Rainaldo im 12. Jh. fertiggestellt. Durch die dicht stehenden Säulen wirkt das Innere fast wie

> 💬 **SCHARFZÜNGIG**
>
> … war der berühmteste Sohn von Pisa, Galileo Galilei: »Die Winkelsumme im Dreieck kann nicht nach den Bedürfnissen der Kurie abgeändert werden.« Tragischerweise war der Gelehrte Zeit seines Lebens tief gläubig und hoffte, die Kirche vor Irrtümern bewahren zu können.

eine Moschee. Dort steht eines der Hauptwerke gotischer Bildhauerkunst: die **Kanzel** von Giovanni Pisano (1302–1312) mit ihren ausdrucksstarken, bewegten Reliefs (tgl., April–Okt. 10–20, Nov.–März 10–19 Uhr). Geistlicher Musik mit internationalen Stars kann man im Dom von September bis Anfang Oktober lauschen.

Das **Baptisterium** begann Diotisalvi 1153 im romanischen Stil. Die gotische Bauphase ab der Säulenloggia leitete Nicola Pisano, später sein Sohn Giovanni. Erst im 14. Jh. wurde die Kuppel aufgesetzt. Nicola schuf 1260 mit der ersten freistehenden Marmorkanzel eines der bedeutends-

Platz der Wunder: Ursprünglich hieß die Piazza dei Miracoli »Piazza del Duomo« (Domplatz). Der Dichter und Schriftsteller Gabriele D'Annunzio erfand den neuen Namen, und er bürgerte sich ein.

ten Kunstwerke am Ausklang der Romanik in Italien (tgl., April–Okt. 8–20, Nov.–März 9–19 Uhr).

Wer die Reliefs mit den römischen Sarkophagen im **Camposanto** (geöffnet wie Baptisterium, aber Juni–Aug. bis 22 Uhr), dem monumentalen Friedhof an der Nordseite des Platzes, vergleicht, sieht, woher Nicola Pisano Anregungen bezog. Die prunkvollen Sarkophage dienten im Mittelalter als prestigeträchtige Grablegen. Bis zur Zerstörung 1944 schmückten den Friedhof die größten mittelalterlichen Wandmalereien der Welt. Die erhaltenen Freskenzyklen kann man besichtigen. Im **Sinopienmuseum** an der Südseite des Domplatzes sieht man die Vorzeichnungen aus rotem Erdpigment, die bei der Restaurierung der Fresken entdeckt wurden (geöffnet wie Baptisterium).

Der weltberühmte **Schiefe Turm** überrascht wirklich alle Besucher, die das Bauwerk in natura vor Augen haben – es ist tatsächlich ziemlich schief! Am allerschiefsten erscheint er von der Via Cardinale Maffi aus, ein idealer Standort für Fotos. Bei der 1990 gestarteten Rettungsaktion legte man dem Turm Stahlringe um, an denen zwei straff gespannte Stahlseile zogen, trug unterirdisch Erdreich ab und befestigte schwere Bleigewichte. Damit hat man die Neigung der letzten 200 Jahre »begradigt« – insgesamt um 40 cm. Seit einigen Jahren ist der Turm für ein stolzes Eintrittsgeld wieder zugänglich (tgl., Jan.–Feb. 9–18, März, Nov. 9–19, April 9–22, Mai–Mitte Juni, Sept.–Okt. 9–20, Mitte Juni–Aug. 8.30–22 Uhr, letzter Aufstieg jeweils 30 Min. vor Schließung; Reservierung empfohlen: im Ticketbüro am Domplatz oder online: www.opapisa.it.)

Das Schönste im **Dommuseum** sind die Skulpturen aus dem 12. Jh. sowie die Meisterwerke von Nicola und Giovanni Pisano, Tino da Camaino und Nino Pisano (zzt. wg. Restaurierung geschl.). Mitte Juni bis Anfang Juli finden im Kreuzgang des Dommuseums stimmungsvolle Klassik- und Jazzkonzerte statt.

Nach der Besichtigung des Domplatzes (Fahrradverleih, Pferdekutschen) sollte man durch die **Altstadt** von Pisa schlendern, die man über die Via Santa Maria erreicht und die mit Kunstschätzen, schönen Geschäften und Restaurants auf-

wartet. Von Oktober bis Juni, während des italienischen Studienjahres, bestimmen die Studenten das Straßenbild, so auf der **Piazza dei Cavalieri.** Der prächtige **Palazzo della Carovana,** ehemaliger Amtssitz der Pisaner Kommune, beherbergt heute die Elite-Uni Scuola Normale Superiore. Auf Plänen Vasaris beruht die Sgraffito-Dekoration der Fassade sowie der Entwurf der **Kirche Santo Stefano dei Cavalieri** (Mo–Sa 10–19, So 13–19 Uhr).

Schatten und Grün findet man auf der baumumstandenen **Piazza dei Martiri della Libertà**, etwas versteckt liegt die schöne Marmorfassade der **Kirche Santa Caterina** (erbaut 1251–1300). Südlich davon steht die großartige **Kirche San Francesco** am gleichnamigen Platz. Nur wenige Schritte geht man von der Piazza dei Cavalieri zur Universität. Für eine kleine Pause eignen sich die Bars rund um die Hochschule. Selbstversorger finden in dem noch mittelalterlich geprägten Viertel um die **Piazza delle Vetto-**

Das Fest Effetto Venezia in Livorno findet alljährlich im Stadtteil Venezia Nuova statt. Dieser erinnert – wie der Name vermuten lässt – mit seinen Kanälen an die Serenissima.

vaglie eine Vielzahl von Ständen und kleinen Läden. Ganz anders der **Borgo Stretto,** eine elegante Ladenstraße, in der die Cafés unter den Laubengängen zum Verweilen einladen.

Seit dem Jahr 1109 ist die Brücke **Ponte di Mezzo** dokumentiert, die lange Zeit einziger Übergang über den Arno war. Ende Juni findet hier das Brückenspiel statt. Auf der anderen Flussseite lädt der Corso Italia als Haupteinkaufsstraße zum Bummel ein.

2 LIVORNO

Am Nachmittag des zweiten Tages fahren Sie zur Arno-Mündung in Marina di Pisa und über das Seebad Tirrenia weiter nach **Livorno.**

Die Stadt (158 400 Einw.) wurde von den Pisanern gegründet und entwickelte sich unter den Medici zu einem der wichtigsten Mittelmeerhäfen. Weite Plätze wie die **Piazza della Repubblica** kennzeichnen das Industriezentrum. Zwischen der bereits im 11. Jh. begonnenen **Fortezza Vecchia** am Hafen und der erst Ende des 16. Jhs.

errichteten **Fortezza Nuova** lädt das pittoreske Viertel Venezia Nuova mit seinen Kanälen zum Bummeln ein. Ende Juli, Anfang August findet hier das mehrtägige Fest **Effetto Venezia** statt, mit Musik, Kultur und Gastronomie (www.livorno-effettovenezia.it).

3 BADEORTE SÜDLICH VON LIVORNO

Am nächsten Morgen verlocken **Quercianella** und **Castiglioncello** an der macchiabewachsenen Küste zu einem Stopp am Meer. Weiter südlich lassen Sie den surreal wirkenden Industriekomplex von Rosignano Solvay links liegen und reisen zum Baden an einen der Strände von Vada, Cecina und Forte di Bibbona. **Vada** überrascht mit feinstem weißen Sand vor kristallinem Meer, den berühmten **Spiagge Bianche.** Sand charakterisiert auch den teilweise freien, teilweise mit touristischer Infrastruktur versehenen Strand von **Marina di Bibbona.** In **Cecina** wechseln Sand und dunkle Kieselchen, der Strand vor dem Pinienwald im Süden des Ortes ist frei zugänglich.

4 BOLGHERI UND
5 CASTAGNETO CARDUCCI

Von der Küste geht es ins Landesinnere, auf der längsten Zypressenallee Italiens (4,8 km) hinauf zu dem malerischen Örtchen **Bolgheri.** Überall signalisiert das Schild »Merende« einen Imbiss, zu dem der lokale Wein besonders gut schmeckt.

Ideal für eine Übernachtung ist der nächste Ort: Eine frühmittelalterlichen Adelsburg beherrscht das hübsche Nachbardörfchen **Castagneto Carducci** (9000 Einw.), mit herrlichem Blick auf die umliegenden waldreichen Hügel und die sich zum Meer ausbreitende Ebene. An der Küste ist **Marina di Castagneto Carducci** mit seinem flach abfallenden Strand ideal für Familienferien. Direkt im Zentrum gibt es Strandbäder mit allem Komfort, südlich und nördlich liegen die freien feinen, kilometerlangen Sandstrände vor der Pineta, dem Pinienwald.

6 SUVERETO UND
7 CAMPIGLIA MARITTIMA

Am vierten Tag führt eine wunderschöne Fahrt weiter gen Süden: Eine kurvenreiche, aber gut gewartete Straße mit schönen Ausblicken verbindet Castagneto Carducci und den Burgort Sassetta mit **Suvereto** (3100 Einw.), dessen geschlossenes mittelalterliches Ortsbild begeistert.

Am Rande der Ebene des Flusses Cornia entlang fährt man weiter in die Kleinstadt **Campiglia Marittima** (13 000 Einw.) mit dem einzigartigen **Parco Archeominerario San Silvestro** mit einer mittelalterlichen Bergwerkssiedlung und Minenstollen (www.parchivaldicornia.it).

8 SAN VINCENZO

Der Ferienort **San Vincenzo** (6800 Einw.), wo Sie Quartier nehmen für den letzten Tag oder auch die letzten Tage dieser Tour, ist einer der belebtesten Badeorte der Etruskischen Riviera und bietet feinen Sand, gute touristische Einrichtungen (auch Hundestrand) und Vergnügungsmöglichkeiten. Besonders schön ist der freie Strand vor dem Steineichenwald im Süden des Ortes, dem **Parco di Rimigliano.** Noch weiter südlich finden Sie kurz vor dem Golf von Baratti den Strand **Riva degli Etruschi** mit allen Annehmlichkeiten.

9 GOLFO DI BARATTI UND 10 POPULONIA

Für einen Badetag eignet sich der wunderschöne **Golf von Baratti** mit feinem Sandstrand vor Schirmpinien (Strandbar, Duschen, Sonnenschirm- und Bootsverleih, Spielplatz, Wiese). Er zieht im Sommer Tausende Badegäste an. Hier liegen auch sehr bedeutende etruskische Nekropolen (Mitte Okt.–Mitte März Sa, So 10–17 und nach Voranmeldung, Mitte März–Mai, Mitte Sept.–Mitte Okt. Di–So 10–18, Juni, Anf.–Mitte Sept. Di–So 10–19, Juli, Aug. tgl. 9.30–19.30 Uhr; letzter Einlass 2 Std. vor Schließung).

Vom Kastell des Städtchens **Populonia** genießt man die herrliche Aussicht aufs Meer und einen Bilderbuch-Sonnenuntergang. Seit Etruskerzeiten bis in die Gegenwart spielt die Eisenverhüttung in dieser Gegend eine große Rolle, wie man im weiter südlich gelegenen **Piombino** sehen – und riechen! – kann. Interessierte finden hier ein exzellentes kleines **Archäologisches Museum** (April–Mai Di–Fr 10–14, Sa, So 10–18, Juni–Sept. Di–So 10–18, aber Juli, Aug. Fr 16–24, Okt.–März Sa, So 10–18 Uhr).

Am Golf von Baratti präsentiert sich die Etruskische Küste von ihrer schönsten Seite.

INFORMATIONEN

TOUR 26 Von Pisa nach Populonia

Autotour, 5 Tage (ohne Baden), 160 km

STATIONEN

1 Pisa
2 Livorno
3 Badeorte südlich
 von Livorno
4 Bolgheri
5 Castagneto Carducci
6 Suvereto
7 Campiglia Marittima
8 San Vincenzo
9 Golfo di Baratti
10 Populonia

PRAKTISCHE HINWEISE

Besonders im Herbst feiern die Orte des Hinterlandes viele Pilz- und Kastanienfeste.
Unterkünfte im Sommer rechtzeitig reservieren, Parkplätze an der Küste sind v. a. am Wochenende stets voll! Viele Strandzugänge der Küste sind frei.

VERKEHRSMITTEL

Zwischen den Küstenorten gibt es gute **Bahnverbindungen** (www.trenitalia.com). **Überlandbusse** fahren alle Orte tagsüber relativ regelmäßig an (an der Costa degli Etruschi: www.atl.livorno.it, www.tiemmespa.it, www.lazzi.it).

PISA

INFO

Ufficio Turistico
Direkt am Dom, tgl. geöffnet.
Piazza Duomo 7, Pisa,
Tel. 050 55 01 00

Im Flughafen Galileo Galilei,
Tel. 050 50 25 18,
www.turismo.pisa.it

HOTELS

Royal Victoria

Schönes altes Hotel mit Zimmern in toskanischem Stil, direkt am Arno.
Lungarno Pacinotti 12, Pisa,
Tel. 050 94 01 11,
www.royalvictoria.it

Ariston Pisa Tower

Hübsches kleines B&B in Domnähe, Zimmer mit Blick auf den Schiefen Turm.
Via C. Maffi 21, Pisa,
Tel. 33 55 79 49 68,
www.aristonpisatower.it

RESTAURANTS

Osteria dei Cavalieri

Toskanische Küche mit Fantasie. Sa mittags/So und Aug. geschl.
Via San Frediano 16, Pisa,
Tel. 050 58 08 58,
www.osteriacavalieri.pisa.it

La Cereria

Restaurant mit Pizzeria im schönen begrünten Innenhof. Di geschl.
Via Pietro Gori 33, Pisa,
Tel. 05 02 03 36

PASTICCERIA

Cioccorocolato

Mit Liebe bereitete Kaffeespezialitäten und herrliches Gebäck.
Via G. di Simone 10, Pisa

SHOPPING

Mi und Sa vormittags großer **Markt** in der Via Paparelli.
Jedes 2. Wochenende **Antiquitäten** und **Kunsthandwerk** (außer Juli, Aug.) auf der Piazza dei Cavalieri.

AKTIVITÄTEN

Westlich von Pisa wandert man im **Naturpark San Rossore** durch schattige Pinienwälder; es gibt auch Fahrradwege. Organisierte Führungen, Kutschfahrten; Infos im Besucherzentrum in Loc. Cascine Vecchie, Tenuta di San Rossore,
Tel. 050 53 01 01,
www.parcosanrossore.org

LIVORNO

INFO

APT
Via Peroni 18/20, Livorno,
Tel. 05 86 89 42 36

HOTEL

Al Teatro
Kleines, sehr stilvolles Haus im Zentrum mit wunderschönem Garten, Zimmer mit antikem Mobiliar.
Via Mayer 42, Livorno,
Tel. 05 86 89 87 05,
www.hotelalteatro.it

RESTAURANT

La Barcarola
Delikate Fischsuppe *cacciucco*, schöne Terrasse. So geschl.
Viale Carducci 39, Livorno,

Tel. 05 86 40 23 67,
www.labarcarola.it

BADEORTE SÜDLICH VON LIVORNO
INFO
Pro Loco
Nur während der Badesaison.
Piazza Garibaldi 93, Vada,
Tel. 05 86 78 83 73,
www.prolocovada.it

RESTAURANT
Trattoria La Senese
Große, einfache Gaststätte, sehr
gute Fischküche. Di geschl.
Via Diaz 22, Cecina,
Tel. 05 86 68 03 35

AKTIVITÄTEN
An den Spiagge Bianche in Vada
trifft sich die Windsurf-, Surf-, Kite-
Surf- und SUP-Szene. Verleih von
Ausrüstung und Kurse bei Zonakite
oder Centro Kite:
www.zonakite.it,
www.centrokitevada.it
Mountainbike-Fans finden in Bibbona 19 km Schotterpiste für eine
Runde durch den Naturpark
Macchia della Magona:
www.parks.it

CASTAGNETO CARDUCCI
INFO
Ufficio Informazione
Geöffnet Mitte Juni–Mitte Sept.
Via della Marina 8, Marina di
Castagneto, Tel. 05 65 74 42 76

HOTEL
Alle Dune
In einem Pinien- und Wacholder-
hain, Bauten im Mittelmeerstil,

Restaurant und breites Fitness- und
Fun-Angebot, Pool, Wellness.
Via Milano 14, Marina di Castagneto
Carducci, Tel. 05 65 74 66 11,
www.alledune.com

CAMPIGLIA MARITTIMA
RESTAURANT
Il Canovaccio
Ausgezeichnete Antipasti und
Nudelgerichte, Meeresfrüchte,
hausgemachte *dolci,* mit Terrasse.
Juli/Aug. ganztägig, sonst nur
abends, Mo geschl.
Via Vecchio Asilo 1, Campiglia
Marittima, Tel. 05 65 83 84 49,
www.locandailcanovaccio.it

SAN VINCENZO
INFO
Ufficio Informazione
Geöffnet Juni–Sept.
Via della Stazione, San Vincen-
zo, Tel. 05 65 70 15 33,
www.comune.san-vincenzo.li.it

HOTEL
Riva degli Etruschi
Ruhiges Haus mit Wellness-Center,
Mini-Club, Pool, Restaurant und
Pizzeria. Segel- und Windsurfkurse.
Via della Principessa 120, San
Vincenzo, Tel. 05 65 71 96 00,
www.rivadeglietruschi.it

GOLFO DI BARATTI UND POPULONIA
VERKEHR
Von Piombino gehen tgl. Fähren
nach Elba. Infos und Reservierung:
www.mobylines.de,
www.toremar.it,
www.blunavytraghetti.com

AKTIVITÄTEN
Gratis besichtigt man das Naturschutzgebiet La Sterpaia im Süden
Piombinos zwischen Torre del Sale
und Torre Mozza mit feinem, hellem
Sandstrand. Es ist bestens geeignet
für eine Familienwanderung mit
Sprung ins Wasser (www.parchival
dicornia.it).
Zwischen dem Golf von Baratti
und Populonia liegt die verwunschene Bucht Buca delle Fate
(Feenloch) mit Kieselstrand. Nach
einem 20-minütigen Marsch durch
die Macchia ist die schöne Bucht
erreicht.

WEITERE SEEBÄDER AN DER COSTA DEGLI ETRUSCHI
Die Orte zwischen Livorno und
Populonia sind ideal für einen
Badeurlaub. Alle sieben Gemeinden
der Livorneser Küste erhielten 2019
die Blaue Flagge (Bandiera Blu) für
saubere Strände, gute Wasserquali-
tät und touristische Einrichtungen.

Im Parco Regionale della Maremma
genießt man einen völlig unverbau-
ten, kilometerlangen Sandstrand
vor duftender, grüner Macchia:
www.parco-maremma.it

Unter hohen Schirmpinien, die fast
bis ans Wasser reichen, badet man
am langen feinsandigen Strand
nördlich von Punta Ala.

Mit allem Komfort sonnt man
sich am breiten Sandstrand von
Viareggio.

Auch 170 km Reitwege sowie
Reiterhöfe bietet die Küste.

TOUR **27** **FLORENZ**

PRACHT PER PEDES

GESTERN   *Die Struktur stammt von den Römern, die wichtigsten Bauten aus der Renaissance – Florenz ist von umwerfender Schönheit*

HEUTE   *Die Stadt fasziniert immer noch und immer wieder. Ein Spaziergang durchs »centro storico« vom Dom bis zum Ponte Vecchio*

GESTERN

Nirgendwo sonst auf der Welt existiert eine derartige Dichte an Bauten, Bildern und Skulpturen aus der Renaissance wie im Herzen von Florenz, das die UNESCO als einmaliges geschlossenes Gesamtensemble zum Welterbe erklärt hat. Der historische Kern deckt sich mit dem römischen *Florentia,* wie die rechtwinklige Straßenanlage noch gut erkennen lässt. Dass in ferner Zukunft einmal Autos, Roller & Co. durch die Straßen flitzen würden, konnten die Baumeister natürlich nicht einkalkulieren. Nach Jahrzehnten des Verkehrschaos ist die Florentiner Innenstadt heute für individuellen Verkehr gesperrt. Achtung! Gut erkennbar ist das nicht gerade: Die Schilder besagen »zona a traffico limitato« oder noch kryptischer »Accesso Z.T.L.«.

HEUTE

Im historischen Kern schlägt der Puls der Stadt, hier trifft man auf die elegant gekleidete High Society ebenso wie auf eine internationale Besucherschar, ein bunt gemischtes Publikum, das sich in den Seitengassen vor unzähligen Läden verliert. Dieser Stadtspaziergang startet am Domplatz, doch zuerst werfen Sie einen Blick ins gegenüberliegende Baptisterium.

Stadtplan: Seite 191, Adressen: Seite 197

1 BAPTISTERIUM

Die Ursprünge des achteckigen Baus (zwischen dem 4. und 8. Jh.) liegen bis heute im Dunkeln. Im 11. Jh. erhielt die Taufkapelle ihr heutiges Aussehen. Ihre vollkommene Harmonie und klare Linienführung machten sie zu einem der ein-

Die mit grünem und weißem Marmor verkleidete Fassade der Kirche Santa Maria Novella, hier ein Bild aus den 1960er-Jahren, verbindet gotische und Renaissance-Elemente zu einem harmonischen Ganzen.

Filippo Brunelleschi ließ dem Dom im 15. Jahrhundert eine für damalige Verhältnisse irrwitzig große Kuppel aufsetzen. Wider Erwarten hielt sie stand und tut es bis heute.

drucksvollsten Zeugnisse der Florentiner Protorenaissance, die wegen ihrer antiken Ideale als Vorläuferin der eigentlichen Renaissance des 15. Jhs. gilt. Selbst Dante und Brunelleschi hielten das Baptisterium für einen Bau der Antike: Man traute dem Mittelalter etwas derart Formvollendetes nicht zu. Die Besonderheit ist das Zusammenspiel von architektonischer Struktur und Dekor: Die streng geometrisch gegliederten Flächen aus weißem und grünem Marmor benötigen keinen Skulpturenschmuck; die klassische Linienführung der Rundbogen und der geometrischen Verkleidung würde dadurch nur an Zauber verlieren.

Ein Muss ist der Blick ins Innere des Baptisteriums. Die reiche **Marmorverkleidung** der Wände, die byzantinisch beeinflussten Muster des **Fußbodens** überraschen. Doch alles in den Schatten stellen die **Mosaiken der Apsis und der Kuppel:** Die Meister dieser Technik, Venezianer, schufen sie im 13. Jh. (in der Regel Mo–Sa 11.15–19.30, So, Fei 8.15–13.30 Uhr, www.ilgrandemuseodel duomo.it). Jedes der drei Bronzeportale ist ein

Kleinod für sich. 1330 stellte Andrea Pisano das **Südportal** fertig: die 20 oberen Reliefs schildern die Geschichte von Johannes dem Täufer. Das gegenüberliegende **Nordportal** mit Szenen des Neuen Testaments schuf Lorenzo Ghiberti. Seine Taufe Christi weist große Ähnlichkeit mit der Pisanos auf, Ghiberti verlieh dem Relief jedoch mehr Tiefe. Paradiestür – so nannte Michelangelo bewundernd das **Mittelportal** gegenüber dem Dom. Ghiberti erhielt 1425 den Auftrag für dieses Portal, reduzierte die ursprünglich geplanten 24 Felder auf zehn (Originale im Dommuseum) und stellte die Episoden des Alten Testaments mithilfe der neu entdeckten Zentralperspektive dar.

2 DOM SANTA MARIA DEL FIORE

Pisa legte im 11. Jh. den Grundstein zu seinem prächtigen Dom, Siena im 12. Jh., Lucca zu Beginn des 13. Jhs. Und die Hauptkirche von Florenz war noch immer die kleine Santa Reparata! Der Führungsanspruch und die neue Machtposition der Stadtrepublik in der Toskana verlangten nach einem repräsentativen Neubau. Daher wurde 1294 der Stadtbaumeister Arnolfo di Cambio mit der Aufgabe betraut, das schönstmögliche Gebäude zu errichten.

Er tat sein Bestes: Mit 153 m Länge und 38 m Breite schuf Arnolfo eine der bis heute größten Kirchen der Welt; bei ihrer Fertigstellung 1434 war sie die größte in Europa (Mo–Sa 10–16.30, So 13.30–16.30 Uhr; der Eintritt in den Dom ist frei, für alles andere gibt es ein Gesamtticket, www.il grandemuseodelduomo.it). Die Reste der alten **Kirche Santa Reparata** aus dem 4. Jh. sowie **römische Mosaikfußböden** erwarten Sie unterhalb des heutigen Dombaus (Zugang im Dominneren, Mo–Fr 10–17, Sa bis 16.30 Uhr).

Als unübersehbares Wahrzeichen des **Doms** und der Stadt ragt Brunelleschis mächtige, sich auf 90 m erhebende rote **Kuppel** empor. Man war Ende des 14. Jahrhunderts wirtschaftlich führend in der Toskana und wollte das auch zeigen. Ihr Durchmesser entspricht mit 42 m dem des römischen Pantheon; seit der Antike hatte niemand mehr gewagt, eine derartige Weite zu überspannen. Filippo Brunelleschi gewann 1418 die Ausschreibung; dass seine sich selbst tragende **Doppelschalenkonstruktion** jedoch die Jahrhunderte überdauern würde, glaubte niemand so recht. Nicht gotische Strebepfeiler leiten hier die Spannungen ab, Brunelleschi wählte mit den drei kleeblattartigen Chorkapellen eine elegantere Lösung. Die ebenfalls von Brunelleschi entworfene Krone des Ganzen, eine 107 m Höhe erreichende **Marmorlaterne**, hält mit ihrem Gewicht bis heute das bedeutendste architektonische Werk seiner Zeit zusammen. Trotz der immens langen Bauzeit – die Fassade wurde erst Ende des 19. Jahrhunderts angefügt – erzielte man durch die durchgehende Verwendung von weißem Marmor aus Carrara, grünem aus Prato und rotem aus der Maremma eine beeindruckende Einheitlichkeit.

Im Vergleich zur äußeren Farbigkeit des Doms wirkt das dreischiffige **Innere** ernüchternd. Beim Blick in die Kuppel überraschen jedoch die herrlichen restaurierten **Fresken des Jüngsten Gerichts** von Vasari und seinem Schüler Zuccari. Die **Fenster** des Tambours und des Kapellenkran-

zes wurden nach Entwürfen berühmter Renaissancekünstler wie Donatello, Paolo Uccello und Lorenzo Ghiberti gefertigt. Luca della Robbia schuf die eindrucksvollen emaillierten **Terrakotten** über den Portalen der Sakristeien.

Volksbildung und Würdigung des größten Sohnes der Stadt in einem: Die Republik förderte öffentliche Lesungen von Dantes Hauptwerk, der »Göttlichen Komödie«, vor dem **Gemälde »Dante und seine Welten«**, das 1465 zu seinem 200. Geburtstag entstand. Zu Lebzeiten schickte man ihn ins Exil, posthum huldigte man ihm.

Man beschließt die Besichtigung des geistlichen Zentrums der Stadt würdig, indem man an der Nordseite des Doms eines der besten Beispiele gotischer Skulpturenkunst um 1400 in Florenz bewundert, die **Porta della Mandorla,** und die Domkuppel besteigt (Mo–Fr 8.30–19, Sa 8.30–17, So 13–16 Uhr; Zeitfensterticket für die Kuppel ist obligatorisch, Buchung unter www.ilgrandemu seodelduomo.it).

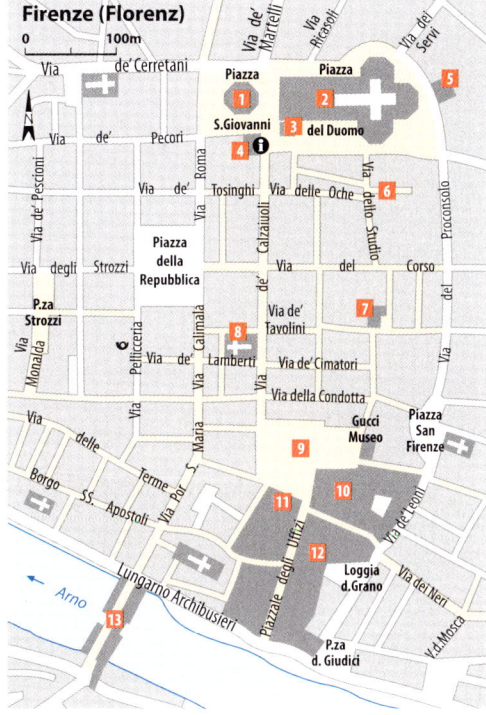

3 CAMPANILE

Wem die Besteigung der Domkuppel zu anstrengend ist, der kann die 414 Stufen auf den mit 84 m etwas niedrigeren **Campanile (Glockenturm)** hinaufsteigen. Der Anblick des roten Dächermeeres, der Kirchtürme und Palazzi inmitten der grünen Hügel belohnt für die Mühe.

Als man Giotto 1334 zum neuen Dombaumeister ernannte, zog dieser die Errichtung des Campanile der Arbeit an der Kirche vor. Von ihm stammt die Idee der achteckigen Pilaster und der dreifarbigen Marmordekoration, die später für den Dom übernommen wurde.

Im Mittelpunkt der aufkommenden Renaissancephilosophie stand der Mensch. Ein hierfür typisches Bildprogramm zeigen bereits die Reliefs am Campanile aus den 1330er-Jahren: Mit der Erschaffung Adams beginnt die Menschheitsgeschichte; mittels der »Arti Minori« (Handwerkskünste) erzielt der Mensch erste Fortschritte; die sieben Planeten beeinflussen seinen Weg; durch die Sieben Freien Künste und die sieben Sakramente erreicht er schließlich Vollkommenheit (tgl. 8.15–19.20 Uhr).

4 LOGGIA DEL BIGALLO

In unserer Zeit rufen Fernsehbilder von Kriegswaisen zu Spenden auf. Früher dagegen stellte man die verlassenen Kinder selbst unter der gotischen **Loggia del Bigallo** aus und appellierte so an das mildtätige Herz der Öffentlichkeit. Im kleinen **Museum** ist die älteste Stadtansicht von Florenz (1342) ausgestellt (zzt. wg. Renovierung geschl., https://cultura.comune.fi.it). Im Gebäude befindet sich auch eine Touristeninfo.

5 DOMBAUMUSEUM UND
6 DOMBAUHÜTTE

Den besten Blick auf die einmalige Konstruktion des Doms gewährt der Weg zum aufwendig renovierten **Dombaumuseum (Museo dell'Opera del Duomo)**. Ist dessen Glanzstück die **Pietà** von Michelangelo oder sind es die Reliefs der beiden **Sängerkanzeln**? Luca della Robbia lässt römisch gekleidete Knaben und Mädchen in natürlicher Haltung singen, tanzen und musizieren. Die etwa

zur gleichen Zeit geschaffene Sängerkanzel von Donatello scheint der Antike enger verhaftet zu sein, eine klare Linienführung und Plastizität der Personen kennzeichnen das Meisterwerk.

Die Darstellung des Individuums, seiner Gefühle und ein realitätsnahes Aussehen zählen zu den Idealen der Renaissance. Einzigartig geglückt ist Donatello dies bei den Propheten Jeremias und Habakuk – der Kahlkopf des Letzteren trug ihm den Spitznamen Zuccone (»großer Kürbis«) ein. Welch tiefes Einfühlungsvermögen Donatello besaß, beweist die Holzskulptur der reumütigen **Magdalena.**

Die **Skulpturen** Arnolfo di Cambios für die 1587 zerstörte Fassade des Doms sowie die **Originalreliefs** des Campanile zählen zu den kostbarsten Schätzen des Museums. Die Reliefs geben durch ihre wirklichkeitsnahe Darstellung der Handwerkskünste Einblick ins Florentiner Alltagsleben des 14. und 15. Jhs. Einen Eindruck der beim Kuppelbau eingesetzten Techniken und Arbeitsweisen vermitteln Arbeitsgeräte und Modelle Brunelleschis (tgl. 9–19 Uhr, 1. Di im Monat geschl.).

In der nahe gelegenen Via dello Studio 23Ar kann man in der **Opera del Duomo (Dombauhütte)**, die schon im 13. Jh. gegründet wurde, den Restauratoren bei der Arbeit zusehen.

7 MUSEO CASA DI DANTE

Ob der berühmte Dichter Dante Alighieri wirklich im Haus in der Via Margherita 1 das Licht der Welt erblickte, kann die Forschung nicht sicher sagen. In dem nach modernen museologischen Gesichtspunkten organisierten **Museum** erfährt man Wissenswertes über Dante, über das Florenz seiner Zeit sowie über die Rezeptionsgeschichte seiner Werke (www.museocasadidante.it, tgl. 10 bis 18, Nov.–März Di–Fr 10–17, Sa, So bis 18 Uhr).

8 ORSANMICHELE

Von der Markthalle zur Kirche, vom Getreidespeicher zur Galerie: So lässt sich die Historie von **Orsanmichele** zusammenfassen. 1337 wurde hier eine offene, auf zehn äußeren und zwei inneren Pilastern ruhende Loggia für den Getreidemarkt errichtet. Doch die Verehrung eines Mariengemäldes am Gebäude gab den Ausschlag, die Arkaden von 1367 bis 1380 zu schließen, um einen Gebetsraum zu schaffen; die beiden oberen Stockwerke dienten bis ins 16. Jh. als Getreidespeicher. Beim Umbau entstand eine wundervolle zweischiffige Kirche: Das feine **Maßwerk** der Fenster zählt ebenso zu den Glanzpunkten der Gotik in Florenz wie das beeindruckende, überreich mit bunten Marmorintarsien, Glas und Reliefs geschmückte **Tabernakel** im Inneren.

Auf halbem Weg zwischen Dom und Palazzo Vecchio gelegen, wurde Orsanmichele zur Kirche der im 14. Jh. regierenden Zünfte. Die Schutzpatrone der Arti für die Nischen wurden bei den besten Künstlern ihrer Zeit in Auftrag gegeben; hier lässt sich die Entstehung der Renaissanceskulptur anhand von Kopien wunderbar nachvollziehen. Wegen des sauren Regens werden die restaurierten Originale im **Museum** im 1. Stock ausgestellt (Kirche tgl. 10–16.50, Museum Mo 10–16.50, Sa 10 bis 12.30 Uhr).

9 PIAZZA DELLA SIGNORIA

Am Ende der Via de' Calzaiuoli öffnet sich das politische Zentrum der Stadt. Majestätisch wacht der 94 m hohe Turm des Palazzo Vecchio über das pulsierende Leben. Palast und Loggia wurden von der Republik errichtet, und die Medici-Großherzöge steuerten später den **Neptunbrunnen** von Ammannati (1575) und das **Reiterdenkmal** Cosimos I. von Giambologna (1594) bei. Für weitere Paläste oder Kirchen blieb nach der intensiven Bautätigkeit im 16. und 17. Jh. in der Stadt kein Raum mehr; nur die Piazze waren noch frei geblieben. So statteten die Großherzöge nun diese üppig mit Brunnen, Säulen und Standbildern aus. Links vom Palazzo Vecchio zog die Alta Moda mit dem **Gucci Garden** (siehe Seite 197) in den Palazzo della Mercanzia ein.

10 PALAZZO VECCHIO

Klar beherrscht wird die Piazza vom **Palazzo Vecchio,** noch heute das Rathaus der Stadt. Prestigebauten verdeutlichen, wer seit 1293 die Macht in den Händen hielt. So beauftragten die Zünfte 1298 Arnolfo di Cambio mit der Errich-

tung eines repräsentativen Wohn- und Amtssitzes. Ursprünglich war er rechteckig angelegt, feine Gesimse unterstreichen die Gliederung des Gebäudes in drei Blöcke; das Motiv des zinnenbekrönten Laufgangs wird an der Glockenstube und am Turm wieder aufgenommen, der den majestätischen Wehrcharakter vervollständigt. Die **Uhr,** 1667 angebracht, funktioniert noch immer – ein Meisterstück des Augsburgers Georg Lederle.

An der Kopie des »David« von Michelangelo vorbei tritt man in den anmutigen **Innenhof,** den Michelozzo 1453 im Stil der Frührenaissance neu gestaltete. Anlässlich der Hochzeit Johannas von Österreich mit Francesco de' Medici schmückte Vasari 1565 die Wände mit Ansichten von Städten der österreichischen Lande. Der großartige **Saal der Fünfhundert** *(Salone dei Cinquecento),* der 1494 im 1. Stock nach der Vertreibung der Medici zum Sitzungssaal der Ratsherren deklariert wurde, zelebriert nun die Taten Cosimos I. Riesige Wand- und Deckenfresken von Vasari und seinen Schülern zeigen den Aufbau des Herzogtums, jeder Hinweis auf die Republik wurde aus

Kopie von Michelangelos »David« – das aus einem einzigen Marmorblock gehauene Original steht in der Galleria dell'Accademia.

Der Palazzo Vecchio war als Sitz des Stadtparlaments Mittelpunkt der weltlichen Macht im Florenz des 14. Jahrhunderts.

diesem Raum getilgt (der Saal spielt übrigens in Dan Browns Roman »Inferno« eine wichtige Rolle, wie der gesamte Palazzo Vecchio). Aus den Skulpturen ragen der »Genio della Vittoria« (Sieg) von Michelangelo und der »Triumph von Florenz über Pisa« von Giambologna (Original im Bargello) besonders hervor.

Nach einem Blick in das von Vasari entworfene **Studiolo Francesco I** warten muskelbepackte Krieger im reich dekorierten Saal Papst Leos X.; in der Belagerung von Mailand zeigt Vasari die Männer in allen erdenklichen Posen – typisch für den Manierismus: die verdrehten Körper. Allegorien der Luft (Decke), der Erde, des Feuers und des Wassers – verkörpert durch Venus, die aus den Fluten steigt – schmücken die **Sala degli Elementi** im 2. Stock.

Nicht nur das Innere bietet Interessantes: Der **Loggiato di Saturno** schenkt einen malerischen Blick auf Santa Croce, San Miniato al Monte und Forte Belvedere. Nicht übersehen sollte man den reizenden **Putto mit Delfin** von Andrea del Verrocchio (Kopie im Innenhof) in dem Terrazzo di

Giunone. Den **Quartiere Eleonoras von Toledo,** der Gattin Cosimos I., gestaltete ebenfalls Vasari, die Dekoration ihrer Kapelle gilt als eines der Hauptwerke Bronzinos, der hier zwischen 1540 und 1545 den Manierismus bereits vorwegnimmt.

Zu den schönsten Räumen des Palazzo zählen die **Sala dell'Udienza** mit dem Wappen von Florenz in der beeindruckenden goldenen Kassettendecke und die **Sala dei Gigli,** die ursprünglich einen einzigen riesigen Raum bildeten. Selbst die Türen sind prachtvoll! Und auch ein Blick nach oben lohnt sich: Die Goldlilien der französischen Anjou, die den Florentiner Guelfen zum Sieg verhalfen, überziehen den leuchtend blauen Untergrund. Donatellos Skulpturengruppe »Judith und Holofernes« vervollständigt den Prunk. Von Domenico Ghirlandaio stammt das Wandfresko der Sala dei Gigli mit San Zanobi, dem ersten Bischof von Florenz, zwischen den Heiligen Lorenzo und Stefano sowie den Helden der römischen Republik (Brutus, Cicero, Scipio u. a.) – ihre Freiheitsliebe und republikanischen Tugenden sollten den Regierenden ein Vorbild sein. Neben der Kanzlei, in der Niccolò Machiavelli als oberster Chef noch heute in Gestalt einer Büste und eines Porträts präsent ist, liegt die **Sala delle Carte Geografiche** (April bis Sept. Fr–Mi 9–23, Do 9–14, Okt.–März Fr–Mi 9–19, Do 9–14, https://cultura.comune.fi.it).

11 LOGGIA DEI LANZI

Die **Loggia dei Lanzi** kommt Ihnen irgendwie bekannt vor? Dem bayerischen König Ludwig I. gefiel sie so gut, dass er sie zum Vorbild für den Bau der Feldherrnhalle am Odeonsplatz in Mün-

---

💬 **MALER IM WETTSTREIT**

1503 erhielten Leonardo da Vinci und Michelangelo gleichzeitig den Auftrag, den Saal der Fünfhundert mit einem Wandgemälde zu schmücken. Leonardo ließ – übrigens nicht zum ersten Mal – das Werk unvollendet. Auch Michelangelo kam, vielleicht weil Leonardo gekniffen hatte, über die vorbereitenden Kartons nicht hinaus. *Che peccato* – wie schade!

chen nahm. Die 1376–1382 errichtete Empfangs-
halle, eigentlich die Loggia della Signoria, sollte
laut Ratsbeschluss »schön und bemerkenswert«
werden. Obschon noch in der Zeit der Gotik gebaut, wiesen ihre einfachen, klaren Linien darauf
hin, dass der Sinn für klassische Schönheit in Florenz stets vorhanden war. Ihren Namen erhielt die
Loggia übrigens von den *Lanzichenecchi,* den unter den hohen Bogen stationierten Landsknech-
ten.

Cosimo I. überließ die Halle den Bildhauern
als Arbeitsstätte und leitete so die Entwicklung
zum »Freilichtmuseum« Florenz ein. Stolz hält
Perseus das Haupt der toten Medusa, für Cosimo I. ein Symbol: Er fühlte sich als neuer Perseus,
der die Stadt von ihren Feinden – seinen republik-
treuen innenpolitischen Gegnern – befreit hatte.
Benvenuto Cellini schuf dieses Meisterwerk des
Manierismus. Die verrenkte Haltung der Medusa
betont noch die ruhige Pose des Perseus. Den
Raub der Sabinerinnen entwickelte Giambologna dramatisch von unten nach oben: Der Sabi-

ner hält den Römer, der Römer die Frau des Sabi-
ners. Mit dieser prächtigen *figura serpentinata*
(geschlängelter Figurenaufbau) erreichte der Manierismus seinen Höhepunkt.

12 UFFIZIEN

1555 brachte Herzog Cosimo de' Medici mit der
Eroberung Sienas die Errichtung des Regional-
staates Toskana zum Abschluss. Um seine Territo-
rien zu regieren, benötigte er eine Verwaltungs-
zentrale: Nach Plänen von Vasari entstanden
1559–1580 die **Uffizien.** Der Palast erstreckt sich
bis zum Ufer des Arno. Heute beherbergen die
ehemaligen Amtsräume (ital. *uffizi*) in 45 Sälen
mit 2000 ausgestellten Objekten (Bestand 3800)
**eine der bedeutendsten Gemäldesammlungen
der Welt:** 1737 schenkte Anna Maria Luisa, die
letzte Medici, den nachfolgenden Lothringern die
gesamte Kunstschätze, die ihre Vorfahren seit
dem 16. Jh. zusammengetragen hatten – einzige
Bedingung war: Die Schätze mussten in Florenz
und für die Öffentlichkeit zugänglich bleiben.

*La Tribuna ist ein achteckiger Raum in den Uffizien, der von Bernardo Buontalenti um das Jahr 1580 als
einer der ersten Museumsräume neuerer Zeit eingerichtet wurde.*

Vom riesigen Bestand der Uffizien konnte lange Zeit jedoch nur weniger als die Hälfte gezeigt werden; das Museum wurde daher in den letzten Jahren um 6600 m² Ausstellungsfläche erweitert. Angesichts der immensen Zahl ausgestellter Exponate sollte man bereits vor dem Besuch eine Auswahl unter den chronologisch und geografisch angeordneten Sälen treffen (Di–So 8.15 bis 18.50, letzter Einlass 18.05 Uhr, Juni–Sept. Di bis 22 Uhr; unbedingt Tickets reservieren: www.uffizi.it).

Neben einem Querschnitt **klassischer toskanischer Malerei** (Cimabue, Giotto, Botticelli, Leonardo da Vinci und Michelangelo) besitzt die Galerie bedeutende Werke von Malern **anderer italienischer Regionen** (des Umbriers Raffael, der Venezianer Giovanni Bellini, Giorgione, Tizi-

Der Ponte Vecchio gilt als eine der ältesten Segmentbogenbrücken der Welt.

an, Tintoretto oder des Lombarden Caravaggio) sowie **deutscher** (Dürer, Cranach, Altdorfer, Holbein) und **niederländischer Meister** (Brueghel, Rubens, Rembrandt).

Die toskanische Malerei ist durch Werke der stilisierten byzantinischen Formensprache wie von Duccio di Buoninsegna bis zu den ersten gotischen Künstlern wie Cimabue und dessen Schüler Giotto vertreten. Zu den Hauptwerken dieser Epoche zählen drei Madonnenbilder: Duccios »Madonna Rucellai«, die »Maestà di Santa Trinita« von Cimabue sowie die »Madonna d'Ognissanti« von Giotto; schöne Beispiele für die Farbgebung und Erzählfreude der Gotik stammen vom Florentiner Lorenzo Monaco sowie vom Lombarden Gentile da Fabriano, dessen Gemälde – wie »Adorazione dei Magi« (Anbetung der Könige) – eine anmutige Natürlichkeit ausstrahlen.

Höhepunkte aus der Zeit der Renaissance sind die Gemälde »Primavera« (Frühling) und »Nascità di Venere« (Geburt der Venus) von Sandro Botticelli. Die unvollendete »Adorazione dei Magi« von Leonardo da Vinci sowie das einzige sicher von Michelangelo selbst vollendete Gemälde »Tondo Doni« zählen zu den Hauptwerken. Andrea del Sartos »Madonna delle Arpie« (Harpyien-Madonna), Pontormos »Cena in Emmaus« (Abendmahl in Emmaus) und Domenico Beccafumis Werke bilden den würdigen Abschluss dieser Epoche der toskanischen Malerei. Im umlaufenden Gang stehen Originale und Kopien griechischer und römischer Statuen; ein Glanzstück der Medici-Sammlung ist die Medici-Venus (1. Jh. v. Chr.) in der Tribuna.

🔳 PONTE VECCHIO

Den besten Blick auf die älteste, 1345 errichtete Brücke der Stadt genießt man vom Quertrakt der Uffizien aus. Wenn sich die Abendsonne im Fluss spiegelt, kommen auf diesem Wahrzeichen der Stadt romantische Gefühle auf. Auch bei Tage bezaubert die **Alte Brücke.** Seit dem 14. Jh. sind Geschäfte und Werkstätten von Handwerkern auf der Brücke bezeugt. Großherzog Ferdinando I. reservierte die Läden allein den Gold- und Silberschmieden.

INFORMATIONEN

TOUR ㉗ Florenz – der historische Kern

Stadtrundgang, 6 Std. (ohne Uffizien)

STATIONEN

1. Baptisterium
2. Dom Santa Maria del Fiore
3. Campanile
4. Loggia del Bigallo
5. Dombaumuseum
6. Dombauhütte
7. Museo Casa di Dante
8. Orsanmichele
9. Piazza della Signoria
10. Palazzo Vecchio
11. Loggia dei Lanzi
12. Uffizien
13. Ponte Vecchio

PRAKTISCHE HINWEISE

Vom Bahnhof bis zum Dom sind es 10 Min. Fußweg. Achten Sie hier auf Ihre Wertsachen.
Für die **Uffizien** sollte man möglichst frühzeitig Tickets reservieren (www.uffizi.it). Die Preise schwanken zwischen Hochsaison (April bis Okt.) und den Wintermonaten stark, meist lohnt sich ein Sammelticket für alle Museen.

INFO

Ufficio Informazioni Turistiche

Infobüros der Stadt Florenz
Mo–Sa 9–19, So, Fei 9–14 Uhr.
Piazza Stazione 4 (am Bahnhof),
Tel. 055 21 22 45, und Piazza San Giovanni, Tel. 055 28 84 96.
Infobüro der Provinz Florenz
Mo–Fr 9–13 Uhr.
Via Cavour 1 r, Florenz,
Tel. 055 29 08 32,
www.firenzeturismo.it

HOTEL

Hotel Palazzo dal Borgo

In stilvoll eingerichteten Zimmern schläft man im Palazzo dal Borgo aus dem 15. Jh. Sehr romantisch ist der kleine Innenhofgarten.
Via della Scala 6, Florenz,
Tel. 055 21 62 37,
www.hotelpalazzodalborgo.it

RESTAURANTS

Il Ricettario

Mit viel Liebe zubereitete Gerichte aus allen Regionen der Toskana. Mittags geschl.
Via Lambertesca 22 r, Florenz,
Tel. 05 52 39 66 72,
www.ristoranteilricettario.com

I Due Fratellini

Exzellente *panini,* dazu ein Glas Wein im Stehen: Die Florentiner lieben »die zwei Brüderchen« seit 1875. Nahe der Piazza della Signoria, tgl. 10–19 Uhr.
Via de' Cimatori 38 r, Florenz,
Tel. 05 52 39 60 96,
www.iduefratellini.it

Frescobaldi Wine Bar

Die Weinbar an der Nordecke der Piazza della Signoria serviert zu Frescobaldi-Tropfen edle Gerichte wie Thunfischtartar, aber auch ausgesuchte Käsespezialitäten.
Nov.–März 15–18 Uhr geschl.
Piazza della Signoria, Florenz,
Tel. 055 28 47 24,
www.frescobaldifirenze.it

CAFÉ

Rivoire

In der eleganten Café-Konfiserie nahe dem Palazzo Vecchio genießt man die berühmten Schokoladenkreationen. Mo geschl.
Piazza della Signoria, Florenz,
www.rivoire.it

EISDIELEN

Festival del Gelato

Über 50 Sorten stehen zur Wahl, darunter Kreationen wie Rose, Zeder oder Passionsfrucht.
Via del Corso 75 r, Florenz

Perché no!

Historische Eisdiele, die auch exzellente *granita* und *semifreddo* anbietet. Di geschl.
Via dei Tavolini 19 r, Florenz,
www.percheno.firenze.it

SHOPPING

Bottega dei Chianti

Charmanter Laden mit überbordenden Regalen für Hauhaltswaren, Weine, Käse etc.
Borgo Santi Apostoli 41 r, Florenz

MUSEUM

Gucci Garden

Im Palazzo della Mercanzia sind zwei Etagen Guccis Geschichte und Modekreationen gewidmet. Restaurant und Shops. Tgl. 10–22.30 Uhr, Eintritt.
Piazza della Signoria, Florenz,
www.gucci.com

VINI TIPICI
Cellini
DALL'ITALIA NEL MONDO!
CELLINI
ITALIAN WINE
CHIANTI
CERTALDO
CELLINI
ORVIETO WINE
PRODUCED AND BOTTLED BY
FRATELLI CELLINI DI DARIO Certaldo (ITALY)
PRINTED IN ITALY
L'ARTEGRAFICA - LIVORNO

TOUR ⑳ CHIANTI

GENIALER COUP

GESTERN *Clevere Winzer erkannten schon vor bald 100 Jahren den Wert einer Marke und schufen den Chianti mit dem schwarzen Hahn*

HEUTE *Von Impruneta bis nach Gaiole in Chianti führt diese Tour durch die Region, die wie keine andere für Wein aus Italien steht*

GESTERN

Nun war es aber genug. Immer mehr Winzer anderer Regionen verkauften ihren minderwertigen Wein als »Chianti«, und das passte einigen echten Chianti-Winzern überhaupt nicht. Also tat man sich im Jahr 1924 in Radda zusammen und gründete eine Winzergemeinschaft, um den eigenen Wein unverwechselbar zu machen. Als Marke wählte man den *gallo nero,* den schwarzen Hahn, der schon seit dem Mittelalter das Chianti-Bündnis symbolisierte.

Und man hatte Erfolg: Schon 1932 wurde das Anbaugebiet gesetzlich geschützt, was in den folgenden Jahrzehnten zur noch heute gültigen Qualitätskennzeichnung »DOC« und »DOCG« führte – und den Wein aus Chianti zu einer weltweit unverkennbaren Marke machte.

HEUTE

Markante Wehrbauten, einsame Kirchlein und malerische Städtchen prägen die uralte Kulturlandschaft, deren weithin bewaldetes Hügelland in das *Chianti fiorentino* und das *Chianti senese* unterteilt ist. Ganz nach Wunsch kann man hier aktive oder erholsame Ferien verbringen. Weinprobe und -kauf sollten dabei natürlich nicht zu kurz kommen!

Adressen: Seite 202/203, Landkarte: Seite 203

① IMPRUNETA

Das Eingangstor zum Chianti-Gebiet ist Impruneta, das Terrakotta-Zentrum der Toskana – hier lohnt der Einkauf! Seit dem 14. Jh. wird hier Keramik hergestellt. Alle Straßen führen zur Piazza Buondelmonti, auf der einen Seite von Log-

Wie der schwarze Hahn ist auch die bauchige Korbflasche ein unverwechselbares Kennzeichen des Chianti-Weins. Die Flaschenform nennt sich »fiasco«, war aber marketingtechnisch alles andere als ein solches. Für den Export wurde der Korb gerne auch mit roten und grünen Streifen geschmückt.

Mystische Stimmung: Ein paar Hügelketten sind zu sehen, Bäume und Gebäude ragen aus dem Nebel, der über den Weinbergen in der Gegend von Panzano hängt. Hier ist er zu Hause, der begehrte vino.

gien, auf der anderen vom Portikus der Basilika Santa Maria gerahmt. Am letzten Septembersonntag findet die Festa dell'Uva (Traubenfest) statt, mit einem Umzug, einer Weinmesse, gastronomischem Programm und Musik.

2 GREVE IN CHIANTI

Hinter Impruneta trifft man bei Strada in Chianti auf die Chiantigiana, eine der landschaftlich schönsten Strecken der Toskana. Sie führt auch in den Hauptort der Region, in das anmutige Greve in Chianti. In dem hübschen Ort lädt die schmucke asymmetrische Piazza Matteotti zum entspannten Bummel ein, zur Shopping-Tour verführen die vielen Weinhandlungen, wie Il Vinaino di Greve (siehe Seite 202). Die Salami zum Wein findet man seit 1729 bei Falorni (Piazza Matteotti 66, www.falorni.it). In der Enoteca Falorni

(Piazza delle Cantine 6, www.enotecafalorni.it) kann man neben einer riesigen Auswahl an – auch teuren – Weinen Olivenöl verkosten. In dem Ort sollte man sich Zeit lassen, um die Weine und lokalen Spezialitäten zu probieren.

In der Villa di Vignamaggio, wenig südlich von Greve, verewigte Leonardo angeblich die hier geborene Mona Lisa. Ihren Namen trägt der Riserva-Wein der Fattoria (Apartments und Zimmer,

---

💬 **»JA, JA, DER CHIANTI-WEIN«**

… dudelte es aus dem Volksempfänger. Papi entkorkte die bauchige Flasche. Bella Italia. Der Inhalt war rot, aber nicht immer ein Genuss. Inzwischen gibt es viel Klasse unter der Masse. Lebhaft rubinrot muss er sein, harmonisch und herb und samtig im Abgang.

www.vignamaggio.com). Die Villa bot die Kulisse für Kenneth Branaghs Shakespeare-Verfilmung von »Viel Lärm um nichts«. Der Set im italienischen Garten ist zu besichtigen (Eintritt).

3 PANZANO

Am nächsten Tag besuchen Sie Panzano. Der kleine Ort verdankt seine internationale Berühmtheit dem Metzgermeister Dario Cecchini. Der Streiter für die *Bistecca fiorentina* bietet bestes Fleisch und exzellente Wurstwaren in seinem Geschäft. In seinen Lokalen sorgt er auch selbst für die richtige Zubereitung. Die Auswahl ist schier unglaublich. Reservieren Sie rechtzeitig (Via XX Luglio 11, www.dariocecchini.com)!

Hinter Panzano besichtigt man die romanische Pieve San Leolino (13. Jh.), bevor es nach Castellina in Chianti weitergeht.

4 CASTELLINA IN CHIANTI UND
5 RADDA IN CHIANTI

Einladend sind die Straßencafés des hübschen Städtchens **Castellina in Chianti,** und in der Antica Trattoria La Torre vor der Rocca genießt man die leckere Chianti-Küche (Piazza del Comune, Do geschl., Tel. 05 77 74 02 36, www.anticatrattorialatorre.com). Anschließend kommen Sie ins historische Städtchen **Radda in Chianti.** Der hübsche kleine Ort auf 530 m Höhe bewahrt noch ganz seine elliptische Anlage.

Kurz hinter Radda führt eine Straße zum Castello di Volpaia. Seine Lage auf 600 m Höhe beschert einen traumhaftem Panoramablick. Der mittelalterliche Charakter des Dorfes und der köstliche Wein lohnen den Abstecher.

6 RUND UM GAIOLE IN CHIANTI

In einer reizvollen waldreichen Gegend gründeten Mönche im 11. Jh. die Badia a Coltibuono. Die romanische Kirche der einstigen Benediktinerabtei besitzt einen mächtigen Campanile. Über diese einsam gelegene alte Abtei kurvt man am nächsten Tag durch eine herrliche Landschaft nach Gaiole in Chianti, einem Zentrum des Chianti Classico, und dann weiter zum Castello di Brolio, das eine Aussicht bis zum Monte Amiata,

dem höchsten Berg der Toskana (1738 m), bereithält. Seit dem Mittelalter befindet es sich im Besitz der Ricasoli. Hier residierte Baron Bettino Ricasoli (1809–1880), erster Premierminister des Königreichs Italien. Sein Verschnitt aus roten und weißen Trauben wurde zum klassischen Chianti ausgebaut (Öffnungszeiten der Enoteca unter www.ricasoli.it).

Weiter südlich verändert sich die Landschaft, Goldgelb bis Graubraun dominieren hier: Die Sieneser Crete kündigen sich bei Castelnuovo Berardenga an. Im Sommer sollte man die Konzerte in den Villen und Landkirchen der Gegend nicht verpassen. Hügelkuppe um Hügelkuppe nähert man sich schließlich Siena (siehe Tour 29).

Die mittelalterliche Altstadt von Radda in Chianti lädt mit ihren verwinkelten Gassen und Gewölbegängen zu entspannten Erkundungen ein.

INFORMATIONEN
TOUR **28** Von Impruneta nach Gaiole in Chianti
Autotour, 4 Tage, knapp 100 km

STATIONEN
1 Impruneta
2 Greve in Chianti
3 Panzano
4 Castellina in Chianti
5 Radda in Chianti
6 Rund um Gaiole in Chianti

PRAKTISCHE HINWEISE
Das Infobüro in Siena organisiert
Bus-Rundfahrten ins Chianti (siehe
Info Tour 29, Seite 212).
Auch mit dem Fahrrad lässt sich
das Chianti gut besuchen; Tourvor-
schläge siehe Impruneta und Greve
in Chianti sowie zum Chianti senese
(Gran giro del Chianti, 96 km):
www.terresiena.it/bici (Ital./Engl.).
Infos zu Restaurants, Unterkünften,
Weinprobierstuben, Shopping und
Events (auch auf Deutsch/Englisch)
liegen in Hotels, Restaurants und
Reisebüros aus.
Auch online bekommt man
Informationen:
www.toscanaechiantimagazine.com

IMPRUNETA
HOTEL
**Azienda Agricola
La Salvadonica**
Geschmackvoll ausgestattete, idylli-
sche Bauernhäuser (15. Jh.) gut
10 km südwestlich, Frühstücksbuf-
fet, Restaurant, Tennis, Pool.
Via Grevigiana 82, San Casciano,
Tel. 05 58 21 80 39,
www.salvadonica.com

SHOPPING
**M.I.T.A.L. Angiolo
Mariani & Figli**
Einzigartige Terrakotta-Produkte;
Riesenauswahl an Tonkrügen,
Vasen, Statuen u. v. m.
Via di Cappello 31, Impruneta,
Tel. 05 52 01 14 14,
www.terrecottemital.it

AKTIVITÄTEN
Eine schöne **Fahrrad-Rundtour** ist
die Rundstrecke Florenz–
Impruneta–Florenz (33 km).
Infos: www.impruneta.com

GREVE IN CHIANTI
INFO
Ufficio Turistico
Dez.–Feb. geschl.
Piazza Matteotti 10, Greve,
Tel. 05 58 54 62 99,
www.comune.greve-in-chianti.fi.it

HOTELS & RESTAURANTS
Giovanni da Verrazzano
Traditionsreiches Hotel und
Restaurant (So abends, Mo geschl.),
u. a. Spezialitäten vom Wildschwein,
wunderschöne Terrasse zur Piazza.
Auch Kochkurse.
Piazza Matteotti 28, Greve,
Tel. 05 58 54 60 98,
www.albergoverrazzano.it

Da Omero
Nettes kleines B&B mit typisch
toskanischem Restaurant.

Loc. Passo dei Pecorai 68/70,
Greve, Tel. 055 85 07 15/16,
www.daomero.com

SHOPPING
Il Vinaino di Greve
Bietet eine enorme Auswahl des
roten Chianti Classico, dazu kulina-
rische Spezialitäten.
Via Roma 36, Greve,
Tel. 33 55 22 31 25,
www.vinainodigreve.com

AKTIVITÄTEN
Eine 40-km-**Radtour** bringt Sie
durch das Chianti-Gebiet, von Greve
über Panzano und Radda bis nach
Castellina.
Infos zur Strecke:
www.greve-in-chianti.com

PANZANO
HOTEL
Villa Le Barone
Umgebauter Landsitz, 30 Zimmer,
ausgestattet mit antikem Mobiliar,
in traumhaft ruhiger Lage an der
Pieve San Leolino.
Panzano, Tel. 055 85 26 21,
www.villalebarone.com

RESTAURANTS
Dario Doc und
Officina della Bistecca
Im Dario Doc gibt es mittags drei
Menüs zur Wahl für 10, 15 oder 20 €
pro Person (Mo-Sa 12-15 Uhr).
In der Officina della Bistecca

Mehrgängemenü u. a. mit *Bistecca fiorentina* für 50 € pro Person (tgl. 13, 13.30 und 20, 20.30 Uhr). Bei beiden ist auch eine vegetarische Variante möglich.
Via XX Luglio 11, Panzano, Tel. 055 85 20 20, www.dariocecchini.com

Solociccia
Fixes Menü auf Fleischbasis für 30 € pro Person, auch vegetarisch möglich. Tgl. 13, 13.30 und 20, 21 Uhr. Via Chiantigiana 5 (Eingang: Via XX Luglio), Panzano, Tel. 055 85 27 27, www.dariocecchini.com

SHOPPING
Antica Macelleria Cecchini
Die Metzgerei verkauft Schinken, Chianti und Finocchiona-Salami, tgl. geöffnet.
Via XX Luglio 11, Panzano, Tel. 055 85 20 20, www.dariocecchini.com

RADDA IN CHIANTI
HOTEL & RESTAURANT
Fattoria Vignale
Nobelhotel in einem Herrenhaus aus dem 18. Jh. mit Enoteca und Restaurant, tgl. geöffnet.
Via Pianigiani 9, Radda, Tel. 05 77 73 83 00, www.vignale.it

RESTAURANT
Bar-Ucci
Auf der Terrasse an der zentralen Piazza wird Bodenständig-toskanisches wie Insalata di farro und Panzanella kredenzt. Mo geschl. Piazza della Torre 9, Radda (OT Volpaia), Tel. 05 77 73 80 42, www.bar-ucci.it

CASTELLINA IN CHIANTI
SHOPPING
Enoteca Le Volte
Gute Quelle für die regionalen Chianti-Classico-Weine mit sehr guter angeschlossener Gelateria. Außerdem werden Küchenutensilien aus Olivenholz verkauft.
Via Ferruccio 12, Castellina, www.enotecalevolte.com

GAIOLE IN CHIANTI
HOTEL
Castello di Spaltenna
Exklusives Hotel im mittelalterlichen Gemäuer des Castello, stilvolles Ambiente. Sauna, Schwimmbad, Tennisplatz. Restaurant, Pizzeria und Weinhandlung.
Via Spaltenna 13, Gaiole, (OT Pieve di Spaltenna), Tel. 05 77 74 94 83, www.spaltenna.it

RESTAURANT
Badia a Coltibuono
Edles Agriturismo: Das Restaurant kredenzt Bio-Weine und Menüs à la carte (8. Jan.–15. März geschl., ansonsten tgl.). Koch- u. Weinkurse (halber Tag oder 2 Tage).
Loc. Badia di Coltibuono, Gaiole, Tel. 05 77 74 90 31, www.ristorante.coltibuono.com

TOUR 29 MITTLERE TOSKANA

MUSCHEL VERSUS ADLER

GESTERN *Eine bayerische Prinzessin machte den Palio, das berühmte Pferderennen von Siena, zu dem, was er heute ist*

HEUTE *Die Stadt ist ein grandioser Einstieg für eine Tour durch die mittlere Toskana, nach San Gimignano und ins Elsa-Tal*

GESTERN

Da saß sie nun, die bayerische Prinzessin, und wusste nicht recht, wie es weitergehen sollte. Gerade 16-jährig, war Violante Beatrix von Bayern im Jahre 1689 mit Ferdinando, dem Sohn des toskanischen Großherzogs Cosimo III., verheiratet worden. Die Ehe blieb kinderlos, und als ihr Gemahl 1713 starb, war sie plötzlich am Hofe von Florenz ziemlich überflüssig geworden. Doch Cosimo de' Medici wusste, was er an seiner klugen und gebildeten Schwiegertochter hatte, und machte sie zur Gouverneurin von Siena. Sie führte eine Reihe von Modernisierungen durch, von denen nicht zuletzt Sängerknaben, Pferde und Reiter profitierten – denn sie verbot die Kastration der ersteren und reformierte das jahrhundertealte Pferderennen, den »Palio«. Bei diesem Wettbewerb der Stadtviertel, der sogenannten *contrade,* war es immer wieder zu schweren Unfällen gekommen. Violante Beatrice, wie sie in Italien hieß, verringerte die Anzahl der Contraden auf 17 und die Zahl der Pferde, die an einem Rennen teilnehmen dürfen, auf zehn – beide Regeln gelten bis zum heutigen Tag. Die Stadtteile tragen so schöne Namen wie »Adler«, »Muschel«, »Stachelschwein«, »Schnecke« oder auch »Schildkröte«. Das Rennen auf der Piazza del Campo ist jedoch ganz und gar nicht gemächlich.

HEUTE

Siena, dessen Altstadtensemble zu den Weltkulturerbe-Denkmälern zählt, ist zu jeder Zeit ein großartiger Ausgangspunkt für diese Tour, doch der Palio versetzt die Stadt zweimal im Jahr, nämlich am 2. Juli und am 16. August, in den Ausnahmezustand. Die jeweils teilnehmenden Contraden fiebern auf das große Ereignis hin, die Spannungen zwischen den »verfeindeten« Vierteln nehmen zu, und wenn die Zeit des Rennens mit seinen begleitenden Ritualen kommt, ist die Stadt auch noch voller Besucher. Für die siegreiche *contrada* ist das aber erst der Auftakt zu wochenlangen Feierlichkeiten.

Landkarte: Seite 207, Adressen: Seite 212/213

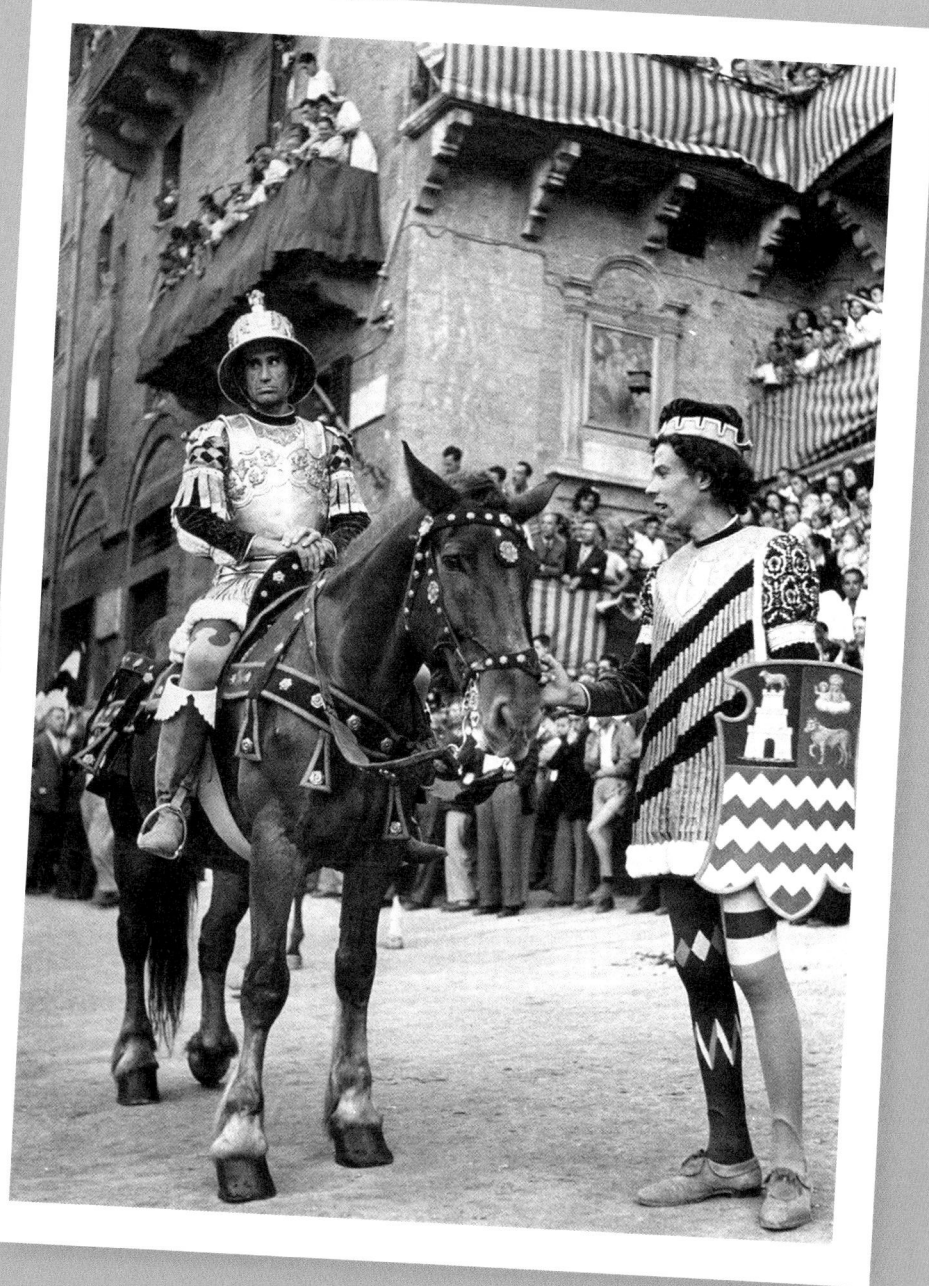

Bevor sich Pferde und Reiter auf den 300 Meter langen halsbrecherischen Rundkurs des Palio begeben, findet ein historischer Umzug der mittelalterlich kostümierten Contraden statt – hier ein Foto von 1947.

1 SIENA

Spazieren Sie durch die von hohen Backsteinfassaden gesäumten Gassen **Sienas** (53 900 Einw.), zuerst zu den gotischen Meisterwerken im Dom und im Palazzo Pubblico. In Santa Maria della Scala kann man etruskische wie auch zeitgenössische Kunst sehen. Und immer wieder kehrt man zurück auf den Campo.

Seine wirtschaftliche Entwicklung verdankte Siena der günstigen Lage an der alten Via Francigena, der Frankenstraße. Diese wichtige Handelsroute brachte der Stadt Reichtum und erlaubte die Errichtung der gotischen Bauwerke, die das Stadtbild prägen. Mit der Pest (1348) und infolge der Jahre des wirtschaftlichen Niedergangs verlor Siena an Bedeutung. Nach einer letzten Blüte in der Renaissance setzte Kaiser Karl V. im Jahr 1555 nach monatelanger Belagerung der Selbstständigkeit des Stadtstaates ein Ende.

Ein Rundgang durch die Stadt beginnt am geschlossenen Ensemble der **Piazza del Campo** aus dem 13. Jh., einem der schönsten Plätze der Welt. Man setzt sich am besten in eines der Cafés oder einfach auf den Boden und lässt den Campo auf sich wirken. Der muschelförmige Platz ist der Stolz der Bewohner, hier schlägt das Herz der Stadt, nicht nur beim historischen Palio. Das zinnenbekrönte Rathaus, der **Palazzo Pubblico,** entstand 1297 bis 1342 und schließt den Campo auf geniale Weise ab. Der Bau weist im Obergeschoss aus Backstein die typischen Sieneser Fenster auf: drei gotische Bögen (Triforien), eingefasst von einem Spitzbogen – gut zu erkennen auch am gegenüberliegenden Palazzo Sansedoni.

Der Aufgang zur **Torre del Mangia,** die mit 87 m Höhe einst schon den Stolz der Sienesischen Republik verkörperte, liegt im Palazzo Pubblico. Dort ist auch der Zugang zum ausgesprochen interessanten **Museo Civico** (Turm: März–Mitte Okt. tgl. 10–19, sonst bis 16 Uhr; Museum: Mitte März–Okt. tgl. 10–19, sonst bis 18 Uhr). In den Museen und Monumenten erhält man den Siena

Beschaulich zeigt sich die einzigartige Piazza del Campo von Siena im Abendlicht. Der Platz hat nicht nur einen muschelförmigen Umriss, er neigt sich auch der Torre del Mangia zu.

Pass, der drei Tage lang vergünstigte Eintritte in verschiedene Institutionen gewährt.

An der **Croce di Travaglio** treffen drei belebte Flaniermeilen zusammen, die Via Banchi di Sopra, die Via Banchi di Sotto und die Via di Città. Hier findet jeden Abend der *corso* statt: Sehen und gesehen werden, lautet dabei die Devise.

Großartige Werke der Sieneser Malerei vom 12. bis zum 17. Jh., darunter viele Madonnenbildnisse mit besonderem Charme, zeigt die **Pinacoteca Nazionale** im südlich gelegenen Palazzo Buonsignori (Via San Pietro 29, Di–Sa 8.15–19.15, So, Mo, Fei 9–13 Uhr, www.pinacotecanazionale.siena.it).

Der Grundstein zum **Dom** wurde Ende des 12. Jhs. gelegt; Mitte des 14. Jhs. war der Bau fertiggestellt. Die reich skulptierte Fassade von Giovanni Pisano (1284 begonnen) ist die erste in Italien mit einem einheitlichen Bildprogramm. Im Inneren besticht der einzigartige Marmorfußboden: Die Arbeit an den 56 »Gemälden« dauerte über 100 Jahre, bis ins 16. Jh. (komplett zu sehen Mitte Aug.–Okt., sonst partiell abgedeckt; Dom: März–Okt. Mo–Sa 10.30–19, So, Fei 13.30–18, Nov.–Feb. Mo–Sa 10.30–17.30, So, Fei 13.30 bis 17.30 Uhr, Tickets auch unter www.operaduomo. siena.it). Die von Nicola Pisano 1266 bis 1268 geschaffene achteckige Marmorkanzel ist ein Höhepunkt der mittelalterlichen Skulptur. Ein prächtiger Freskenzyklus von Pinturicchio erwartet die Besucher in einem der schönsten Renaissance-Räume überhaupt, in der Libreria Piccolomini (Zugang vom linken Seitenschiff).

Als man den Chor des Doms 1316 erweiterte, wurde zur Abstützung die Errichtung einer Unterkirche notwendig – der heutigen Taufkirche San Giovanni. Das Meisterwerk Jacopo della Quercias, das Taufbecken, an dessen »Szenen aus dem Leben Johannes' des Täufers« Donatello und Lorenzo Ghiberti mitwirkten, lohnt allein schon den Besuch des prächtigen Baptisteriums, das zudem großartige Fresken aus dem 15. Jh. schmücken. Herrliche Fresken von 1280 sieht man gleich ne-

Der Dom von Siena mit seiner schwarz-weißen Fassade ist ein bedeutendes Werk der Gotik.

benan in der im Jahr 2004 bei Ausgrabungen freigelegten Krypta (geöffnet wie der Dom).

Der **Neue Dom** (Duomo Nuovo), 1339 begonnen, war so monumental geplant, dass er den alten Dombau als Querschiff (!) in sich aufnehmen sollte. Das gigantische Projekt, in Konkurrenz zur Florentiner Kathedrale gedacht, musste aufgrund der Pestepidemie (1348) aufgegeben werden. In den drei fertiggestellten Seitenschiffsjochen befindet sich heute das **Dombaumuseum,** das einzigartige Werke der sienesischen Kunst zeigt (März bis Mitte April tgl. 10.30–19, Mitte April–Okt. tgl. 10–19, Nov.–Feb. 10.30–17.30 Uhr).

Das **Ospedale Santa Maria della Scala** gegenüber dem Dom diente im Mittelalter als Pilgerhospiz, bis in die 1970er-Jahre als Krankenhaus. Die freskengeschmückten Säle nehmen heute die Sammlungen des **Museo Archeologico Nazionale** auf sowie Ausstellungen zeitgenössischer Kunst des **SMS Contemporanea** (Mitte März–Mitte Okt. tgl. 10–19, Do bis 22 Uhr, sonst Mo, Mi, Fr 10–17, Do bis 20, Sa, So bis 19 Uhr, www.santamariadellascala.com).

Der hl. Katharina von Siena ist das **Santuario Cateriniano** (Costa di Sant'Antonio 6, tgl. 9 bis 12.30 u. 15–18 Uhr, Eintritt frei) gewidmet. Es entstand um das Wohnhaus der Caterina Beninca (1347–1380), die 1939 zur Schutzpatronin Italiens erhoben wurde. In der nach ihr benannten Kapelle in San Domenico ruht ihr Kopf in einem Reliquienbehälter. Die Kapelle ist ausgemalt mit Fresken von Giovanni Antonio Bazzi, genannt Il Sodoma.

Zu den harmonischsten Plätzen der Stadt zählt die **Piazza Salimbeni** mit ihren imposanten Palästen. Der **Palazzo Salimbeni** in der Mitte ist Sitz des Monte dei Paschi, des ältesten Bankhauses der Welt (1472 gegr.). In der hier beginnenden Via Banchi di Sopra lockt eine Sieneser Institution: die **Pasticceria Nannini** – gegründet vom Großvater und heute geleitet vom Bruder der italienischen Rocksängerin Gianna Nannini.

2 SAN GALGANO

Über eine schöne, kurvenreiche Straße erreicht man 33 km südwestlich von Siena das einsam im Grünen stehende, einst mächtigste **Kloster** der Gegend: San Galgano. Heute ragen gotische Strebepfeiler gen Himmel, eine Wiese bildet den Fußboden – sehr atmosphärisch und still (tgl. April, Mai, Okt. 9–18, Juni, Sept. bis 19, Juli, Aug. bis 20, Nov.–März bis 17.30 Uhr). Die Opernaufführungen im Juli und August üben eine ganz eigene Faszination aus (Info und Reservierung in der Touristinfo bei der Abtei, Tel. 05 77 75 67 38).

3 MONTERIGGIONI UND
4 COLLE DI VAL D'ELSA

Nach zwei Tagen geht es von Siena weiter in das Dörfchen **Monteriggioni** mit seinen mittelalterlichen turmbewehrten Verteidigungsmauern, das zu einem Halt auf dem Weg nach **Colle di Val d'Elsa** (21 600 Einw.) einlädt. Der Reichtum der Bürger erlaubte den Bau vieler Paläste. Seit etruskischer Zeit wurden die Mineralvorkommen der Gegend ausgebeutet, im Mittelalter kamen Woll- und Seidenindustrie sowie Papierherstellung hinzu. 1478 entstand hier eines der ersten Buchdruckzentren Italiens.

Auch die Glasindustrie ist hier im »Böhmen Italiens« heimisch, wo 94 Prozent der italienischen Produktion entstehen. Das **Museo del Cristallo** (Via dei Fossi 8, www.museisenesi.org, derzeit wg. Renovierung geschl., Teile der Sammlung derweil im Museo San Pietro, Via Gracco del Secco 102, tgl. März–Okt. 11–17, Nov.–25.12. 15–17, 26.12.–6.1. 11–17 Uhr) zeigt herrliche Stücke, ein Besuch lohnt sich allemal! Heute liegt das industrielle Colle in der Unterstadt, der obere Stadtteil konnte seinen schönen, mittelalterlichen Charakter bewahren. Genießen Sie dort die schöne Aussicht bei einem Essen.

5 VOLTERRA

Nach der Fahrt durch eine wunderschöne toskanische Landschaft verbringen Sie den Abend in der Alabasterstadt **Volterra** (10 300 Einw.). Die strategische Lage auf dem Hügel wählten die Etrusker für ihre wichtige Stadt Velathri, die zum Bündnis von zwölf Städten in Etrurien gehörte. Ende des 12. Jhs. freie Kommune, geriet Volterra 1361 unter florentinische Herrschaft.

Die Kunst der Alabasterverarbeitung von den Etruskern bis heute lernt man im **Ecomuseo dell'Alabastro** kennen (Via dei Sarti, neben der Pinakothek; Mitte März–Anf. Nov. tgl. 9.30–19, sonst tgl. 10.30–16.30 Uhr, Eintrittskarte gilt auch

für die Pinakothek). Die **Piazza dei Priori** besticht durch ihren herben Charakter, der heute noch typisch für viele Straßenzüge Volterras ist. Der namensgebende **Palazzo** ist der älteste erhaltene Kommunalpalast der Toskana (1208–1254) und diente als Vorbild für den Palazzo Vecchio in Florenz. Sehenswert sind das Vestibül sowie die Prunkräume (Mitte März–Anf. Nov. tgl. 10.30 bis 17.30, sonst tgl. 10–16.30 Uhr,). Von der Piazza dei Priori ist es nicht weit zum romanischen **Dom Santa Maria Assunta** aus dem frühen 12. Jh. Das dreischiffige Innere erhielt im 16. Jh. eine prächtige Kassettendecke. Ein Meisterwerk romanischer Holzbildhauerkunst ist im rechten Querschiff die »Kreuzabnahme« (13. Jh.). Die Reliefs der Kanzel sowie die Terrakottagruppen aus der Werkstatt Andrea della Robbias in der Cappella dell'Addolorata mit dem Fresko »Anbetung der Könige« von Benozzo Gozzoli lohnen einen zweiten Blick.

Im **Museo Etrusco Guarnacci** kann man über 600 Graburnen bewundern (Mitte März–Anf. Nov. tgl. 9–19, sonst 10–16.30 Uhr; dt. Begleittexte). Sie geben einen einmaligen Einblick in die Kunst der Etrusker. Die berühmte »Urna degli

Die Abtei San Galgano wurde im 13. Jahrhundert von Zisterziensern gegründet und entwickelte sich zu einem bedeutenden Machtzentrum, doch sie verfiel im Laufe der Jahrhunderte.

Manhattan des Mittelalters: (Einfluss-)reiche Einwohner San Gimignanos versuchten, sich durch den Bau von Geschlechtertürmen gegenseitig zu übertrumpfen. Der Verteidigung dienten sie ebenfalls.

sposi« (Urne des Ehepaars) zeigt, zu welchem Realismus etruskische Künstler in späterer Zeit fanden. Nicht minder berühmt ist die 60 cm hohe, bronzene Votivstatuette eines spindeldürren Knaben mit dem Namen *Ombra della sera* (Abendschatten). Die Eintrittskarte für das Museum gilt auch für die **Pinakothek im Palazzo Minucci Solaini** (Via dei Sarti 1, geöffnet wie Museo Etrusco) und das **Museo Diocesano di Arte Sacra** in der Kirche Sant'Agostino (Piazza XX Settembre, Di–So 11–18 Uhr).

Durch die Porta San Francesco gelangt man zu den **Balze,** den spektakulären Felsabbrüchen des tonhaltigen Gesteins, hervorgerufen durch die jahrhundertelange Erosion.

6 SAN GIMIGNANO

Von Volterra geht es in östlicher Richtung weiter nach **San Gimignano** mit seiner einzigartigen Skyline. In der Hügellandschaft wirken die 13 erhaltenen der einst 72 mittelalterlichen Geschlechtertürme von Weitem wie Wolkenkratzer. Den Ort durchquerte einst die Frankenstraße, ihr Bedeu-

tungsverlust führte im 14. Jh. zur wirtschaftlichen Krise. Geld für Neubauten fehlte, die Häuser aus dem 11. und 12. Jh. wurden kaum mehr verändert.

Heute schlägt das Herz des Ortes auf der schönen **Piazza della Cisterna.** Gleich dahinter wartet mit dem **Domplatz** ein weiteres Glanzstück San Gimignanos. Neben der Frontseite des 1288 fertiggestellten **Palazzo del Popolo** öffnet sich eine der ältesten Loggien der Toskana. Der Palazzo beherbergt die **Musei Civici** mit sienesischer Kunst aus dem 13. und 14. Jh. (April–Sept. tgl. 10–19.30, sonst 11–17.30, März 10–17 Uhr, 2-Tage-Ticket für alle städtischen Museen, www.sangimignano

---

💬 **GESCHLECHTERTÜRME**

… dienten einst dem Schutz der Familien. Sie wurden als Festungen gebaut und bestanden im oberen Stockwerk oft aus nur einem Raum. Dieser war über lange Leitern erreichbar, die man dann nach oben zog: clever! Einerseits. Andererseits: Wie lange konnte man es dort eingesperrt aushalten?

musei.it). Der Aufstieg auf den Palastturm (54 m), die **Torre Grossa,** lohnt sich wegen des grandiosen Panoramas, das man auch von der Burg, der **Rocca** (14. Jh.), aus genießt.

Einmalig in der romanischen **Collegiata Santa Maria Assunta** sind die »Bibeln des Volkes«, fast vollständig erhaltene Fresken von Sieneser Malern des 14. Jhs. (April–Okt. Mo–Fr 10–19.30, Sa 10–17.30, So 12.30–19.30, sonst Mo–Sa 10–17, So 12.30–17 Uhr, 2. Januar- und 2. Novemberhälfte geschl., www.duomosangimignano.it).

Vom Domplatz schlendert man nördlich durch die Via S. Matteo zur gotischen **Bettelordenskirche Sant'Agostino.** Die Hauptchorkapelle überrascht mit 17 Fresken von Benozzo Gozzoli zum Leben des hl. Augustinus.

Am Abend und am frühen Morgen erleben Sie den Ort ohne Touristenströme. Bummeln Sie von Stadttor zu Stadttor, lassen Sie sich die biblischen Geschichten von den Fresken der Collegiata erzählen und genießen Sie am Abend auf der Piazza della Cisterna ein Glas des erfrischenden lokalen Weißweins Vernaccia.

Falls Sie noch Lust auf ein bisschen Gruseln haben: In San Gimignano gibt es gleich zwei Foltermuseen, das **Museo della Tortura** und das **Museo della Pena di Morte** (Via San Giovanni, 125 und 82, tgl. 10–19 Uhr, im Winter nur Sa, So, www.torturemuseum.it).

7 CERTALDO UND 8 CASTELFIORENTINO

Im zauberhaften Ort **Certaldo** (16 000 Einw.) verbringen Sie den nächsten Vormittag. Es ist die Heimatstadt des Schriftstellers Giovanni Boccaccio (1313–1375), der mit dem »Decamerone« eines der Hauptwerke der italienischen Literatur schuf. An der Via Boccaccio des hoch über dem Tal gelegenen Stadtteils Certaldo Alto reihen sich alle Sehenswürdigkeiten des Ortes: das **Haus Boccaccios** (April–Okt. tgl. 9.30–13.30, 14.30 bis 19, sonst Mi–Mo 9.30–13.30, 14.30–16.30 Uhr, www.enteboccaccio.it), die außen schlichte romanische **Kirche San Jacopo e Filippo** mit dem netten **Museo di Arte Sacra** (Juni–Sept. tgl. 9.30–13.30, 14.40–19, sonst Di–So 9.30–13.30, 14.40–16.30 Uhr, www.piccoligrandimusei.it)

und der schöne **Palazzo Pretorio** (geöffnet wie Casa Boccaccio).

Einen wohlschmeckenden toskanischen Imbiss kann man in der **Enoteca Boccaccio** (Via Boccaccio 37) genießen. Nachmittags bewundern Sie die Malkunst Benozzo Gozzolis im **Museo BEGO** (Via Testaferrata Mo, Fr 9–13, Di, Do 16–19, Sa, So, Fei 10–12, 16–19 Uhr, www.museobenozzogozzoli.it) in **Castelfiorentino** (17 300 Einw.).

9 SAN MINIATO

Am Abend erreichen Sie die Trüffelmetropole **San Miniato** (27 900 Einw.). Das Wahrzeichen der Kleinstadt ist der **Turm Kaiser Friedrichs II.,** der letzte Überrest der Kaiserburg (13. Jh.), mit traumhaftem Panoramablick über das Arno-Tal bis fast ans Meer (April–Okt. Di–So 11–18, Nov.–März Di–So 11–17 Uhr). Unterhalb, am Domplatz, liegt der **Palazzo dei Vicari Imperiali** (12. Jh.), ihm gegenüber die romanische Fassade des **Doms** (sehr günstiges Sammelticket für alle Museen und Sehenswürdigkeiten, alle Mo geschl.).

Wegen der engen Verbindung zu Friedrich Barbarossa hatte San Miniato bis 1945 den Beinamen »al tedesco«.

INFORMATIONEN

TOUR ㉙ Von Siena nach San Gimignano und ins Elsa-Tal

Autotour, 7 Tage, ca. 190 km

STATIONEN

1 Siena
2 San Galgano
3 Monteriggioni
4 Colle di Val d'Elsa
5 Volterra
6 San Gimignano
7 Certaldo
8 Castelfiorentino
9 San Miniato

SIENA
INFO
Infobüro Terre Siene
Gute Infoquelle zur ganzen
Region. Mo–Fr 10–16.30, Sa, So, Fei
10.30–18.30 Uhr.
Piazza Duomo 1, Tel. 05 77 28 05 51,
www.terresiena.it,
www.comune.siena.it

HOTELS
Villa Elda
Ruhig gelegenes, freundliches
Boutique Hotel in einer Jugendstilvilla. Die Terrasse bietet einen
wunderbaren Blick auf Altstadt
und Dom.
Via XXIV Maggio 10, Siena,Tel. 05 77
24 79 27, www.villaeldasiena.it

Chiusarelli
Im Stadtkern in einer klassizistischen Villa, Frühstücksbuffet auf
der lichtdurchfluteten Veranda.
Viale Curtatone 15, Siena,
Tel. 05 77 28 05 62,
www.chiusarelli.com

RESTAURANTS
Osteria Le Logge
Sieneser Küche vom Allerfeinsten,
erlesene Weine. So geschl.
Via del Porrione 33, Siena,
Tel. 057 74 80 13,
www.osterialelogge.it

**La Compagnia dei
Vinattieri**
Elegante Weinbar mit Salami- und
Käsespezialitäten, aber
auch warmen Gerichten.
Via delle Terme 79/Via dei Pittori 1,
Siena, Tel. 05 77 23 65 68,
www.vinattieri.net

Antica Trattoria Papei
Bodenständige lokale Küche.
Unbedingt die hausgemachte Pasta
probieren! Tgl. 12–22.30 Uhr.
Via del Mercato 6, Siena,
Tel. 05 77 28 08 94,
www.anticatrattoriapapei.com

EISDIELE
Il Masgalano
Hervorragendes Eis ohne künstli-
che Zusätze, nahe der Basilika San
Domenico.
Via della Sapienza 47, Siena

SHOPPING
Antica Drogheria Manganelli
Hier erhält man seit dem Jahr 1879
Panforte, ein Gebäck mit Mandeln,
Früchten und Gewürzen.
Via di Città 73, Siena,
www.drogheriamanganelli.it

AKTIVITÄTEN
Giro delle Terre di Siena
Fahrradrundtour, 395 km in 7 bis
10 Tagen durch die Provinz Siena:
Val d'Elsa, Val di Merse, Val d'Orcia,
Amiata, Crete Senesi und Chianti.
www.visittuscany.com

COLLE DI VAL D'ELSA
INFO
Pro Loco
Via del Castello 33b, Colle di Val
d'Elsa, Tel. 05 77 92 27 91,
www.terresiena.it

HOTEL
La Vecchia Cartiera
Schlicht-modernes Hotel mit
Restaurant in einer ehemaligen
Papierfabrik aus dem 13. Jh.
Via Oberdan 5, Colle di Val d'Elsa,
Tel. 05 77 92 11 07,
www.lavecchiacartiera.it

RESTAURANTS
Dietro le Quinte
Toskana-Küche mit frischen Kräu-
tern und hausgemachten Nudeln,
Panoramaterrasse mit Blick auf die
Stadtmauern. Im Winter Do geschl.
Piazza Canonica 2, Colle di Val
d'Elsa, Tel. 05 77 92 04 58,
www.dietrolequinteristorante.com

Enoteca Il Salotto
Urige Weinbar mit kleinen Speisen.
Via Gracco del Secco 31, Colle di Val
d'Elsa, Tel. 05 77 92 69 83

SHOPPING
Einige bekannte **Glashersteller** sind:
www.arnolfodicambio.com,
www.collevilca.it,
www.cristalleriemezzetti.com

AKTIVITÄTEN
Sentierelsa
4 km langer schöner Spaziergang am Fluss Elsa von Gracciano bis San Giorgio.

VOLTERRA
INFO
Ufficio Turistico
Piazza dei Priori 20, Volterra,
Tel. 058 88 72 57,
www.volterratur.it,
www.provolterra.it,
www.comune.volterra.pi.it

HOTEL
Albergo Etruria
Familiäres Flair in einem Hotel mit Etrusker-Relikten, üppiges Früh-stücksbuffet, Garten.
Via Matteotti 32, Volterra,
Tel. 058 88 73 77,
www.albergoetruria.it

RESTAURANT
Etruria
Wildspezialitäten in einem ge-pflegten Ambiente des 19. Jhs. Im Winter Do geschl.
Piazza dei Priori 6/8, Volterra,
Tel. 058 88 60 64

SHOPPING
Informationen und Download einer Karte zu den Alabasterwerkstätten und anderen traditionellen Hand-werksbetrieben:
Arte in Bottega, Via dei Sarti 15,
Volterra, Tel. 058 88 61 84,
www.arteinbottegavolterra.it

SAN GIMIGNANO
INFO
Pro Loco
Organisiert Di und Do Führungen durch die Weinkeller (Anmeldung bis 18 Uhr am Vortag). Verkauf von Trekking-Karten für die Umgebung, Organisation von Wanderungen.
Piazza del Duomo 1,
San Gimignano,
Tel. 05 77 94 00 08,
www.sangimignano.com

HOTEL
Leon Bianco
Stilvolles Haus am schönsten Platz der Stadt in einem geschmackvoll restaurierten Adelspalast aus dem Mittelalter.
Piazza Cisterna 13,
San Gimignano, Tel. 05 77 94 12 94,
www.leonbianco.com

RESTAURANTS
Osteria delle Catene
Man sitzt unter Steinbögen, und es wird traditionelle Küche serviert, wie Wildschweinwürste, Mittelalter-suppe mit Safran, Hase in Weinsoße. Mi ganztägig und außerhalb der Saison So Abend geschl.
Via Mainardi 18, San Gimignano,
Tel. 05 77 94 19 66,
www.osteriadellecatene.it

Perucà
Feine toskanische Küche in mittelalterlichen Kellerräumen, ausgesprochen herzlicher Service. Do geschl.
Via Capassi 16, San Gimignano,
Tel. 05 77 94 12 13

CERTALDO
HOTEL
Guesthouse Boccaccio
Apartments in einem Palazzo aus dem 14. Jh.
Via Boccaccio 32, Certaldo,
Tel. 05 71 66 66 14,
www.guesthouseboccaccio.it

RESTAURANT & HOTEL
Osteria del Vicario
Einmalige Atmosphäre in einem Kloster und exklusive Küche (Do geschl.). Die ehemaligen Mönchs-zellen wurden in ein geschmackvol-les B&B umgestaltet.
Via Rivellino 3, Certaldo,
Tel. 05 71 66 78 09,
www.osteriadelvicario.com

SAN MINIATO
INFO
San Miniato Promozione
Piazza del Popolo 1, San Miniato,
Tel. 057 14 27 45,
www.sanminiatopromozione.it

HOTEL
Villa Sonnino
Ruhiges Hotel in einer Villa des 16. Jhs. mit feinem Restaurant.
Via Castelvecchio 9/11, San Miniato (OT Catena),
Tel. 05 71 48 40 33,
www.villasonnino.com

RESTAURANT
Il Convio
In einem Bauernhaus des 19. Jhs., feine toskanische Küche, eigenes Olivenöl, in der Saison Trüffel. Mi geschl.
Via San Maiano 2, San Miniato,
Tel. 05 71 40 81 13,
www.ristoranteilconvio.com

Auch im Mittelalter waren die Sportereignisse ein großes Spektakel mit Trommeln und Fahnenschwingern, und natürlich trug man die Farben seiner Mannschaft – genau wie heute in den Fußballstadien. Aber ging es dabei nicht doch ein wenig stilvoller zu? Ganz zu schweigen von der Arena …

TOUR **30** **AREZZO & ARETINO**

SPORT IM MITTELALTER

GESTERN *Auf der Piazza Grande von Arezzo wetteiferten einst die Ritter darum, wer der Geschickteste mit der Lanze war*

HEUTE *Auch die anderen Orte dieser Tour durch die östliche Toskana atmen die Atmosphäre des Mittelalters*

GESTERN

Was das Golfspielen für die Hautevolee von heute ist, war für die Ritter des Mittelalters das Lanzenstechen: ein Sport, bei dem nur mitmachen konnte, wer dazugehörte und sich die teure Ausrüstung leisten konnte – und jemanden hatte, der sie für einen trug. Anderswo geriet es dann nach und nach aus der Mode, in Arezzo aber hat man mit der »Giostra del Saracino« diese Tradition – mit einigen Unterbrechungen – bis heute weitergepflegt. Allerdings geht es mittlerweile demokratischer zu. Man braucht kein Adliger mehr zu sein, um mitmachen zu können. Stattdessen konkurrieren die Aretini, die Einwohner Arezzos, darum, wer Punkte für sein Viertel holt, indem er den hölzernen »Sarazenenkönig« *(Saracino)* am geschicktesten trifft. Zweimal im Jahr versetzt das Spektakel mit Reitern, Trommlern, Fanfaren, Fahnenschwingern, feierlichen Zeremonien und dem historischen Umzug die Piazza Grande im Herzen der Stadt um mehrere Jahrhunderte in die Vergangenheit.

HEUTE

Ein Tag in Arezzo vergeht viel zu schnell. Die Fresken Piero della Francescas in der Kirche San Francesco, die romanische Pieve di Santa Maria, die weite Piazza Grande, die herrlichen Glasfenster im Dom, ein Spaziergang durch den Stadtpark – all das ist ein wunderbarer Auftakt zu dieser kleinen Rundfahrt durch das Aretino.
Landkarte: Seite 217, Adressen 220/221

1 **AREZZO**

Schon in etruskischer Zeit war Arezzo (99 400 Einw.) einer der mächtigsten Orte des Zwölfstädtebundes und erlebte auch nach der Eroberung durch die Römer 294 v. Chr. eine Blütezeit – das große Amphitheater zeugt davon. Im Mittelalter schwächten innere Zwistigkeiten sowie Kämpfe mit Siena und Florenz die Kommune. 1384 fiel Arezzo schließlich durch Verkauf an Florenz. Erst im 20. Jh. gewann die Stadt wirtschaftlich wieder an Bedeutung und ist heute das wichtigste Zentrum der Goldverarbeitung in Italien.

Von »unten nach oben« schlendert man durch Arezzo: Der **Corso Italia**, die Einkaufs- und Flaniermeile, führte bereits um 1200 als wichtigste Ader in Richtung Norden zum politischen und geistigen Zentrum der Stadt. Beginnen Sie ganz unten mit dem **Amphitheater** und dem didaktisch sehr gut aufgebauten **Museo Archeologico** gleich nebenan – empfehlenswert v. a. wegen der zart dekorierten korallenfarbigen *Vasi aretini* (Via Margaritone 10, Mo–Sa Einlass um 9.30, 11.30 u. 14–19, Aug. auch So 14–19.30 Uhr).

Nur wenige Schritte links vom Corso wartet die Hauptsehenswürdigkeit Arezzos, die **Kirche San Francesco.** Berühmt ist der Bettelordensbau aus dem 13. Jh. für Piero della Francescas Fresken in der Hauptchorkapelle. Der um 1420 in Sansepolcro geborene Künstler zählt zu den herausragenden Malern seiner Epoche in Italien. Seine »Legende vom Kreuz Christi« bildet einen der vollkommensten Freskenzyklen, nicht nur der Renaissance. Im Mittelpunkt der Legende steht der »Traum Konstantins«, eine der ersten Nachtszenen in der Malerei. Von 1985 bis 2000 wurde der Zyklus aufwendig restauriert (Sommerzeit Mo–Fr 9–19, Sa 9–18, So 13–18, Winterzeit Mo–Fr 9–18, Sa 9–17.30, So

> ### 💬 KUNST & GESCHICHTE
>
> **Giorgio Vasari** (1511–1574) war Hofmaler und Architekt. Heute ist er als einer der ersten Kunsthistoriker bekannt, auf den stilbildende Begriffe wie Gotik, Manierismus oder Renaissance zurückgehen.

13–17.30 Uhr; Einlass alle 30 Min., Tickets auch online: www.pierodellafrancesca-ticketoffice.it).

Man folgt wieder dem Corso und wird nicht umhinkommen, in das eine oder andere Schmuckgeschäft zu schauen. So erreicht man die **Pieve di Santa Maria,** einen der schönsten romanischen Bauten der Toskana. Beeindruckend sind ihre Fassade und der **Campanile,** genannt **Turm der hundert Löcher** (in Wirklichkeit sind es 40 Biforien, also nur 80 Löcher).

Typisch mittelalterliche Läden säumen den Weg vom Corso zum »Großen Platz«, Zentrum des städtischen Lebens seit dem 13. Jh. Trotz oder gerade wegen der verschiedenartigen Baustile der Gebäude wirkt die **Piazza Grande** als grandiose Einheit. Neben der Apsis der romanischen **Pieve** steht der **Justizpalast** aus dem 17. Jh., an den sich der **Palazzo della Fraternità dei Laici** anschließt.

»Typisch toskanisch« präsentiert sich die Landschaft rund um Arezzo, mit sanften grünen Hügeln, Zypressen und Pinien.

Dem gotischen Untergeschoss (1375 bis 1377) fügte Bernardo Rossellino 1434 den oberen Teil im Stil der Frührenaissance hinzu. Den **Glockenturm** entwarf im 16. Jh. Giorgio Vasari, ebenso wie den imposanten **Palazzo delle Logge.**

Weiter geht es von der Hügelkuppe in die westliche Altstadt: Fast ganz oben am Corso Italia liegt das **Geburtshaus Francesco Petrarcas,** einer der bedeutendsten italienischen Dichter (1304–1374). Im nahegelegenen **Stadtpark** kann man eine Pause machen, ein Kiosk bietet kühle Getränke. Wer bis zu den Resten der Anfang des 16. Jhs. erbauten **Medici-Festung** spaziert, wird mit einem herrlichen Panoramablick belohnt.

Das Schönste am gotischen **Dom** sind seine Glasfenster, 1518 bis 1524 geschaffen von Guillaume de Marcillat. Das große Rundfenster mit dem »Pfingstwunder« in der Fassade sowie v. a. die Fenster mit der »Erweckung des Lazarus« und der »Vertreibung der Händler aus dem Tempel« erzählen in leuchtenden Farben biblische Geschichten, die in die Renaissance-Architektur der Zeit gestellt sind. Und auch der Dom birgt ein Werk Piero della Francescas: Das kostbare Fresko der Hl. Magdalena neben der Sakristeitür, links vor dem Chor, kann man sich ganz in Ruhe ansehen, im Gegensatz zu den Fresken in San Francesco.

Zu den beeindruckendsten Bettelordenskirchen der Toskana gehört **San Domenico,** der 1275 im gotischen Stil begonnene Kirchenbau, der die einladende gleichnamige Piazza abschließt. In seiner Schlichtheit großartig wirkt der einschiffige Innenraum mit dem offenen Dachstuhl. Der schöne Freskenschmuck stammt aus dem 14./15. Jh., das Kruzifix über dem Hauptaltar ist ein Frühwerk von Cimabue (um 1260/70) – es wurde mit großem Aufwand restauriert.

Einen Besuch wert ist auch die **Casa di Giorgio Vasari.** Der berühmte Sohn Arezzos (1511 bis 1574) schuf mit seinen 1550 publizierten Viten von herausragenden Malern, Bildhauern und Architekten, darunter Leonardo da Vinci, Raffael und Michelangelo, das erste wissenschaftliche Werk der Kunstgeschichtsschreibung. Selbst Maler und Architekt, wirkte er in seiner Geburtsstadt und in Florenz. Als Baumeister des Medici-Großherzogs Co

simo I. errichtete er dort die berühmten Uffizien (**siehe Seite 195**). Das Haus in Arezzo, das sein Refugium von den Bürden des Alltags in Florenz werden sollte, kaufte Vasari 1540 . Er dekorierte eigenhändig einige Räume mit mythologischen Szenen im manieristischen Kunstgeschmack seiner Zeit (Via XX Settembre 55, Mo, Mi–Sa 8.30–19.30, Do im Juli, So, Fei 8.30–13.30 Uhr).

2 CORTONA

Zwar südlich von Arezzo und damit in entgegengesetzter Richtung unserer Tour liegt **Cortona** (22 000 Einw.) – ein Ausflug hierher lohnt sich allemal! Die einst mächtige Etruskerstadt bezaubert Besucher mit ihrer mittelalterlichen Altstadt: Von hier eröffnen sich traumhafte Aussichten über das Chiana-Tal, aus dem die Chianina-Rinder für die ausgezeichnete *Bistecca* kommen, die man alljährlich am 14./15. August bei der **Sagra della Bistecca** (Fest des Steaks) probieren kann.

In den vier Stockwerken des **Museo dell'Accademia Etrusca** (Palazzo Pretorio) sieht man den berühmten, 16 Lucernare tragenden etruskischen Bronzeleuchter aus dem 4. Jh. v. Chr., der fast 60 Kilo wiegt, ägyptische Mumien, Bucchero-

Cortona besitzt eine sehenswerte mittelalterliche Altstadt. Auf der Piazza della Repubblica kann man sich auf die Freitreppe oder in eins der Cafés und Restaurants setzen.

Gefäße, langobardische Gewandfibeln und auch ein Madonnenbildnis von Pinturicchio (April bis Okt. tgl. 10–19, Nov.–März Di–So 10–17 Uhr, www.cortonamaec.org). An der zentralen **Piazza della Repubblica** sitzen die Besucher am liebsten auf der großartigen Freitreppe und bewundern den zinnenbekrönten Turm des **Palazzo Comunale**. Man spaziert von hier am besten zur **Piazza della Pescaia**, die den Aufstieg in den pittoresken oberen Stadtteil lohnt. Hier wartet die **Kirche San Niccolò** (15. Jh.) mit einem eleganten Portikus auf. Ein steiler, zypressengesäumter Weg führt weiter hinauf zur etwas protzigen **Basilika Santa Margherita,** die der Stadtheiligen von Cortona geweiht ist.

Der berühmteste Sohn der Stadt ist der Maler Luca Signorelli (um 1445–1523), dessen Werke im **Museo Diocesano del Capitolo** zusammen mit der »Verkündigung« (um 1433) von Fra Angelico zu den Hauptsehenswürdigkeiten Cortonas zählen (Piazza Duomo 1, April–Okt. tgl. 10–18.30, Nov. bis März Di–So 10–17 Uhr, www.diocesiarezzo.it).

3 MONTERCHI UND 4 SANSEPOLCRO

Am nächsten Morgen führt der Weg über bewaldete Hügelketten in das winzige **Monterchi** (1700 Einw.), um dort ein absolutes Meisterwerk Piero della Francescas in dem eigens dafür eingerichteten Museum zu bewundern: Das wundervolle **Fresko der Madonna del Parto** (Schwangere Muttergottes) mit der wie aus Stein gemeißelt wirkenden Madonna besticht durch seine perfekte Symmetrie (Via della Reglia, 15. März–15. Okt. tgl. 9–13, 14–19, sonst Mi–Mo tgl. 9.30–12.30, 14–17 Uhr, www.madonnadelparto.it).

Im Anschluss fahren Sie in das reizende **Sansepolcro**. Mächtige Mauern und eine Festung aus dem 16. Jh. beschützen die schachbrettartig angelegte Altstadt. Hinter der hohen Stadtmauer lassen Sie sich von den Meisterwerken Piero della Francescas im Museo Civico berühren. Der Maler hinterließ hier in seinem Heimatort einige der wichtigsten Werke.

Paläste aus dieser Epoche und im manieristischen Stil schmücken die Innenstadt, auch blieben einige mittelalterliche **Wohntürme** erhalten. Der Palazzo della Residenza an der Piazza Garibaldi ist Sitz des **Museo Civico** mit seinen wunderschönen Gemälden, vor allem den Werken Pieros (Via N. Aggiunti 65, Mitte Juni–Ende Sept. tgl. 10–13.30, 14.30 bis 19, sonst tgl. 10–13, 14.30–18 Uhr, www. museocivicosansepolcro.it). Versäumen Sie es nach den gemalten Kunstwerken auch nicht, bei **Busatti** vorbeizuschauen – hier sind traumhaft schöne Stoffe zu finden (Seite 221)!

5 CHIUSI DELLA VERNA

Am Folgetag führt die Fahrt am Lago di Montedoglio entlang über Pieve Santo Stefano nach **Chiusi della Verna** (2000 Einw.). Auf 1129 m, umgeben von der mystisch anmutenden Stille des Bergwalds oberhalb des kleinen Dorfs, errichtete der hl. Franz von Assisi ab 1213 ein Kloster. Zu den Schätzen der **Chiesa Maggiore** (Baubeginn 1348) gehören die Terrakotten von Andrea della Robbia. Rechts neben der Chiesa Maggiore führt eine Treppe hinab zur ältesten **Kirche Santa Maria degli Angeli,** mit deren Bau noch zu Lebzeiten des hl. Franz begonnen wurde. Links von der Chiesa Maggiore führt der »Korridor der Stigmate« in die **Zelle** des hl. Franz und in die **Cappella delle Stimmate,** wo der Heilige die Wundmale Christi empfangen haben soll (tgl. 6.30–22, Winterzeit bis 19.30, Kapelle tgl. 8–19, Winterzeit bis 17 Uhr, www.laverna.org).

6 POPPI

Übernachten Sie am besten in einem Agriturismo in der Gegend, um am nächsten Tag das reizvolle **Poppi** (6100 Einw.) zu erkunden. Das Städtchen auf 437 m ruht zu Füßen des **Nationalparks Monte Falterona Campigna – Foreste Casentinesi.** Die anmutigen Bogengänge der Hauptstraße Via Cavour verbinden die romanische **Kirche San Fedele** und die von Arkaden umschlossene **Rundkirche Madonna del Morbo.** Ein paar Schritte weiter oben am Hügel beherrscht der **Adelspalast** der Grafen Guidi das Bild mit seinem mächtigen Turm, der Zugbrücke und den hölzernen Wehrgängen im Inneren – perfekte Fotomotive für Burgenfans. Den besten Blick auf die Burg hat man,

wenn man durch den Bogen rechts von der Kirche San Fedele tritt (Öffnungszeiten siehe www.buonconte.com). Für Familien mit Kindern bietet sich ein Ausflug zum **Zoo della Fauna Europea** an.

7 STIA

2 km von Pratovecchio bestaunen Sie die einsam gelegene romanische **Kirche San Pietro in Romena,** bevor Sie in den schönsten Ort des Casentino, nach **Stia** (2900 Einw.), weiterreisen. Am Zusammenfluss von Arno und Staggia entwickelte sich schon im Mittelalter dieser Marktort. Arkaden zieren die **Piazza Mazzini,** von der man zum Ausstellungszentrum **Palagio Fiorentino** kommt, 1908 in eklektischen Formen erneuert. Es beherbergt das **Museum für zeitgenössische Kunst** mit Werken von Marino Marini, Ottone Rosai und Giò Pomodoro (Juni–Sept. Sa, So, 16 bis 19 Uhr). Am nächsten Tag wandeln Sie jenseits des Flusses Staggia unter den Laubengängen an der **Piazza Tanucci,** dem malerischen Zentrum des Ortes. Die **Kirche Santa Maria Assunta** mit ihrer Fassade aus dem 18. Jh. besitzt noch den romanischen Innenraum und Kostbarkeiten wie das Relief »Madonna mit Kind« von Andrea della Robbia.

8 CAMALDOLI

Der Nachmittag bietet Gelegenheit für einen Ausflug auf 816 m zum Kloster und zur Einsiedelei von **Camaldoli,** gegründet vom hl. Romuald (952–1027). Man sieht die dorfähnliche Anlage der 20 Zellen der Einsiedelei und die doppeltürmige barocke **Chiesa del Salvatore.** Nur die Kirche und die Zelle des hl. Romuald sind zugänglich. Etwa 40 Min. braucht man zu Fuß für die 3 km hinunter zum eigentlichen Klosterkomplex. Der leichte Spaziergang führt durch einen majestätischen Nadelwald, die **Foresta di Camaldoli,** seit Jahrhunderten von den Mönchen gepflegt und heute Teil des Nationalparks. Da die Ordensgebäude den Mönchen vorbehalten sind, kann man nur die Kreuzgänge, die barockisierte Kirche und die schöne Apotheke aus dem 16. Jh. besichtigen, wo klostereigene Produkte wie Liköre und Honig verkauft werden (tgl. 9–12.30, 15–18 Uhr, im Winter Mi nachmittags geschl.).

INFORMATIONEN

TOUR ③⓪ Von Arezzo nach Camaldoli

Autotour, 5–6 Tage, ca. 190 km

STATIONEN
1 Arezzo
2 Cortona
3 Monterchi
4 Sansepolcro
5 Chiusi della Verna
6 Poppi
7 Stia
8 Camaldoli

PRAKTISCHE HINWEISE
In Arezzo gibt es einen großen, kostenfreien **Parkplatz** nördlich des Doms, mit Rolltreppe ins Zentrum. Alle Orte der Provinz Arezzo werden zwar von **Überlandbussen** angefahren (www.etruriamobilita.it), für ein unabhängigeres Reisen ist jedoch ein Auto sinnvoll. Denken Sie in den **Bergen** auch im Sommer an warme Kleidung und festes Schuhwerk!

AREZZO
INFO
Benvenuti ad Arezzo
Piazza della Libertà 1, Arezzo, Tel. 05 75 40 19 45, www.arezzointuscany.it

HOTELS
Continentale
Elegantes Traditionshotel in Altstadtnähe, über 70 komfortabel ausgestattete Zimmer. Piazza Guido Monaco 7, Arezzo, Tel. 057 52 02 51, www.hotelcontinentale.com

Cecco
Modernes Haus an der Flaniermeile, im Restaurant traditionelle Küche. Corso Italia 215, Arezzo, Tel. 057 52 09 86, www.hotelcecco.com

RESTAURANTS
La Lancia d'Oro
Das Restaurant befindet sich am Hauptplatz unter den Loggien Vasaris und bietet gute aretinische Küche. Juli/Aug. tgl. geöffnet, sonst So Abend u. Mo geschl. Piazza Grande 18, Arezzo, Tel. 057 52 10 33, www.ristorantelanciadoro.it

La Torre di Gnicche
Sympathische Enothek beim Hauptplatz, gute Grappa, einheimische Gerichte. Mi geschl. Piaggia San Martino 8, Arezzo, Tel. 05 75 35 20 35, www.latorredignicche.it

SHOPPING
Die monatliche Fiera Antiquaria ist der größte **Antiquitätenmarkt** der Toskana. Das gesamte Zentrum von Arezzo ist Verkaufsfläche. In der Regel am erstem Wochenende des Monats: www.fieraantiquaria.org

Fattoria La Vialla
Verkauf und Versand von Öl, Wein, Pecorino u. a. eigenen Produkten der familiengeführten, ökologisch bewirtschafteten Fattoria (ca.

12 km nordwestl. von Arezzo). Man kann auch Landhäuser mieten (April-Okt.), in Seen baden, reiten und Fahrräder leihen. Hofladen: April-Okt. Mo-Fr 10-18 Uhr. Via di Meliciano 26, Castiglion Fibocchi, Tel. 05 75 47 77 20, www.lavialla.it

CORTONA
INFO
Ufficio Informazioni Turistiche
Piazza Signorelli 9, Cortona, Tel. 05 75 63 72 23

HOTELS
Farneta
Modernes Hotel bei der Abtei von Farneta, ruhig im Grünen gelegen, gute Küche mit eigenen Produkten. Loc. Farneta 3, Cortona, Tel. 05 75 61 02 41, www.hotelfarneta.it

San Luca
Modern ausgestattete Zimmer, am Rand des *centro storico*, schöne Aussichtsterrasse. Piazza Garibaldi 1, Cortona, Tel. 05 75 63 04 60, www.sanlucacortona.com

RESTAURANTS
Taverna Pane e Vino
Enothek im Keller eines alten Palazzo; über 900 Weine, kleine Gerichte, im Sommer auch draußen. Mo geschl.

Piazza Signorelli 27, Cortona,
Tel. 05 75 63 10 10,
www.pane-vino.it

La Grotta
Typisches Familienlokal mit toskanischer Küche. Di geschl.
Piazza Baldelli 3, Cortona,
Tel. 05 75 63 02 71,
www.trattorialagrotta.it

SHOPPING
Schwelgen können Antiquitätenfreunde Ende Aug./Anfang Sept. auf der **Cortona Antiquaria**, bei der es 2 Wochen lang antike Möbel zu kaufen gibt: www.cortonantiquaria.it

MONTERCHI
RESTAURANT
Locanda al Castello di Sorci
Der Landgasthof befindet sich etwa 7 km nördl. von Monterchi Richtung Anghiari in einer traumhaften Lage. Traditionelle Küche und gute Holzofenpizza. Mo geschl.
Loc. San Lorenzo 25, Anghiari, Arezzo, Tel. 05 75 78 90 66, www.castellodisorci.it

SANSEPOLCRO
HOTEL & RESTAURANT
Albergo Fiorentino
Angenehmes Hotel mit vorzüglichem Restaurant.
Via Luca Pacioli 56, Sansepolcro, Tel. 05 75 74 03 50, www.albergofiorentino.com

SHOPPING
Enoteca Guidi
Große Weinauswahl, Pilze, Trüffel, Käse- und Salamispezialitäten. Man kann hier auch probieren.

So mittags und Mi geschl.
Via Luca Pacioli 46, Sansepolcro, Tel. 05 75 73 65 87, www.locandaguidi.it

Busatti
Die traditionsreiche Weberei produziert erlesene Stoffe in ausgezeichneter Qualität für Betten und Kissen, Handtücher und Tischwäsche.
Via Piero della Francesca 48/A, Sansepolcro, www.busatti.com

CHIUSI DELLA VERNA
HOTEL
La Collina delle Stelle
Agriturismo 16 km nordwestlich von Chiusi mit Zimmern und Apartments; Pool. Restaurant mit typischer Küche des Casentino.
Loc. Casanova 63, Bibbiena, Tel. 05 75 59 48 06, www.agricolacasentinese.it

POPPI
HOTEL
Agriturismo Casale Camalda
Offene Dachbalken, viel Stein und Holz, einfache Apartments für Selbstversorger inmitten des Nationalparks, gut 12 km nordöstlich von Poppi.
Loc. Castagnoli 33, Serravalle di Bibbiena, Tel. 05 75 51 91 04, www.agriturismocamalda.it

RESTAURANT
Il piccolo Ristoro
Familiäres Lokal, bodenständige Küche. Schon die Bruschetta-Varianten lohnen den Besuch. Mo geschl.
Via Cesare Battisti 7, Poppi, Tel. 05 75 34 85 49

STIA
HOTEL
Albergo Falterona
In einem Palazzo aus dem 15. Jh., kleines ruhiges Hotel mit modernem Komfort.
Piazza Tanucci 85, Stia, Tel. 05 75 50 45 69, www.albergofalterona.it

RESTAURANT
Osteria del Caranbar
Seit Jahren die Top-Adresse in Stia. Tradition und Innovation in der Küche zu vernünftigen Preisen. Lokale Produkte und ausgesprochen freundlicher Service. Mi geschl.
Via Adamo Ricci 19, Stia, Tel. 05 75 50 45 00, www.osteriadelcaranbar.com

AKTIVITÄTEN
Von Stia aus kann man eine herrliche leichte Waldwanderung zur Foresta di Campigna im **Nationalpark Foreste Casentinesi – Monte Falterona e Campigna** unternehmen. Anfahrt über die SS 310, www.parks.it/parco.nazionale.for.casentinesi/Giti.html
Infobüro: Via Guido Brocchi 7, Pratovecchio, Tel. 057 55 03 01, www.parcoforestecasentinesi.it

CAMALDOLI
HOTEL & RESTAURANT
Albergo Ristorante Camaldoli
Traditionsreiches Gasthaus in einem Nebengebäude des Klosters. Unbedingt auch den klassischen Pilgerimbiss, die *schiacciate*, probieren!
Via Camaldoli 11, Camaldoli, Tel. 05 75 55 60 19, www.albergoristorantecamaldoli.it

TOUR **31** **TOSKANA & UMBRIEN**

RUNTER UND RÜBER

GESTERN *In der Maremma konnte sich die Malaria trotz etruskischer und römischer Bemühungen einst ungehindert ausbreiten*

HEUTE *Der Küstenstreifen ist ein idealer Ausgangspunkt für diese lange Tour – erst die Riviera runter, dann rüber Richtung Umbrien*

GESTERN

Einst gehörte die Maremma zum etruskischen Stammland. Der Erzreichtum des Landstrichs hatte dieses Volk angelockt, das vor rund 2600 Jahren auf den Hügeln prächtige Städte errichtete und die ersten Entwässerungsanlagen installierte. Aber erst die Römer waren es, die das fruchtbare Lagunen-, Sumpf- und Schwemmland der Maremma dank aufwendiger Kanalsysteme zur Kornkammer der Toskana machten.

Nach dem Zerfall des Römischen Reichs »versumpfte« die Region erneut. Malaria breitete sich aus und zwang die Bewohner, ins Hinterland und in die Berge zu ziehen. Im 18. und 19. Jh. machten sich die Habsburger erstmals wieder daran, das Gebiet trockenzulegen. Es entstand ein groß angelegtes Rekultivierungs- und Entwässerungsprogramm. Die endgültig erfolgreiche Trockenlegung der Sumpfgebiete gelang allerdings erst um 1930 unter Mussolini, die Malaria verursachende Anophelesmücke konnte sogar erst nach dem Zweiten Weltkrieg ganz ausgerottet werden.

HEUTE

Diese kleine Reise führt Sie von der Gegend um Grosseto erst ein Stück an der Küste entlang, dann ins Landesinnere zum Lago di Bolsena und hinauf nach Montepulciano, bevor es hinübergeht nach Perugia und schließlich bis Assisi, wo sich der Kreis quasi schließt: Die Klarissen (Gründung im Jahr 1212), deren rasante Vertreterinnen auf dem Foto rechts zu bewundern sind, sind der zweite Orden des hl. Franz von Assisi. Adressen: Seite 229–231, Landkarte: Seite 231

1 MASSA MARITTIMA UND **2** FOLLONICA

Über dem Eingangstor zur Maremma, dem Ferienort Follonica, liegt 30 km von der tyrrhenischen Küste entfernt das wunderschöne **Massa Marittima** (8250 Einw.): Wie in einem Wohnzimmer sitzt man auf der zentralen **Piazza Garibaldi,** umrahmt von mittelalterlichen Prunkbauten – es ist einer der spektakulärsten Plätze der Toskana. Wer ihn bei Sonnenuntergang erlebt hat, kommt sicher wieder! Ihren Aufstieg verdankt die Stadt den Mi-

Gottesdienerinnen auf flotter Fahrt: Mit einer Eselsstärke verschafften sich die beiden Klarissen mit den coolen Sonnenbrillen in den 1950er-Jahren Mobilität. Das Nonnenkloster wurde Ende des 16. Jahrhunderts im Auftrag des Großherzogs in Grosseto erbaut, zwecks Errichtung einer Medici-Festung abgerissen und dann doch wieder aufgebaut. In dem Gebäude sind heute Ferienapartments untergebracht.

Massa Marittima ist Mitglied der Cittàslow, einer Initiative zur Entschleunigung städtischen Lebens.

neralienvorkommen der Colline Metallifere. Im 16. Jh. brachte die Malaria den Niedergang, den im 19. Jh. die Trockenlegung der Sümpfe und die Wiederinbetriebnahme der Bergwerke beendeten. Dieser Phase des Geldmangels verdankt die Stadt ihren hinreißenden Charakter, da man die Bausubstanz nicht veränderte: Die untere **Città Vecchia** prägte das 11. bis 13., die obere **Neustadt** das 13./14. Jh. Das perfekte Ensemble von **Loggia del Comune, Palazzo Comunale, Palazzo del Podestà** (mit Archäologischem Museum, April bis Okt. Di–So 11–13, 15–18 Uhr, sonst siehe Webseite: www.turismomassamarittima.it) und der 1228 begonnene **Dom** umrahmen die Piazza Garibaldi. In der Neustadt beeindrucken Reste der **Sieneser Festung** (14. Jh., begehbarer Aussichtsturm) und das Bergbaumuseum **Museo della Miniera** mit Schaustollen (Via F. Corridoni, nur mit Führung, Öffnungszeiten siehe Archäologisches Museum).

Bei **Follonica** (21 300 Einw.) beginnt die Maremma. Im Süden des Badeorts erstrecken sich feine Badebuchten und ein kilometerlanger Sandstrand vor einem Pinienwald – die ins Meer vorspringende Landzunge **Punta Ala** mit dem gleichnamigen noblen Retortenort an ihrer Spitze lädt zum Badevergnügen ein (www.puntaala.net).

3 CASTIGLIONE DELLA PESCAIA UND 4 GROSSETO

Der nächste Tag lockt zu einem Badeausflug ans Meer: Die herrliche Pineta del Tombolo, ein Schirmpinienwald an der Küste, liegt zwischen Marina di Grosseto mit schönen Sandstränden und dem Badeort **Castiglione della Pescaia** (7250 Einw.), der mit einem pittoresken Hafenkanal und einer mittelalterlichen Oberstadt (Castiglione Castello) aufwartet. Castiglione hat seit Jahren mit das sauberste Badewasser der Toskana.

Am Nachmittag wartet die Provinzhauptstadt **Grosseto** (82 000 Einw.) auf einen Besuch. Das Zentrum der Maremma hat ein modernes Stadtbild, umgeben von Mauern aus der Medici-Zeit. Den Besuch lohnt das **Museo Archeologico e d'Arte della Maremma** (Piazza Baccarini 3, Juni bis Mitte Sept. Di–Fr 10–19, Sa, So 10–13, 17–20, April, Mai, Mitte Sept.–Okt. Di–Fr 10.30–17, Sa, So 10–13, 16–19, Nov.–März Di–Fr 9.30–13.30, Sa, So 10–13, 16–18 Uhr, www.museidimaremma.it).

Kenntnisse über die Antike kann man am folgenden Tag noch vertiefen, in der nordöstlich von Grosseto gelegenen archäologischen Zone von **Roselle.** Deren sehenswerte Ausgrabungen haben auch Reste römischer Bauten freigelegt, darunter einen Tempel und eine Basilika (April–Okt. tgl. 10–19, Nov.–März 8.15–16.45 Uhr). Wer noch mehr Lust auf etruskische Kultur hat, der findet sie 22 km westlich im Etruskerstädtchen **Vetulonia** mit seinen prachtvollen Tumulusgräbern (Besichtigung gratis).

5 PARCO REGIONALE DELLA MAREMMA UND 6 MONTE ARGENTARIO

Übernachten Sie in einem der Orte am Meer, sodass Sie am nächsten Morgen zu einer Wanderung im **Parco Regionale della Maremma** aufbrechen oder am naturbelassenen Strand baden können. Auch vom kleinen Hafenort Talamone, wo sich die Kite-Surf-Szene trifft (Ausrüstung und Kurse: www.kitesurfuniversity.com), führen Wege in das Naturschutzgebiet. Das Besucherzentrum der Maremma mit ihrer einzigartigen Flora und Fauna befindet sich in **Alberese** (auch Führungen, www.parco-maremma.it).

Am Abend sollten Sie auf der Halbinsel **Monte Argentario** nächtigen, um in Porto Santo Stefano im Sommer die High Society mitzuerleben und am nächsten Morgen die Rundfahrt um den 635 m hohen Berg mit der herrlichen Aussicht auf die schönen Inseln des toskanischen Archipels starten zu können. Die ehemalige Insel verbinden drei sandige Landzungen mit dem Festland (12 km). Die hübschen Städte **Orbetello, Porto Ercole** und **Porto Santo Stefano** weisen Überreste spanischer Festungen auf; der Monte Argentario gehörte 1555 bis 1708 zum spanisch beherrschten Stato dei Presidi. Im letzten Badeort der südlichen Toskana, **Ansedonia,** liegen am Wasser Überreste der etruskischen und römischen Anlagen des antiken Cosa.

7 SATURNIA, 8 SOVANA UND 9 SORANO

Durch die sanften Hügel der Maremma geht es tags darauf über die Städtchen Manciano und Montemerano nach **Saturnia,** wo Sie in Naturbecken das warme Thermalwasser genießen. Hier vergnügen sich bei den kleinen Wasserfällen Cascate del Mulino wahre Menschenmassen kostenlos in den 37,5 °C warmen Travertinbadewannen (www.cascate-del-mulino.info). Stilvoll badet man in den Thermalbecken des Nobelhotels »Terme di Saturnia« (www.termedisaturnia.it).

In **Sovana** stehen alle Sehenswürdigkeiten an einer Straße, die sich im Zentrum zur Piazza erweitert. Der herrliche romanische **Dom** liegt am westlichen Ortsrand; hier fühlt man sich am Abend wie in längst vergangenen Zeiten.

Anderntags wandern Sie früh zu den nahen etruskischen Grabbauten. In der Totenstadt (etwa 1 km in westlicher Richtung an der Straße nach San Martino sul Fiora) herrscht dank der üppigen Vegetation ein ganz eigenes Flair, sie erinnern an

südamerikanische Tempelanlagen im Dschungel. Wanderwege führen zu den Gräbern.

Das Etruskerstädtchen **Sorano,** auf einem Tuffplateau gelegen, bietet eine sehenswerte Burg und enge Gässchen in der Altstadt.

10 PITIGLIANO

Am Abend wartet das auf Tuffstein erbaute **Pitigliano.** Den kleinen Ort muss man von der **Kirche Madonna delle Grazie** aus betrachten: Von hier hat man den besten Blick auf die einmalige Silhouette. Der großartige **Orsini-Palast,** der das archäologische und das **Museum** für liturgische Kunst beherbergt, sowie die mittelalterlichen Gassen in der **Altstadt,** die auf den etruskischen Höhlen, Kellern und Gräbern entstand, verleihen dem Ort besonderen Charakter. Und: Der Bianco di Pitigliano ist ein hervorragender Wein! Einen eindrucksvollen Spaziergang in den Tuff-Untergrund und die einstige jüdische Welt Pitiglianos erlebt man beim Besuch der **Synagoge** und des **Museo Ebraico** (April–Okt. So–Fr 10–13, 14.30–18, Nov.–März 10–12.30, 14–15.30 Uhr).

11 LAGO DI BOLSENA

Eine liebliche Landschaft bietet die Gegend um den **Lago di Bolsena,** dazu kommen etruskische Ausgrabungen und frühchristliche Katakomben in der Kirche Santa Cristina im freundlichen Bolsena am nordöstlichen Ufer. **Montefiascone** am Südufer des Sees lockt mit der romanischen Basilika San Flaviano.

12 ORVIETO

Nach so viel Natur wirkt der **Dom** mitten in der belebten Altstadt von **Orvieto** (20 250 Einw.) am nächsten Tag wie eine in Stein gegossene Filigranarbeit. Die Stadt liegt auf einem mehr als 100 m steil aufragenden Tuffsteinfelsen über dem Pagliatal. Lorenzo Maitani aus Siena verwirklichte als Baumeister im 14. Jh. die reich gegliederte Fassade des Gotteshauses. In der Cappella di San Brizio im Inneren erweist sich Luca Signorelli mit dem Freskenzyklus »Das Ende der Welt« (1499 bis 1504) als einer der Vorläufer Michelangelos. Ab dem 7. Jh. v. Chr. lebten hier die Etrusker. Re-

Nicht zu hoch gegriffen: Per Heißluftballon kann man über den Lago Trasimeno schweben.

likte ihrer blühenden Kultur besitzen das **Museo Claudio Faina** vis-à-vis vom Dom (tgl. April–Sept. 9.30–18, Okt.–März 10–17 Uhr, Nov.–März Mo geschlossen) und das **Museo Archeologico Nazionale** hinter dem Dom (tgl. 8.30–19.30 Uhr).

VOM 13 MONTE AMIATA DURCH DAS 14 ORCIA-TAL

Während der Fahrt am nächsten Tag durch die südliche Toskana entlang der Via Cassia hat man ihn stets im Blick: Alles überragt der waldreiche, 1738 m hohe **Monte Amiata,** der zu Wanderungen und Radtouren unter schattigen Buchenwäldern, zu langobardischer Kunst in der **Abbadia San Salvatore** oder auch zu den zeitgenössischen Installationen im Giardino von Daniel Spoerri in **Seggiano** einlädt (April–Okt. Di–So 10.30–17.30 Uhr, www.danielspoerri.org).

In der herrlichen, UNESCO-geadelten Kulturlandschaft des **Val d'Orcia** fügen sich kleine Orte wie **San Quirico d'Orcia** oder das hübsche **Montalcino** übergangslos ein. Verkosten Sie in der Enothek der Rocca unbedingt den weltberühmten Rotwein Brunello di Montalcino.

Die Schafherden in der grünen Hügellandschaft weisen schon auf den wohlschmeckenden Pecorino (Schafskäse) hin, der zu **Pienza** gehört wie Pius II. Der hier 1405 geborene Papst wollte den Ort zum Renaissance-Juwel umbauen. Welche Pracht geplant war, lässt sich gut an der eleganten **Piazza Pio II** nachvollziehen.

Der Spitzenwein Vino Nobile lockt nach **Montepulciano.** In der Stadt mit ihren kostbaren Renaissance-Palästen spaziert man von einer Weinprobierstube zur nächsten, genießt einen weiten Blick in die Landschaft und bewundert in der **Cantina del Redi** im Palazzo Ricci die Kellergewölbe, die Architekt Antonio da Sangallo d. Ä. einst entwarf.

> 💬 **DIE EUROCHOCOLATE**
>
> … ist ein populäres Festival rund um das Thema Schokolade. Es wird alljährlich im Oktober in Perugia gefeiert und ist begleitet von Musik, Theater und Kunst. Wer alles testen will, muss 6000 Produkte durchprobieren.

15 LAGO TRASIMENO

Allen, die Lust auf Natur, ein kühles Bad und ein leckeres Fischgericht haben, sei am nächsten Tag ein Abstecher zum **Trasimener See** empfohlen. Sanfte Hügel umrahmen das fischreiche, seichte Gewässer, mit 128 km² das viertgrößte Italiens. Vom netten **Castiglione del Lago** am Westufer oder dem näheren **Tuoro** im Norden lohnt sich eine Schifffahrt zur **Isola Maggiore.**

16 PERUGIA

Gut ausgeschlafen reist man am nächsten Tag nach **Perugia** (165 700 Einw.). Umbriens Hauptstadt erhebt sich auf 493 m über der hügeligen Landschaft. Auf Rolltreppen gelangt man in eine Stadt unter der Stadt: Das ganze Viertel der Baglioni, der bis 1540 herrschenden Familie, musste der päpstlichen Festung **Rocca Paolina** weichen (www.umbriasotterranea.it/perugia). Hier spaziert man durch die ehemaligen Gassen hinauf ans Tageslicht zum **Corso Vannucci**, der Flaniermeile, wo Studenten die Altstadt mit Leben erfüllen. Wie wäre es mit *caffè* und *dolci* bei Sandri (Nr. 32) – Innenausstattung und Auslagen des Traditionshauses sind einfach unwiderstehlich … Der Corso mündet in die **Piazza IV Novembre.** Im Zentrum steht hier die **Fontana Maggiore,** ein 1277 von Niccolò und Giovanni Pisano errichteter, über einen Aquädukt gespeister Brunnen. Der imposante, etwa zeitgleich errichtete **Palazzo die Priori** dominiert die Südseite des Platzes. Die Sala dei Notari (gratis), der nussgetäfelte Collegio della Mercanzia und der Collegio del Cambio (Eintritt) mit fantasievoll gekleideten Heroen des Malers Pietro Vannucci, genannt Perugino, zeigen den Prunk des Palazzo. An der Längsseite befindet sich der Zugang zur **Galleria Nazionale dell'Umbria.** Die chronologisch geordnete Sammlung gibt einen Überblick über die umbrische Malerei und Skulptur vom 13. bis zum 18. Jh. Herausragende Künstler wie Arnolfo di Cambio, Perugino und Pinturicchio sind neben Piero della Francesca und Luca Signorelli Glanzpunkte der Sammlung (Mitte März–Okt. Mo 12–19.30, Di bis So 8.30–19.30 Uhr, Nov.–Mitte März Mo geschl., www.gallerianazionaledellumbria.it).

Nach der Besichtigung kann man auf den Stufen des **Doms San Lorenzo** eine Pause einlegen.

17 GUBBIO

Eine reizvolle Fahrt mit Ausblicken über Hügelketten führt nach **Gubbio**, einer mittelalterlichen Bilderbuchstadt am Monte Ingino mit verschachtelter Häuserlandschaft. Wie von Feenhand hingezaubert, erstreckt sich die vom fotogenen **Palazzo Comunale** überragte Altstadt hinauf bis zum formvollendeten **Palazzo Ducale** im Renaissance-Stil, der 1474 für Federico da Montefeltro angelegten Residenz.

18 ASSISI UND 19 SPELLO

In die Heimatstadt des hl. Franziskus reisen Sie am folgenden Morgen. Sie bestaunen nicht nur die großartigen Fresken Giottos in der Pilgerkirche von **Assisi** (28 300 Einw.), sondern schenken auch der hübschen Altstadt und den übrigen franziskanischen Orten ein wenig Zeit.

Am Colle d'inferno, dem Höllenhügel, wollte der hl. Franziskus begraben werden – einer ehemaligen Hinrichtungsstätte außerhalb der Stadt.

Wer vom Tal aus anreist, hebt unwillkürlich den Blick zu den »ungeheuren Substruktionen der babylonisch übereinander getürmten Kirchen, wo der heilige Franziskus ruht«, wie Goethe das **Kloster San Francesco** beschrieb. Bereits einen Tag nach Franziskus' Heiligsprechung am 17. Juli 1228 wurde mit der Errichtung des Gebäudekomplexes begonnen. Der Bau besteht aus der Unter- und der Oberkirche. Dahinter schließt sich das Kloster an, und davor steht der mächtige romanische Glockenturm. Die untere Pilgerkirche besitzt Fresken aus dem späten 13. Jh. Die neoromanische Krypta birgt das Grabmal des Heiligen. Über den anmutigen Kreuzgang gelangt man in die Oberkirche. Ein Hauptwerk mittelalterlicher Wandmalerei sind die Fresken von Giotto, die ein Erdbeben 1997 schwer beschädigte. Unter den biblischen Szenen im Längsschiff ließ der Orden die Lebensgeschichte des Gründers malen.

Ins mittelalterliche Assisi bummelt man über die Via San Francesco. Die **Piazza del Comune** beherrscht die **Kirche Santa Maria sopra Minerva,** deren Portikus zu einem römischen Tempel gehört. Man entdeckt Kunstschätze wie die romanische Fassade des **Doms San Rufino** und den Ordensbau der Klarissinnen, die **Kirche Santa Chiara** mit dem Grabmal der Heiligen Klara in der neugotischen Krypta. 1226 starb Franziskus in der Portiuncula, heute Santa Maria degli Angeli, unterhalb von Assisi.

In der Nähe von Assisi zieht sich die rot-weiß glitzernde Travertinstadt **Spello** den Hügel hinauf. Die mittelalterlichen Gebäude, römischen Stadttore und die Renaissance-Fresken von Pinturicchio in der Cappella Baglioni in der Kirche **Santa Maria Maggiore** laden als Abschluss der Reise zur Erkundung ein (Di–So 9.30–12.30, 15.30–17 Uhr).

Zur Feier der erfolgreichen Olivenernte findet in Spello alljährlich im Herbst die Festa dell'Olivo e della Bruschetta statt.

INFORMATIONEN

TOUR ㉛ Von der Maremma bis nach Assisi

Autotour, 10–14 Tage, ca. 600 km

STATIONEN

1 Massa Marittima
2 Follonica
3 Castiglione della Pescaia
4 Grosseto
5 Parco Regionale della Maremma
6 Monte Argentario
7 Saturnia
8 Sovana
9 Sorano
10 Pitigliano
11 Lago di Bolsena
12 Orvieto
13 Monte Amiata
14 Orcia-Tal
15 Lago Trasimeno
16 Perugia
17 Gubbio
18 Assisi
19 Spello

PRAKTISCHE HINWEISE

Unterkünfte im Sommer rechtzeitig reservieren! In **Castiglione della Pescaia** und am **Monte Argentario** werden viel Strandszene und abendlicher Corso geboten. **Assisi** ist zu hohen kirchlichen Feiertagen stark besucht. Achten Sie in Kirchen auf angemessene Kleidung.

MASSA MARITTIMA
INFO
Alta Maremma Turismo
Via Todini 5, Massa Marittima,
Tel. 05 66 90 65 54,
www.turismomassamarittima.it

HOTEL
Il Sole
50 stilvolle Zimmer in einem mittelalterlichen Gebäude.
Via della Libertà 43, Massa Marittima,
Tel. 05 66 90 19 71,
www.hotelilsolesrl.it

RESTAURANT
Il Gatto e la Volpe
Kleines, feines Restaurant mit regionaler Küche. Mo/Do mittags geschl.
Vicolo Ciambellano 12, Massa Marittima,
Tel. 05 66 90 35 75,
www.ilgattoelavolpe-restaurant.business.site

CASTIGLIONE DELLA PESCAIA
HOTEL & RESTAURANT
Riva del Sole
Hotelanlage im Pinienhain, Windsurf- und Segelschule, Sauna, Pool. Mitte April–Mitte Okt.
Castiglione/OT Riva del Sole,
Tel. 05 64 92 81 11,
www.rivadelsole.it

GROSSETO
INFO
Pro Loco
Piazza del Popolo 3, Grosseto,
Tel. 05 64 48 85 73,
www.quimaremmatoscana.it

HOTEL
Hotel Maremma
In der Fußgängerzone (Autos können anfahren), 30 helle Zimmer (Klimaanlage); Restaurant nebenan, Küche der Region.
Via F. Paolucci de Calboli 11, Grosseto, Tel. 056 42 22 93,
www.hotelmaremma.it

MONTE ARGENTARIO
INFO
Infopoint
Piazzale del Valle, Porto S. Stefano,
Tel. 05 64 33 20 75,
www.prolocomonteargentario.it

VERKEHRSMITTEL
Tgl. Schiffe von Porto Santo Stefano zu den Inseln Giglio und Giannutri:
www.toremar.it

HOTEL
Hotel La Caletta
Direkt am Meer, Privatstrand, Panoramarestaurant und Tauchzentrum.
Via G. Civinini 10, Porto Santo Stefano, Tel. 05 64 81 29 39,
www.hotelcaletta.it

RESTAURANT
Centro Degustazione I Pescatori di Orbitello
Exzellente Fischgerichte ausschließlich aus der Region in den ehemaligen Stallungen der Festung. Öffnungszeiten siehe Webseite, im

Winter meist nur am Wochenende –
am besten vorab anrufen.
Via Leopardi 9, Orbetello,
Tel. 05 64 86 06 11,
www.ipescatoriorbetello.it

SOVANA
HOTEL
Albergo Scilla
In drei Gebäuden aus dem Mittelal-
ter untergebrachtes Hotel.
Via Rodolfo Siviero 3, Sovana,
Tel. 05 64 61 43 29,
www.albergoscilla.com

RESTAURANT
La Taverna Etrusca
Küche der Maremma, modern
interpretiert. Mi ganztägig, Mo–Fr
mittags geschl.
Piazza Pretorio 16, Sovana,
Tel. 05 64 61 41 13,
www.tavernaetrusca.com

SORANO
HOTEL
Hotel della Fortezza
In der mächtigen Orsini-Burg
schläft man ganz romantisch, gutes
Frühstück. Im Restaurant wird
die typische Küche der Maremma
serviert.
Piazza Cairoli 5, Sorano,
Tel. 05 64 63 35 49,
www.hoteldellafortezza.com

PITIGLIANO
INFO
IAT
Gute Karten zu den etruskischen
Höhlenwegen (*Vie cave*).
Piazza Garibaldi 10, Pitigliano,
Tel. 05 64 61 71 11

HOTEL & RESTAURANT
Albergo Guastini
Nettes Altstadthotel in Panorama-
lage, 30 Zimmer unterschiedlicher
Kategorien und Restaurant mit
Küche der Region.
Piazza Petruccioli 16, Pitigliano,
Tel. 05 64 61 60 65,
www.albergoguastini.it

SHOPPING
Narcisi e Bussi
Weinauswahl und Spezialitäten der
Maremma, am Eingang zur Altstadt.
Via Santa Chiara 70, Pitigliano,
www.narcisiebussi.com

BOLSENA
RESTAURANT
Trattoria Del Moro
Wunderschönes, auf Pfählen in
den See gebautes Restaurant mit
der Spezialität *anguilla* (Aal) *alla
Vernaccia*. Eigenes Olivenöl. Im
Winter Do geschl.
Piazza Dante 5, Bolsena,
Tel. 07 61 79 88 10,
www.trattoriadelmoro.it

ORVIETO
INFO
IAT
Piazza Duomo 24, Orvieto,
Tel. 07 63 34 17 72, www.inorvieto.it

HOTEL
Hotel Reale
Stilvolles Hotel in einem Palast aus
dem 16. Jh. mit teilweise geradezu
prunkvollen Zimmern, oder besser:
Gemächern.
Piazza del Popolo 27, Orvieto,
Tel. 07 63 34 12 47,
www.hotelrealeorvieto.it

RESTAURANT
Antica Trattoria dell'Orso
Lokal mit umbrischen Spezialitäten.
Di geschl.
Via della Misericordia 18,
Orvieto, Tel. 063 34 16 42

AKTIVITÄTEN
Orvieto Underground
Eindrucksvolle geführte Spazier-
gänge durch den schon von den
Etruskern unterhöhlten Untergrund
Orvietos. Tgl. 11, 12.15, 16, 17.15 Uhr,
während der Hochsaison alle 15
Min. und auch auf Deutsch.
Piazza Duomo 23, Orvieto,
Tel. 07 63 34 48 91,
www.orvietounderground.it

MONTE AMIATO
HOTEL & RESTAURANT
Relais San Lorenzo
Schön restaurierter Bauernhof mit
geräumigen Zimmern und Suite auf
800 m Höhe, großer Park, Pool. Das
Restaurant serviert Amiata-Küche.
An der Straße zwischen Abbadia
San Salvatore und Piancastagnaio,
Abbadia San Salvatore,
Tel. 05 77 78 50 03,
www.relaissanlorenzo.it

VAL D'ORCIA
HOTELS
Il Giglio
Historisches, einladendes Haus mit
Restaurant und herrlicher Aussicht.
Via Soccorso Saloni 5, Montalcino,
Tel. 05 77 84 81 67,
www.gigliohotel.com

Il Borghetto
Freundlicher Familienbetrieb auf
den alten Burgmauern in rustikalen

Räumen des 17. Jhs.
Via Borgo Buio 7, Montepulciano,
Tel. 05 78 75 75 35,
www.ilborghetto.it

LAGO TRASIMENO
INFO
Servizio Turistico Territoriale
Piazza Gramsci 1, im Palazzo del
Comune, Castiglione del Lago,
Tel. 07 59 65 82 93,
www.lagotrasimeno.net

PERUGIA
INFO
IAT
Piazza Matteotti 18, Perugia,
Tel. 07 55 73 64 58,
http://turismo.comune.perugia.it

HOTEL
Locanda della Posta
Schon Goethe nächtigte 1786 in
diesem eleganten Haus.
Corso Vannucci 97, Perugia,
Tel. 07 55 72 89 25,
www.locandadellapostahotel.it

RESTAURANT
Osteria A Priori
Typisch-umbrische Küche, herzliche
Atmosphäre, im Zentrum. Der
angeschlossene Laden bietet eine
reiche Auswahl an Weinen und
Produkten der Region, wie Linsen
aus Castelluccio. So geschl.
Via dei Priori 39, Perugia,
Tel. 07 55 72 70 98,
www.osteriaapriori.it

AKTIVITÄTEN
Rund 30 wunderschöne **Radtouren**
aller Schwierigkeitsgrade findet
man auf dieser Webseite:
www.bikeinumbria.it.

GUBBIO
HOTEL
San Marco
Stilvoll eingerichtete, geräumige
Zimmer in alten Gemäuern im
Zentrum, Garten und charakteristi-
sches Restaurant.
Via Campo di Marte 2, Gubbio,
Tel. 07 59 22 02 34,
www.hotelsanmarcogubbio.com

ASSISI
INFO
IAT
Piazza del Comune 10, Assisi,
Tel. 07 58 13 86 80,
www.visit-assisi.it

HOTEL
Windsor-Savoia
Gepflegtes Haus, tolle Aussicht.
Viale Marconi 1, Assisi,
Tel. 075 81 22 10,
www.hotelwindsorsavoia.it

SHOPPING
Umbrien ist für sein exzellentes
Olivenöl DOP bekannt, besonders in
der Valle d'Umbria zwischen Assisi
und Spoleto. Direktverkauf bei
Olivenbauern:
www.stradaoliodopumbria.it

SPELLO
INFO
Pro Loco
Piazza Matteotti 3, Spello,
Tel. 07 42 30 10 09,
http://turismo.comune.spello.pg.it

TOUR **32** **ELBA**

SCHMUCK-STÜCK

GESTERN *Einst wurde auf der Insel Elba Erz abgebaut, von der Antike bis in unsere Zeit – rauchende Schlote verunzierten das Bild*

HEUTE *Rechtzeitig haben die Verantwortlichen auf Natur und Tourismus gesetzt, und so ist Elba heute ein Insel-Schmuckstück*

GESTERN

Elba ist eine noch relativ junge Ferieninsel, nachdem der seit der Antike betriebene Erzabbau nach dem Zweiten Weltkrieg endgültig eingestellt und auch die durch Bombardements der Alliierten zerstörten Eisen- und Stahlwerke nicht wiederaufgebaut worden waren. Statt auf rauchende Schlote setzte man klugerweise auf Natur und Fremdenverkehr.

1998 konnte schließlich das Projekt eines Nationalparks des Toskanischen Archipels verwirklicht werden. Er erstreckt sich auf insgesamt 17 800 Hektar Land und 60 000 Hektar Meeresfläche. Allein von Elba stehen damit 53 Prozent des Territoriums und mehr als 1500 Pflanzenarten unter Naturschutz.

HEUTE

Selbst in den Hochsommermonaten, wenn kaum eines der mehr als 20 000 Fremdenbetten leer bleibt, finden sich an den 147 km langen Küsten genügend einsame Plätzchen. Ganz abgesehen von der Abgeschiedenheit der Bergregionen, die sich als blumenübersätes Paradies für Naturfreunde und Wanderer, aber auch als Dorado für Mineralienfreunde und Hobbygeologen präsentieren. Auf dieser Tour umrunden Sie Westelba, den Landesteil mit den höchsten Bergen und steilsten Klippen. Eine äußerst reizvolle Tour, bei der es sich immer wieder lohnt, anzuhalten und das Panorama auf sich wirken zu lassen.

Adressen: Seite 238/239, Landkarte: Seite 239

1 **MARCIANA MARINA**

Im Fischerort **Marciana Marina** (2000 Einw.) begrüßt der Sarazenenturm am Hafen nicht nur vorbeiziehende Schiffe, auch von der kurvenreichen Küstenstraße aus signalisiert er von fern: »Hier ist's gut sein, hier lass dich nieder.« Der erste Eindruck trügt nicht: Wer sich das quirlige Städtchen im facettenreichsten Inselteil zum Quartier wählt, trifft eine kluge Entscheidung.

Zu keiner Zeit des Jahres verwandelt sich Marciana Marina nämlich in ein Geisterdorf. Nie

Nach dem Ende des Erzabbaus war der Fischfang auf Elba in den 1950er-Jahren eine der wichtigsten Erwerbsquellen.

kommt die seltsam beklemmende Stimmung auf, man wäre als Urlauber in der Vor- oder Nachsaison einfach zu früh oder zu spät dran, um die »echte«, die authentische, von den Elbanern geprägte Atmosphäre zu erleben. Viele Hotels haben ganzjährig geöffnet, Restaurants und Trattorien sind stets gut besucht, kurzum: Marciana Marina lebt nicht vom Fremdenverkehr allein. Eine Fischereiflotte liefert frischen Fisch, und im Hinterland blüht die Landwirtschaft in üppigen Wein-, Obst- und Gemüsegärten, die Qualität und Frische des kulinarischen Angebots garantieren. Unzählige kleine Strände und Buchten liegen an der steilen Felsenküste rund um den Ort.

2 MARCIANA ALTA

Auf dem Weg zum Bergstädtchen **Marciana Alta** (2100 Einw.) – Ausgangspunkt für Wanderungen auf den Monte Capanne – nehmen wir die rechte (direkte) Abzweigung. Es ist mehr als nur ein bloßer Anstandsbesuch bei der alten Dame, die an einem Abhang des Monte Giove in 375 m Höhe

noch immer von jenen vergangenen Tagen träumt, in denen die übermütige Schwester Marciana Marina ein Aschenputteldasein im Schatten der Fürstenresidenz der Appiani fristete. Einst rissen sich die vornehmsten Elbaner darum, unweit der Fes-

Kastanien und Steineichen wachsen an den Hängen des Granitgebirges bei Marciana Alta.

tung aus dem 12. Jh. logieren zu dürfen. Heute halten sich Fremde kaum länger als ein paar Stunden in dem Bergstädtchen auf, das zu allen Jahreszeiten zu einem beschaulichen Bummel durch seine steilen Gässchen einlädt. In Scharen kommen Besucher allerdings, sobald in den Ruinen der vom gefürchteten Seeräuber Dragut 1553 erstürmten Fortezza eine Konzertaufführung unter freiem Himmel stattfindet. Dann ist auch der große Parkplatz hoffnungslos überfüllt, sonst kann man dort sein Auto noch am einfachsten abstellen.

Gleich hinter der Fortezza von Marciana Alta beginnt der etwa halbstündige Aufstieg zur berühmten **Wallfahrtsstätte Madonna del Monte.** Ein sanft ansteigender Kreuzweg mit 14 Stationen führt zur uralten Einsiedelei und dem Marienkirchlein aus dem 16. Jh. mit seinem wundertätigen Altarbild. Eine weiße Marmortafel an der Eremitage erinnert daran, dass sogar der auf Elba in Verbannung lebende Franzosenkaiser Napole-

on im Sommer 1814 vor der glühenden Augusthitze in die kühle Bergluft geflohen war. Nicht nur die Malereien entlang des Kreuzwegs zum Wallfahrtskirchlein verdienen eine genauere Betrachtung, sondern auch die ungewöhnliche Auswahl der Zitate. Neben Worten der Evangelisten sind hier Sprüche des französischen Philosophen Pascal oder des US-Bürgerrechtskämpfers Martin Luther King zu finden. Von der IX. Station an zeigt der als Napoleons »Aquila« berühmt gewordene Granitblock auf der Anhöhe am deutlichsten, warum er so genannt wird: Der verwitterte Stein sieht tatsächlich wie ein Adler mit ausgebreiteten Schwingen aus.

Keinesfalls versäumen sollte man das **Museo Archeologico** unterhalb der Festung. Die Stücke der bemerkenswerten Sammlung illustrieren die Geschichte Elbas von den frühesten Anfängen bis zur Spätantike. Pfeilspitzen und Äxte aus der Stein- und Eisenzeit berichten vom Kampf der

Der Strand von Fetovaia wird durch die natürliche Barriere eines schmalen Landvorsprungs geschützt. Genug Wellen lässt sie aber durch, um das Badeparadies auch für Surfer interessant zu machen.

> 💬 **MARCIANA-LIFT**
>
> Eine 15-minütige Seilbahnfahrt in Stehkörben zum Gipfel des Monte Campane belohnt bei schönem Wetter mit einem Ausblick über die gesamte Insel sowie den toskanischen Archipel.

ersten Siedler, etruskische Werkzeuge geben einen Eindruck vom technischen Wissen des geheimnisvollen Volkes, und römische Amphoren aus versunkenen Schiffen erzählen von so mancher Tragödie, die sich vor diesen Küsten zugetragen hat. Einen Ehrenplatz nimmt die Vitrine mit dem gut erhaltenen Schädel einer 23-jährigen Frau ein, die vor etwa 4000 Jahren im Osten Elbas gelebt hat. Ihr Grab wurde in einer Höhle bei Rio Marina entdeckt (Mi, Fr–Mo Ostern–Juni 10.30–12.30, 16–19, Juli, Aug. 11–13, 16–19, Sept. 10.30–12.30, 15.30–18.30 Uhr, www.visitmarciana.it).

3 SANT'ANDREA

Nun geht es auf der in der zweiten Hälfte des letzten Jahrhunderts erbauten Höhenstraße weiter. Ein Blick zurück zeigt die Bergstädtchen Poggio und Marciana Alta wie leuchtende Sterne inmitten des ewigen Grüns der Wälder. Die Abzweigung nach **Sant'Andrea** sollte man möglichst nicht rechts liegen lassen, will man nicht eines der hübschesten Dörfchen Elbas versäumen.

Schon längst ist der westlichste Vorposten an der Nordküste kein Geheimtipp mehr. In dem winzigen Fischerdorf wird mittlerweile bloß noch eine Handvoll Häuser von Einheimischen bewohnt, der weitaus größte Teil dient betuchten Feriengästen als Sommerdomizil vor den schönsten Tauchgründen der Insel. Doch trotz allem blieb die bezaubernde Ortschaft an einem von flachen Granitfelsen umgebenen Sandstrand vergleichsweise ein Ferienparadies im Miniaturformat. Nicht zuletzt garantieren nämlich die Unterwassersportler, dass nichts den Frieden und die erstaunlicherweise noch immer heile Welt der Fauna und Flora des Meeres und der Küste zerstört. Auch **Patresi Mare** bietet als enger, kurvenreicher Abstecher eine schöne Badebucht sowie einen hübschen Leuchtturm.

4 FETOVAIA

Nicht ganz Schwindelfreie sollten auf der Strecke bis Chiessi besser darauf verzichten, aus dem Fahrzeug zu steigen und über den Straßenrand in das gut 100 m darunterliegende Meer zu blicken. Nur spärlich ist die Vegetation auf den steilen Felsen an diesem westlichsten Punkt der Insel. Erst in Chiessi erreichen wir wieder Seehöhe, kurz danach in einem Flusstal mit Weinhängen den schlichten Badeort Pomonte und die **Bucht von Fetovaia,** ein Badeparadies. Schroffe Granitberge gruppieren sich als dekorative Kulisse rund um das Seebad an einem schneeweißen Sandstrand. Vor diesem Hintergrund strahlt das Meer in seinem intensivsten Blau.

5 SECCHETO

Der reizvolle Badeort **Seccheto** an der westlichen Südküste, der noch seinen intimen dörflichen Charakter bewahren konnte, weist ein wildromantisches Hinterland mit historischen Wurzeln auf. Eine zu Beginn ziemlich steile Straße führt von der Ortsmitte zum **Vallebuia,** wo schon die alten Römer die riesigen Granitvorkommen nutzten. Jahrhunderte später belieferte dieser Steinbruch Karl den Großen für den Bau seiner Kaiserkapelle in Aachen. Die oft bereits an Ort und Stelle zu Säulen verarbeiteten Granitblöcke wurden in die ganze Welt verschifft. Heute ist das Vallebuia vor allem für seinen köstlichen Honig bekannt, den man direkt bei den Bauern kaufen kann.

6 CAVOLI

Im »Hinterhof« von Marina di Campo muss sich keiner um einen Platz an der Sonne drängen. Nur wenige Kilometer vom lebhaften Touristenzentrum entfernt beginnt der sogenannte Wilde Westen, der noch viel von seiner ursprünglichen Atmosphäre bewahrt hat.

Badegäste können sich aussuchen, ob sie dem breiten Sandstrand oder den glatten Granitfelsen in der **Bucht von Cavoli** (ca. 300 Einw.) den Vorzug geben wollen. Die sympathische, vom italienischen Publikum bevorzugte Ortschaft kann außer netten Hotels und Trattorien sogar eine Sehenswürdigkeit aus pisanischer Zeit bieten: **La**

Nave, einen unvollendeten Brunnen in Schiffs-
form, der von mittelalterlicher Steinmetzkunst
zeugt. Und seit 1990, als oberhalb von Cavoli ein
verheerender Buschbrand tobte, finden sich sogar
noch weit ältere Zeugnisse: Das Feuer legte nämlich eine Granitwerkstatt aus der Antike frei.

Eine große Schirmpinie an der Hauptstraße
weist den Weg zur bergwärts führenden Pri-
vatstraße des Hotels Formiche Residence. Nach
einigen Kurven führt eine weitere Abzweigung
nach rechts zu einem Privathaus über der Hotel
anlage, gleich dahinter liegt mitten auf der schmalen Fahrbahn das »Schiff« aus schimmerndem
Granit. Ein Bootsausflug in die **Blaue Grotte** am
Ortsrand von Cavoli ersetzt zwar keine Reise
nach Capri, Romantiker wird das faszinierende
Farbenspiel dennoch begeistern.

7 SAN PIERO IN CAMPO

1,5 km hinter Cavoli führt die linke Abzweigung
nach **San Piero in Campo** (ca. 250 Einw.). Unmöglich zu entscheiden, ob dieses oder das gegenüberliegende Bergdorf Sant'Ilario in Campo
das schönere ist. Auf alle Fälle kann San Piero in
Campo auf eine viel längere Vergangenheit zurückblicken und ist deswegen auch reicher an his
torischen Monumenten als die Konkurrenz. Auf
den Überresten eines antiken Tempels aus dem
1. Jh. v. Chr. erhebt sich die romanische **Kirche
San Nicolò** (auch Santi Pietro e Paolo). Allein
schon wegen ihrer traumhaften Lage am Belvedere, der auf 227 m Seehöhe liegenden Aussichtsterrasse des Ortes, stellt sie ein Juwel dar. Doch auch
das Innere der romanischen Kirche ist so interessant, dass man sich sogleich auf die Suche nach
dem Pfarrer machen sollte, der als Einziger die
Schlüsselgewalt über die prachtvollen Fresken aus
dem 14. und 15. Jh. besitzt. Zwischen den gewaltigen Granitsäulen im zweischiffigen Kirchenraum leuchten die mittlerweile vorbildlich restaurierten Wandmalereien in sanften Ockertönen
und zeigen außer der Madonna die Heiligen Petrus, Michael, Nikolaus, Sebastian und Georg.

Nach der Besichtigung der Kirche, dem kurzen Verweilen am Belvedere und dem Spaziergang durch den Ort lohnt es sich, dem maleri-

schen **Friedhof** von San Piero in Campo einen
kurzen Besuch abzustatten. Denn in seiner
schlichten Würde berührt der wenige hundert
Meter außerhalb des Dorfes liegende Friedhof
weit mehr, als es die sonst im Süden üblichen üppig geschmückten, fast schon überladenen Toten-
häuser vermögen. Hohe Zypressen, die in der
griechischen Antike als Bäume des Zeus galten
und deswegen nur an ausgesucht würdigen Plätzen gepflanzt wurden, flankieren als stumme Eh-
rengarde den letzten Weg der Bewohner von San
Piero. Ihre letzte Ruhestätte finden die Toten in
gemauerten Wandnischen. Oder sie werden in
einfachen, nur mit schlichten Kreuzen oder
Steinen versehenen Gräbern ohne Skulpturenschmuck bestattet.

San Piero und Sant'Ilario mögen zwar im
Wettstreit um die Gunst der Besucher Konkur-
renten sein, im Glauben sind sie jedoch tief verbunden. Alljährlich am Karfreitag ziehen die Bewohner der Orte in getrennten Prozessionen zum
Domplatz des Nachbardorfes, wobei man sich in
der Mitte der 3 km langen Strecke trifft.

8 SANT'ILARIO IN CAMPO

Hobbyfotografen sollten ausreichend Speicher-
karten dabei haben, wenn sie einen Besuch des
Bergstädtchens (ca. 250 Einw.) hoch über der
Ebene von Campo nell'Elba planen. Denn nahezu
jeder Winkel der von den Langobarden gegründeten und von den Pisanern im 12. Jh. befestigten
Ortschaft bietet sich als Motiv an. Dass die Bewohner des vor Sauberkeit geradezu strahlenden
Schmuckkästchens sehr wohl um den besonderen
Charme ihrer niedrigen Häuser und kleinen Plätze wissen, zeigen die unzähligen Topfpflanzen vor
den Türen. Zentrum der Idylle ist die bereits vor
1100 gegründete **Pfarrkirche San Francesco** an
einem malerischen Platz, auf dem sich wie seit
alters her die Frauen des Dorfes zu einem Plausch
am Dorfbrunnen einfinden. Das Kirchlein, das in
seiner heutigen Form aus dem 16. Jh. stammt,
verfügt über einen schönen Glockenturm, der wie
vieles in dem Dorf von den Pisanern errichtet
wurde. Auf keinen Fall übersehen sollte man auch
die mächtigen Granitportale der alten Häuser.

9 POGGIO

Nun geht es wieder ein Stück zurück, bis Sie das Hinweisschild nach **Poggio** (ca. 250 Einw.) sehen. Die schmale Straße windet sich – vorbei am Turm von San Giovanni und an den Ruinen der gleichnamigen Kirche – auf den Monte Perone (630 m). Im dichten, kühlen Wald auf der Passhöhe wartet ein angenehmer Picknickplatz.

Poggio ist ebenso alt und malerisch wie Marciana Alta, aber kleiner und anheimelnder als die stolze Patrizierstadt. Wieder gilt es, viele, viele Treppen zu erklimmen, denn auch dieses Bergdorf schmiegt sich terrassenförmig an einen dicht bewaldeten Hang. Sehenswert ist die im 8. Jh. gegründete **Chiesa San Nicolò** im oberen Ortsteil. Im Mittelalter diente das nachträglich mit Befestigungsmauern versehene Gotteshaus in Ermangelung einer Festungsanlage der Bevölkerung mehr als einmal als Zufluchtsort vor den gefürchteten Einfällen der marodierenden Seeräuberhorden.

Der Ort ist für seine mineralhaltige **Quelle Fonte Napoleone** bekannt: Nur 1 km außerhalb von Poggio in Richtung Marciana Alta sprudelt aus einem etwas schäbigen Brunnen das begehrte Heilwasser. Dem Kaiser half es angeblich gegen ein chronisches Blasenleiden, als wohlschmeckendes Tafelwasser ist es mit oder ohne Kohlensäure seither auf der ganzen Insel beliebt.

Gratis gibt es den gesunden Trunk aber nur an der Quelle, jeder kann dort in mitgebrachten Flaschen abfüllen, so viel er will. Denn dank eines Gesetzes, das für ganz Italien gilt, muss jede kommerziell genutzte Mineralwasserquelle auch jederzeit öffentlich zugänglich sein. Diese Regelung erweist sich mittlerweile als Segen für die Umwelt, denn so werden die beliebten Einweggebinde aus dem Supermarkt mehrfach genutzt. Abgesehen davon: Frischer kann man das duftende, perlende Wasser für kein Geld der Welt kaufen.

Das Dorfleben in Sant'Ilario in Campo spielt sich auf der zentralen Piazza di Chiesa ab – wenn wie hier nicht gerade Siesta ist.

INFORMATIONEN
TOUR ㉜ Rundfahrt im Westen der Insel Elba
Autotour, 1 Tag, ca. 50 km

STATIONEN
1 Marciana Marina
2 Marciana Alta
3 Sant'Andrea
4 Fetovaia
5 Secheto
6 Cavoli
7 San Piero in Campo
8 Sant'Ilario in Campo
9 Poggio

INFO
Webseite für ganz Elba
www.visitelba.de

MARCIANA MARINA
HOTEL
Tamerici
Das Mittelklassehaus liegt in einer ruhigen Wohngegend unweit der Meerespromenade, der Ortskern ist wenige Gehminuten entfernt. Bequeme Zimmer mit Balkon. Swimmingpool, Garten, Sportmöglichkeiten, gutes Restaurant.
Via Aldo Moro 10, Marciana Marina, Tel. 056 59 94 45,
www.tamerici.it

RESTAURANTS
Capo Nord
Dank seiner kreativen Küche und seines vorzüglichen Services ist das Lokal zu den Spitzenrestaurants der Insel aufgestiegen. Ende März-Mitte Okt. geöffnet, Juni-Aug. tgl., sonst Mo geschl.
Fraz. La Fenicia 1, Marciana Marina,
Tel. 05 65 99 69 83,
www.ristorantecaponord.it

Rendezvous da Marcello
Beliebter Feinschmeckertreff an der Promenade. Toskanische Küche. Mi geschl.
Piazza della Vittoria 1, Marciana Marina, Tel. 056 59 92 51,
www.ristorante-rendezvous.it

EISDIELE
La Svolta
Kleine Gelateria, in der man Wert auf beste Grundzutaten legt.
Via Cairoli 6, Marciana Marina,
www.gelaterialasvolta.it

SHOPPING
Acqua dell'Elba
Parfüm aus eigener Erzeugung mit den unvergleichlichen Düften der Insel. Ein hochwertiges Mitbringsel.
www.acquadellelba.it

Gulliver
Avantgarde-Kunsthandwerk, Objekte aus Keramik, Sandstein, Glas und Holz, liebevoll präsentiert.
Via Mentana 6 und Gallerie Via Garibaldi 47, Marciana Marina,
www.gulliverarte.com

MARCIANA ALTA
RESTAURANT
Osteria del Noce
Das kleine Lokal hat sich mit raffiniert zubereiteten Meeresspezialitäten, wie man sie andernorts kaum serviert bekommt, einen Spitzenrang unter den Feinschmeckeradressen der Insel erobert. Dass die Pasta hausgemacht ist, versteht sich von selbst. Und von der Terrasse genießt man eine traumhafte Aussicht. Ostern–Sept. tgl. geöffnet.
Via della Madonna 14, Marciana Alta, Tel. 05 65 90 12 84,
www.osteriadelnoce.it

Monilli
Kleines Lokal mit freundlichem Personal und toller Aussicht. Die gefüllten *schiaccine*, Aufschnittplatten und andere einfache Speisen sind von hervorragender Qualität.
Via del Pretorio 64, Marciana Alta, Tel. 34 92 97 21 44

SANT'ANDREA
HOTEL
Sant'Andrea
Kleines, intimes Hotel mit hübschem Garten und Spezialitätenrestaurant. Traumblick von der Panoramaterrasse auf die Macchia und das Meer. 18 Zimmer.
Loc. Sant'Andrea,
Tel. 05 65 90 80 06,
www.hotelsantandrea.com

RESTAURANT
L'Oleandro
Sehr gutes Hotelrestaurant mit berauschender Terrasse. Viel Fisch und Meeresfrüchte, aber auch Tos-

kanisch-Deftiges wie Wildschwein wird hier serviert.
Via del Cotoncello 74, Loc. Sant'Andrea, Tel. 05 65 90 80 88, www.hotelloleandro.com

CAVOLI
HOTEL
Hotel del Mare Lorenza
Das gemütliche Hotel (20 Zimmer) liegt an einem der schönsten Sandstrände der Insel mit glasklarem Meer zum Schnorcheln und Tauchen. In der Nähe gibt es zahlreiche Wege für Wanderer und Mountainbiker. Ideales Quartier für einen unbeschwerten Familienurlaub.
Campo nell'Elba, Loc. Cavoli, Tel. 33 89 28 79 86, www.lorenzahotel.it

SAN PIERO IN CAMPO
RESTAURANT
Ristorante Pizzeria L'Ottavo
Einfaches und sehr nettes Lokal, in dem man die landesüblichen Speisen und Pizza auftischt. Mi-Mo ab 19 Uhr.
Piazza Gadani 76, San Piero in Campo, Tel. 33 17 44 94 96, www.lottavo-elba.it

SANT'ILARIO IN CAMPO
RESTAURANT
Ristorante Pizzeria La Fonte
Familiäres Lokal mit traditionellen Gerichten oder Pizza und naturbelassenem Landwein. Di-So ab 19 Uhr.
Loc. Sant'Ilario, Tel. 05 65 98 33 79

POGGIO
RESTAURANT
Ristorante Da Publius
Im Inselinneren ist die Küche bodenständiger. Und so gehören Wild und Pilze und *pappardelle alla lepre* (breite Bandnudeln mit Hasenragout) zu den Spezialitäten dieser gemütlichen Trattoria. Von der Terrasse bietet sich ein traumhafter Blick.
All das erwartet den Gast, allerdings nur, wenn rechtzeitig reserviert wurde. In der Hauptsaison muss man sich für ein Essen, wie es typischer nicht sein könnte, mitunter tagelang gedulden. Mo mittags geschl.
Piazza Castagneto 11, Poggio, Tel. 056 59 92 08, www.ristorantepublius.it

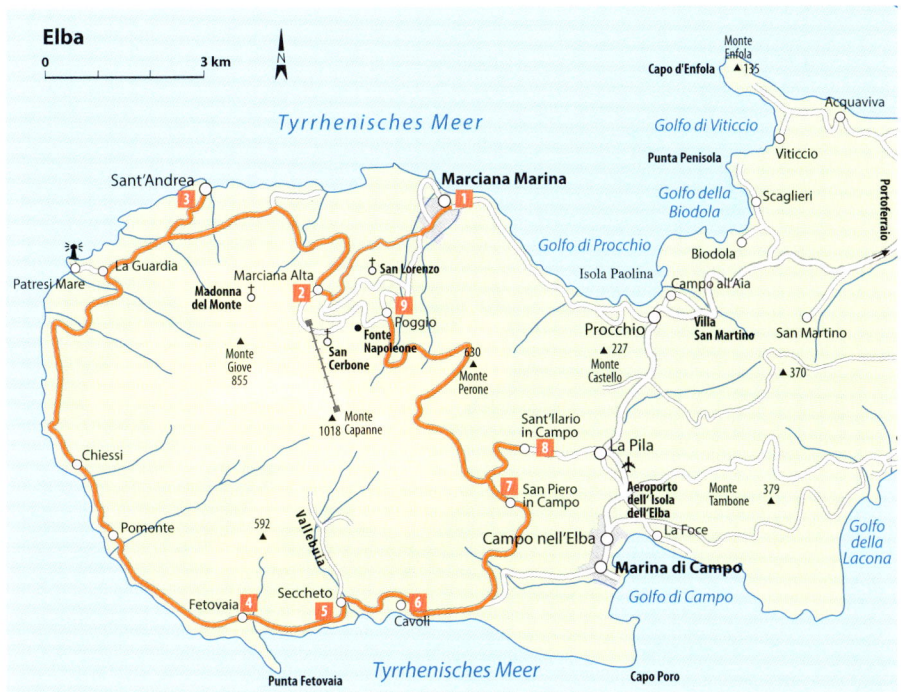

TOUR ③ **ROM**

OH, AUDREY!

GESTERN *Jeder gerät ins Schwärmen, wenn er die Filmszene mit Audrey Hepburn und Gregory Peck sieht. Die Stadt, die Romantik!*

HEUTE *Noch immer ist die Spanische Treppe eines der Highlights bei einem Spaziergang im »centro storico«*

GESTERN

Unweit des Tiber, gleich neben dem Circo Massimo, liegt die Kirche Santa Maria in Cosmedin. In ihrer Vorhalle spielt eine der schönsten Szenen des von William Wyler *on location* gedrehten Films »Ein Herz und eine Krone«: Vor dem Marmorrelief mit dem Gesicht des Flussgottes Triton erzählt Gregory Peck (als Joe Bradley) Audrey Hepburn (als Prinzessin Anne) von der Legende, die sich um das Bildnis rankt. Wer seine Hand in dessen Mund steckt und eine Unwahrheit sagt, dem wird sie abgebissen. Weil sie ihre Identität vor ihm verbirgt, wagt Anne/Audrey nicht, ihre Hand in die Öffnung zu legen. Sie zögert und zuckt zurück, während Joe/Gregory ihr gespannt zusieht, denn er weiß längst, wer sie ist. Schließlich wagt er die Wahrheitsprüfung selbst. Mit einem lauten Schrei zieht er seinen leeren Ärmel aus dem Schlund – die Hand ist ab! Natürlich ist das nur ein Scherz, und er streckt ihr seine Finger aus dem Jackenärmel zum Gruß hin. So kommen beide vorerst um die Wahrheit herum.

Audrey Hepburn hat sich bei den Dreharbeiten zu »A Roman Holiday« (Originaltitel) verliebt – allerdings nicht in ihren Filmpartner Gregory Peck, sondern in die Ewige Stadt. Während ihrer beiden Ehen (mit Mel Ferrer und Andrea Dotti) war Rom zwischen den 1960er- und 80er-Jahren mehr als zwanzig Jahre lang ihr Wohnsitz.

Die Bocca della Verità, der Wahrheitsmund aus dem 4. Jh. v. Chr., hat eine weit weniger romantische Geschichte: Sie diente im wichtigsten Teil des antiken Abwassersystems, der *cloaca maxima,* als Kanaldeckel. Dieser profane Hintergrund scheint die vielen Wagemutigen, die sich auf die Wahrheitsprüfung einlassen, aber nicht zu stören.

HEUTE

Legen Sie die Tour durch das *centro storico* auf den Nachmittag, sodass Sie die Aussicht vom Monte Pincio in der Dämmerung, die Spanische Treppe in der blauen Stunde und den Trevibrunnen im Scheinwerferlicht genießen können. Aber aufpassen: 1996 wurde die Spanische Treppe restauriert,

»A Roman Holiday« heißt der Film von 1953 im Original, und das
trifft die Stimmung auch viel besser als »Ein Herz und eine Krone«. Audrey
Hepburn spielt eine junge Prinzessin, die vor ihrer Entourage ausbüxt
und eine amour fou zu einem amerikanischen Reporter erlebt. In dieser
Szene trifft er sie wie zufällig auf der Spanischen Treppe ...

Unklare Herkunft: Der Name »Piazza del Popolo« meint entweder Pappeln, die früher hier standen, erinnert an seine Errichtung mit dem Geld der Bevölkerung oder bezeichnet schlicht die »Pfarrgemeinde«.

seither war hier erst das Essen und nun sogar das Sitzen verboten. Beim Anblick der Eis essenden Audrey Hepburn kommt man unweigerlich auf die Idee, dass manches früher doch besser war.

Der Spaziergang beginnt am Palazzo Doria Pamphilj mit Ursprung im 15. Jh. und der gleichnamigen Galerie. Die Bocca della Verità liegt nicht auf diesem Spaziergang, ist von der Galerie aber nur einen guten Kilometer entfernt.
Adressen: Seite 246/247, Stadtplan: Seite 247

■ GALLERIA DORIA PAMPHILJ

Die **Galleria Doria Pamphilj** zeigt eine herausragende Gemälde- und Skulpturensammlung mit Werken u. a. von Tintoretto, Caravaggio und Breughel d. Ä. Großartig der Vergleich eines Gemäldes von Velázquez und einer Büste von Bernini: beides Porträts von Papst Innozenz X. Pamphilj (tgl. 9–19, letzter Einlass 18 Uhr, jeden 3. Mi im Monat geschl., www.doriapamphilj.it).

■ SANT'IGNAZIO DI LOYOLA

Wie eine Inszenierung erscheint die **Rokoko-Piazza di S. Ignazio,** über der sich die **Jesuitenkirche Sant'Ignazio di Loyola** (1626–1650) erhebt. Täuschend echt wirken die illusionistische Kuppel und das perspektivische Deckengemälde von Andrea Pozzo (Mo–Sa 7.30–19, So, Fei 9–19 Uhr).

Über die **Piazza di Pietra** mit dem gut erhaltenen **Hadriantempel** (Sitz der römischen Börse) und dem modernen **Gran Caffè La Caffettiera** mit ausgezeichnetem Kaffee gelangt man zur **Galleria Alberto Sordi** (1924), einer nach einem römischen Volksschauspieler benannten Einkaufsgalerie mit Boutiquen und einer Buchhandlung.

■ PIAZZA COLONNA

Namensgebend für die **Piazza Colonna** ist die 30 m hohe antike **Grabsäule** des Marc Aurel (Colonna di Marco Aurelio) mit kunstvollen Reliefs, die Szenen aus den Germanischen und den Sarmatischen Kriegen im 2. Jh. n. Chr. zeigen. Seit Ende des 16. Jhs. krönt das Meisterwerk eine Statue des hl. Paulus. Der angrenzende Renaissancebau des **Palazzo Chigi** ist seit den 1960er-Jahren der Sitz des Ministerpräsidenten der parlamentarischen Republik *Repubblica Italiana.*

4 PIAZZA MONTECITORIO

Auf der Piazza fällt ein ägyptischer **Obelisk** auf. In der Antike diente er als Zeiger einer gewaltigen Sonnenuhr. Der von Bernini entworfene mächtige **Palazzo di Montecitorio** ist Sitz des Abgeordnetenhauses.

5 AUGUSTUS-MAUSOLEUM UND
6 ARA PACIS AUGUSTAE

In Anlehnung an etruskische Hügelgräber entstand das **Augustus-Mausoleum** (Mausoleo di Augusto, zzt. geschl.). Die **Ara Pacis Augustae,** der Friedensaltar des Augustus (ca. 10 v. Chr.; Lungotevere in Augusta), verherrlicht in Marmorreliefs die Regierung des römischen Kaisers nach den Kriegen in Gallien und Spanien. Der heiß diskutierte moderne Altar-Umbau des amerikanischen Architekten Richard Meier wurde 2006 eingeweiht (tgl. 9.30–19.30 Uhr, www.arapacis.it).

7 VIA DEL CORSO

Der nördliche Abschnitt der **Via del Corso** war schon zu Zeiten Julius Caesars das Herz und die Flaniermeile der umliegenden Viertel. Prozessionen, Demonstrationen, selbst Pferderennen fanden auf dem »Kurfürstendamm Roms« noch im 19. Jh. statt. Zwischen Piazza del Popolo und Via Tomacelli durchgehend, an Wochenenden bis zur Via di Mercede Fußgängerzone, lädt die Via del Corso auch heute noch zum ausgiebigen Promenieren ein.

8 CASA DI GOETHE

Eine kurze Unterbrechung des Schaufensterbummels verdient die **Casa di Goethe.** Im Haus Nr. 18, der Wohnung des Malers Johann Heinrich Wilhelm Tischbein, war Goethe 1786 bis 1788 zu Gast. Neben Schriftstücken, Goethebüsten und -porträts, darunter ein Siebdruck von Andy Warhol, beeindrucken auch die eigenhändigen Zeichnungen Goethes und Tischbeins (Di–So 10 bis 18 Uhr, www.casadigoethe.it).

9 PIAZZA DEL POPOLO

Der einzige klassizistische Platz Roms bildet seit der Antike den Zugang zur Stadt von Norden her. Seine heutige Gestalt ist das Ergebnis der stadtplanerischen Aktivitäten Papst Leos X., der im 16. Jh. mit Via Ripetta, Via del Corso und Via del Babuino drei strahlenförmig abzweigende Verkehrsachsen in den Häuserdschungel schlagen ließ. Die Schneiseninseln zieren mit den Zwillingskirchen **Santa Maria di Montesanto** und **Santa Maria dei Miracoli** zwei Schmuckstücke des Barock. Mit der Aufstellung des urprünglich ägyptischen **Flaminio-Obelisken** aus dem Zirkus Maximus durch Domenico Fontana 1589 und der beiden **Brunnenanlagen** wurden Akzente für die Freifläche gesetzt, die Valadier in den Umbau (1816–1824) integrierte.

Die Piazza del Popolo bietet mit dem **Caffè Canova** (Nr. 16) einen weiteren Höhepunkt römischer Kaffeehauskultur.

Santa Maria del Popolo, die Hauptkirche des Viertels an der Westseite des Platzes, wurde erstmalig 1099 erwähnt, ihre prachtvolle barocke Ausgestaltung erfuhr sie später durch Bernini (Skulpturen »Daniel in der Löwengrube« und »Habakuk mit dem Engel«). Zahlreiche Päpste liegen in der Kirche begraben. Von den Kunstschätzen beeindrucken die Cappella Chigi nach

---

🗨 HABT GEDULD!

Das meint, wer zitiert: »Rom wurde nicht an einem Tag erbaut.« Doch woher kommt die Redewendung? Schon lange vor der Gründung der Stadt gab es in dieser Gegend Ansiedlungen. 753 v. Chr. schlossen sie sich zusammen, und die Stadt Rom entstand. Immer mehr Menschen strömten herbei. Jeder Herrscher wollte ein Zeichen setzen und ließ sich für die Stadt etwas einfallen – ein Denkmal oder ein Bauwerk. Und alles brauchte eben seine Zeit.

Der Anfang des 19. Jahrhunderts angelegte Park auf dem Monte Pincio (hier eine Illustration von 1897) war die erste frei zugängliche Grünanlage sowie beliebte Flanier- und Ruhezone der Stadt.

Entwürfen Raffaels, Caravaggios meisterhafte Gemälde »Bekehrung des hl. Paulus« und »Kreuzigung des hl. Petrus« in der Cappella Cerasi sowie Pinturicchios Fresken in der von Bramante geschaffenen Chorapsis und der Rovere-Kapelle. Aktuelle Kunstausstellungen finden in den **Sale di Bramante** in der Kirche statt (Mo–Fr 10.30 bis 12.30, 16–18.30, Sa 10.30–18.30 Uhr, Öffnungszeiten können je nach Ausstellung variieren, www.smariadelpopolo.com).

Die der Piazza zugewandte Fassade des Stadttors **Porta del Popolo** gestaltete Bernini 1655 zu Ehren der zum Katholizismus konvertierten Christine von Schweden. Die Außenfassade wurde nach Michelangelos Plänen unter Pius IV. (1560–1565) umgestaltet.

10 MONTE PINCIO

Über eine Treppe bei Santa Maria del Popolo erreicht man die berühmte Aussichtsterrasse auf dem **Monte Pincio**. Auf der Westseite eröffnet sich eine der großartigsten Ansichten Roms: Man blickt auf den Vatikan mit dem Petersdom, rechts auf das Viertel Monte Mario. Die grandiose Kulisse wird gern für Veranstaltungen genutzt, u. a. im Winter als Eislaufpiste. Nicht nur die Kleinen unterhält das neapolitanische **Puppentheater San Carlino** auf der Pincio-Terrasse (www.sancarlino.it).

Machen Sie einen kurzen Abstecher in die **Via del Babuino,** Roms erste Adresse für Antiquitäten. Parallel verläuft die Künstlerstraße Via Margutta, wo Federico Fellini seine letzten Lebensjahre verbrachte.

11 SPANISCHE TREPPE

Die Treppenanlage **Scalinata della Trinità dei Monti** verdankt ihren Bau (1723–1726, von Francesco de Sanctis) der französischen **Nationalkirche Santissima Trinità dei Monti** oberhalb, ihren Namen der Spanischen Botschaft unterhalb der Treppenanlage. Römer und Touristen genießen hier Flair und Panorama. Musiker spielen bis spät in die Nacht, Zeichner versuchen, Touristen auf ihre Schemel zu locken. Obelisk und Türme der Kirche, die Doppeltreppenanlage mit ihren 138 Stufen und die **Fontana della Barcaccia** auf der Piazza di Spagna bilden das wohl meistfotografierte Ensemble Roms. Der Barcaccia-Brunnen von Pietro und Gianlorenzo Bernini (1629) erinnert an das Hochwasser des Jahres 1598, bei dem ein Lastkahn hier angespült wurde.

12 KEATS-SHELLEY-GEDÄCHTNISSTÄTTE

Die Gedächtnisstätte rechts der Treppenanlage besuchen vor allem englische Touristen. In der Pension Casina Rossa wohnte der Dichter John Keats (1795–1821), der das Ideal der Romantik intensiv lebte – und aus Kummer starb, weil seine Angebetete Fanny Browne seine Liebe nicht erwiderte (Mo–Sa 10–13, 14–18 Uhr, www.keats-shelley-house.org).

Zwischen der Spanischen Treppe und der Via del Corso liegt das Zentrum der *alta moda* um die **Via Condotti.** Wer bei Textil-, Schmuck-, Schuh- und Lederdesign auf sich hält, geht hier einkaufen – weniger betuchte Modefans spähen wenigstens in die Schaufenster.

13 TREVIBRUNNEN

Die **Fontana di Trevi** ist der populärste Brunnen der Stadt. Nach Plänen Berninis begonnen, spiegelt er den Siegeszug von Barock und Rokoko. Nicola Salvi verwirklichte 1732 bis 1751 die Kulissenlandschaft: Vier korinthische Säulen tragen den Fries und die Statuen von vier Tugenden des Triumphbogens. Tritonen geleiten Neptuns Muschelwagen. Stets belagern Besucher den Brunnen, die sich mit einem Münzwurf nach hinten über die Schulter ihre Rückkehr nach Rom sichern wollen.

Nach einem Rechtsstreit um den Besitz der Münzen hat sich die Stadtverwaltung als einzige Autorität zur Bergung des Schatzes bestimmt. Einige Tausend Euro werden jede Woche herausgefischt, ein Teil geht an das Rote Kreuz. Ständige Polizeiaufsicht soll das bei den Römern beliebte private Fischen verhindern.

Am Trevibrunnen lebt nach wie vor der Brauch, Wassergottheiten ein Opfer darzubringen. Wem die Gaben gehören, war zunächst strittig, doch schließlich hat sich die Stadt zur Besitzerin erklärt.

INFORMATIONEN

TOUR ㉝ Centro storico – zwischen der Spanischen Treppe und dem Tiber

Spaziergang, 4–5 Stunden

STATIONEN

1. Galleria Doria Pamphilj
2. Sant'Ignazio di Loyola
3. Piazza Colonna
4. Piazza Montecitorio
5. Augustus-Mausoleum
6. Ara Pacis Augustae
7. Via del Corso
8. Casa di Goethe
9. Piazza del Popolo
10. Monte Pincio
11. Spanische Treppe
12. Keats-Shelley-Gedächtnisstätte
13. Trevibrunnen

PRAKTISCHE HINWEISE

Die Piazza Venezia nahe der Galleria Doria Pamphilj ist mit **Bussen** (81, 85) zu erreichen. Diese Linien halten auch nahe am Trevibrunnen.

FAHRRAD-, ROLLER- & VESPAVERLEIH

Wer wie Audrey auf der Vespa durch die Stadt flitzen möchte - und die nötigen Nerven für den römischen Straßenverkehr besitzt –, kann hier ein entsprechendes Gefährt ausleihen: Für Roller zahlt man 30–59 € pro Tag; für ein Rad 3–4 € pro Stunde bzw. 9–15 € pro Tag.

Treno e Scooter

Piazza dei Cinquecento
(Staz. Termini), Rom,
Tel. 06 48 90 58 23,
www.trenoescooter.com

On Road

Via Cavour 80, Rom,
Tel. 064 81 56 69, www.onroad.it

HOTELS

Scalinata di Spagna

Schönes Haus an der Spanischen Treppe. Wundervoller Blick von der Dachterrasse.
Piazza Trinità dei Monti 17, Rom,
Tel. 06 45 68 61 50,
www.hotelscalinata.com

Nerva

Charmantes Boutique-Hotel mit Wohlfühlzimmern, tollem Frühstück und Nachmittagssnack. In der Nähe des Forum Romanum gelegen.
Via Tor de' Conti 3/4, Rom,
Tel. 066 78 18 35,
www.hotelnerva.com

Campo de' Fiori

Boutique-Hotel in bester Lage. Recht plüschig, aber behaglich eingerichtete Zimmer. Das Personal ist äußerst hilfbereit und der Blick von der Dachterrasse einfach toll!
Via del Biscione 6, Rom,
Tel. 066 87 48 86,
www.hotelcampodefiori.com

RESTAURANTS

Piccola Roma

Typisch römische Gerichte in einer gemütlichen Osteria.
Via Uffici del Vicario 36, Rom,
Tel. 066 79 86 06

Alfredo Imperatore

Erste Adresse für hausgemachte Pasta. Mo mittags geschl.
Piazza Augusto Imperatore 30,
Rom, Tel. 066 87 87 34,
www.alfredo-roma.it

Il Porto di Ripetta

Tgl. 7.30-11.30 Uhr Brunchbuffet, ab mittags sorgfältig zubereitete Gerichte. Sehr freundliches Personal.
Via di Ripetta 250, Rom,
Tel. 06 93 57 01 60,
www.ilportodiripetta.it

Enoteca Buccone

Hohe Weinregale, freundlicher Service und gute italienische Küche.
Via Ripetta 19/20, Rom,
Tel. 063 61 21 54,
www.enotecabuccone.com

Casina Valadier

Luxus pur! Ausblick und Essen im eleganten Ambiente sind einmalig. Mo geschl.
Piazza Bucarest, Rom,
Tel. 06 69 92 20 90,
www.casinavaladier.com

Il Margutta

Hier trifft sich die römische Prominenz, um vegetarisch gut zu speisen. Die Kreativität der Küche ist beeindruckend.
Via Margutta 118, Rom,
Tel. 06 32 65 05 77,
www.ilmargutta.bio

Ciampini

Beim Besuch genießt man eine fantastische Aussicht: toller Platz für einen *aperitivo!* Familiäre Atmosphäre und sehr gute Küche.
Piazza Trinità dei Monti, Rom,
Tel. 066 78 56 78,
www.caffeciampini.com

CAFÉS
Babington's Tea Room

Diese Institution wurde im Jahr 1893 von zwei Engländerinnen gegründet. In nostalgischem Ambiente kann man unter mehr als 100 Teesorten wählen. Tgl. ab 10 Uhr.
Piazza di Spagna 23/25, Rom,
www.babingtons.com

Caffè Canova Tadolini

Ausgezeichnetes süßes wie pikantes Gebäck wird in der Caffetteria verkauft (tgl. ab 8 Uhr). Im Restaurant (tgl. ab 12 Uhr) gibt es typisch römische Gerichte.
In den benachbarten Räumen blieb das **Atelier des Bildhauers Canova** und seines Schülers Tadolini erhalten.
Via del Babuino 150A, Rom,
Tel. 06 32 11 07 02,
www.canovatadolini.com

Caffè Greco

In diesem im Jahr 1760 eröffneten Kaffeehaus saß schon Goethe – inkognito als Filippo Miller.
Via dei Condotti 86, Rom,
www.anticocaffegreco.eu

EISDIELEN
Pasticceria Giolitti

Traditionsreiche Eisdiele (seit 1900), die als die beste Roms gilt.
Via Uffici del Vicario 40, Rom,
www.giolitti.it

Gelateria della Palma

Erfrischende Vielfalt: 150 Sorten in allen Aromen, nahe Piazza Rotonda.
Via della Maddalena 19–23, Rom,
www.dellapalma.it

SHOPPING
Achilli al Parlamento

Hervorragend sortiert, gute Beratung, Verkostung; auch Versand.
Via dei Prefetti 15, Rom,
www.achilli.restaurant

Modelliani

Originelle Brillen von den besten italienischen und internationalen Designern.
Via del Pellegrino 96–98 (Nähe Piazza Navona), Rom,
www.mondelliani.it

NIGHTLIFE
Auditorium Parco della Musica

Das moderne Auditorium von Renzo Piano im Norden der Stadt ist der ganze Stolz Roms. Es steht sowohl klassischen Konzerten als auch Pop- und Rock-Gigs sowie Tanz- und experimentellem Theater offen. Eine wichtige musikalische Einrichtung ist die **Accademia Nazionale di Santa Cecilia.**
Viale Pietro de Coubertin 30, Rom,
allgemeine Infos: www.santacecilia.it,
Programm und Karten:
www.auditorium.com

TOUR 34 COSTA SMERALDA

SPIELPLATZ FÜR REICHE

GESTERN *Als der Aga Khan ein möglichst abgelegenes, aber herrliches Fleckchen zum Relaxen suchte, wurde er auf Sardinien fündig*

HEUTE *Jetset hin oder her – die zerklüftete Nordostküste Sardiniens mit der Costa Smeralda ist von atemberaubender Schönheit*

GESTERN

Heute ist es ein bisschen stiller um ihn geworden, doch Anfang der 1960er-Jahre war der Aga Khan, Multimilliardär und Ismaeliten-Oberhaupt, eine Jetset-Ikone. Damals schwebte ihm ein Urlaubsort für sich und seinesgleichen vor, der abseits der damals anschwellenden Touristenströme lag. Dazu erwarb er 30 km² Wildnis an der felsigen, zerklüfteten sardischen Küste und gab ihr den Namen »Costa Smeralda«. Andere hätten sich nun vielleicht mit einer luxuriösen Urlaubsanlage begnügt, nicht so Karim Aga Khan. Er ließ gleich ein ganzes Dorf samt Hafen, Kirche, Villen, mehreren Hotels, Geschäften und allem, was man sonst so braucht, anlegen. Dazu heuerte er namhafte Architekten an, die eine Art neosardischen Stil schufen. Und weil der Aga Khan keine halben Sachen machte, kaufte er gleich noch eine Fluglinie dazu, um die Reichen und Schönen zu ihren Jachten in Porto Cervo, so der Name des Örtchens, zu befördern, denn nicht jeder hatte die Zeit, den langen Segeltörn auf sich zu nehmen.

Das Konzept ging auf: Die Hautevolee kam und ist bis heute geblieben. Echter und Hollywood-Adel, Industrielle und Oligarchen haben die Costa Smeralda zu einer der teuersten Gegenden der Erde gemacht, wo der Quadratmeter Wohnfläche schon mal 300 000 Euro kostet und mehrere der luxuriösesten Hotels des Planeten stehen.

HEUTE

Wer einmal Einblick in die Welt der Superreichen haben und sehen will, wie Könige, Staatspräsidenten und Ölscheichs residieren, sollte sich die Spazierfahrt von Olbia entlang der landschaftlich großartigen, extrem zerlappten Küste bis zum Capo d'Orso und weiter zum Capo Testa gönnen. **Adressen: Seite 254/255, Landkarte: Seite 255**

1 OLBIA

Olbia, die Glückliche, nannten bereits die Griechen die prosperierende Hafenstadt, über die ein Großteil der Sardinienurlauber die Insel erreicht.

Der Aga Khan – hier in Begleitung seiner ersten Ehefrau Salimah – rief, und alle, alle kamen. Seine vier Luxushotels in Porto Cervo hatten immer eine Suite frei, sei es für die Beatles, Mitglieder des britischen Königshauses oder Gunter Sachs.

Santa Teresa di Gallura liegt zwar an der windigen Meerenge zwischen Sardinien und Korsika, ist selbst aber windgeschützt. In der verkehrsberuhigten Via XX Settembre sitzt man sehr gemütlich.

Aufregende Sehenswürdigkeiten besitzt sie nicht, sieht man einmal von dem architektonisch bemerkenswerten **Museo Archeologico** ab, das auf einer Mole im komplett neu gestalteten Hafenbereich erbaut wurde. Dennoch lohnt sich der Bummel durch die schmalen Gassen der kleinen Altstadt rings um die zentrale **Piazza Margherita** und die sich anschließende **Piazza Matteotti.** Kaum fünf Minuten zu Fuß entfernt von der Piazza findet man die **Basilika San Simplificio,** eine dreischiffige romanische Kirche aus dem 11. bzw. 12. Jh., an deren Außenmauer noch immer die Meilenangabe der alten Römerstraße von Olbia nach Cagliari zu erkennen ist.

2 GOLFO ARANCI

Der kleine Hafenort hat sich in den letzten Jahren von einem unbeachteten Fleck, der immer nur kurz zum Leben erwachte, wenn eine Fähre anoder ablegte, zu einem netten Ferienziel gemausert. Ein kleiner Fischerhafen, einige schöne Sandstrände und besonders auf dem geschützten, weit ins Meer vorspringenden **Capo Figari,** auch ein gutes Angebot an angenehmen Unterkünften, gastronomischen Einrichtungen sowie Geschäften lassen Golfo Aranci aufblühen.

3 PORTO ROTONDO

Obwohl außerhalb des Territoriums des »Consorzio Costa Smeralda« gelegen, zählt man das ultraschicke **Porto Rotondo** allgemein mit zur Smaragdküste, steht es dieser doch weder an illustren Gästen noch im Preisgefüge nach. Das landschaftlich sehr schön am tief eingeschnittenen

---

💬 PANE CARASAU

Dieses sardische Hirtenbrot wird aus Weizenmehl, Hefe und Salz hergestellt. Die fast transparenten Fladen – daher nennt man sie auch *carta di musica* (Notenpapier) – werden schnell und sehr heiß zweifach gebacken. So bleibt das dünne Brot lange haltbar.

Golfo di Cugnana gelegene Badeörtchen glänzt vor allem durch seinen Jachthafen. Direkt nördlich gegenüber liegen die Halbinsel **Capriccioli** und die **Cala di Volpe** mit dem gleichnamigen bildschönen Luxushotel, das vom Starchitekten Jacques Couelle einst als erstes Hotel an der Costa Smeralda gebaut wurde und das mit seinem verspielten mediterranen Architekturmix zum Vorbild des sogenannten neosardischen Stils wurde.

4 COSTA SMERALDA

Mit einer Gesamtlänge von 40 km ist die **Costa Smeralda** zwar nur ein kleiner Teil Sardiniens, dennoch ist die Smaragdküste der bekannteste Teil der Insel. Dies nicht zuletzt deshalb, weil die einschlägige Presse regelmäßig das Neueste aus der Welt des internationalen Jetset berichtet, der sich hier zu sommerlichem Vergnügen trifft und dabei in sündhaft teuren Herbergen, atemberaubenden Traumvillen oder auf luxuriösen Privatjachten logiert. Stacheldraht und Absperrungen sucht man jedoch vergebens. Jeder kann durch **Porto Cervo** flanieren, im fünfsternigen Luxushotel **Romazzino** (www.romazzinohotel.com) speisen oder in der Höhlendisko **Ritual** in Baia Sardinia (Loc. Cruccitta, www.ritual.it) ab 23.30 Uhr die Nacht durchtanzen. Und auch die Strände sind für alle da.

5 PORTO CERVO

Es sieht aus wie ein altes, vom Zahn der Zeit gezeichnetes Fischerdorf. Von den verblassten Fassaden blättert der Putz, die granitenen Treppenstufen sind schräg und ausgetreten, die Holzbalken morsch und von der salzigen Seeluft zerfressen. Doch der Schein trügt! **Porto Cervo** ist als Herz und Verwaltungszentrum des »Consorzio Costa Smeralda« (der Name »Costa Smeralda« ist ein eingetragenes Warenzeichen!) eine mit immensem Aufwand auf alt getrimmte Retortensiedlung. Selbst der Baustil, in dem der Ort in den 1960er-Jahren errichtet wurde, ist ein Kunstprodukt, der neosardische Stil. Allein das macht Porto Cervo sehr sehenswert. Großartig ist das schneeweiße Kirchlein **Santa Maria di Stella Maris,** das neben anderen Kostbarkeiten die Madonna Dolorosa von El Greco birgt.

6 BAIA SARDINIA

Der am Golfo di Arzachena gelegene Ort markiert das westliche Ende der Costa Smeralda. Genau gesehen, gehört er zwar nicht mehr zum Reich des »Consorzio«, wird aber, wie Porto Rotondo, dazugezählt. **Baia Sardinia** ist erheblich preiswerter als seine zwei extrafeinen Nachbarn, steht jedoch den beiden anderen in seiner sehr schönen Lage in nichts nach. Der Ort hat eine angenehme Atmosphäre und besitzt neben einer guten Infrastruktur einen sanft abfallenden Sandstrand.

Tipp: Von Baia Sardinias Nachbarort **Cannigione** aus kann man eine Tagestour per Boot durch die malerische Inselwelt des **Maddalena-Archipels** unternehmen (siehe Seite 252). Auf den meist unbewohnten Inseln verstecken sich zahlreiche Traumstrände. Einige davon zählen zu den schönsten der Welt. Das Boot »Antares« befördert maximal 12 Personen durch den zum Nationalpark erklärten Archipel, bietet Mittagessen an Bord, macht halt in La Maddalena und legt unterwegs Badestopps ein (www.antares-lamaddalena.com). Wer länger bleiben möchte, quartiert sich im Hauptort La Maddalena ein.

Nicht »echt alt«, aber sehr gelungen: das künstliche Fischerdorf Porto Cervo.

7 ARZACHENA UND UMGEBUNG

Im Hinterland der Costa Smeralda liegt dieses Bergstädtchen. In **Arzachena** selbst, dessen Gebäude aus grauem Granit sind, sollte man den kurzen Weg zum **Sasso Fungo**, einem eindrucksvoll gewaltigen Tafonifelsen in Form eines gigantischen Pilzes, gehen. Etwas südöstlich findet man den **Nuraghen Albucciu.** Ihm gegenüber liegt eine Infostelle der Coop Lithos, bei der man Eintrittskarten für weitere archäologische Sehenswürdigkeiten in und um Arzachena kaufen kann. Dazu gehört der vom Parkplatz nur 10 Fußminuten entfernte **Tempietto Malchittu**, eine Kultstätte aus dem 2. Jh. v. Chr. sowie die einige Kilometer außerhalb an der Straße Richtung Luogosanto gelegenen **Großsteingräber** *(tomba dei giganti)* Coddu Vecchiu und Li Lolghi, die zu den schönsten der Insel zählen. Die Gigantengräber sind rund 10 m lang und werden von jeweils einer tonnenschweren, fast 4 m hohen Stele bewacht. Sie stammen ebenfalls aus dem 2. Jh. v. Chr.

Für Laien etwas weniger attraktiv ist die **Nekropole Li Muri** aus dem 4.–3. Jt. v. Chr. mit ihren

Der feinsandige Strand Cala Soraia auf der Insel Spargi ist nur vom Wasser aus zu erreichen.

unscheinbaren steinernen Kistengräbern, in denen einst die Häuptlinge bestattet wurden (alle drei sind gut ausgeschildert).

8 PALAU

Das Hafenstädtchen besitzt die wohl größte Marina Sardiniens. Unzählige Jachten drängen sich im stets überfüllten Hafenbecken. Grund für dieses Treiben ist die großartige Inselwelt des Maddalena-Archipels, wohin die Ausflugsfähren im schnellen Takt und sogar rund um die Uhr verkehren. Die im Wortsinne alles überragenden Attraktionen von **Palau** sind das schöne **Capo d'Orso**, das Bärenkap, und die **Punta Sardegna**, auf deren Gipfel die **Fortezza Monte Altura** thront (tgl. April, Mai 9–12, 15–18, Juni–Aug. 9–12, 17–20, Sept.–Mitte Okt. 10–12, 15–18 Uhr). Ob vom Kap oder Fort, die Aussicht bis nach Korsika ist fantastisch!

9 LA MADDALENA

Die **Insel La Maddalena,** die Hauptinsel im Nationalpark, ist ein ausgesprochen schönes Ziel. Ob mit Auto, Rad oder den von Palau aus verkehrenden Bussen – eine Rundfahrt auf der rings um die Insel verlaufenden *strada panoramica* ist ein Erlebnis. Man passiert wunderschöne Strände und Buchten, die zum Baden einladen, und Felsfelder, berühmt für ihre vielgestaltigen Felsskulpturen. An der Panoramastraße liegt auch das **Museo Archeologico Navale Nino Lamboglia,** das eine hier gefundene römische Galeere aus dem 2. Jh. v. Chr. und ihre Amphoren-Ladung zeigt (Anmeldung empfohlen: Tel. 07 89 79 06 33; Mo–Sa 10 bis 13 Uhr). Nicht weniger attraktiv ist der **Hauptort La Maddalena**, ein schmuckes Städtchen, wo man schön bummeln und einkehren kann.

10 ISOLA CAPRERA

Die über einen Straßendamm mit La Maddalena verbundene **Insel Caprera** ist fast vollständig Naturschutzgebiet und nahezu unbewohnt. Italienweit berühmt ist sie wegen der **Casa Garibaldi,** dem Altersruhesitz des Nationalhelden Giuseppe Garibaldi (1807–1882). Nachdem dieser sich aus der aktiven Politik zurückgezogen hatte, versuchte er, auf Capreras kargen Böden eine kleine

Zu Stein gewordene Wesen? Am Capo Testa beeindrucken vor allem die durch Verwitterung geformten Granitfelsen. Wegen ihres bizarren Aussehens erhielten viele der Formationen Tiernamen.

Landwirtschaft zu betreiben. Die **Casa Museo di Garibaldi** ist für die Italiener ein Heiligenschrein, zu dem ein jeder einmal gepilgert sein muss (Mai–Sept. So, Mo 8.30–14, Di–Sa 8.30 bis 19.30 Uhr, www.compendiogaribaldino.it).

11 SANTA TERESA DI GALLURA

Da die Stadt an der ewig windigen und nicht selten stürmischen Meerenge zwischen Sardinien und Korsika über einen windgeschützten Naturhafen verfügt, verkehren von hier die Fähren hinüber ins nur 12 km entfernte Bonifacio. Aber nicht nur darum hat sich das hoch über dem Meer auf einer Landzunge gelegene **Santa Teresa di Gallura** zu einem der am schnellsten wachsenden Ferienzentren auf Sardinien entwickelt: Von der Straße Richtung Palau führen an einigen Stellen kilometerlange Stichstraßen durch die dornige Macchia hinunter ans Meer, wo sie stets an so herrlichen Stränden und Buchten wie

Val d'Erica, La Liccia oder **La Marmorata** enden. Surfer zieht es etwas weiter gen Osten nach **Porto Pollo:** Dank seiner Windverhältnisse zählt es zu den besten Surfspots Europas.

12 CAPO TESTA

Welch eine Szenerie! Sardiniens ins Meer hinausspringendes Nordkap ist eine fast vom Festland abgeschnürte Landzunge aus grauem Granit, den Wind und Wellen im Laufe der Jahrtausende bizarr verformt und in einen Märchengarten voller skurriler Gebilde und Gestalten verwandelt haben. **Friedhof der Steine** *(cimitero di sassi)* nennen die Sarden diese faszinierende Felsenwelt. Ein besonders schöner und nicht sonderlich langer Spaziergang führt durch fantastische Felsformationen und vorbei an antiken Steinbrüchen ins versteckte, geschützte **Valle di Luna,** wo die alten Römer ihre Sklaven Granit brechen ließen und später die Hippies Vollmondorgien feierten.

INFORMATIONEN

TOUR ③④ Zwischen Olbia und Capo Testa

Autotour, 1–2 Tage, mit Radausflug La Maddalena 3 Tage, ca. 200 km

STATIONEN

1 Olbia
2 Golfo Aranci
3 Porto Rotondo
4 Costa Smeralda
5 Porto Cervo
6 Baia Sardinia
7 Arzachena
8 Palau
9 La Maddalena
10 Isola Caprera
11 Santa Teresa di Gallura
12 Capo Testa

PRAKTISCHE HINWEISE

Die Fähre nach La Maddalena (Überfahrt ca. 15 Min.) fährt tagsüber im
20-Min.-, nachts im 60-Min.-Takt.
Wer ein Fahrrad dabei hat, kann
das Auto in Palau abstellen und nur
mit dem Rad übersetzen. Die Umrundung der Insel auf der bergigen
strada panoramica und der Abstecher nach Caprera dauern dann ca.
1 Tag (mit Pkw ca. 2–3 Std.).

OLBIA
INFO
Ufficio Informazioni Turistiche
Via Dante/Corso Umberto I, Olbia,
Tel. 078 95 22 06,
www.olbiaturismo.it,
www.sardegnaturismo.it

HOTEL
Cavour
Einladendes, kleines Hotel in
ruhiger Altstadtlage mit schöner

Dachterrasse.
Via Cavour 22, Olbia,
Tel. 07 89 20 40 33,
www.hotelcavourolbia.it

PORTO ROTONDO
HOTEL
Hotel Sporting
Luxus pur: mit Privatstrand, in
einmalig schöner Lage auf einer
schmalen, grünen Landzunge.
Via Clelia Donà dalle Rose 16,
Loc. Porto Rotondo,
Tel. 078 93 40 07,
www.sportingportorotondo.it

PORTO CERVO
HOTEL
Dolce Vita
Behagliches, kleines Hotel mit
engagiertem Service, Pool und
Dachterrasse mit Jacuzzi.
Loc. Liscia di Vacca, Porto Cervo,
Tel. 078 99 18 55,
www.hotel-dolcevita.it

RESTAURANT
Hivaoa
Eine für Porto Cervo vergleichswei-
se günstige Pizzeria an der Marina.
Via della Marina, Porto Cervo,
Tel. 078 99 14 51,
www.ristorantehivaoa.com

Frades
Herrliches Feinkostgeschäft, wo
man die sardischen Köstlichkeiten

auch gleich durchprobieren kann.
Auch frische Pasta gibt es.
Promenade du Port/Via Aga Khan 1,
Porto Cervo, Tel. 38 95 86 26 35,
www.frades.eu

BAIA SARDINIA
HOTEL
Club Hotel Baia Sardinia
Die erste Adresse in Baia, direkt
über dem Strand gelegener Rund-
bau mit sehr gutem Restaurant.
Loc. Baia Sardinia,
Tel. 078 99 90 06,
www.clubhotelbaiasardinia.it

RESTAURANT
Corbezzolo
Gute Meeresküche, aber auch
Pizza, schöner Blick von der oberen
Terrasse. Mai–Sept. tgl.
Piazzetta della Fontana,
Baia Sardinia, Tel. 078 99 98 93,
www.ristorantecorbezzolo.it

ARZACHENA
HOTEL & RESTAURANT
Stazzo Lu Ciaccaru
Ein Stazzo und eine Villa von 1880
in malerischer Alleinlage mit
im Landhausstil ausgestatteten
Zimmern und schönem Pool.
Anfahrt über SS 427 von Arzachena
Richtung S. Antonio di Gallura.
Loc. Lu Ciaccaru, Arzachena,
Tel. 07 89 84 40 01,
www.stazzoluciaccaru.it

PALAU
INFO
Ufficio Turismo
Piazza Fresi, Palau,
Tel. 07 89 70 70 25,
www.palauturismo.com

HOTEL
Piccada
Freundliches, neueres Hotel nahe
dem Jachthafen mit 60 hellen Zimmern und Blick auf La Maddalena.
Via degli Asfodeli 6, Palau,
Tel. 07 89 70 93 44,
www.hotelpiccada.com

RESTAURANT
La Gritta
Herausragendes Restaurant mit
einmalig schöner Terrasse, himm-
lisch speisen mit Panoramablick!
April–Okt. Mo–Sa; 15.6.–15.9. tgl.
Porto Faro, Palau,
Tel. 07 89 70 80 45,
www.ristorantelagritta.it

LA MADDALENA
HOTEL
Villa del Parco
Sehr schöne Anlage westlich des
Stadtzentrums.
Via Don Vico, La Maddalena,
Tel. 33 47 47 43 39,
www.villadelparco.com

RESTAURANT
La Locanda del Mirto
Rustikales Landrestaurant mit
bester sardischer Küche, ca. 5 km
außerhalb. Reservierung empfohlen. Ostern–Sept. tgl.
Loc. Punta della Gatta, La Maddalena, Tel. 07 89 73 90 56,
www.ristorantilamaddalena
sardegna.com

SANTA TERESA DI GALLURA
INFO
Ufficio Turismo
Piazza Vittorio Emanuele 24, Santa
Teresa di Gallura, Tel. 07 89 75 41 27,
www.santateresagalluraturismo.com

FÄHREN NACH KORSIKA
MobyLines: Tel. 800 80 40 20,
+49 (0)61 11 40 20,
www.mobylines.de
Blu Navy: Tel. 07 89 75 55 70,
www.blunavytraghetti.com

HOTEL
Corallaro
Modernes Haus über dem Stadt-
strand mit Garten und Pool.
Loc. Rena Bianca, Santa Teresa di
Gallura, Tel. 07 89 75 54 75,
www.hotelcorallaro.it

RESTAURANTS
Ristorante Thomas
Helles Restaurant mit Parkettboden
und weiß gedeckten Tischen. Viel
Fisch und Meeresfrüchte, aber
auch sardisches Spanferkel (auf
Vorbestellung).
Via Val D'Aosta 22, Santa Teresa
di Gallura,
Tel. 34 96 92 96 13,
www.ristorantedathomas.com

Papè Satan
Große, beliebte Pizzeria mit der
besten *Pizza napoletana* – manche
meinen sogar, eine der 100 besten in ganz Italien. Reservierung
empfohlen.
Via La Marmora 20/22,
Santa Teresa di Gallura,
Tel. 07 89 75 50 48,
www.papesatan.it

TOUR **35** **SARDINIENS OSTEN**

WILDE GEGEND

GESTERN *Nicht mal die Römer trauten sich in diese widerspenstige Region, die noch im 20. Jahrhundert für Schlagzeilen sorgte*

HEUTE *Hier hat sich das archaische Sardinien bewahrt, vor allem im einzigartigen Orgosolo. Eine Fahrt auf das wilde Dach der Insel*

GESTERN

In aller Welt berühmt für seine *murales* – heute würde man sagen: »street art« – ist das Barbagia- und Banditendorf Orgosolo (siehe Seite 259), das zwischen 1903 und 1917 Schauplatz einer der blutigsten Familienkriege Sardiniens war.

Geburtsort der spektakulären Bilder an den Häuserfassaden war jedoch nicht Orgosolo selbst, sondern das unscheinbare Bauerndorf San Spera- te, in dem bereits Anfang der 1960er-Jahre die ersten Wandgemälde auftauchten. Dort engagier- te sich der Künstler Pinuccio Sciola in der von ihm gegründeten Künstlerkooperative aus ar- beitslos gewordenen Arbeitern eines stillgelegten Steinbruchs politisch und sozial, u. a. auch mit Wandbildern, die nun mehr und mehr nach me- xikanischem Vorbild zum an die Wand gemalten Protest und zur Anklage gegen die Herrschenden wurden.

Das erste Wandbild in Orgosolo tauchte im Gefolge der anarchistischen Theatergruppe »Dio- niso« aus Mailand auf, die in dem Dorf gastierte.

Die Initialzündung für die explosionsartige Aus- breitung der Wandbilder war der arrogante Ver- such von Rom, die kollektiven Weidegründe des Hirtendorfs zum militärischen Sperrgebiet zu machen. Ganz Orgosolo leistete erbitterten und schließlich erfolgreichen Widerstand.

Waren die Inhalte des *muralismo* anfänglich fast ausschließlich hochpolitischen Themen wie Krieg, Ausbeutung, Ungerechtigkeit oder Kor- ruption gewidmet, befassten sie sich im Laufe der Zeit zunehmend auch mit dem sardischen Alltag, seinen historischen Wurzeln, seiner alltäglichen Problematik und seinen drängendsten Proble- men wie Armut, Krankheit, Wasserknappheit, Auswanderung, Arbeitslosigkeit oder Seuchenbe- kämpfung.

HEUTE

Seit Ende der 1990er-Jahre ist eine Tendenz der zunehmenden Entpolitisierung und die Hinwen- dung zum rein künstlerischen Ausdruck zu be- obachten. Längst entstehen neue Gemälde nicht

Orgosolo steht seit jeher für gemalte Politik, wie es sie sonst nirgends gibt. Hier betrachten Schüler ein Wandbild, das den Marxisten und Sarden Antonio Gramsci zeigt.

mehr spontan, sondern müssen mit einem Entwurf im Rathaus beantragt und dort genehmigt werden. In jüngster Zeit waren allerdings auch die Konterfeis von Barack Obama und Silvio Berlusconi zu sehen.

Landkarte: diese Seite, Adressen: Seite 261

1 OLIENA

Von der Provinzhauptstadt Nuoro zieht sich der mächtige, karstig-zerfressene Gebirgszug des Supramonte nach Osten. Zu Füßen der kahlen Gipfel des Monte Corrasi liegt das Bergdorf **Oliena**, das sich dank seiner idealen Lage zu einem Zentrum für Trekking und Mountainbiking entwickelt hat. Maßgeblich dazu beigetragen hat die Kooperative S'Enis, die ihren Sitz hoch über dem Ort am Monte Macchione hat und Anlaufstation für Aktivurlauber ist.

Doch Oliena ist auch berühmt für sein feines Olivenöl, sein gutes *pane carasau,* seine köstlichen *dolci* und besonders für seinen Nepente di Oliena, der als der Spitzen-Cannonau Sardiniens

Vom Monte Ortobene (955 m) sieht man die Städte Nuoro und Oliena. Zum Erlöserfest Ende August zieht eine farbenprächtige Prozession hinauf.

gilt. Die **Pfarrkirche Santa Maria** (17. Jh.), ein barocker Bau am Hauptplatz, birgt eine Holzstatue des Ignazio di Loyola, Gründer des Jesuitenordens, und erinnert damit an die Zeit der Jesuiten in Oliena.

Auf der alten Straße nach Orgosolo wird man auf die Tour ins Gennargentu-Massiv eingestimmt. Kaum mehr befahren, schlängelt sie sich in unglaublich vielen Kurven durch die ebenso schöne wie einsame Bergwelt der Barbagia.

2 ORGOSOLO

Dem Hirtendorf am Hang eines bewaldeten Kessels am Fuße des 918 m hohen Monte Lisogorni hängt bis heute der Ruf an, Sardiniens Banditendorf Nr. 1 zu sein – nicht ganz zu Unrecht. Der rein kriminelle *banditismo,* der in den 70er-Jahren des 20. Jhs. mit mehreren Entführungen und Lösegelderpressungen international Schlagzeilen machte, ist jedoch ebenso Vergangenheit wie die *disamistade,* die oft blutigen Familienfehden, die einst fast das ganze Dorf ausgerottet hätten. Dennoch füllen auch heute noch Jahr für Jahr Opfer nie aufgeklärter Morde den Friedhof.

Heute ist Orgosolo in aller Welt als das Dorf der *murales* bekannt – praktisch der ganze Ort ist eine einzige und sehr sehenswerte Freiluftgalerie.

3 MAMOIADA

Eine schmale Bergstraße verbindet Orgosolo mit dem 644 m hoch gelegenen Ort **Mamoiada**, bekannt für seinen archaischen *carnevale,* ein düsteres Spektakel mit den gruselig-zotteligen *mamuthones* und den peitschenschwingenden *issohadores.*

Eindrucksvoll dokumentiert das kleine **Museo delle Maschere mediterranee** (Maskenmuseum) die uralten Faschingsbräuche in der Barbagia und anderer Regionen des Mittelmeerraumes (Piazza Europa 15, Di–So 9–13, 15–19 Uhr, Juni bis Sept. auch Mo, www.museodellemaschere.it).

4 FONNI

Kurven ohne Ende mit Ausblicken auf die kargen Gipfel des Gennargentu führen nach **Fonni**, Sardiniens höchstgelegenes Dorf. Hier ragen auch

Die historischen »murales« in Orgosolo werden bis heute gepflegt und restauriert. Und immer wieder kommen neue hinzu.

die Rekordgipfel in den kobaltblauen Himmel, darunter die **Punta la Marmora** (1834 m), das Dach der Insel, der Monte Spada (1595 m) und der Bruncu Spina (1829 m). Auf Letzterem findet man sogar einen Skilift. Die Anlage ist Ausgangspunkt für eine **Wanderung** (bei klarem Wetter Hin- und Rückweg 3–5 Std.) zur Punta la Marmora mit einer grandiosen Fernsicht.

5 TONARA

Durch **Desulo**, das man auf Sardinien wegen seiner besonders leckeren Salami und des namhaften Männerchors kennt, geht es abwärts nach **Tonara**. Dieses wiederum ist wegen des Klanges bekannt, den man in jedem Winkel der Insel jeden Tag hört – das Bimmeln der Ziegen- und Schafsglöckchen, die hier im Ort gefertigt werden. Und es gibt noch die paar Familienunterneh-

Gelebte Tradition: In Tonara kann man den Schmieden während Volksfesten bei der Herstellung der berühmten Viehglocken zusehen.

men, die wie zu Großvaters Zeiten Honig, Eiweiß und Nüsse zu einer süßen Verführung namens *torrone* verarbeiten. Besonders schön ist es im April beim Fest der **Sagra del Torrone.**

6 ARITZO

Das 900 m hoch und inmitten ausgedehnter Kastanienwälder gelegene Bergstädtchen am westlichen Massiv des Gennargentu ist eine beliebte

---

💬 »PADRE PADRONE«

»Mein Vater, mein Herr« ist ein Film der Regisseure Paolo und Vittorio Taviani von 1977, der die allmähliche Befreiung eines jungen Mannes aus der Unterdrückung durch seinen Vater beschreibt. Gavino, Sohn einer sardischen Familie, wird von seinem Vater im Alter von sechs Jahren gezwungen, die Schule zu verlassen, um Schafe zu hüten. Mit 20 bricht er aus, lernt beim Militär das Lesen und Schreiben, promoviert und kehrt ins Dorf seiner Eltern zurück. Doch dort hat sich nichts verändert.

Sommerfrische für hitzegeplagte Küstenbewohner und Ausgangspunkt für abwechslungsreiche Wanderungen, Trekkingtouren und Exkursionen mit dem Mountainbike oder im Pferdesattel.

Ein idealer Punkt für eine Übernachtung ist das **Hotel Sa Muvara,** das eine der besten Bergküchen der Barbagia bietet (siehe Seite 261). Dazu serviert wird der rote Mandrolisai Superiore, einer der rarsten Inselweine.

7 SORGONO

Der Ort Sorgono liegt bereits so tief, dass in seiner Umgebung wieder Wein wächst – und zwar die bereits erwähnte seltene Sorte Mandrolisai, nach der dieser Teil der Barbagia benannt ist. Sie wird nur hier angebaut und ist auch vor Ort nicht leicht erhältlich, da die produzierte Menge klein und die Nachfrage groß ist, besonders in seiner Superiore-Variante. Deshalb sollten Weinfreunde sich in Sorgonos **Cantina del Mandrolisai** ausreichend mit Vorrat eindecken (Corso IV Novembre 20, Mo–Fr 8–13, 15–17, Sa 8–13 Uhr, www.cantinadelmandrolisai.com).

INFORMATIONEN

TOUR ㉟ Von Oliena nach Sorgono

Autotour, 1–2 Tage, ca. 120 km

STATIONEN

1 Oliena
2 Orgosolo
3 Mamoiada
4 Fonni
5 Tonara
6 Aritzo
7 Sorgono

PRAKTISCHE HINWEISE

Für die mehrstündige Wanderung auf die **Punta la Marmora**
unbedingt regenfeste Kleidung,
Sonnenschutz für Kopf und Augen
sowie festes Schuhwerk einpacken!
Frauen sollten beim Gang durch
Orgosolo und andere Bergdörfer
nicht allzu viel Haut zeigen, sonst
müssen sie unzweideutige Blicke
der Männer aushalten können!

OLIENA
HOTELS MIT RESTAURANT
Albergo Monte Macchione
Extrem serpentinenreiche und
steile Anfahrt! Neben einem guten
Restaurant gibt es bei der Coop
Enis auch einige Zimmer, die v. a.
wegen ihrer einmaligen Aussicht
etwas ganz Besonderes sind.
Loc. Monte Macchione, Oliena,
Tel. 07 84 28 83 63, www.coopenis.it

Gicappa
Das Hotelrestaurant hat sich der
traditionellen sardischen Küche
verschrieben. Cenceddu, seine Frau
und seine Töchter graben in lang-

wierigen Nachforschungen uralte,
fast vergessene Rezepte aus, was
das Haus zu einer herausragenden
kulinarischen Adresse macht.
Corso Martin Luther King 4, Oliena,
Tel. 07 84 28 80 24, www.cikappa.it

ORGOSOLO
HOTEL
Sa'e Jana
Freundliche, moderne Herberge
mit guter Barbagiaküche. Das Haus
organisiert auch Hirtenessen unter
freiem Himmel und verschiedene
Jeeptouren durch den Supramonte.
Ganzjährig, Mo geschl.
Via Emilio Lussu 17, Orgosolo,
Tel. 32 07 51 17 36,
www.saejanaorgosolo.com

MAMOIADA
SHOPPING
Traditionelle **Masken** schnitzt und
verkauft Ruggero Mameli.
Via A. Crisponi 19, Mamoiada,
Tel. 078 45 62 22,
www.mascheremameli.com

FONNI
HOTEL
Cualbu
Gut ausgestattetes Hotel mit Pool
und Wellnessbereich, das auch
Exkursionen per Geländewagen
oder Quad organisiert.
Viale del Lavoro 19, Fonni,

Tel. 078 45 72 75,
www.hotelcualbu.com

TONARA
HOTEL & RESTAURANT
Locanda del Muggianeddu
Kleines Lokal mit ausgemacht
guter Bergküche – der Besitzer ist
absoluter Pilzfachmann – und vier
preiswerten Gästezimmern.
Via Monsignore Tore 10, Tonara,
Tel. 078 46 38 85

ARITZO
HOTEL & RESTAURANT
Sa Muvara
Das Hotel in herrlicher Hanglage
außerhalb des Ortes ist nicht nur
das beste in der Barbagia, auch sei-
ne Küche ist eine Institution, an der
sich viele Inselköche orientieren.
Pool mit Blick auf den nuraghischen
Kultberg Monte Tessile.
Via Kennedy 33, Loc. Fontana Rubia,
Aritzo, Tel. 07 84 62 93 36,
www.samuvarahotel.com

SORGONO
RESTAURANT
Agriturismo Su Connotu
Malerisch gelegenes, freundliches
Agriturismo mit sehr guter boden-
ständiger Küche aus hofeigenen
Produkten. So abends geschl.
Loc. Pardu 'e Cresia, Sorgono,
Tel. 34 03 26 14 95

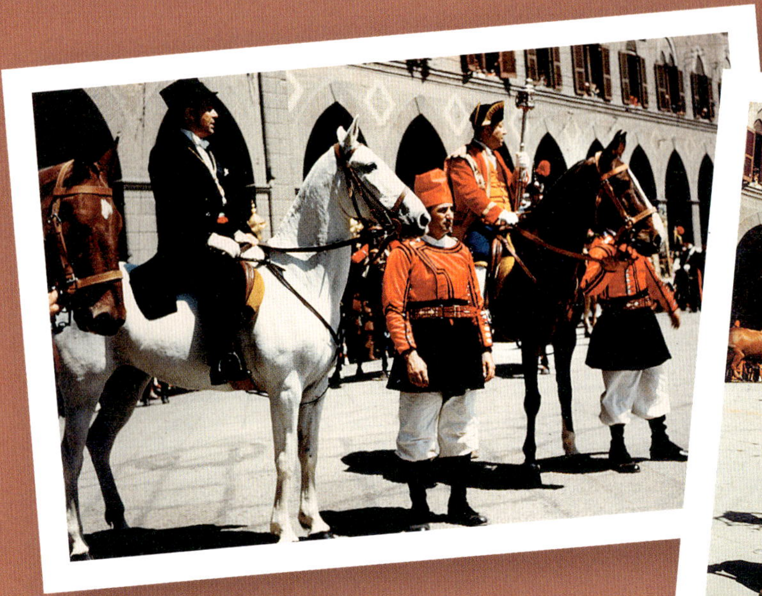

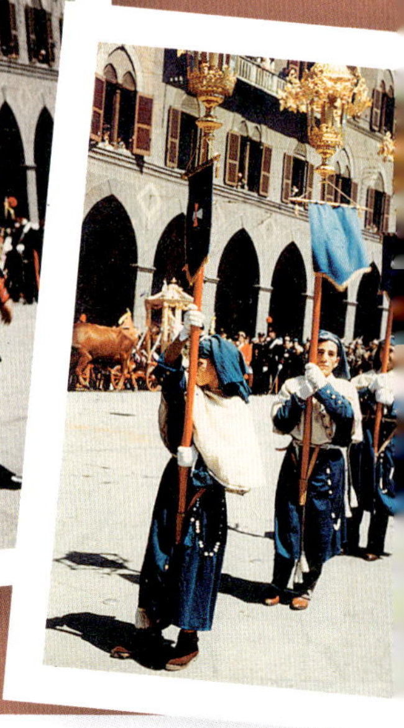

TOUR 36 CAGLIARI

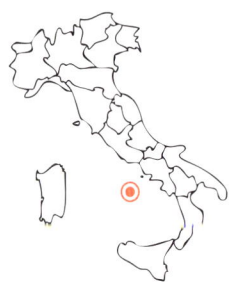

HIMMEL, HILF!

GESTERN *Seit der heilige Ephisius Cagliari 1656 von der Pest erlöst hat, wird ihm zu Ehren eine opulent-bunte Prozession abgehalten*

HEUTE *Die Sagra di Sant'Efisio findet immer im Mai statt – Sardiniens Hauptstadt lockt aber ganzjährig mit vielen Höhepunkten*

GESTERN

Die Mitte des 17. Jhs. war eine schlimme Zeit für Sardinien. Erst vernichtete eine Heuschreckenplage praktisch sämtliche Ernten, und nur wenig später, im Jahr 1652, brach die Pest aus. In Alghero und Sassari starben Tausende Menschen, die Einwohnerzahl von Cagliari wurde fast um die Hälfte dezimiert. In ihrer Verzweiflung baten

Berittene Wächter mit Zylinder und andere Würdenträger nehmen die Statue des Sant'Efisio in Empfang, wenn sie für die jährliche Prozession die Kirche verlässt. Auf diesen seltenen Farbfotos aus den 1950er-Jahren erkennt man, mit welcher Opulenz das Fest gefeiert wird.

die Menschen den Heiligen Ephisius um Hilfe, der sie tatsächlich im Jahr 1656 vom Schwarzen Tod befreite. Die Bürger der Stadt gelobten, den Heiligen fortan alljährlich mit einem Fest zu ehren, was sie mit wenigen Ausnahmen bis heute einlösen.

Die viertägige **Sagra di Sant'Efisio** ist die größte und prachtvollste Prozession Sardiniens. Am 1. Mai um Punkt 12 Uhr wird die Statue des Heiligen aus der **Kirche Sant'Efisio** getragen und in eine von Ochsen gezogene goldene Kutsche gesetzt. Nun geht es hinaus aus der Stadt; in mehreren Etappen legt der Zug die 15 km von Cagliari über La Maddalena, Su Loi, Villa D'Orri, Sarroch, Villa San Pietro und Pula bis nach Nora zurück, zur dortigen Kapelle Sant'Efisio. Am 4. Mai geht es dann wieder zurück.

HEUTE

Wer die **Sagra di Sant'Efisio** miterleben darf, wird nicht nur Zeuge eines immer noch tief verwurzelten Glaubens, sondern bekommt eine umfassende Schau sardischer Musik, Tracht und Tradition gleich dazu. Absolut sehenswert!

Cagliari ist zugleich die Hauptstadt der gleichnamigen Provinz sowie der Autonomen Region Sardinien. Mit 156 000 Einwohnern ist die Stadt

am Golfo degli Angeli die größte der Insel. Casteddu, wie die Sarden ihre wenig geliebte Hauptstadt nennen, ist nicht nur Sardiniens Kunst- und Kulturmetropole, sondern eine authentische und deshalb besonders charmante Hafenstadt, die fast all das zu bieten hat, was man mit mediterranem Leben und Kultur allgemein verbindet.

Die Parkplatznot zusammen mit dem lebhaften Verkehr lassen es ratsam erscheinen, im Zentrum auf das Auto zu verzichten. Idealer Ausgangspunkt für einen Stadtrundgang ist der große bewachte Parkplatz hinter dem Bahnhof. Wer nicht zu Fuß gehen möchte, kann sich hier auch ein Fahrrad ausleihen.

Stadtplan: Seite 265, Adressen: Seite 267

IM STADTZENTRUM

Die parallel zum Hafen verlaufende Prachtmeile Via Roma ist die Schlagader der Stadt. An ihrem Ende liegen an der **Piazza Matteotti** Ⓐ Bahnhof und Busbahnhof, gegenüber der von Palmen beschatteten Piazza des Palazzo Comunale mit seiner prächtigen weißen Marmorfassade.

Unter den Arkaden, die die Via Roma säumen, treffen sich die Cagliaritaner gerne in den Bars und Cafés. Vom Rathaus führt die breite Einkaufsstraße Largo Carlo Felice hinauf zur

Piazza Yenne **B**, die das Bindeglied zwischen den Altstadtquartieren Marina, Castello und Stampace darstellt.

MARINA-VIERTEL

Östlich des Largo Carlo Felice beginnt die schummrige Welt des Marina-Viertels mit seinen engen, morbiden Straßen und Gassen. Das Viertel ist sozusagen der Bauch der Stadt, denn nirgendwo sonst auf Sardinien finden sich auf so engem Raum so viele gastronomische Einrichtungen wie hier.

CASTELLO-VIERTEL

Von der **Piazza Yenne B** führt eine schmale Treppengasse hinauf zur **Torre dell'Elefante C**, die Einlass in das von hohen Schutzmauern umgebene Castello-Viertel gewährt. Sein heutiges Aussehen verdankt das alte Herrschaftsviertel weitgehend der spanischen Epoche. Nachdem die Aragonesen Cagliari erobert hatten, durfte kein Sarde sich mehr nach Sonnenuntergang im Cas-

Ein marmorner Elefant, Wahrzeichen mit ungeklärter Provenienz, gab der Torre dell'Elefante ihren Namen

> ### GUTE AUSSICHTEN
>
> … genießt man von der Torre di San Pacrazio und der Torre dell'Elefante. Der Name Elefantenturm leitet sich von dem kleinen Dickhäuter aus Marmor ab. Warum und seit wann er dort steht, weiß man nicht. Sicher ist aber, dass die Türme zunächst als Festung und danach als Gefängnis dienten.

tello-Viertel aufhalten. Bis ins 19. Jh. hinein war das Castello Sitz der Adeligen und Reichen der Stadt. Der rund 35 m hohe Verteidigungsturm Torre dell'Elefante von 1307 ist Cagliaris Wahrzeichen und eines der schönsten Beispiele pisanischer Festungsarchitektur auf Sardinien. Auf der der Universität zugewandten Seite findet sich in etwa 10 m Höhe die Statue eines kleinen, weißen **Elefanten.** Seine Herkunft und Bedeutung sind unklar, aber eigentlich ist nicht der Turm, sondern das kleine Rüsseltier das heimliche Wahrzeichen der Stadt.

D PALAZZO DELL' UNIVERSITÀ

Unterhalb des Elefantenturms liegt der **Universitätsbau** von 1765. Cagliaris Universität wurde 1620 von den Spaniern gegründet. Die Handschriftensammlung der Bibliothek verwahrt auch die berühmte *carta de logu* der Eleonora d'Arborea, das erste in sardischer Sprache verfasste verbindliche Zivil- und Strafgesetzbuch.

E TERRAZZA UMBERTO I

Von der Universität sind es nur wenige Schritte bis zur belebten Piazza Costituzione. Dort endet die Einkaufsstraße und Fußgängerzone Via Manno mit ihren schmucken Bürgerhäusern aus der Zeit um 1900. Hier ist alles vertreten, was in der italienischen Modewelt Rang und Namen hat.

Eine großzügig geschwungene Freitreppe führt von der Piazza zur **Terrazza Umberto I** hinauf. Auf der balkonartigen Aussichtsterrasse, die um 1900 errichtet wurde, trifft man sich allabendlich, um die frische Abendbrise zu schnuppern und dabei den herrlichen Blick auf den Hafen und bis hinaus zu den Lagunenseen am Rande der Stadt zu genießen.

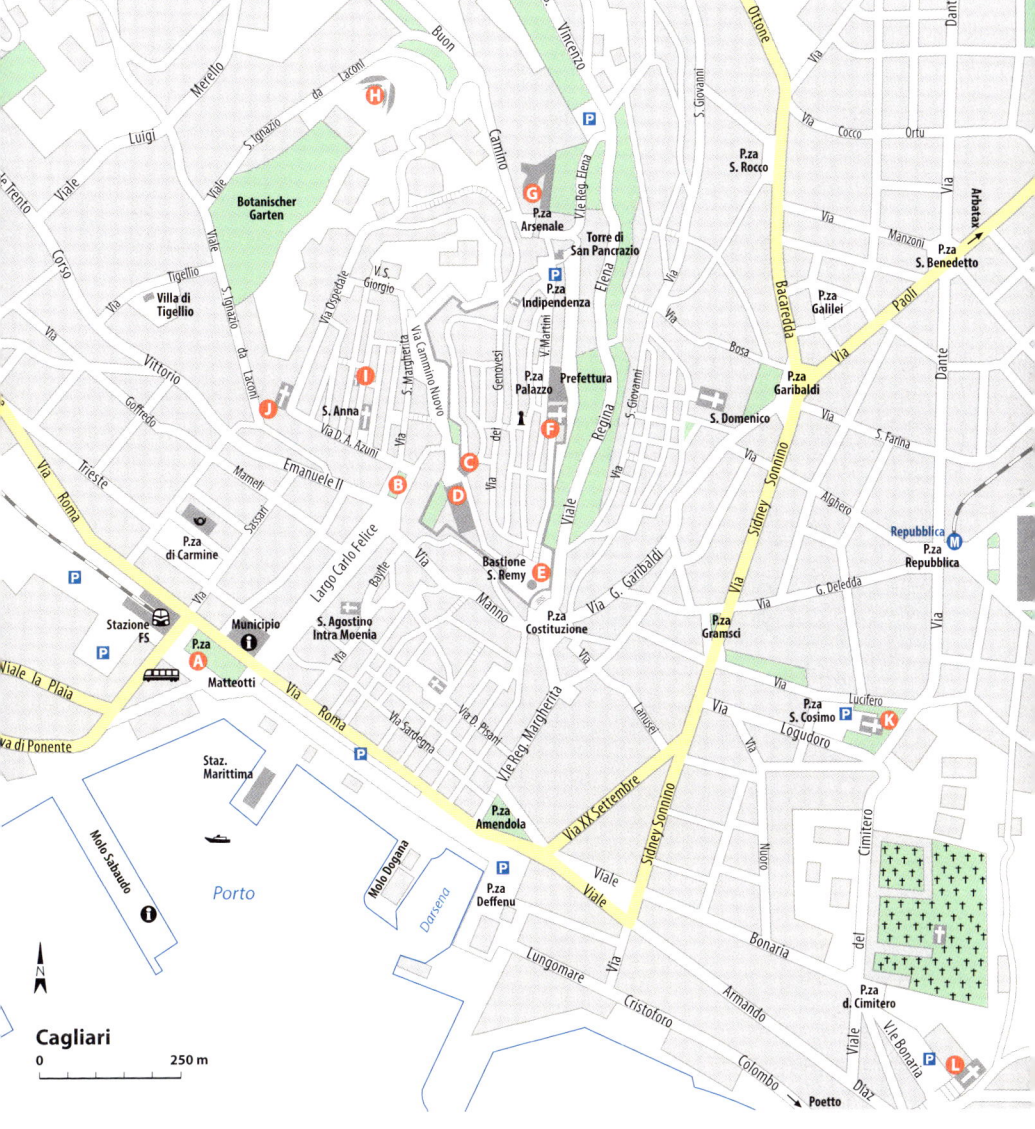 PIAZZA ALBERTO UND DIE KATHEDRALE

Nördlich des »Balkons« erstreckt sich das Castello-Viertel. Nur wenige Schritte sind es bis zur Piazza Alberto, deren Mitte das Standbild des heiligen Franziskus markiert. Eine Treppe verbindet die reizvolle Piazza mit der von Adelspalästen gesäumten Piazza Palazzo. Neben dem Palazzo di Citta und dem Palazzo Regio, in dem einst die spanischen und piemontesischen Vizekönige residier-

ten, ist die **Cattedrale Santa Maria Assunta** der bedeutendste Bau in diesem Ensemble (tgl. 8–20 Uhr, www.duomodicagliari.it). Der erste Blick fällt auf die prachtvolle blendend weiße, ganz im Stil des pisanischen Barock mit Säulenbögen und Mosaiken gehaltene Marmorfassade. Doch der Anblick täuscht: Sie wurde erst 1933 angebracht. Im 13. Jh. von Pisanern gegründet, wurde der Dom im Laufe der Jahrhunderte mehrmals verändert, so auch die Fassade, die von den spanischen Aragonesen im 14. Jh. umgestaltet wurde. 1933 begann man, die Kathedrale dem pisanischen Ursprungsbau wieder anzugleichen. Üppiger südländischer Barock eröffnet sich im Innenraum, geprägt durch die Altäre in vielfarbigem Marmor, die prachtvollen, goldüberzogenen Schreine und das prunkvolle Deckengemälde. Das Juwel der Kathedrale liegt gleich neben dem Haupteingang: die Marmorkanzel des pisanischen Meisters Guglielmo, die er zwischen 1159 und 1162 für den Dom von Pisa anfertigte. Dort wurde sie im 14. Jh. ersetzt und dies alte Prachtstück nach Cagliari gebracht.

⑥ CITTADELLA DEI MUSEI

Der **Museumskomplex** an der Piazza Arsenale, dessen zeitgenössische Erweiterungsbauten sich harmonisch in die Architektur der einstigen spanischen Zitadelle einfügen, umfasst mehrere wichtige Museen: das **Museo delle Cere Anatomiche** mit anatomischen Wachsfigurenmodellen von 1803 (Di–So 9–13, 16–19 Uhr), das **Museo d'Arte Siamese** (Juni–Aug. Di–So 10–13, 17–20, sonst 10–18 Uhr) sowie die **Pinacoteca Nazionale** (Di bis So 9 20 Uhr). Die Gemäldegalerie zeigt eine Sammlung wertvoller *retablos,* katalanisch-sardische Tafelbilder, vorwiegend aus dem 15. bis 17. Jh.

Die große Attraktion der Museums-Zitadelle ist das bereits 1802 gegründete **Museo Archeologico Nazionale.** Es zeigt bedeutende Funde aus der Zeit der Nuraghenkultur, der phönizischen und punischen Vorherrschaft, der römischen Epoche sowie Handwerkskunst aus der mittelalterlichen Zeit der vier sardischen Judikate. Sein wertvollster Schatz sind die etwa *400 bronzetti,* filigran gearbeitete Bronzefigürchen aus dem 8. bis 5. Jh. v. Chr., die überwiegend in nuraghischen Brunnenheiligtümern und anderen Kultplätzen gefunden wurden (Di–So 9–20 Uhr).

⑪ RÖMISCHES AMPHITHEATER

Für das größte erhaltene römische Bauwerk der Insel aus dem 2. Jh. n. Chr. haben die Baumeister die natürlichen Gegebenheiten des Geländes genutzt und die Sitzreihen des **Theaters** in die Felsen geschlagen. Es bot bis zu 20 000 Besuchern Platz. Erhalten sind noch einige Gräben sowie unterirdische Raubtierkäfige. Im Sommer finden hier Konzerte und Veranstaltungen statt (Sommer tgl. 10–19, Winter tgl. 9–17 Uhr, www.beni culturalicagliari.it).

ⓘ SANT'EFISIO UND ⓙ SAN MICHELE

Die äußerlich unscheinbare **Kirche Sant'Efisio** ist jedem Sarden ein Begriff, denn hier wird die Statue des hl. Efisio aufbewahrt. In der Felskrypta unter der Kirche wurde einst der Märtyrer Efisio eingekerkert.

An der Piazza **San Michele** ragt die gleichnamige **Barockkirche** aus dem 17. Jh. auf. San Michele ist stark von den Einflüssen spanischer Baukunst geprägt, Holz- und Marmorschmuck der Ausstattung und die sakralen Darstellungen tragen jedoch die Handschrift sardischer Meister.

VILLANOVA-VIERTEL

Östlich des Castello-Hügels breitet sich das Altstadtviertel **Villanova** aus. Einst vom spanischen Prinzen Alfonso von Aragon während der Belagerung im Jahr 1324 gegründet, ist dieser Stadtteil heute das verkehrsgeplagte, verstopfte Büro- und Geschäftsviertel der Stadt. Inmitten des hektischen Treibens der Piazza San Cosimo steht die Kirche Santi Cosma e Damiano. Die römisch-byzantinische Basilika aus dem 5. Jh. wird auch **San Saturnino** ⓚ genannt, da der hl. Saturnus hier sein Martyrium erlitten haben soll (Di–Sa 9–13 Uhr, So zur Messe).

ⓛ NOSTRA SIGNORA DI BONARIA

Für die Sarden ist die gotisch-katalanische Kirche aus dem 14. Jh. das wichtigste Wallfahrtsziel, bewahrt sie doch die Statue der Jungfrau Maria di Bonaria, ihres Zeichens Schutzheilige der Insel, auf. Der Holzstatue, die angeblich im Jahr 1370 in einer Kiste an Land gespült wurde, spricht man wundertätige Kräfte zu. Das hat den Vatikan 1870 veranlasst, die Bonaria heiligzusprechen. Bedeutendstes Gebäude des Klosterkomplexes ist die im Barockstil errichtete Basilica di Bonaria (Mo–Sa 6.30–19.30, So, Fei bis 21 Uhr, www.bonaria.eu).

INFORMATIONEN

TOUR ㊱ Stadtbesichtigung von Cagliari

Spaziergang, 1–2 Tage

STATIONEN

Ⓐ Piazza Matteotti
Ⓑ Piazza Yenne
Ⓒ Torre dell'Elefante
Ⓓ Palazzo dell' Università
Ⓔ Terrazza Umberto I
Ⓕ Piazza Alberto und die
  Kathedrale
Ⓖ Cittadella dei Musei
Ⓗ Römisches Amphitheater
Ⓘ Sant'Efisio
Ⓙ San Michele
Ⓚ San Saturnino
Ⓛ Nostra Signora di Bonaria

INFO

Infopoint
Via Roma 145, im Palazzo Civico,
Cagliari,
Tel. 07 06 77 81 73,
www.cagliariturismo.it

HOTELS

Regina Margherita
Top-Hotel unterhalb der Bastione di
Saint Remy; mit Gourmetrestaurant
für sardische Küche.
Viale Regina Margherita 44,
Cagliari,
Tel. 070 67 03 42,
www.hotelreginamargherita.com

Quattro Mori
Sympathisches Haus mit 21 Zimmern, zentral gelegen und dennoch
ruhig.
Via G. M. Angioy 27, Cagliari,
Tel. 070 66 85 35,
www.hotel4mori.it

Sardinia Domus
Zehn sehr stilvoll gestaltete
Zimmer in idealer Lage: nahe beim
Hafen und umgeben von vielen
Cafés und Restaurants.
Largo Carlo Felice 26, Cagliari,
Tel. 070 65 97 83,
www.sardiniadomus.it

T Hotel
Cagliaris ganzer Stolz und Sardiniens Nonplusultra an zeitgenössi-
schem italienischem Design. 65 m
hoher, hochmoderner Glasturm
am Parco della Musica mit 207
Zimmern und Wellness-Zentrum.
Via Dei Giudicati 66, Cagliari,
Tel. 07 04 74 00,
www.thotel.it

RESTAURANTS

Dal Corsaro
Führendes Gourmetrestaurant – mit
einem Michelin-Stern–, wo man
in stilvollem Ambiente gehobe-
ner klassischer und kreativer
sardischer Kochkultur huldigt. Nur
abends geöffnet, Reservierung
empfohlen.
Viale Regina Margherita 28,
Cagliari,
Tel. 070 66 43 18,
www.stefanodeidda.it

Trattoria Lillicu
Einfaches, fast immer volles
Gewölbe, das ungekünstelte *cucina
terra-mare* auf den Tisch bringt.
Hier trifft sich die Nachbarschaft

bei einer Fischsuppe und einem
Krug Wein.
Via Sardegna 78, Cagliari,
Tel. 070 65 29 70,
www.trattoria.cagliari.it

Sa Domu Sarda
Kleine familiäre Stube mit ausgesprochen guter und günstiger
sardischer Küche. Schwerpunkt:
Fleisch vom Grill. Bei Einheimischen
beliebt, deshalb eventuell Wartezeit. Von Slow Food empfohlen.
Via Sassari 51, Cagliari,
Tel. 070 65 34 00,
www.osteriasadomusarda.it

La Tavernae di Castello
Sympathisches kleines Lokal mit
nur wenigen Tischen in einem rus-
tikal-romantischen Gemäuer. Breite
Auswahl an ebenso preiswerten
wie ausgezeichneten sardischen
Gerichten. Mo ganztägig u. Di–Do
mittags geschl.
Via Barcellona 45/47, Cagliari,
Tel. 07 03 11 00 56

CAFÉ

Antico Caffè 1855
Café, Ristorante und Lounge-Bar
im 1855 eröffneten ehemaligen
Caffè Genovese, heute Antico
Caffè. Ein sehr beliebter Treff der
Cagliaritaner, deshalb immer voll.
Tgl. 7–2 Uhr.
Piazza Costituzione 10/11, Cagliari,
Tel. 070 65 82 06,
www.anticocaffe1855.it

Füße wurden schon immer schmutzig, egal, ob es die der Kinder auf dem Heimweg von der Schule oder jene der Touristinnen beim Urlaubsvergnügen auf dem Campingplatz waren. Seife aus apulischem Olivenöl hat nicht nur dort eine lange Tradition bei der Körperpflege.

TOUR **37** **GARGANO-HALBINSEL**

FLÜSSIGES GOLD

GESTERN *Ob in der Wasch- oder der Salatschüssel, seit Jahrtausenden nutzen die Menschen das Öl der Olive für ihr Wohlbefinden*

HEUTE *Eine Rundfahrt um den Sporn verbindet das Grün der Wälder und Olivenhaine mit Blicken auf das blitzblaue Meer*

GESTERN

Wer beim Grün von Olivenhainen an den grünen Anteil der italienischen Flagge denkt, liegt ganz richtig, denn der steht für Natur und Landschaft. Eine der grünsten Regionen Italiens wiederum ist Apulien: Ungefähr 60 Millionen Olivenbäume wachsen auf 360 000 Hektar Fläche und bilden so das größte Anbaugebiet der Stiefelrepublik. 200 000 Tonnen des flüssigen Goldes werden hier jährlich produziert, doch nicht alles davon landet in der Salatschüssel oder der Bratpfanne.

Schon die Venezianer wussten die reichen Erträge der apulischen Olivenhaine zu schätzen, als sie im 13. Jh. damit begannen, ihre eigene Seifenproduktion aufzubauen: Per Schiff beförderten sie große Mengen Olivenöl aus dem Süden nach Venedig und verkochten es mit der aus Syrien importierten, besonders sodahaltigen Asche eines speziellen Krauts. Durch Zugabe verschiedenster Duftstoffe konnte die Seife ganz nach Wunsch der Kunden parfümiert werden, was sie auch jenseits der Alpen zum Verkaufsschlager werden ließ.

Einige Jahrhunderte später trat das Olivenöl einen weiteren Siegeszug nach Norden an: zuerst als kulinarisches Souvenir für deutsche Urlauber, dann als unentbehrliches Lebensmittel der Gastarbeiter. Diese mussten ihr geliebtes Öl Anfang der 1960er-Jahre noch in der Apotheke kaufen, weil es in deutschen Läden nicht erhältlich war.

HEUTE

Auch wenn die Badesaison vorbei ist und Apulien von Oktober bis April ein wenig in den Winterschlaf fällt, lohnt sich die Reise: Das Angebot von Küche und Kultur ist reichlich. Der Carnevale Dauno in Manfredonia (genaue Zeiten unter www.carnevalemanfredonia.it) erfreut nicht nur Faschingsfreunde: Neben Literatur-, Fotografie- und Malwettbewerben gibt es auch Feste auf der Piazza oder die Verkostung regionaler Spezialitäten. Dazu gehört die *farrata*: ein rundes, mit Ricotta, Dinkel und Majoran gefülltes Küchlein, das nur in der Karnevalszeit gebacken wird.

Landkarte: Seite 271, Adressen: Seite 274/275

Auf San Nicola wurde aus einer kleinen frühmittelalterlichen Kirche im Laufe der Jahrhunderte die Abteifestung Santa Maria a Mare, genutzt als Kloster, Ort des Widerstands und Strafkolonie.

1 RODI GARGANICO

Die typische Landschaft des Gargano präsentiert sich schon im malerisch gelegenen **Rodi Garganico** (3650 Einw.), wo die Tour beginnt: Vor dem Hintergrund immergrüner Kiefern erstreckt sich der Ort auf einem Felsvorsprung über dem blauen Meer. Zwischen zwei langen Stränden liegen die weißen Häuser im gleißenden Licht. Der **Corso Umberto** öffnet sich an der Piazzetta wie ein Wohnzimmer. Hier trifft man sich abends, nach einem Strandtag am südlichen, 1 km langen, feinen Sandstrand **Lido del Sole.** Camping- und Apartmentanlagen fügen sich hier ideal in die mediterrane Natur, man genießt Bars und Sportaktivitäten, Sonne und Animation. Ein Erlebnis ist das Patronatsfest am 2. und 3. Juli.

2 ISOLE TREMITI

Von Rodi aus setzen Sie am nächsten Tag per Tragflügelboot auf die **Isole Tremiti** über. Gute 20 km vom Festland entfernt liegt die kleine Inselgruppe, die aus den drei größeren Eilanden **San Nicola, San Domino** und **Capraia** sowie einigen Felsen rundherum besteht: ein echtes Paradies in der Adria!

San Nicola, Hauptort der gleichnamigen Insel, ist ganz von Mauern umgeben. Benediktiner errichteten hier im 11. Jh. die ungewöhnliche **Abteikirche Santa Maria a Mare.** Um einen besseren Eindruck von den Befestigungsanlagen zu gewinnen, geht man hinaus auf die kahle Hochebene. Der Wind erfrischt, die Möwen schreien, am Ufer gegenüber taucht die Silhouette des Gargano auf, und die weißen Felsen des touristisch gut erschlossenen San Domino leuchten vor den grünen Pinien.

Bevor man sich auf dieser Insel dem Badevergnügen am Sandstrand oder auf den Felsen hingibt, sei ein Bootsausflug zu den **Grotten von San Domino** empfohlen. Die spektakulären Felsformationen und das prächtige Farbenspiel im Wasser sind nur vom Meer aus zu bewundern.

3 PINETA MARZINI MIT 4 VICO DEL GARGANO, 5 FORESTA UMBRA

Tag 3 gehört der **Pineta Marzini,** dem dichten Pinienwald des Ferienortes San Menaio, bevor es weitergeht ins ursprüngliche **Vico del Gargano** (7650 Einw.). Eine kurvige Straße führt hinauf in die mittelalterlich geprägte Altstadt. Hier oben spürt man noch etwas von der jahrhundertelangen Isolation und Armut des Städtchens. Interessant ist die Besichtigung der alten **Ölmühle** im Viertel **Castello** (Museo Trappeto Maratea, Piazza Castello Normanno-Svevo, im Sommer 10.30 bis 21 Uhr). Weiter geht es zum Wandern in die dichte **Foresta Umbra.** Der einzige größere Wald Apuliens reicht hinauf bis zu Berghöhen über 800 m. Das Gebiet mit majestätischen Laubbäumen wie Buchen und Eichen, einem idyllischen See sowie Gehegen mit Hirschen und Mufflons steht seit 1991 unter Naturschutz. Die 10 500 ha kann man wunderbar auf den 15 gut ausgeschilderten Wanderwegen erkunden. Picknickplätze laden zu Pausen unter alten Bäumen ein.

6 PESCHICI

Zurück am Meer, leuchten die Kuppeln auf den Häusern von **Peschici** (4500 Einw.). Strahlend weiß erheben diese sich auf dem 90 m hohen Felsen über dem tiefblauen Meer. Im Sommer spielt sich das Leben in der Altstadt bis spät nachts im Freien ab. Im Westen Peschicis erstreckt sich der lange Sandstrand vor silbrig schimmernden Olivenhainen.

7 VIESTE

Die Fahrt führt über eine kurvenreiche Straße an wehrhaften Türmen und Badebuchten vorbei ins Städtchen **Vieste** (13 950 Einw.) mit dem wunderschönen Sandstrand. Das Zentrum des Gargano wartet mit einer intakten, liebenswerten mittelalterlichen Altstadt auf. Treppauf, treppab, durch Torbögen und Gässchen bummelt man entlang der weiß getünchten Häuser, die sich unter dem mächtigen, von Friedrich II. erbauten **Kastell** ducken, das im Besitz der Marine ist. An ihrem barocken Campanile weithin erkennbar ist

die dreischiffige **Kathedrale** (11. Jh.). Am Ende der weit ins Meer ragenden Halbinsel schließt die aus weißem Vieste-Tuff gebaute **Renaissance-kirche San Francesco** das alte Zentrum markant ab. Von hier genießt man einen herrlichen Blick auf den Sandstrand im Süden der Stadt. Unterhalb der steilen Felswand erhebt sich Viestes Wahrzeichen: der freistehende, weiß im Sonnenlicht glänzende, 27 m hohe **Monolith Pizzomunno**. Kinder werden begeistert sein vom Muschelmuseum **Museo Malacologico** (Via Pola 8, tgl. 10–12.30, 17–21 Uhr, www.museomalacologico-vieste.it). Mit Feuerwerk und Prozessionen werden die Feste zu Ehren der Heiligen begangen: am 23. April für San Giorgio mit Pferderennen am Strand; vom 8. bis 10. Mai für Santa Maria di Merino; am 1. Samstag im September für Stella Maris mit Markt und Essensständen.

8 MONTE SANT'ANGELO

Am nächsten Tag verlässt man Vieste Richtung Süden. Immer wieder öffnet sich der Blick auf einladende Badebuchten. Die Aussicht auf die steil ins Meer stürzenden Felsen weicht nun dem

---

🗨 **DER BERG DES HEILIGEN ...**

... Engels, wie Monte Sant'Angelo übersetzt etwa heißt, ist seit 15 Jahrhunderten der berühmteste abendländische Wallfahrtsort, der dem Erzengel Michael geweiht ist.

Panorama der weiten Ebene um das weiß am Hang aufblitzende **Mattinata** (6 250 Einw.) inmitten ausgedehnter Olivenhaine. Hinter dem lebendigen Städtchen führt die Straße mit Ausblick auf den Tavoliere die kahlen Berghänge hinauf nach **Monte Sant'Angelo.**

Die für den Ort (13 200 Einw.) charakteristischen weißen »Reihenhäuschen« der Altstadt begrüßen die Gäste bei der Fahrt zum 18 m hohen **Normannenturm** des mehrfach erweiterten **Kastells** (im Sommer Mo–Sa 9–13, 14.30–19, im Winter bis 18 Uhr). Der achteckige schöne **Campanile** bewacht den Eingang zum Heiligtum des Erzengels Michael, der im Jahr 493 in einer **Grotte** erschienen sein soll. 89 Stufen führen hinunter in die suggestive Atmosphäre dieses Pilgerortes. Auf einer im Jahr 1076 in Konstantinopel gearbeiteten

Die Marina Piccola in der Altstadt von Vieste ist von historischen Gebäuden umgeben. Oft finden vor dieser malerischen Kulisse Konzerte und Freiluft-Aufführungen statt.

Bronzetür wird in 24 Szenen vom Wirken Michaels erzählt (April–Juni, Okt. Mo–Sa 7–13, 14.30–20, So 7.30–12.30, Juli–Sept. Mo–Sa 7–20, So 7.30–19.30, 14.30–19, Nov.–März Mo–Sa bis 19, So bis 17 Uhr, www.santuariosanmichele.it).

Schräg gegenüber dem Grottenheiligtum liegt einer der großartigsten romanischen Komplexe ganz Apuliens. Er besteht aus drei Teilen: Der Kuppelbau über quadratischem Grundriss wird **Tomba di Rotari** (Grab des Langobardenkönigs Rothari) genannt und war vermutlich ein Baptisterium. Er besitzt meisterhafte romanische Reliefs. Von der benachbarten, ebenfalls romanischen **Kirche San Pietro** blieb nur die Apsis erhalten. Rechts steht die freskengeschmückte **Kirche Santa Maria Maggiore.** Ein auch für Kinder interessantes **Volkskundemuseum** ist im früheren Franziskanerkloster beheimatet (Museo Tancredi, Di–So 10.30–12.30, 15.30–17.30 Uhr).

9 SAN GIOVANNI ROTONDO

Wer sich für zeitgenössische Kunst interessiert oder einmal mitten in die laute, lebensfrohe süditalienische Frömmigkeit eintauchen möchte, dem sei an Tag 5 unserer Tour der Abstecher in die 27 100-Einwohner-Stadt **San Giovanni Rotondo** empfohlen. Fast in jedem süditalienischen Haushalt hängt ein Bild von Padre Pio, jenem 1968 verstorbenen Mönch, der 2002 heiliggesprochen wurde. In die Krypta von **Santa Maria delle Grazie,** neben dem von Padre Pio gegründeten riesigen Hospitalkomplex, pilgern jährlich Hunderttausende. Seine sterblichen Überreste befinden sich seit April 2010 in der Chiesa di San Pio. Welche Bedeutung Padre Pio heute zukommt, kann man auch am enormen Bauboom des schnell wachsenden Ortes erkennen sowie an dem 2004 nur wenige Meter von der alten Kirche eingeweihten **Sakralbau.** Stararchitekt Renzo Piano verwirklichte hier den mit 45,80 m größten steinernen Bogen der Welt für das Holz- und Stahlgewölbe. Zeitgenössische Künstler wie Giuliano Vangi (rechte Kanzel), Arnaldo Pomodoro (Bronzekreuz über dem Altar) und Domenico Palladino (Bronzetür) wirkten an der 6500 Gläubige fassenden **Chiesa di San Pio da Pietrelcina** mit: eine Art offener Raum der sich

Die weißen »Reihenhäuschen« sind typisch für den Pilgerort Monte Sant'Angelo.

um den Bau herum erweitert und weitere 30 000 Personen aufnimmt.

10 MANFREDONIA

Die Tour endet in der größten Stadt auf dem Gargano. Auf den ersten Blick wirkt **Manfredonia** (56 900 Einw.) mit der hässlichen Raffinerie nicht gerade einladend. Doch ist man erst einmal bis in die gut gepflegte, rechtwinklig angelegte Altstadt vorgedrungen, entdeckt man eine liebenswürdige süditalienische Stadt voller Geschäftigkeit.

Manfred, der Sohn Friedrichs II., gründete 1256 den nach ihm benannten Ort und ließ das **Kastell** errichten. Es beherbergt heute das **Museo Nazionale Archeologico del Gargano,** eine einzigartige Sammlung von Grabstelen der Daunier aus dem 7./6. Jh. v. Chr. Die Ritzzeichnungen auf den Kalkstelen zeigen bewaffnete Männer und Frauen in reich verzierten Kleidern (Mo–Sa 8.30 bis 19.30, Sommer So 8.30–13.30, Winter So 14.30–19.30 Uhr).

INFORMATIONEN

TOUR ③⑦ Von Rodi Garganico nach Manfredonia

Autotour, 3–5 Tage, ca. 180 km

STATIONEN

1. Rodi Garganico
2. Isole Tremiti
3. Pineta Marzini
4. Vico del Gargano
5. Foresta Umbra
6. Peschici
7. Vieste
8. Monte Sant'Angelo
9. San Giovanni Rotondo
10. Manfredonia

PRAKTISCHE HINWEISE

Für die Besichtigung des Grotten-heiligtums in Monte Sant'Angelo und der Pilgerkirchen in San Giovanni Rotondo an angemessene Kleidung denken.
Und für den Rest der Tour Bade-sachen nicht vergessen!

INFO

Allgemein
Gute Webseite für Apulien und seine einzelnen Regionen:
www.pugliaturismo.com

VERKEHRSMITTEL

Das Auto ist hier sicher das am besten geeignete und bequemste Fortbewegungsmittel. Zwischen den Orten verkehren aber auch Busse. Und für Bahnfans: Von San Severo über Rodi Garganico und Peschici nach Vieste fährt auch ein Bummelzug:
www.ferroviedelgargano.com (Fahr-planauskunft, auch auf Deutsch)

RODI GARGANICO
HOTEL
Villa Americana
Modernes, großes Haus im Park mit Clubcharakter; Pool, Spielplatz und Garage, 900 m zum Privatstrand.
Via C. Grossi 23, Rodi Garganico, Tel. 08 84 96 63 90,
www.villaamericana.it

RESTAURANT
Il Gabbiano
Terrasse direkt am Strand, typisch apulische Küche mit Olivenöl aus eigenem Anbau. Dez.–Feb. geschl.
Via Trieste 16, Rodi di Garganico, Tel. 08 84 96 61 82

Il Giardino
Fisch, Pizza, Pasta - alles sehr gut.
Contrada Scopparone, Lido del Sole, Rodi Garganico, Tel. 08 84 91 70 33,
www.albergoilgiardino.com

ISOLE TREMITI
INFO
Auf den Inseln selbst gibt es keine Touristinformation:
www.lecinqueisole.it,
www.isoletremiti.it

VERKEHR
Fährverbindungen
Im Sommer tgl. ab Rodi Garganico, Peschici, Vieste, Manfredonia; ganzjährig ab Termoli.
www.lecinqueisole.it/collegamenti tremiti.html

PESCHICI
HOTEL & RESTAURANT
La Chiusa delle More
Geschmackvoll restauriertes Land-haus des 16. Jhs., Restaurant mit apulischen Spezialitäten, im Mai, Juni und Sept. Kochkurse. Geöffnet Mai–Sept.
Ortsteil Padula, an der SS 89, km 83,1, Peschici, Tel. 330 54 37 66,
www.lachiusadellemore.it

VICO DEL GARGANO
RESTAURANT
Cantina Il Trappeto
Typische Küche des Gargano in einer alten Ölmühle; exzellente Tropfen aus den besten Kellereien Apuliens.
Via Casale 168, Vico del Gargano, Tel. 32 06 32 00 17

FORESTA UMBRA
INFO
Nationalpark Gargano
Foresta Umbra (von Vico del Gargano SS 528 und dann SP 52), Tel. 08 84 56 89 11,
www.parcogargano.it

VIESTE
INFO
IAT
Piazza Kennedy 1, Vieste, Tel. 08 84 70 88 06,
www.viesteonline.it

Infos zu Unterkünften
www.vieste.it
www.gargano-vacanze.com

HOTELS
Pizzomunno Vieste Palace
Wunderschön im Pinienhain, 100 m
vom Strand entfernt, liegt der wei-
ße Komplex mit 190 komfortablen
Zimmern und Pool-Landschaft.
Lungomare E. Mattei, km 1, Vieste,
Tel. 08 84 70 87 41,
www.hotelpizzomunno.it

Seggio
Gepflegtes Hotel in der Altstadt im
ehemaligen Sitz der Stadtverwaltung (17. Jh.). Eigener Strandzu-
gang, Pool, traumhafte Aussicht.
Via Vesta 7, Vieste,
Tel. 08 84 70 81 23,
www.hotelseggio.it

RESTAURANTS
Enoteca Vesta
Kleines, gemütliches Lokal mit
bester apulischer Hausmannskost
und regionalen Spitzenweinen.
Via Duomo 14, Vieste,
Tel. 08 84 70 64 11,
www.enotecavesta.it

Lido Vesta
Direkt am Strand gelegen. Hier
werden herrliche Kompositionen
aus Fisch und Meeresfrüchten
kredenzt.
Lungomare Enrico Mattei, km 0,4,
Vieste, Tel. 35 00 70 06 93

SHOPPING
Souvenirs und Kunsthandwerk
findet man in den Gassen Seggio
und Mafrolla, z. B. original apulische
fischietti (Pfeifchen) bei Artigianato
Pipoli (Via Mafrolla 24).

AKTIVITÄTEN
Ob **Windsurfen, Kitesurfen** oder
Wellenreiten: In der Bucht Santa
Maria, 5 km nördl. von Vieste, trifft
sich die Jugend. Hier werden auch
Kurse für Anfänger angeboten.
Shuttleservice zu umliegenden
Buchten bei Windstille. Weitere
Infos unter: www.garganosurf.com

MATTINATA
EISDIELE
Gabrielino
Beliebte Gelateria mit verführeri-
schen Eisbechern.
Via G. Garibaldi 3, Mattinata

MONTE SANT'ANGELO
INFO
Eco Gargano
Geführte Exkursionen in den Garga-
no. Infos auch im Kastell.
Vico Orto Cappuccini 6, Monte
Sant'Angelo, Tel. 08 84 56 20 62,
www.ecogargano.it

HOTEL
Palace San Michele
Elegantes Hotel in einem ehemali-
gen Kloster. Pool, Wellness.
Via Madonna degli Angeli, Monte
Sant'Angelo, Tel. 08 84 56 56 53,
www.palacehotelsanmichele.it

RESTAURANT
Medioevo
In mittelalterlichem Ambiente
werden typische Gerichte des
Gargano serviert, z. B. geschmorte
Fleischsorten; dazu gibt's hausge-
machte Liköre. Im Winter Mo geschl.
Via Castello 21, Monte Sant'Angelo,
Tel. 08 84 56 53 56,
www.ristorantemedioevo.it

SAN GIOVANNI ROTONDO
RESTAURANT
Opus Wine
Enothek mit sehr guten
lokalen Wurst- und Käse-
sorten, auch warme apulische
Spezialitäten. So geschl.
Traversa Castellana 12, San Giovanni
Rotondo, Tel. 08 82 45 64 13,
www.opuswine.eu

MANFREDONIA
INFO
Pro Loco
Piazza della Libertà, Manfredonia,
Tel. 08 84 58 19 98,
www.prolocomanfredonia.it

HOTEL & RESTAURANT
Gabbiano
Ruhiges Haus mit Garten und
angeschlossener Pizzeria, 150 m
vom Strand. 36 Zimmer.
Viale Eunostides 20, Siponto (2 km
südl.), Manfredonia,
Tel. 08 84 54 25 54,
www.albergogabbiano.it

RESTAURANT
Coppola Rossa
Sehr gutes Fischrestaurant mit
wunderbaren Antipasti di mare vom
Buffet. So abends, Mo geschl.
Via Maddalena 28, Manfredonia,
Tel. 08 84 58 25 22

Bruciato
Für alle, die genug haben von Fisch,
Pizza und Pasta: Hier dreht sich
alles um hochwertiges, gegrilltes
Fleisch, heimisches und aus Über-
see. Tgl. ab 20 Uhr.
Lungomare del Sole 1, Porto
Turistico, Manfredonia,
Tel. 32 88 00 55 43

Ohne Enrico Caruso wäre die Opernwelt um einen der besten Sänger aller Zeiten ärmer. Seine Heimatstadt Neapel behandelte den jungen Künstler allerdings ungnädig. Als Kind armer Eltern konnte er im elitären Musikbetrieb einfach nicht Fuß fassen. Erst im Ausland gelang der Durchbruch. Zu Hause in »seinem« Teatro San Carlo blieb ihm die Anerkennung versagt. Caruso schwor, nie wieder dort zu singen und allenfalls zum Spaghettiessen in seine Geburtsstadt zurückzukehren.

TOUR **38** **NEAPEL**

MUSIK IM BLUT

GESTERN *Neapel rühmt sich des schönsten Opernhauses der Welt – den besten Tenor aller Zeiten hat die Stadt aber ungnädig behandelt*

HEUTE *Das Teatro San Carlo ist noch immer ein Schmuckstück. Den Stadtspaziergang krönt man am besten mit einem Opernabend*

GESTERN

Enrico Caruso war noch gar nicht geboren, da hatte Neapel schon eine ganz spezielle Musiktradition, deren Wurzeln bis ins Mittelalter zurückreichten. Die neapolitanische Volksmusik hat Gassenhauer wie »O sole mio« oder »Funiculì, Funiculà« hervorgebracht, von denen es einige sogar in die Repertoires der großen Opernsänger geschafft haben. Seit den 1950er-Jahren wurde zu den Liedern des »Canzon Napulitana« auch getanzt. Typisch für dieses Liedgut sind Elemente der klassischen Musik.

Schon im 18. Jh. war die Stadt einer der Hotspots der europäischen Musik, allein vier Konservatorien gab es zu jener Zeit. Was lag näher, als Neapel mit einem prunkvollen Opernhaus auszustatten? Das Teatro San Carlo wurde für den Bourbonenkönig Karl V. konzipiert und 1737 eröffnet. Es war mit seinen 3300 Plätzen lange Zeit das größte Opernhaus und eine der angesehensten Opernbühnen in Europa; zahlreiche Uraufführungen fanden hier statt. Seine Architektur und die bombastische Inneneinrichtung sind bis heute bewundernswert. 1816 zerstörte ein Brand einen Teil des Theaters, das jedoch schon Monate später wieder eröffnen konnte. Neben Caruso gehörten auch große Tenöre wie Franco Corelli, Galliano Masini, Mario del Monaco oder Benjamino Gigli zum künstlerischen »Inventar« des Hauses.

HEUTE

Neapels Opernhaus genießt immer noch einen hervorragenden Ruf. Kenner loben die hervorragende Akustik und das fantastische Interieur in Rot und Gold – und wollen nicht so recht verstehen, dass das Teatro San Carlo in Sachen Renommee von der Mailänder Scala abgehängt wurde.

Die berühmte Bühne liegt nicht weit vom Beginn unseres Stadtspaziergangs entfernt. Ein eleganter Abend bei Oper, Konzert oder Ballett ist eine schöne Ergänzung zu einem Tag in den erstaunlichen Straßen der Stadt.

Adressen: Seite 282/283, Stadtplan: Seite 283

Die Spaccanapoli, eine regelrechte Schneise im Häusergewirr, heißt so, weil sie »Neapel spaltet«.

1 QUARTIERI SPAGNOLI

Neapel und die Neapolitaner lernt man am besten auf den Märkten kennen, von denen einige nur an Wochenenden, die meisten aber täglich stattfinden. Nehmen Sie am besten nur ein paar Geldscheine in der Hosentasche mit, denn so taucht man unbeschwert von Handtasche und Geldbörse in den Strom der Einheimischen ein.

Lassen Sie sich zur Einstimmung durch die engen Straßen treiben, die sich westlich der Via Toledo von der Piazza Carità bis zur Funicolare von Montesanto ziehen. Hier bauen die Obst-, Gemüse- und Fischhändler täglich ihre malerischen Stände auf. Im Herzen der **Quartieri Spagnoli** brodelt das neapolitanische Leben; den ganzen Tag über lässt sich das Schauspiel beobachten, wie aus den Fenstern der Palazzi Körbe hinabgelassen werden, um anschließend mit Waren gefüllt wieder in die Lüfte zu entschweben. Schauen Sie doch einfach mal bei einem der ausgezeichneten Käse- oder Wurstläden vorbei.

Hier kann man sich auch ein Panino für ein Picknick mit Aussicht auf dem nahen Vomero-Hügel frisch zubereiten lassen. Der Aussichtsberg mit dem **Castel Sant'Elmo** ist zu Fuß über Treppen oder mit der Funicolare schnell zu erreichen.

2 SANT'ANNA DEI LOMBARDI

Am nächsten Tag beginnen Sie Ihren Spaziergang an der Via Toledo, der wichtigsten Einkaufsstraße Neapels. Gleich in der Nähe steht die **Renaissancekirche Sant'Anna dei Lombardi,** die wegen der Fülle ihrer Skulpturen und Gemälde wie ein Museum behandelt wird. Beeindruckend sind die »Beweinung Christi« mit acht lebensgroßen Terrakottafiguren sowie die perspektivischen Holzintarsien der Sakristei (Piazza Monteoliveto 4, Mo–Sa 9.30–18.30 Uhr).

3 SPACCANAPOLI

Etwa auf halber Höhe der Via Toledo zweigt rechts eine schmale Straße – oder besser Straßenschlucht – ab, die im neapolitanischen Volksmund *Spaccanapoli* genannt wird. Auf dem Stadtplan trägt sie andere Namen (hintereinander Via P. Scura, Via Maddaloni, Via B. Croce, Via S. Biagio dei Librai, Via Vicaria Vecchia). Die Bezeichnung *Spaccanapoli* (spaltet Neapel) ist treffend, denn die Straße zerschneidet die Altstadt in ihrer ganzen west-östlichen Länge. Sie entspricht der unteren Hauptquerstraße *(Decumanus)* der griechisch-römischen Stadt Neapolis. Zusammen mit der parallel verlaufenden **Via dei Tribunali** (ebenso ein antiker *Decumanus*) ist sie eine der chaotischsten und erstaunlichsten Straßen nicht nur Neapels. Überlassen Sie sich dem Sog dieser Straße, die auch von einigen beachtlichen Kirchen gesäumt wird.

Ein Wort zur Struktur der Altstadt Neapels: Sie entspricht noch heute der im 6. Jh. v. Chr. von den Griechen gegründeten Stadt Neapolis. Es gibt nur drei von Ost nach West verlaufende Straßen, *Decumani* genannt, um die schlechte Luft aus umliegenden Sümpfen weitgehend fernzuhalten. Die Zahl der Straßen in Nord-Süd-Richtung, der *Cardines,* ist viel größer (ca. 20), denn sie lassen die frische Meeresluft herein. Die Häuserblocks zwischen Quer- und Längsstraßen, die *Insulae*, bilden bis heute die Zellen der Altstadt.

4 SANTA CHIARA

Gleich hinter der Abzweigung von der Via Toledo in die Spaccanapoli steht die gotische Kirche **Santa Chiara.** Schon beim Eintritt strahlt der große, nach der Restaurierung wieder gotische Kirchenraum eine feierlich-kühle Wirkung aus. Er ist die Grabstätte der Königsfamilie von Anjou, die Neapel im 13. Jh. beherrschte. In beinahe jeder Seitenkapelle liegt ein Familienmitglied der Anjou in einem kostbaren gotischen Sarkophag. Die wichtigsten Grabdenkmäler aber sind die von König Robert dem Weisen und seiner engsten Angehörigen. Das Grabmal König Roberts – er ist der Begründer der ab 1310 entstandenen Kirche – ist besonders prächtig (tgl. 7.30–13, 16.30–20 Uhr).

Von einer Seitenstraße links neben der Kirche hat man Zutritt zum **Majolikakreuzgang.** Er gehört zum Bezauberndsten, was Neapel zu bieten hat. Den stillen Garten des Kreuzgangs umgeben niedrige Mäuerchen mit Sitzbänken und Säulen, die mit bunten Majoliken verkleidet sind. Sie zeigen eine Fülle spätbarocker Miniaturmalereien: Landschaften, Pulcinella- sowie Jagd-, Fischerei-, Spiel- und Tanzszenen (Mo–Sa 9.30–17.30, So 10 bis 14.30 Uhr, www.monasterodisantachiara.it).

Wieder auf dem Platz vor der Kirche, der Piazza del Gesù, steht man vor der trutzigen Diamantquaderfassade der Kirche **Gesù Nuovo** aus dem 16. Jh. Inmitten der Piazza ragt die **Guglia dell'Immacolata** empor. Die Rokoko-Mariensäule ist ein Wahrzeichen der Stadt. Von hier aus blickt man die nahezu 2 km lange Spaccanapoli hinunter, die Straße der Händler, die sich in Zunftgruppen zusammengeschart haben: Silberschmiede, Krippenmacher, Buchhändler …

5 CAPPELLA SANSEVERO

Die im Jahr 1590 entstandene **Grabkapelle** der Familie Sagro-Sansevero birgt höchst merkwürdige Werke, bei denen angeblich der alchimistisch tätige Prinz Sansevero die Hand im Spiel gehabt haben soll. Von den barocken Marmorstatuen ist der in der Mitte liegende »Cristo velato«

die erstaunlichste: Ein marmorner Schleier, so durchsichtig wie Musselin, bedeckt die Statue, die Giuseppe Sammartino geschaffen hat. Eine Wendeltreppe führt in den Keller mit zwei ungewöhnlichen Figuren: die nur aus versteinertem Aderngeflecht bestehenden Gestalten eines Mannes und einer schwangeren Frau, in deren Bauch der Kopf des Kindes zu erkennen ist (Via F. De Sanctis, Mi–Mo 9–19, Mai–Dez. Sa bis 20.30 Uhr, www. museosansevero.it).

6 SAN GREGORIO ARMENO

Von der im 18. und 19. Jh. blühenden Krippenindustrie Neapels sind heute noch ein Dutzend Werkstätten in der Via San Gregorio Armeno (die zur Kirche **San Gregorio Armeno** führt) geblieben. Zu den volkstümlichen *pastori* – alle Krippenfiguren heißen Hirten – aus Ton und Gips haben sich inzwischen der Fußballgott Diego Maradona, der den SSC Neapel zu seinen größten Erfolgen führte, und der Ex-Bürgermeister Bassolino gesellt. Der Verkauf läuft das ganze Jahr, aber am stimmungsvollsten ist der Advent.

Ungemein prachtvoll ist der Innenraum der Barockkirche San Gregorio Armeno ausgestattet; das sog. Paradies auf Erden wirkt auch heute, nach der umfassenden Restaurierung der Kirche, immer noch atemberaubend.

Die Guglia dell'Immacolata und die markante Fassade der Kirche Gesù Nuovo rechts.

7 MONTE DI PIETÀ

Rings um die Pfandleihanstalt haben sich Gold- und Silberschmiede niedergelassen. Hier kann man günstig kleinen Goldschmuck erstehen. Die Auslagen sind gespickt mit silbernen Miniaturkörperteilen: Devotionalien, die nach einer glücklich überstandenen Krankheit oder Operation dem Lieblingsheiligen verehrt werden.

8 PORTA CAPUANA

Hinter der Via Duomo führt die Spaccanapoli durch das kleine, volksnahe Forcella-Viertel und endet dort nach etwa 200 m an der Via Pietro Colletta. Folgt man dieser, kommt man zum Castel Capuano und zur **Porta Capuana** aus dem 15. Jh., die als eines der schönsten Stadttore Italiens gilt.

9 DOM SAN GENNARO

Parallel zur Spaccanapoli führt die Via dei Tribunali zurück. Man gelangt zur nahen Via del Duomo mit dem **Dom San Gennaro.** Im 19. Jh. wurde seine Fassade vollständig restauriert. In der Mitte des rechten Seitenschiffs liegt die Cappella di San Gennaro: In dieser prachtvoll barock ausgestatteten Seitenkapelle vollzieht sich alljährlich das berühmte »Blutwunder«, bei dem sich das in zwei kristallenen Phiolen aufbewahrte Blut des hl. Gennaro, des obersten Schutzpatrons Neapels, verflüssigt.

Dem Dom angegliedert ist das älteste Gotteshaus Neapels, die **Basilica di Santa Restituta.** Ein Kleinod ist das dahinterliegende Baptisterium: Der Kuppelraum bewahrt frühchristliche Mosaiken aus dem 4. Jh. und ein antikes Taufbecken (tgl. 8–12.30, 16.30–19 Uhr, inkl. antiker Ausgrabungsstätte im Untergrund).

Hinter dem Baptisterium zeigt in der Via Settembrini das **Museo MADRE** (Museo d'Arte Contemporanea Donna Regina) hochkarätige zeitgenössische Kunst (Mo, Mi–Sa 10–19.30, So bis 20 Uhr, www.madrenapoli.it).

10 SAN LORENZO MAGGIORE

Zurück am Dom, führt von hier die belebte und volkstümliche Via dei Tribunali mit ihren Marktständen zur Piazza Dante. Linker Hand liegt **San**

Lorenzo Maggiore, die schönste gotische Kirche der Stadt: reine provenzalische Gotik in gelbem Tuffstein. Im Kreuzgang ist der Eingang zu La Neapolis Sotterrata, wo man unter dem heutigen Straßenniveau über einen antiken Marktplatz läuft (Piazza San Gaetano 316, tgl. 9.30 bis 17.30 Uhr, www.laneapolissotterrata.it).

11 NAPOLI SOTTERRANEA

Nur ein kleines Schild über einem Toreingang in der Via dei Tribunali/Piazza San Gaetano weist auf das **unterirdische Neapel** hin. Eine Treppe führt 30 m tief unter die Erde. Griechen und Römer legten hier Aquädukte zur städtischen Wasserversorgung an, als Baumaterial diente der Tuffstein aus der Region. Während der Kriege bot das Areal den Menschen Schutz (Piazza San Gaetano 68, Führungen in Englisch tgl. 10, 12, 14, 16, 18 Uhr, www.napolisotterranea.org).

12 PIAZZA BELLINI

Die **Piazza Bellini** ist das junge Zentrum der Altstadt und Symbol für den kulturellen Aufbruch Neapels. In seiner Mitte erhebt sich das Standbild des sizilianischen Opernkomponisten Vincenzo Bellini (1801–1835), der in Neapel am Konservatorium San Sebastian studierte. Um den malerischen Platz scharen sich Cafés und Bars, etwa das **Caffè Letterario Intra Moenia** (in der Nr. 70).

13 MUSEO ARCHEOLOGICO NAZIONALE

Von der Piazza Dante folgt man nun der Via E. Pessina in nördlicher Richtung und gelangt bald zum **Archäologischen Nationalmuseum,** das eine der wichtigsten Sammlungen antiker Kunst in Europa enthält. Im Erdgeschoss wird die Sammlung Farnese aufbewahrt, unter den antiken Marmorstatuen sind so berühmte wie der

»Farnesische Stier« oder der »Herkules Farnese«. Die Statuen, die ursprünglich aus Rom stammen, gingen im 18. Jh. durch Erbschaft ans neapolitanische Herrscherhaus der Bourbonen über.

Im ersten Obergeschoss sind Wandmalereien aus den verschütteten Vesuvstädten ausgestellt. Wer Pompeji oder Herculaneum besucht hat, kann hier die vier pompejischen Stile studieren. Das berühmteste der Mosaiken im Zwischenschoss ist die »Alexanderschlacht« aus dem Haus des Fauns in Pompeji. Weitere Glanzlichter setzen wundervolle Mosaik-Stillleben und Tierdarstellungen, allegorische und Theaterszenen sowie schöne mosaizierte Säulen (Mi–Mo 9–19.30, Juni, Juli Do bis 23 Uhr, www.museoarcheologico napoli.it).

14 MUSEO NAZIONALE DI CAPODIMONTE

Das zweite große Museum von Weltruhm befindet sich noch etwas weiter außerhalb in dem von einem großen Park umgebenen Palazzo Reale di Capodimonte. Die **Galleria Napoletana** zeigt mehr als 300 Meisterwerke des 13. bis 18. Jhs. In den Sälen des weitläufigen Palasts sind u. a. Gemälde von Raffael, Tizian, Caravaggio, Cranach, Breughel und Holbein zu bewundern.

Zudem besitzt das Museum eine kostbare Porzellansammlung und ein berühmtes, mit Porzellan ausgekleidetes Kabinett. Im 3. Stock zeigen Wechselausstellungen zeitgenössische Kunst (Via Miano 2, 1. Etage Do–Di 8.30–19.30, 2. Etage Do–Di 9.30–17, Bosco April–Sept. 7–19.30, Okt., Feb., März bis 18, Nov.–Jan. bis 17 Uhr, www.museocapodimonte.beniculturali.it).

15 CATACOMBE DI SAN GENNARO

In Capodimonte sind auch die nahen **Katakomben** sehenswert. Sie entstanden im 2. Jh. als Grabstätte der ersten Christen Neapels. Die unterirdischen Gewölbe enthalten eine Vielzahl spätantiker und frühchristlicher Freskenfragmente. Der Eingang ist neben der Basilica del Buon Consiglio (Via Capodimonte 13, Mo–Sa 10–17, So bis 14 Uhr, www.catacombedinapoli.it).

Die außerhalb der Stadt gelegene ursprüngliche Sommerresidenz der Bourbonen-Könige beherbergt heute das Museo Nazionale di Capodimonte.

INFORMATIONEN

TOUR ⓷ Stadtbesichtigung Neapel

Spaziergang, 2–3 Tage

STATIONEN

1. Quartieri Spagnoli
2. Sant'Anna dei Lombardi
3. Spaccanapoli
4. Santa Chiara
5. Cappella Sansevero
6. San Gregorio Armeno
7. Monte di Pietà
8. Porta Capuana
9. Dom San Gennaro
10. San Lorenzo Maggiore
11. Napoli Sotterranea
12. Piazza Bellini
13. Museo Archeologico Nazionale
14. Museo Nazionale di Capodimonte
15. Catacombe di San Gennaro

PRAKTISCHE HINWEISE

Man kann problemlos einen ganzen Tag in den beiden schönsten Museen (13 und 14) verbringen und so den Besuch ausdehnen. In der Altstadt auf die eigene Handtasche achten und teuren Schmuck am besten im Hotel lassen.

INFO

Turismo A Napoli

Via San Giuseppe dei Nudi 82, Tel. 38 01 45 13 79, www.infoturismonapoli.com, www.visit-napoli.com
Touristeninformationen befinden sich außerdem an der Piazza del Gesù Nuovo, Tel. 08 15 51 27 01, und im Hauptbahnhof am Gleis 22/23, Tel. 081 26 87 79

VERKEHR

Flughafen

Aeroporto Napoli-Capodichino, Tel. 08 17 89 62 59, www.aeroportodinapoli.it
7 km nördlich vom Stadtzentrum, alle 20 Min. Alibus bis zur Stazione Centrale (15. Min.) und zum Hafen (35 Min.).

Stadtverkehr

Die Linie 1 der **Metro** mit von Künstlern gestalteten Stationen fährt in Nord-Süd-, die Linie 2 in Ost-West-Richtung bis Pozzuoli, die Linie 6 befindet sich noch im Bau. **Stadtbusse** verkehren im 10- bis 15-Min.-Takt bis 24 Uhr. Offizielle Taxis sind weiß, tragen eine Nummer und sind mit einem Taxameter ausgestattet. Ausprobieren sollte man die **Funicolare**, die Drahtseilbahnen zum Vomero-Hügel.
Es gibt ein Ticket für alle Transportunternehmen: TIC (Ticket integrato Campania) für 90 Min. (1,60 €), einen Tag (4,50 €) bzw. eine Woche (16 €).

Ins Umland

Über die Stadtgrenzen hinaus gilt für Busse, die Metrò del Mare und die Circumvesuviana-Bahn (ab Stazione Centrale über Herculaneum, Pompeji nach Sorrent) das nach Zeit- und Tarifzonen gestaffelte Ticket Unico. Infos und Fahrpläne: www.anm.it, www.eavsrl.it (nur Ital.)

Campania Artecard

Die Campania Artecard schließt neben vergünstigtem Museumseintritt z. T. die kostenfreie Benutzung der öffentlichen Verkehrsmittel ein (3 bzw. 7 Tage). Die Tickets gibt es am Kiosk, in Tabakläden, am Flughafen sowie an Bahnhöfen, die Artecard auch in Museen: www.campaniartecard.it

Schiff – Inselnahverkehr

Vom Molo Beverello aus fahren Tragflügelboote (Aliscafi) und Autofähren nach Ischia, Procida, Capri (keine Autos in der Saison), Ponza. Tragflügelboote fahren außerdem nach Sorrent. Vom Hafen Mergellina aus verkehren Tragflügelboote nach Ischia, Procida, Capri. Überfahrt nach Ischia und Capri: ca. 45 Min. (Aliscafi) bzw. 90 Min. (Fähre). www.naplesbayferry.com

HOTEL

Piazza Bellini

Zehn erfrischend modern und minimalistisch eingerichtete Zimmer, nahe an der Piazza Bellini. Via Costantinopoli 101, Neapel, Tel. 081 45 17 32, www.hotelpiazzabellini.com

RESTAURANTS

Ciro a Santa Brigida

Von Künstlern besuchtes, elegantes Lokal nahe der Piazza Municipio. Via Santa Brigida 71, Neapel,

Tel. 08 15 52 40 72,
www.ciroasantabrigida.it

Il Garum

Mediterran-neapolitanische Küche.
Spezialität sind Gerichte mit *garum,*
einer Sardellensoße, die schon in
der Antike berühmt war.
Piazzetta Monteoliveto 2, Neapel,
Tel. 08 15 42 32 28,
www.ristoranteilgarum.com

L'Antica Pizzeria Da Michele

Die Pizza-Institution Neapels – nicht
versäumen! Es gibt nur zwei Sorten:
Marinara und Margherita. So geschl.
Via Cesare Sersale 1, Neapel,

Tel. 08 15 53 92 04,
www.damichele.net

Pizzeria Brandi

Hier wurde 1889 die Pizza Marghe-
rita für die Königin Margherita von
Savoyen erfunden. Auch heute noch
überzeugend gut.
Salita S. Anna di Palazzo 1/Via
Chiaia, Neapel, Tel. 081 41 69 28

NIGHTLIFE

Opern- und **Theaterkarten** besorgt
am besten die Hotelrezeption.
Jazz-, Rock- und **Popkonzerte:**
Otto Jazz Club (Via San Biagio dei
Librai 25, nur Sa), Bourbon Street

Jazz Club (Via Bellini 52/53, Mo
geschl.), Kestè (Largo San Giovanni
Maggiore Pignatelli 26/27).

SHOPPING

Die Innenstadt ist ein Shoppingpa-
radies. Ein originelles Mitbringsel
sind die **Krippenfiguren.** Die größte
Auswahl findet man in der Via San
Gregorio Armeno.
Stiche und **Veduten** vom Golf werden in der Via S. Maria di Costantinopoli, zwischen Piazza Bellini
und Archäologischem Museum,
verkauft.
In der Via Toledo gibt es eine Reihe
von **Lederwarengeschäften.**

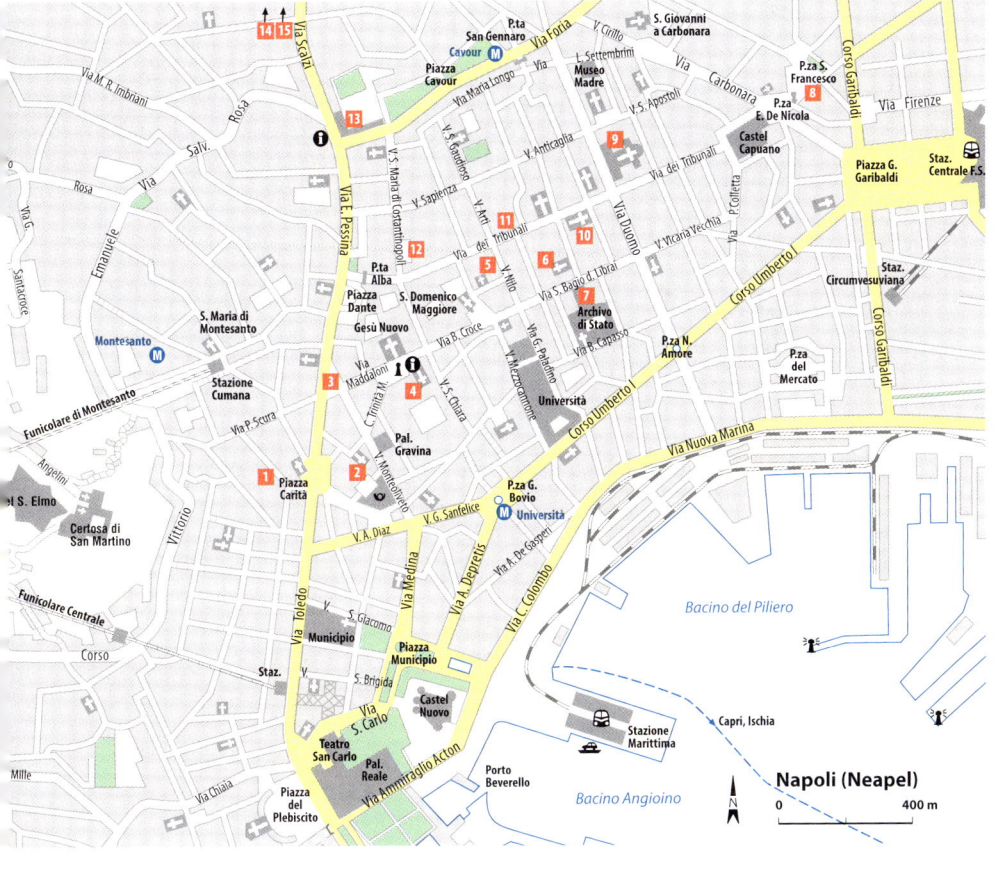

Napoli (Neapel)

0   400 m

TOUR **39** **VESUV, HERCULANEUM UND POMPEJI**

HEISSER TYP

GESTERN *Der mal glimmende, mal rauchende, mal ganz ruhige Vulkan Vesuv zieht seit Hunderten von Jahren Reisende an*

HEUTE *Die größere Faszination üben die einst unter Lava und Asche begrabenen Städte Herculaneum und Pompeji aus – ein Muss!*

GESTERN

Der Katastrophentourismus ist keine Erfindung unserer Zeit. Am Vesuv setzte er schon im 17. Jh. ein: Bereits wenige Monate nach dem Ausbruch von 1631, bei dem 40 000 Anwohner auf der Flucht waren und 4000 Menschen starben, fanden die ersten Exkursionen auf den Berg statt. Beim jungen europäischen Adel, der zu erzieherischen Zwecken von Land zu Land reiste, stand er ebenso auf dem Programm wie bei Johann Wolfgang von Goethe, der 1787 gleich mehrmals hinaufkraxelte und von seinem Führer schließlich gepackt und wieder hinuntergeschleppt werden musste – da war der Vulkan noch so aktiv, dass heiße Lava die Flanke herunterlief.

Schon Anfang des 19. Jhs. waren Stimmen zu hören, der Berg sei überlaufen. Das hinderte geschäftstüchtige Anwohner natürlich nicht daran, 1880 die Standseilbahn *Funicolare del Vesuvio* fast bis zum Gipfel zu bauen. Im Laufe der folgenden Jahrzehnte kamen eine Schmalspurbahn, eine Zahnradbahn und ein Sessellift hinzu. Nichts davon ist mehr in Betrieb – entweder machten neue Vesuv-Ausbrüche oder der Touristenansturm den Transportmitteln den Garaus. Heute heißt es: zu Fuß gehen (allerdings nur rd. 280 Höhenmeter).

HEUTE

Der letzte Ausbruch des Vesuv ereignete sich im März 1944. Seit in den 1950er-Jahren die letzte Rauchfahne über seinem Gipfel verschwand, könnte man ihn für erloschen und harmlos halten. Doch das Gegenteil ist der Fall. Vulkanologen haben unter dem Berg eine riesige Magmakammer ausgemacht, die jederzeit explodieren kann. Als ob diese Gefahr nicht existieren würde, beansprucht ein endloses Häusermeer jeden Quadratmeter bis zum Fuß des Vulkans. Wissenschaftler empfehlen schon lange eine Sicherheitszone, doch der Alltag sieht anders aus.

Doch lassen wir uns die Laune nicht verderben: Der Blick in den tiefen rostroten Krater, der noch an einigen wenigen Stellen dampft, ist ebenso beeindruckend wie die Aussicht über den Golf.

Wissenschaftler messen 1925 nach einer kleineren Eruption des Vesuv die Temperatur der Lava. Bereits im 17. Jahrhundert begann die naturwissenschaftliche Erkundung des Vulkans. Das Werk »Mundus subterraneus« des Jesuiten Althanasius Kircher legte 1665 den Grundstein einer Forschungsreihe, durch die der Vesuv heute als einer bestuntersuchten Vulkane der Welt gilt.

Blick vom Castel Sant'Elmo auf Neapel und den Vesuv: Auch wenn Forscher sagen, dass der Vulkan jederzeit ausbrechen kann, ignoriert die Administration die Forderung nach einer Sicherheitszone.

Wer mehr Zeit in der imposanten Vulkanlandschaft verbringen möchte, findet am Parkplatz Vorschläge für farbig markierte Wanderungen unterschiedlicher Länge.

Auf dieser Tour statten Sie nicht nur dem »heißen Typen« einen Besuch ab, sondern auch einigen der größten Sehenswürdigkeiten Italiens: Herculaneum und Pompeji.
Adressen und Landkarte: Seite 291

1 VESUV

Ausgangspunkt ist die Stadt Ercolano (Anfahrt zum Krater 18 km). Kurz nach der Ausfahrt der A 3 biegt links die Straße zum **Vesuvgipfel** ab. Sie steigt sofort bergan und windet sich zwischen Olivenbäumen und Weinreben den Berg hinauf. Unterwegs passiert man das **Besucherzentrum** des seit 1995 ausgewiesenen Parco Nazionale del Vesuvio und das **Osservatorio Vesuviano,** das 1841 weltweit als erstes vulkanologisches Observatorium eingerichtet wurde (Mo–Sa 9.30–16, So,

Fei ab 10 Uhr; Voranmeldung erforderlich unter Tel. 08 16 10 85 60, www.ov.ingv.it). Kurz vor der **»Quota mille«** (Parkplatz) quert man den erstarrten Lavafluss von 1944. Von dort ist der Kraterrand zu Fuß erreichbar (Zugang nur mit Führung, Nov.–Feb. tgl. 9–15, März, Okt. bis 16, April–Juni, Sept. bis 17, Juli, Aug. bis 18 Uhr, www.vesuvionline.net).

Jüngere archäologische Ausgrabungen lassen darauf schließen, dass auch die stein- und bronzezeitlichen Vorgängersiedlungen von Pompeji Vulkanausbrüchen zum Opfer fielen. Man nimmt an, dass dem Ausbruch vom Jahr 79 n. Chr. eine lange Ruhepause vorausging. Die Bewohner von Pompeji und Herculaneum hatten keine Ahnung von der Gefährlichkeit des Berges. An seinen Hängen wucherten Wein und Olivenbäume, der Krater war eine baumbewachsene Mulde.

Die Katastrophe begann am 24. August und dauerte, nach Beschreibung von Plinius d. J., drei Tage. Steine, glühende Asche und giftige Schwefeldämpfe gingen über Pompeji hernieder. Ein Fünftel der Bevölkerung, etwa 5000 Menschen, kam ums Leben, darunter der Geschichtsschreiber Plinius d. Ä. Die übrigen Pompejaner konnten sich zwar retten, doch hatten sie alles verloren, denn eine 7 m dicke Schlackenschicht bedeckte Pompeji. Kurz darauf wurde auch Herculaneum von einer Lawine aus Erde, Schlamm und halb erkalteter Lava begraben. Unter dieser Schicht haben sich sogar verderbliche Materialien wie Holz und Nahrungsmittel fast unversehrt erhalten. Die Bewohner von Herculaneum, die sich am Strand versammelt hatten, um mit Schiffen zu flüchten, wurden von einer 800 °C heißen Glutwolke überrascht und auf der Stelle getötet. Wenige Minuten später verschluckte der Schlammstrom ihre Leichen.

Der nächste Ausbruch erfolgte im Jahr 203, ein weiterer 473, dessen Ascheregen sogar Konstantinopel erreichte. Abgesehen von kleineren Eruptionen verhielt sich der Berg in den folgenden Jahrhunderten dann relativ friedlich, bis es 1631 zu einer verheerenden Katastrophe mit 3000 Toten kam. Der letzte Ausbruch ereignete sich im März 1944.

Die Höhe des Vesuvs änderte sich mit jedem Ausbruch, die Unterschiede betrugen teils bis zu 200 m. Heute ist er 1277 m hoch. Als Doppelvulkan besitzt er zwei Gipfel: den eigentlichen Vesuvio, die höchste Erhebung, und den etwas niedrigeren Monte Somma (1132 m).

2 HERCULANEUM

Den Eingang zum archäologischen Gelände erreicht man über die Hauptstraße Via Ercolano. Schon der Blick von hier auf **Herculaneum** ist faszinierend, denn nirgendwo sieht man besser, dass die moderne Stadt Ercolano über den Ruinen errichtet wurde. Noch ist längst nicht ganz Herculaneum ausgegraben. Die Archäologen haben es nicht leicht, denn die Bewohner von Ercolano kämpfen natürlich gegen den Abriss ihrer Häuser.

Am Eingang sind Pläne in mehreren Sprachen und Audioguides erhältlich (April–Okt. tgl. 8.30 bis 19.30, sonst bis 17 Uhr, letzter Einlass 1,5 Std. vor Schließung, www.ercolano.beniculturali.it).

Ein Netz rechtwinklig sich kreuzender Straßen durchzieht die Ruinenstadt. Die drei von Nord nach Süd parallel laufenden Hauptstraßen werden *Cardines* genannt (Cardo III, IV, V; Cardines I und II sind noch nicht ausgegraben), die beiden Querstraßen heißen *Decumano Inferiore* und *Decumano Massimo-Foro*; als *Insulae* bezeichnet man die angrenzenden Häuserblocks. Hier wird nur auf die wichtigsten Häuser (*case*) aufmerksam gemacht.

Im Cardo IV findet sich die **Casa dell'Atrio a mosaico,** die eine Reihe von reich ausgeschmückten Wohnräumen und in ihrem Atrium einen dekorativen Mosaikfußboden bewahrt. Die **Casa del tramezzo di legno,** das Haus mit der hölzernen Scheidewand, ist eines der am besten erhaltenen Wohnhäuser der Antike. Jenseits des Decumano Inferiore liegen die **Thermen** aus dem Jahr 10 v. Chr. Stuckverzierungen, Mosaikböden und Wandbemalungen verliehen dem Bad Eleganz.

An der Ecke Cardo IV/Decumano Inferiore stößt man auf die **Casa Sannitica,** eines der ältesten Häuser noch aus vorrömischer Zeit. Zwei Eingänge weiter ist in der ebenfalls vorrömischen **Casa del mobilio carbonizzato** u. a. antikes Essgeschirr zu bewundern. Es folgt die zweistöckige, sehr gut erhaltene **Casa del Nettuno,** die einem reichen Weinhändler gehörte; sein Laden lag im Erdgeschoss, wo man noch heute die für den Verkauf nötigen Gerätschaften besichtigen kann. Das Innere des Hauses wartet mit besonders schönen Mosaiken und Fresken auf.

An der Querstraße Decumano Massimo biegt man nach rechts ab zur **Casa del Bicentenario.**

💬 **OTTO JULIUS BIERBAUM**

… besser bekannt als Simplicissimus, war auch hier und nicht wenig enttäuscht:»Neapel, den 19. Juni 1902. (…) Ich verlange ja keinen direkten Ausbruch, aber bloß so dazustehen wie jeder andere Berg, ohne die geringste Rauchsäule, das ist für einen allgemein anerkannten und im Baedeker mit zwei Sternen versehenen Vulkan entschieden zu wenig.«

In dieser vornehmen Villa sieht man noch Mosaiken, Fresken und Marmorböden. In einem kleinen Raum im 1. Stock ist ein Kruzifix an die Wand gemalt; hier wurde der vermutlich älteste christliche Kultraum entdeckt.

Im Cardo V ist die **Casa dei Cervi** zu bewundern, eines der am prächtigsten ausgestatteten Wohnhäuser Herculaneums. Seinen Namen »Haus der Hirsche« verdankt es einer einzigartigen Skulpturengruppe mit von Hunden gehetzten Hirschen. Die wertvollsten Teile der Fresken sind abgetragen und ins Archäologische Nationalmuseum von Neapel überführt worden (siehe Seite 280). Eine Statue des trunkenen Herkules, ein »Satyr mit Weinschlauch« sowie die spielerisch-eleganten Wandmalereien sind jedoch in diesem Haus noch zu besichtigen.

Am Ende des Cardo V liegen die **Terme suburbane,** ein Badehaus mit schönem Portal, durch das man in die Baderäume hinuntersteigt. Zu den bedeutendsten Funden gehört auch die **Villa dei Papiri** (1. Jh. v. Chr.), die außerhalb der Ruinenstadt steht. Hier hat man eine wertvolle Bibliothek ausgegraben, die heute im Nationalmuseum von Neapel zu sehen ist.

Auf der Strada del Vesuvio geht es nun nach Torre del Greco und Torre Annunziata: Beispiele für die hemmungslose Bauwut am Golf.

3 TORRE DEL GRECO

Mehrfach im Lauf seiner Geschichte zerstörten Lavaströme den Ort. Bekannt ist er wegen der traditionellen **Korallenverarbeitung,** die immer noch floriert. Die Rohkorallen stammen inzwischen aus fernen Meeren, die wenigen Korallenarten im Mittelmeer sind streng geschützt. Ohne Bedenken aber kann man im örtlichen **Museo del Corallo** die Kunstfertigkeit der Korallenschnitzer bestaunen (Piazza Palomba 6, Mo–Sa 9–13 Uhr).

4 TORRE ANNUNZIATA

In der lebhaften Industriestadt (42 400 Einw.) haben viele Neapolitaner (Schwarz-)Arbeit gefunden. Hier erstreckt sich der traditionelle Volksbadestrand. Seit 1967 wird im Südosten der Stadt eine zu Pompeji gehörende römische Kaiservilla

freigelegt, in der ein monumentaler Freskenzyklus erhalten ist: die luxuriöse **Villa Oplontis** mit 37 Räumen, einem Atrium, Innenhöfen und Gärten. Eine schöne, von Statuen umstandene riesige Schwimmbeckenanlage vor der Villa bot den Bewohnern sommerliche Erfrischung (April–Okt. tgl. 8.30–19.30, sonst bis 17 Uhr, letzter Einlass 1,5 Std. vor Schließung). Von Torre Annunziata sind es nur wenige Kilometer nach Pompeji.

5 POMPEJI

Die ältesten Funde **Pompejis** reichen bis ins 6. Jh. v. Chr. zurück. Der hier ursprünglich siedelnde italische Volksstamm geriet jedoch schon bald unter die Herrschaft der Griechen von Cumae und Neapolis. Eine Reihe von Bauten zeugt stilistisch von dieser Siedlungszeit. Seine eigentliche Prägung, die noch heute vorhanden ist, erhielt Pompeji vorrangig zur Zeit der Römer, die die Stadt 89 v. Chr. unter Konsul Sulla eroberten.

Das reiche Pompeji, ein ganzjährig bewohnter Villenort wohlhabender Römer, besaß eigene Industrie. Quellen des Reichtums waren die fruchtbaren Vesuvhänge und das Meer. Pompeji exportierte Wein, Olivenöl, Rosenessenz, Textilien aus Schafwolle sowie Fisch, der in Amphoren konserviert wurde. Einen Großteil der Arbeit erledigten Sklaven, die 40 % der Bevölkerung stellten.

Der Katastrophe von 79 n. Chr. ging im Jahr 62 ein verheerendes Erdbeben voraus. Als der Vulkan ausbrach, befand sich Pompeji vielerorts noch im Wiederauf- bzw. Umbau. Die reichen Pompejaner hatten die Erdbebenschäden zum Anlass genommen, ihre Stadt noch prächtiger zu gestalten. Nach der Vulkanausbruch geriet Pompeji für anderthalb Jahrtausende in Vergessenheit.

Pompeji bleibt trotz des hier betriebenen Raubbaus wegen der immer noch sehr zahlreich verbliebenen Mosaiken und Wandmalereien einzigartig. Wie in heutigen italienischen Städten gibt es eine Piazza (Forum) mit Kirche (Apollontempel) und Rathaus (Curiae), Markthalle (Macellum), Börse und Gericht (Basilika). Es gab bereits eine Fußgängerzone – das Forum war für Fahrzeuge gesperrt –, Graffiti schmückten die Wände: heilige, obszöne, informative und vergängliche.

Das **Ausgrabungsgelände** ist so reich an Häusern und Villen, dass hier nur einige wenige erwähnt werden können. Am Eingang gibt es Gratispläne und Führer. Der Rundgang erfordert mehrere Stunden (April–Okt. Mo–Fr 9–19.30, Sa, So ab 8.30, Nov.–März bis 17 Uhr, letzter Einlass 1,5 Std. vor Schließung, www.pompeiisites.org).

Die luxuriösen **Terme Suburbane** vor der Porta Marina können nach Voranmeldung an der Kasse (kein Aufpreis) besichtigt werden. Erotische Wandfresken verraten, dass hier auch Prostituierte ihre Dienste anboten.

Beim Haupteingang, der Porta Marina, beginnt die Via Marina. Sie mündet in das **Forum**, das politische, religiöse und wirtschaftliche Zentrum Pompejis, zugleich Kernstück des ältesten Stadtteils. Schon in der Antike bezauberte der Blick von diesem langgestreckten Platz, den ursprünglich an drei Seiten überdachte Säulenkolonnaden umgaben. Die wichtigsten öffentlichen Gebäude grenzen daran: Der Apollontempel links, das größte Heiligtum der Stadt, wurde bereits im 6. Jh. v. Chr. gegründet und unter römischer Herrschaft stark verändert. Dem Tempel gegenüber liegt die Basilika, einst Börse und Gerichtsgebäude (2. Jh. v. Chr.). Der ans Forum grenzende Bau der Eumachia mit Säulenportikus und reliefgeschmücktem Portal war Sitz der Tuchhändler, der wichtigsten und wohlhabendsten Zunft Pompejis. Es folgt der Vespasianstempel, ein dem Kaiserkult geweihtes Gebäude.

Auf der Via degli Augustali erreicht man das **Lupanar,** Pompejis Freudenhaus. Wegen seiner erotischen Darstellungen und obszönen Graffiti darf es erst seit den 1950er-Jahren auch von Frauen besichtigt werden. Es ist jedoch weit weniger schockierend, als man meint.

An der Via dell'Abbondanza liegen die sog. **Stabianer Thermen.** Diese größte und älteste Badeanstalt, in der Männer und Frauen getrennt badeten, besaß ein Bassin unter freiem Himmel. Sehenswert sind die Stuckarbeiten und Malereien im Männerbad. Es gibt mehrere Baderäume (Warm- und Kaltwasserbäder, Umkleide- und Ruheräume), die von der hochentwickelten Badekultur der Römer zeugen. Die Thermen waren beheizt: Durch die eingestürzten Fußböden kann man in die Heißluftkammern blicken.

Das Forum im Herzen von Pompeji dürfte in vorrömischer Zeit als Marktplatz gedient haben.

💬 RANDALE IM STADION

Das Amphitheater von Pompeji, 80 v. Chr. erbaut, ist das älteste erhaltene Amphitheater. 20 000 Menschen fanden hier Platz. Im Jahr 59 n. Chr. soll es zu blutigen Kämpfen zwischen den Zuschauern gekommen sein. Daraufhin wurde das Theater für zehn Jahre geschlossen.

Am Ende der Via dei Teatri erstreckt sich das **Foro Triangolare,** einer der eindrucksvollsten Orte in Pompeji. Es diente schon in vorrömischer Zeit als Kultstätte. Im südlichen Teil stand ein griechischer Tempel aus dem 6. Jh. v. Chr., von dem noch Säulen und einige Kapitelle erhalten sind, sowie ein Brunnenhaus (2. Jh. v. Chr.). Die vier Säulen am nördlichen Ende, das Propyläum, stammen hingegen aus römischer Zeit.

Im kleinen Säulenhof einer samnitischen Palästra wurde die vornehme Jugend Pompejis erzogen. Nach dem Erdbeben von 62 entstand auf einem Teil der Palästra ein **Isistempel** auf hohem Podium: Der ägyptische Isiskult war in Pompeji hoch angesehen. Ein kleiner, stuckverzierter Bau im Inneren führt zu einem unterirdischen Becken mit Weihwasser aus dem Nil. Die Fresken aus den anschließenden Priesterräumen zeigt heute das Nationalmuseum in Neapel.

Inmitten des Gebäudekomplexes lagen zwei Theater. Das kleinere, **Odeon** oder **Teatro Piccolo**, wurde um 80 v. Chr. erbaut. Die Stufen des Halbrunds sind fast vollständig erhalten. Das 220 v. Chr. im griechisch-hellenistischen Stil errichtete **Teatro Grande** bot 5000 Zuschauern Platz und diente u. a. für Gladiatorenkämpfe. Im Sommer finden im Amphitheater und Teatro Grande Musik- und Theaterfestspiele mit renommierten Künstlern statt (Termine: www.pompeiisites.org).

Weiter östlich erreicht man mit der **Casa del Menandro** eines der repräsentativsten Häuser von Pompeji. Das herrschaftliche Stadthaus war über 300 Jahre hinweg bewohnt; das kleine stuck- und mosaikverzierte Privatbad hat die Jahrhunderte gut überstanden.

Die **Via dell'Abbondanza,** die Hauptgeschäftsstraße mit Handwerksläden, Garküchen, Schankstuben, Webereien, Färbereien und Bädern, zieht sich vom Forum bis ans Ende des Ausgrabungsareals. Ins schwarze Basaltpflaster sind in Abständen Trittsteine eingelassen, damit die Fußgänger trockenen Fußes über die Straße kamen.

Das wohl berühmteste Haus des Ausgrabungsgeländes ist die **Casa dei Vetti** aus den letzten Jahrzehnten Pompejis, die üppig mit Wandmalereien ausgestattet ist. Am Eingang rechts zeigt ein pikantes kleines Fresko einen Priapus (Fruchtbarkeitsgott) mit einem Riesenphallus, den er kaum zu halten vermag. Um das Atrium herum gruppieren sich die ausgemalten Räume: links ein in Gelb gehaltener Raum, wo unter einem Fries mit Fischen und mythologischen Szenen die verlassene Ariadne sowie Hero und Leander zu erkennen sind. Im benachbarten weißen Raum faszinieren das Abbild des Zeus sowie der Leda mit dem Schwan; ein weiterer Raum ist ebenfalls mit mythologischen Wandmalereien ausgestattet. Danach betritt man das Peristyl, einen schönen säulenumstandenen Innengarten. Der große Raum an der Schmalseite birgt die berühmtesten Motive: Auf einem schwarzen Fries sind Amoretten bei der Verrichtung alltäglicher Arbeiten dargestellt, in der Mitte der Felder legendäre Liebespaare. Dominierend sind Pompejisch-Rot und Schwarz.

Pompejis größtes Haus, die **Casa del Fauno,** besitzt mehrere Atrien, einen Obstgarten, vier Speisezimmer und eine Reihe weiterer Räume. Hier wurden einige der schönsten Mosaiken gefunden, u. a. die »Alexanderschlacht« (Kopie vor Ort, Original im Nationalmuseum von Neapel). Auch das Original der Bronzestatuette, ein tanzender Faun, der dem Haus seinen Namen gab, ist zu sehen. Berühmt ist das Bodenmosaik im Eingang der **Casa del Poeta Tragico:** ein Kettenhund samt der Inschrift »Cave canem« (Vorsicht vor dem Hund).

Wer die antike Pracht etwas sacken lassen möchte, kann den **Vesuv umrunden.** Straße und Bahnlinie verlaufen dicht an der Nationalparkgrenze, was stets neue Ausblicke auf den Vulkankegel ermöglicht. Die Orte Terzigno, Ottaviano oder Somma Vesuviana sind touristisch nicht erschlossen und galten lange als Camorra-Hochburgen.

INFORMATIONEN

TOUR ③⑨ Rund um den Vesuv

Autotour, 3–4 Tage, ca. 90 km

STATIONEN

1 Vesuv
2 Herculaneum
3 Torre del Greco
4 Torre Annunziata
5 Pompeji

PRAKTISCHE HINWEISE

Für die Fahrt **auf den Vesuv**
empfiehlt sich ein Pkw (gebühren-
pflichtiger Parkplatz am Ende der
befahrbaren Straße), es fahren aber
auch regelmäßig Linienbusse ab
dem Bahnhof von Ercolano.
Für die **Umrundung des Vesuv** bietet der Wagen Vorteile gegenüber
der Bahn, ist aber nicht zwingend
notwendig.
Die Ausgrabungsstätten und die
Orte an der Küste lassen sich gut
mit der **Circumvesuviana-Bahn**

erreichen, die ab Neapel fährt.
Besonders schön, weil relativ ruhig,
ist der Besuch in der Vor- und
Nachsaison; zur Hauptsaison hilft
es nur, möglichst das Wochenende
zu meiden und früh da zu sein,
damit man bis zum Eintreffen der
ersten Reisebusse noch ein wenig
die Stille genießen kann.
Genügend Zeit einplanen, für Pompeji mindestens einen halben Tag.
Für die archäologischen Stätten
Pompeji, Villa Oplontis und Bosco
Reale ist ein 3 Tage gültiges
Sammelticket erhältlich (18 €):
www.pompeiisites.org

VERKEHR

Die **Circumvesuviana-Bahn** fährt
nach Neapel und Sorrent:
www.eavsrl.it

POMPEI

HOTEL

Diana
Nur 5 Min. zu Fuß zu den Ruinen,
trotzdem recht ruhig. Hübscher
Innengarten mit Zitrusbäumen,
sauber, klein, persönlich und
freundlich.
Vicolo Sant'Abbondio 12, Pompei,
Tel. 08 18 63 12 64,
www.pompeihotel.com

RESTAURANTS

Il Principe
Elegantes Feinschmeckerlokal im
Zentrum mit Lounge Room und
Wine Bar.
Piazza Bartolo Longo 1, Pompei,
Tel. 08 18 50 55 66,
www.ilprincipe.com

Casa Gallo
Hier werden in schöner Atmosphäre
Fisch und Meeresfrüchte und Produkte der Region nach pompeia-
nischer Tradition aufgetischt. Aus
dem kleinen Gastraum kann man
direkt in die Küche schauen. So
abends u. Mo ganztägig geschl.
Via Lepanto 100, Pompei,
Tel. 081 19 91 69 30

EISDIELE

Emilia Cremeria
Sehr empfehlenswerte Gelateria:
Pistazieneis unbedingt probieren!
Außerdem große Auswahl an cremi-
gen Desserts.
Piazza Bartolo Longo 54, Pompei

TOUR **40** **ISCHIA**

DIE INSEL IST DER STAR

GESTERN *Für Hollywood war Ischia die perfekte Filmkulisse, das typische Italien – Welterfolge wurden hier gedreht*

HEUTE *Filmkenner und -fans erleben bei einer Inselrundfahrt ein Déjà-vu nach dem anderen*

GESTERN

Hollywood brauchte nicht lange, um die kleine Insel im Golf von Neapel als die perfekte Italien-Kulisse auszuloten, und so wurde Ischia ein begehrter Drehort. Der 1952 produzierte Piratenfilm »Der Rote Korsar« spielt zwar in der Karibik, doch gedreht wurden die Abenteuer von Kapitän Vallo – mit Burt Lancaster in der Hauptrolle – auf Ischia. Großen Bahnhof gab es 1963 bei der Produktion des mit fünf Oscars ausgezeichneten Monumentalfilms »Cleopatra«. Viele Inselbewohner durften neben den Superstars Liz Taylor, Richard Burton und Rex Harrison als Komparsen mitwirken. Aber auch der deutsche Film liebte Ischia, der Musikfilm »Freddy und der Millionär« mit Freddy Quinn wurde 1961 hier gedreht. Die italienisch-amerikanisch-britische Gaunerkomödie »Jagt den Fuchs« mit Peter Sellers und Britt Ekland entstand zumindest teilweise auf Ischia. Und ein Thriller der Krimiautorin Patricia Highsmith wurde sogar gleich zweimal hier verfilmt: 1960 mimte Alain Delon in »Nur die Sonne war

Zeuge« den jungen Amerikaner Tom Ripley, der einen in Italien lebenden Millionärssohn tötet und dessen Identität annimmt. 1999 gab es ein Remake mit dem (Original-) Titel »Der talentierte Mr. Ripley« mit Matt Damon in der Rolle des Bösewichts. Ob Krimi oder Klamauk – Ischia im Kino hat die weltweite Sehnsucht nach Italien fleißig mitgeschürt.

HEUTE

Seit 2002 wird jedes Jahr das Ischia Film Festival veranstaltet. Im wunderschönen Castello Aragonese (siehe Seite 294) werden Spiel- und Kurzfilme sowie Dokumentationen gezeigt und ausgezeichnet, wobei ein Fokus – und das passt zu Ischia – auf den Filmschauplätzen liegt.
Landkarte: Seite 295, Adressen: Seite 298/299

1 ISCHIA PORTO

Ischia-Stadt, der Hauptort der vulkanischen Insel, besteht aus zwei Teilen: dem neueren, mondäneren Ischia Porto und dem alten Stadtkern Ischia

Die Hauptdarsteller Jack Lemmon und Juliet Mills während einer Drehpause von »Avanti, Avanti!« auf Ischia. In dieser Billy-Wilder-Komödie
von 1972 spielt Jack Lemmon einen erzkonservativen amerikanischen
Industriellen, der nach Italien fliegt, um die Leiche seines verunglückten
Vaters nach Hause zu holen. Dort erfährt er, dass sich sein kreuzbraver
Dad auf Ischia viele Jahre mit seiner Geliebten traf. Die Ereignisse
überschlagen sich, als er sich in deren Tochter verliebt ...

Ponte. **Ischia Porto** erstreckt sich östlich des fast kreisrunden Hafens, der ursprünglich ein Krater war und 1854 zum Meer hin geöffnet wurde. Zum Hafenbecken richtet sich die Piazza del Redentore mit der klassizistischen Kirche Santa Maria di Portosalvo, erbaut 1854 bis 1856 zu Ehren des Hafendurchbruchs. Heute reiht sich am Kai Taverne an Taverne, in den warmen Sommernächten scheint hier das lebhafte Treiben nicht enden zu wollen. Hauptstraße ist die Via Roma, die in den Corso Vittoria Colonna übergeht und zum Bummel durch die eleganten Geschäfte oder zum Verweilen in einem der Restaurants und Cafés einlädt. Östlich davon führt der Weg nach Ischia Ponte.

2 ISCHIA PONTE

Am äußersten östlichen Zipfel liegt der alte Stadtkern **Ischia Ponte** mit seinen verwinkelten Gassen und kleinen, farbenfrohen Gebäuden. Über eine schmale Brücke gelangt man auf den sog. Isolotto, der beherrscht wird vom 1438 errichteten **Castello Aragonese.** Heute ist die Burganla-

ge teilweise verfallen und befindet sich in Privatbesitz; im ehemaligen Konvent ist eine Pension eingerichtet. Erreichbar ist das Kastell mit einem Aufzug oder durch einen 475 m langen Tunnelgang (tgl. 9 Uhr bis Sonnenuntergang, www. castelloaragoneseischia.com). Zu sehen sind die Ruinen der alten Kathedrale und das ehemalige Klarissenkloster. Dort gab es einen makaber anmutenden unterirdischen Friedhof: Die verstorbenen Nonnen wurden auf in die Mauer gehauene Stühle gesetzt. Von der Aussichtsterrasse über dem Kastell, die man vorbei an den Resten der kleinen achteckigen Renaissancekirche San Pietro a Pantaniello erreicht, bietet sich ein traumhafter Blick über den gesamten Golf.

Zurück in Ischia Porto geht es entlang der Küste nach Casamicciola Terme, einem der größten Zentren für Thermalkuren.

3 CASAMICCIOLA TERME

Der Ort an der Nordküste Ischias ist über die rund um die Insel führende SS 270 erreichbar. Zusammen mit Ischia Porto und Lacco Ameno

Die auf einer Felseninsel – entstanden bei einem Vulkanausbruch – gelegene Festung, das Castello Aragonese, ist durch eine 200 Meter lange Brücke mit Ischia Ponte verbunden.

bildet **Casamicciola Terme** das eigentliche Kurgebiet der Insel. Hier entspringen die meisten Quellen. Viele Hotels und Pensionen besitzen eigene Thermalkomplexe und sind auf Kuren und Wellness spezialisiert. Der schön auf Terrassen angelegte Parco Termale Castiglione hält zudem ein großes Wellness- und Sportangebot bereit (Via Castiglione 62, Tel. 081 98 25 51, www.terme castiglione.it).

Der etwa halbstündige Spaziergang hinauf zur **Sentinella** wird mit einem tollen Blick über die Dächer Casamicciolas belohnt.

4 MONTE EPOMEO UND
5 MONTE ROTARO

Die Hänge des **Monte Epomeo** (787 m) hinter Casamicciola sind sehr einladend, die Wege zum Gipfel hinauf gut begehbar (alternativer Weg: siehe Station **10**). Ziel einer weiteren kleinen Wanderung von Casamicciola aus ist der **Monte Rotaro** (266 m). Der Weg führt am Krater Fondo d'Oglio vorbei, der zwar erloschen, doch noch reich an Fumarolen ist.

6 LACCO AMENO UND
7 LIDO DI SAN MONTANO

Verlässt man Casamicciola in Richtung Westen, kommt bald die elegante Reede von **Lacco Ameno** in Sicht. Davor ragt ein in Pilzform ausgewaschener Felsen, »Il Fungo«, aus dem Wasser, das Wahrzeichen des Ortes. Lacco Ameno steht auf historisch bedeutsamem Boden: Hier entstand vor rund 2600 Jahren die erste griechische Siedlung (Pithekoussai) auf Ischia. Die sehenswerten Fundstücke aus dieser Zeit sind in der Villa Arbusto ausgestellt (Corso Rizzoli 210, Di–So 9–19, im Winter bis 17 Uhr).

Ein weiteres kleines Museum mit Exponaten aus Antike und frühchristlicher Zeit beherbergt die Krypta der Kirche Santa Restituta, die den eleganten Platz vor dem Rathaus beherrscht (Juni bis Aug. Mo–Sa 9.30–12.30, 17–19, So 9.30–12.30, April, Mai und Sept., Okt. Mo–Sa 9.30–12.30, 16–18, So 9.30–12.30 Uhr, Nov.–April geschl.). Um die Heilige, die der Piazza den Namen gab, rankt sich eine Legende: Die frühchristliche Märtyrerin soll an der nordafrikanischen Küste gefesselt in einem Boot ausgesetzt und im Jahr 282 hier an Land gespült worden sein. Seitdem ist sie die Schutzpatronin der Insel, der im Mai gleich drei Festtage gewidmet sind.

Lacco Ameno zur Seite erhebt sich der Monte Vico, ein kleines, ins Meer hinausragendes Vorgebirge, auf dem in einmaliger Lage das Hotel San Montano thront (siehe Seite 299). Gleich dahinter öffnet sich der beliebte und sehr gepflegte Lido di San Montano mit einem Thermalbecken.

Im modernen Lacco Ameno hat sich die Hautevolee niedergelassen. In deren Welt kann man beim Spaziergang vorbei an den vornehmen Villen zur Punta Caruso und zur wundervollen Badebucht San Montano eintauchen. In der Nähe liegt der Parco Termale Negombo, eine der schönsten Thermalanlagen der Insel. Üppige Vegetation, terrassenförmig angelegt mit Blick auf die Bucht von San Montano (Via San Montano, Mitte April–Sept., www.negombo.it).

8 FORIO

In Forio ist das Tagesziel erreicht, damit noch genügend Zeit für die Poseidon-Gärten bleibt. Der in seinem Kern mittelalterliche Ort liegt an der Westseite der Insel; Kuppeln und Türme überragen weiße, kubische Häuser. Beliebter Aussichtspunkt und Wallfahrtsziel ist die strahlend weiße Kirche Santa Maria del Soccorso aus dem 16. Jh. auf einer kleinen Anhöhe. Im Innenraum zeugen maritime Votivtafeln, Heiligenfiguren und Schiffsmodelle von ihrer Funktion als Schutzkirche der Seefahrer und Fischer. Die kleinen Altäre sind kunstvoll mit Marmor verziert.

Südlich von Forio am Strand von Citara liegen die Poseidon-Gärten, ein paradiesisch ausgestatteter Thermalpark mit üppiger exotischer Vegeta-

> **💬 BÄUERLICHES ERBE**
>
> Lange war Forio ein beliebtes Künstlerdomizil und wurde erst spät für den Tourismus entdeckt. Ein Gang durch die pittoresken Gassen mit ihren Bögen, Loggien und Treppen lässt die bäuerliche Vergangenheit noch erahnen.

tion (Mitte April–Sept. tgl. 9–19, Okt. bis 18.30 Uhr, www.giardiniposeidonterme.com).

Herrlich ist auch der Terrassengarten La Mortella nördlich von Forio, den der englische Komponist Sir William Walton über Jahrzehnte hinweg schuf (Via Francesco Calise 45, April–Okt. Di, Do, Sa, So 9–19 Uhr, www.lamortella.org).

9 SANT'ANGELO

Am nächsten Morgen geht es nach Sant'Angelo, einem ehemaligen Fischerdorf, das malerisch auf einer winzigen Landzunge liegt. Der Ort ist ein beliebtes, exklusives Touristennest geworden, frei von Autos und nur über Treppchen und schmale Steige begehbar. Alles, was man braucht, wird von Mauleseln hierher transportiert. Westlich des Dorfes erstreckt sich ein Strand mit etlichen Fumarolen und heißen Quellen. Der herrliche Thermal Park & Spa Aphrodite Apollon steht den Poseidon-Gärten in Forio kaum nach (April–Nov. tgl. 8–18 Uhr, www.miramaresearesort.it). Aber Vorsicht! Der Sand bei den Fumarolen ist so heiß, dass man darauf Eier kochen könnte.

Nur einen kurzen Fußmarsch vom Strand entfernt liegen in einem tief eingeschnittenen Tal die Thermen von Cavascura aus römischer Zeit mit ihren in den Felsen gehauenen Badekammern. Sie sind bis heute unverändert in Betrieb (Via Cavascura, Mitte April–Mitte Okt. tgl. 8.30–18 Uhr, www.cavascura.it).

10 FONTANA SERRARA MIT MONTE EPOMEO

Nun geht es ein Stück zurück Richtung Forio und dann rechts hinauf. Serrara Fontana ist ein Konglomerat von mehreren kleinen Bergdörfern. Von Sant'Angelo ist die Ortschaft entweder über die Straße oder über Treppenwege zu erreichen. Serrara Fontana ist der Ausgangspunkt für die Exkursion auf den Monte Epomeo. Der Berg, geologisch eine vulkanische Bruchscholle, erreicht 787 m. Die Krater sind seit dem 15. Jh. erloschen. Davor sollen sie beständig Glut und Feuer gespuckt haben, sodass die Insel den Seefahrern als natürlicher Leuchtturm diente.

Der kürzeste und am häufigsten gewählte Weg auf den Gipfel beginnt in Fontana 14 (ca. 1 Std.).

Das autofreie Dorf Sant'Angelo mit seinen kleinen Häusern und verwinkelten Gassen liegt am Hang und blickt auf die vorgelagerte Halbinsel La Roia, mit der es durch eine Landzunge verbunden ist.

Den Aufstieg kann man auch kräftesparend auf dem Eselsrücken unternehmen. Spannender ist der Weg von Serrara am Hang entlang, der Wanderer über die sogenannten Falanga mit Blick auf Forio zum Gipfel bringt (ca. 2 Std.). Die lochartigen Grotten in der Falanga dienten in den vergangenen Jahrhunderten übrigens zur Aufbewahrung von Schnee: In die Hohlräume gestopft und mit Kastanienlaub und Stroh bedeckt, hielt er den ganzen Sommer über. In gut isolierten Körben wurde er auf Eselsrücken in die Ortschaften geschafft und dort zu Speiseeis verarbeitet.

Unweit des Gipfels steht die ehemalige **Einsiedelei San Nicola** mit der gleichnamigen, in den Fels gehauenen Kapelle. Das Kloster mit seinen direkt in den Tuff geschlagenen Zellen ist heute ein beliebtes Ausflugslokal, La Grotta da Fiore. Von dort hat man einen großartigen Blick über Ischia, bei klarer Wetterlage von Capri bis zu den Pontinischen Inseln. Von der ehemaligen Klosterzelle Nr. 8 heißt es, dass die Mönche sie früher für junge Liebespaare bereithielten, die sich hierher flüchten konnten, wenn ihre Familien gegen ihre Vereinigung waren.

11 BARANO UND UMGEBUNG

Der unbekannteste Teil der Insel ist die Gegend um **Barano** mit mehreren nah beieinanderliegenden Bergdörfern. Die Bevölkerung lebt noch weitgehend von Weinbau und Kleintierzucht. Was Weinberg und Ställe hervorbringen, wird in zahlreichen Tavernen längs der Straße angeboten. Der Ort Barano bietet sich als Ausgangspunkt für eine Reihe reizvoller Abstecher zu Fuß und mit dem Auto an. Zwei kleinere Straßen führen ins Inselinnere, die eine zum Bergdorf **Buonopane,** die andere nach **Fiaiano.** Ein kurvenreiches Sträßchen windet sich über den Ort Testaccio hinunter zum berühmten Lido dei Maronti, einem herrlich gelegenen, breiten Sandstrand von 2 km Länge; er schließt im Osten an den Fumarolen-Strand von Sant'Angelo an. Nehmen Sie sich hier viel Zeit, bevor es durchs Inselinnere zurück nach Ischia-Stadt geht.

INFORMATIONEN

TOUR ④ **Rund um Ischia**

Autotour, 2 Tage, ca. 60 km

STATIONEN

1 Ischia Porto
2 Ischia Ponte
3 Casamicciola Terme
4 Monte Epomeo
5 Monte Rotaro
6 Lacco Ameno
7 Lido di San Montano
8 Forio
9 Sant'Angelo
10 Fontana Serrara mit Monte Epomeo
11 Barano und Umgebung

PRAKTISCHE HINWEISE

Die Inselrundfahrt macht man am besten mit dem eigenen Auto; wer ohne unterwegs ist, findet in Ischia-Stadt mehrere Autovermietungen.

INFO

Az. Turismo Ischia e Procida
Via Iasolino 7, Ischia Porto,
Tel. 08 15 07 42 11,
www.infoischiaprocida.it,
www.visitischia.com

VERKEHR

Schiffsverbindungen
Ischia Porto: Autofähren nach Neapel, Molo Beverello (über Procida) und Pozzuoli.
Ischia Porto und Casamicciola: Tragflügelboote nach Neapel. In der Saison Ausflugsboote nach Capri. Die Autofähre ab Pozzuoli ist weniger überfüllt und billiger, die Strecke kürzer (ca. 1 Std.).

Inselrundfahrt im Boot
Während der Saison legen in Ischia Porto tgl. mehrmals Touristenboote zu einer Inselrundfahrt ab. Je nach Anbieter stehen Landgänge und Badeaufenthalte auf dem Programm, sodass die Dauer variiert (3 Std. bis 1 Tag). Die meisten Boote steuern Sant'Angelo zu einem Zwischenaufenthalt an.
Für ein wenig Trinkgeld zeigt der Steuermann die Meeresskulpturen: Ischia ist umringt von Tuffsteingebilden, die das Meer und der Wind zu seltsamen Figuren geformt haben – wie Il Fungo (Pilz) vor Lacco Ameno. Mit etwas Fantasie erkennt man einen Elefanten, einen Riesen oder eine schlafende Schöne.

Busverbindungen
Das Busnetz auf Ischia ist gut organisiert, von Ischia Porto in alle Ortschaften der Insel. Der Busbahnhof liegt beim Hafen, Via B. Cossa/Via Iasolino, Tickets am Kiosk. Fahrpläne: www.ischia.it

AKTIVITÄTEN
Tennis
Die Insel verfügt über ausreichend Tennisplätze; die meisten gehören zu Hotelkomplexen, sind jedoch auch für Nicht-Gäste zugänglich.

Surfen
An den Stränden von Forio und Maronti gibt es Surfschulen und Equipment zum Ausleihen.

Segeln
In den Häfen von Ischia Porto und Casamicciola können Boote gemietet werden.

Tauchen
Taucher bevorzugen die felsige Südküste; östlich von Sant'Angelo befindet sich ein sehr beliebtes Tauchrevier.

Wandern
Ischia ist ein ideales Gebiet für kürzere und längere Wanderungen. Allerdings darf man keine perfekt ausgeschilderten und unterhaltenen Wege erwarten, sondern man geht überwiegend auf den Trampelpfaden der Hirten und Eseltreiber. Gutes Schuhwerk ist unbedingt notwendig, um heil über das lockere und scharfkantige Lavagestein zu kommen. Genügend Trinkwasser darf im Wandergepäck nicht fehlen!

HOTELS

Die Insel Ischia ist reich ausgestattet mit Hotels jeder Preisklasse. Fast alle Häuser bieten nur Voll- oder Halbpension an, und die meisten schließen im Winter. Hotels ab der mittleren Preisklasse verfügen fast immer über eigene Thermal- und Kuranlagen. In vielen Hotels ist in der Regel ein größeres Kontingent für Pauschalreisende reserviert. Oft ist eine Pauschalreise nach Ischia die günstigste Variante.

ISCHIA PORTO
RESTAURANT
L'altra Mezzanotte
Sympathisches Fischrestaurant direkt am Hafen, das auch Pizza serviert.
Via Porto 71, Ischia Porto, Tel. 081 98 17 11, www.ristorantelaltramezzanotte.it

ISCHIA PONTE
HOTEL
Villa Antonio
Auf Klippen gegenüber dem Castello Aragonese gelegen, Terrasse und Meerblick. Thermalbecken. Nur Frühstück. Hier kann man auch Sprachkurse machen. April–Okt.
Via S. G. Giuseppe della Croce 77, Ischia Ponte, Tel. 081 98 26 60, www.villantonio.it

RESTAURANTS
Da Ciccio
Unter den zahlreichen Restaurants an der Via Luigi Mazzella zeichnet sich dieses durch Gemütlichkeit und gute lokale Fischgerichte aus.
Via Luigi Mazzella 32, Ischia Ponte, Tel. 081 99 16 86

Da Cocò
Gutes Fischlokal direkt an der Brücke zum Castello, abends beliebte Bar. Jan., Feb. geschl.
Piazzale Aragonese 1, Ischia Ponte, Tel. 081 98 18 23, www.ristorantecocoischia.it

PASTICCERIA
Trani
Verführerische Pasticceria, die auch sehr gutes Eis anbietet, zuvorkommender Service.
Via G. da Procida 9, Ischia Ponte

CASAMICCIOLA
HOTELS
La Madonnina
Privatstrand, natürliches Thermalbecken, Zimmer mit Meeresblick. Halbpension. Mitte April–Mitte Okt.
Via Salvatore Girardi 8, Casamicciola, Tel. 08 13 33 01 70, www.hotellamadonnina.it

Terme Elisabetta
Renovierte alte Villa in schöner ruhiger Lage. Hier ist man auf Kurbehandlungen spezialisiert. März–Okt.
Corso Giuseppe Garibaldi 93, Casamicciola, Tel. 081 99 43 55, www.hoteltermeelisabetta.it

Villa Fiorentina
Preiswerte Unterkunft im Grünen. Auch Apartments mit Selbstversorgung. April–Okt.
Via Cretaio 92, Casamicciola, Tel. 081 98 02 34, www.hotelvillafiorentina.com

RESTAURANT
Il Focolare
Typische Inselküche, u. a. Kaninchen, und natürlich Pasta. Sehr familiäre Atmosphäre und schöne Lage im Grünen.
Via Cretaio al Crocefisso 3, Casamicciola/OT Cretaio, Tel. 081 90 29 44, www.trattoriailfocolare.it

SHOPPING
Mennella
Keramik ist das älteste Kunsthandwerk auf Ischia. Die Brüder Menella betreiben eine traditionsreiche Werkstatt mit großer Auswahl.
Via Salvatore Girardi 47, Casamicciola, www.mennella.it

NIGHTLIFE
Abendlicher Treffpunkt ist die Piazza Marina mit der Bar Calise (www.barcalise.com).

LACCO AMENO
HOTEL
San Montano Resort & Spa
Einzigartige Lage auf dem kleinen Vorgebirge Monte Vico. Thermalbecken und höchster Kur-Komfort. Vollpension. Mitte April–Mitte Okt.
Via Nuova Montevico 26, Lacco Ameno, Tel. 081 99 40 33, www.sanmontano.com

FORIO
HOTEL
Mezzatorre
Dieses außergewöhnliche Resort gruppiert sich um einen Turm aus dem 16. Jh. Fantastische Lage auf einer Landzunge hoch über dem Meer inmitten eines Pinienhains. Mitte April–Mitte Okt.
Via Mezzatorre 23, Forio, Tel. 081 98 61 11, www.mezzatorre.it

SHOPPING
In Forio lohnt sich ein Besuch beim Keramikkünstler Franco Calise (Via C. Calise 3). Er bemalt Majoliken im traditionellen Stil.

PANZA
RESTAURANT
La Baccana di Leopoldo
Beliebtes Gartenrestaurant, auch Holzofenpizza. Di, Fr-So 19–1, Sa, So auch 12–16 Uhr.
Via Scannella 12, Panza, Tel. 081 90 70 86

TOUR ④① **CAPRI**

EINE VILLA ALS IKONE

GESTERN	*Die rote Sonne, die bei Capri im Meer versinkt, wurde besungen, eine rote Villa wurde zum Filmstar*
HEUTE	*Fast ganz Capri kann man zu Fuß entdecken oder mit dem Boot umfahren. Ein Inselerlebnis in zwei Tagesetappen*

GESTERN

Capri ist überraschend klein, nur 6 km lang und 3 km breit – und trotzdem eine der berühmtesten Inseln der Welt. Schon die römischen Kaiser Augustus und Tiberius waren ihrem Zauber verfallen. Doch mit dem Untergang des Römischen Reiches geriet Capri in Vergessenheit. Erst die Wiederentdeckung der Blauen Grotte im Jahr

Brigitte Bardot schlendert 1963 während einer Drehpause von »Die Verachtung« mit ihrem Liebhaber Sami Frey durch Capri. Die Villa Malaparte (rechtes Foto) diente als Kulisse für diesen Film, der darum auch als Hommage an deren Avantgarde-Architektur gilt.

1826 durch den deutschen Dichter August Kopisch katapultierte es in den Mittelpunkt des aufkeimenden Tourismus.

Ende des 19. Jhs. entdeckten ein paar südensehnsüchtige Nordländer das Inselparadies für sich. Zu den ersten prominenten Besuchern gehörte der Dichter August von Platen, es folgten Maler und Dichter des »Münchener Salons«. Friedrich Krupp erstand auf Capri eine Villa, ebenso Maxim Gorki. Der berühmteste und verdienstvollste Wahl-Caprese aber war der schwedische Arzt Axel Munthe, dessen herrliche Villa in Anacapri ein Mekka aller romantischen Inselbesucher ist.

Ein Bauwerk ganz anderer Art ließ der italienische Schriftsteller Curzio Malaparte auf der lieblichen Insel errichten. »Ein Haus wie ich«, wollte er schaffen, »traurig, hart und streng«. Auf die Punta Masullo baute er 1938 bis 1940 eine kühne ziegelrote Villa – geformt wie ein Schiffsrumpf, ein Tempel oder auch ein Gefängnis, mit waghalsiger Freitreppe und einer gebogenen Betonwand auf dem begehbaren Dach. Zu Weltruhm kam das Haus als Set des Films »Die Verachtung« (1963) von Jean-Luc Godard. Darin sonnt sich Brigitte Bardot auf der nackten Terrasse, und auf der Treppe zerbricht die Ehe zu ihrem Filmehemann Michel Piccoli.

HEUTE

Capri hat nichts von seiner Faszination verloren und wird deshalb im Sommer von Tagesausflüglern förmlich überschwemmt. Nur, wer sich diesem Massenansturm durch einen Besuch in der Vor- und Nachsaison entzieht, wird die wahre Schönheit der Insel erleben, ihre üppige Vegetation, die praktisch das ganze Jahr über in Blüte steht, die schroffen Küsten mit den weltberühmten Faraglioni-Felsen oder die winzige Altstadt mit der Piazzetta als Höhepunkt.

Adressen und Landkarte: Seite 306/307

Adressen und Landkarte: Seite 306/307

Die Faraglioni-Felsnadeln sind Capris Wahrzeichen. Vom Boot aus kann man sie sich näher anschauen.

1 MARINA GRANDE

Der **Hafen** an der Nordküste empfängt Reisende mit freundlicher Lebhaftigkeit. Doch gleich halten sie Ausschau nach dem Weg, der sie ans eigentliche Ziel bringt, denn sie spüren: Diese pastellfarbene Häuserzeile vor schroffer Bergkulisse sieht zwar sehr hübsch aus, doch hier unten ist noch nicht das wahre Capri. Zum Weiterkommen – und das bedeutet in jedem Fall: aufwärts – bieten sich mehrere Möglichkeiten an, die einfachste ist die Zugseilbahn *(Funicolare)* gleich gegenüber dem Kai. Man kann aber auch den Bus oder ein Oldtimer-Taxi nehmen und die lange Serpentinenstraße hinauffahren, was zwar entschieden mehr kostet, aber prompt das Gefühl vermittelt, Mitwirkender in einem Film über die 1950er-Jahre zu sein. Ist man gut zu Fuß und das Gepäck nicht zu schwer, kann man auch die Strada di San Francesco einschlagen, einen steilen Treppenweg, der sich durch Zitronengärtchen hinaufwindet – im Rücken stets das weite Meer.

2 CAPRI-STADT

Alle Wege aber münden schließlich in die **Piazzetta,** direkt im Herzen des Inselstädtchens Capri. Dörfliche Schlichtheit vermischt sich mit höchster Eleganz, nein, Extravaganz. Eine geschlossene Architektur von kleinen, sauberen Häusern mit Torbögen, Gässchen, einem Glockenturm und einer flach überkuppelten, maurisch anmutenden Kirche, dazu ein Café neben dem anderen und ein lebhaftes Flanieren. An der Piazzetta endet jeglicher Fahrverkehr. Das Gepäck wird von Elektrokarren zum jeweiligen Hotel transportiert, und unbeschwert macht man sich auf den Weg durch die Gassen und Gärten, das Meer immer im Blick.

3 GÄRTEN DES AUGUSTUS UND
4 CERTOSA DI SAN GIACOMO

Einige Fleckchen auf der Insel besitzen eine beinahe magnetische Kraft, die Besucher gewissermaßen von selbst anzieht. Ein solcher Ort sind die **Gärten des Augustus** (Giardini di Augusto), eine kleine botanische Anlage mit Aussichtsterrassen, die einen atemberaubenden Blick über die Südseite der Insel freigeben.

Im Vordergrund sieht man die flach überkuppelten Dächer der **Certosa di San Giacomo,** die schon durch ihre großzügige Anlage beeindruckt. Die ältesten Teile dieses einstigen Kartäuserklosters gehen auf das Jahr 1371 zurück (Juni–Aug. Di–Sa 10–18 Uhr, sonst siehe: www.polomuseale campania.beniculturali.it). Sehenswert sind die kleine gotische, barock ausgemalte Kirche und die beiden Kreuzgänge, hinter deren Flanken die Mönchszellen liegen. In einem der Klosterflügel ist eine Bildergalerie eingerichtet, in der auf Capri entstandene Werke des deutschen Malers Karl Wilhelm Diefenbach ausgestellt sind.

Genießen Sie unbedingt das Panorama von der Aussichtsterrasse aus: Links ragen die weltberühmten **Faraglioni** aus dem Wasser empor, drei mächtige Felsnadeln, die zum Wahrzeichen

Abendstimmung im Hafen von Capri. Die Marina Grande liegt am Fuß des Monte Solaro.

Capris geworden sind. Eine ansonsten nirgendwo vorkommende blaue Eidechsenart lebt auf diesen steinernen Türmen.

Rechts unterhalb der Aussichtsterrasse sieht man die felsigen Buchten Capris. In der Tiefe windet sich in sehr steilen Haarnadelkurven die Via Krupp den Felshang hinunter, die wegen Steinschlaggefahr seit Jahren gesperrt ist. Friedrich Alfred Krupp (1854–1902), Enkel des Gründers der damals schon weltgrößten Gussstahlfabrik, ließ sich den Höhenweg als privaten Zugang zur Fra-Felice-Höhle anlegen. Krupp war einer der berühmtesten Wahl-Capresen, der hier u. a. Linderung seines Asthmas und Herzleidens suchte. Die Inselbewohner ernannten ihn zum Ehrenbürger.

Nach diesem Spaziergang schließen sich die Wanderung zum Badeort Marina Piccola und zur Villa Jovis an.

5 MARINA PICCOLA

Marina Piccola ist der kleine, mondäne Badeort der Insel. Um die kiesige Bucht am türkisfarbenen Meer mit den malerischen Riffen gruppieren sich Restaurants, eine Badeanstalt und ein Schwimmbad.

Marina Piccola ist über die normale Straße von der Via Roma aus (nahe der Piazzetta des Inselorts) auch mit Linienbussen zu erreichen.

6 VILLA JOVIS

Vom antiken **Kaiserpalast** des Tiberius ist heute nicht mehr viel zu sehen. Es bedarf einiger Fantasie, um in den Mauerresten die diversen Vestibüle, Bäder, Kaiserloggien und Sklavenunterkünfte zu erkennen. Von der Piazzetta in Capri-Stadt aus führt ein ausgedehnter Spaziergang zwischen Villen und Gärten dorthin. Über den z. T. konservierten Mosaikfußboden gelangt man ins Innere der **Villa.** Ihre einstigen Wohn- und Repräsentationsräume waren um ein Atrium mit vier großen Regenzisternen angelegt – die alleinige Süßwasserquelle für den Kaiser und seine zahlreiche Gefolgschaft (Juni–Sept. tgl. 10–19, April, Mai, Okt. bis 18, März, Nov., Dez. bis 16 Uhr). Das Ausgrabungsgelände erstreckt sich

Meist kurz »Piazzetta« genannt, ist die Piazza Umberto I der zentrale Treffpunkt Capris.

über eine stufenweise angelegte Fläche von 7000 m². Von deren höchstem Punkt, dem berüchtigten Salto di Tiberio, ließ der Kaiser angeblich missliebige Gäste, Frevler und unfolgsame Sklaven in das 300 m tiefer gelegene Meer hinunterstürzen. Heute dient der Felsen als Aussichtspunkt: Der Blick von hier auf die Sorrentinische Halbinsel ist umwerfend.

7 PUNTA DI TRAGARA

Der landschaftlich schönste Spaziergang führt von Capri-Stadt aus zur **Punta di Tragara** und zum Arco Naturale. Man startet auf der Piazzetta und wandert (am traditionsreichen Nobelhotel Quisisana nach links) durch die Via Tragara. Am Ende des Spazierwegs lädt eine Aussichtsterrasse vor den Faraglioni zur Pause ein. Der Weg biegt links ab und gabelt sich später: Ein schmaler Steig führt hinunter zum **Porto di Tragara,** einem winzigen Hafen im Schatten imposanten Felsnadeln. Die römischen Kaiser ließen an dem versteckten Ort ihre Flotte ankern. Heute legen hier ein paar Jachten und Touristenboote an.

8 VILLA MALAPARTE UND
9 GROTTA DI MATROMANIA

Von der Punta di Tragara wandert man nun trepp-auf, treppab, an verträumten Ferienvillen vorbei und schließlich durch Ginster und Macchia, stets mit Fernblick auf die Sorrentinische Halbinsel. Unterhalb leuchtet sie in brandroter Farbe, die **Villa** des italienischen Schriftstellers Curzio Malaparte. Nach ca. 20 Min. erreicht man die **Grotta di Matromania,** eine Höhle, die bereits in römischer Zeit zu einem Nymphäum ausgebaut war.

10 ARCO NATURALE

Der Anstieg über eine lange Treppe führt hinauf zum **Arco Naturale,** einem natürlichen Felsentor, das sich hoch über den Fluten erhebt. Von hier folgt man dem Weg ins Inselinnere zur Via Matermania und dort nach links in den Ort Capri zurück. Da es jetzt schon Nachmittag ist, wird es Zeit, zur Piazzetta zurückzukehren und bei einem Kaffee zuzuschauen, wie die letzten Tagesausflügler gen Festland entschwinden.

11 ANACAPRI

Anacapri (wörtlich: Ober-Capri) erreicht man am nächsten Tag mit kleinen Linienbussen. Sie starten unweit der Piazzetta auf der Via Roma und meistern gekonnt die Serpentinenstraße entlang steiler Felsen sowie eine schwindelerregende Schwebebrücke. Angesichts der schier unüberwindlichen Klippen versteht man, weshalb die Bewohner Capris und Anacapris einander seit jeher fremd sind.

Anacapri war bis 1878 nur auf der angeblich noch aus Phönizierzeiten (ca. 1000 v. Chr.) stammenden Scala Fenicia von der Marina Grande aus zu erreichen. Diese Treppe ist heute noch begehbar (etwa 800 meist aus dem Fels gehauene Stufen). Sie wurde wieder instand gesetzt und ist als Fußweg durchaus zu empfehlen.

Anacapri wirkt als Ort weniger kompakt als Capri; die Häuser liegen verstreut im Grünen. Zentrum ist die Piazza Vittoria, in die die Straße von Capri mündet. Scharf links biegt ein bequemer Spazierweg ab zum beliebtesten Besichti-

Die Grüne Grotte, Grotta Verde, nutzten im 16. Jahrhundert Piraten als Hinterhalt für Überraschungsangriffe auf vorbeifahrende Schiffe.

gungsziel, der **Villa San Michele.** Der schwedische Arzt und Schriftsteller Axel Munthe (1857–1949) hatte sich hier ein schlichtes Bauernhaus gekauft und zur neoklassizistisch-eleganten Villa umgebaut. Munthe arbeitete zwar oft im Ausland, hatte aber ein offenes Ohr für die Inselleute und setzte sich für den Naturschutz auf Capri ein. Die Villa fungiert heute als **Museum** und zeigt Munthes Sammlung alter Möbel und archäologischer Funde. Größte Attraktion ist eine Sphinx (1300 v. Chr.), die man in Kalabrien ausgegraben hat. Ihr Platz ist standesgemäß am schönsten Aussichtspunkt des Gartens (Mai–Sept. tgl. 9–18, April, Okt. bis 17, März bis 16.30, Nov.–Feb. bis 15.30 Uhr, www.villasanmichele.eu).

Ein Kleinod bewahrt das barocke Kirchlein **San Michele.** Sein Äußeres ist schlicht, das achteckige Innere aber birgt einen prachtvollen Majolika-Fußboden, der die Vertreibung von Adam und Eva aus dem Paradies (Leonardo Chiaiese, 1761) farbenprächtig vor Augen führt (April bis Sept. tgl. 9–19, sonst 10–15 Uhr).

12 MONTE SOLARO UND
13 SANTA MARIA A CETRELLA

Nur von Anacapri aus hat man Zugang zur höchsten Erhebung der Insel, dem **Monte Solaro** (589 m). Man erreicht den Gipfel entweder mit dem Sessellift (von der Piazza Vittoria aus) oder zu Fuß (Abzweigung von der Via Capodimonte, 1 Std.). Das Panorama am Gipfel lohnt Aufstieg und Auffahrt gleichermaßen. **Santa Maria a Cetrella,** eine Kirche aus dem 13. Jh. mit einer kleinen Einsiedelei, liegt ca. 120 m unterhalb. Man kann sie über einen kurzen Abstecher vom Bergweg aus erreichen (ca. 20 Min.).

14 TORRE MATERITA

Ein weiterer Spaziergang führt zur **Torre Materita,** einem von Axel Munthe ausgebauten mittelalterlichen Turm, in dem er seine Memoiren schrieb.

15 VILLA DAMECUTA UND
16 BLAUE GROTTE

Die Ruine der einstigen **Tiberius-Villa** ist eine der Hauptattraktionen der Insel (tgl. 9 Uhr bis Son-

> **💬 KAPITÄN FÜR EINEN TAG**
>
> Viele Grotten und Buchten der Steilküste Capris sind nur vom Wasser aus zu erreichen. Im Hafen Marina Grande kann man Boote mit Sonnensegel stunden- oder tageweise mieten, z. B. bei Capri Boats, www.capriboats.com.

nenuntergang). Man erreicht sie von Anacapri aus über die Via Pagliaro nach etwa 3 km. Früher war sie vermutlich ähnlich prächtig wie die Villa Jovis auf der anderen Seite der Insel. Doch dem Aschenregen, der dem Vesuvausbruch 79 n. Chr. folgte, hielt sie nicht stand. Der **Torre Damecuta,** ein mittelalterlicher Wehrturm, überblickt die Ausgrabungsstätte.

In Marina Grande liegen stets Boote bereit, um Besucher zur Nordwestspitze der Insel zu fahren, denn hier ist das weltberühmte »blaue Wunder«, die **Grotta Azzurra,** verborgen. Die Besichtigung ist nur bei ruhiger See möglich, da die Boote sonst den niedrigen Eingang nicht passieren können – und nur bei Sonne entfaltet sich das wahre Blau. Im Hochsommer ist der Andrang oft sehr groß.

INSELUMRUNDUNG PER BOOT

Bei einer Inselumrundung bekommt man neben der abwechslungsreichen Küste einige der über 60 Grotten Capris zu sehen. Die Motorboote starten in Marina Grande und steuern zuerst die Blaue Grotte an. Anschließend geht es an der Westküste entlang und um die Punta Carena herum zur reizvollen Südküste. Hier darf man einen Blick in die 17 **Grotta dei Santi** (Grotte der Heiligen) werfen und gleich darauf die 18 **Grotta Rossa** bestaunen, die ihren Namen der rötlichen Vegetation auf den Felsen im Inneren verdankt. Die 19 **Grotta Verde** ist nach ihrem smaragdfarbenen Wasser benannt. Nachdem das Boot die Faraglioni umschifft hat, wendet es sich der Ostküste zu. Vorbei am Hafen von Tragara, an der 9 Grotta di Matromania und der Grotta Bianca umschifft es den senkrecht aufragenden Fels unter der Villa Jovis und gelangt zur Punta del Capo, der nördlichsten Spitze der Insel. Der Hafen von Marina Grande ist nun bald wieder in Sicht.

INFORMATIONEN
TOUR ④ Unterwegs auf Capri
Per Bus und zu Fuß, 2 Tage

STATIONEN
1 Marina Grande
2 Capri-Stadt
3 Gärten des Augustus
4 Certosa di San Giacomo
5 Marina Piccola
6 Villa Jovis
7 Punta di Tragara
8 Villa Malaparte
9 Grotta di Matromania
10 Arco Naturale
11 Anacapri
12 Monte Solaro
13 Santa Maria a Cetrella
14 Torre Materita
15 Villa Damecuta
16 Blaue Grotte
17 Grotta dei Santi
18 Grotta Rossa
19 Grotta Verde

PRAKTISCHE HINWEISE
Beste Reisezeit ist jeweils die Vor-
und Nachsaison, ansonsten ist die
Insel sehr voll.
Zwischen den Orten Capri-Stadt
und Anacapri fahren regelmäßig
Busse.

INFO
A.A.S.T. Capri
Piazzetta Cerio 11, Capri-Stadt,
Tel. 08 18 37 53 08,
www.capri.net,
www.capritourism.com

A.A.S.T. Marina Grande
Banchina del Porto, Marina Grande,
Tel. 08 18 37 06 34

A.A.S.T. Anacapri
Via Orlandi 59, Anacapri,
Tel. 08 18 37 15 24

VERKEHR
Schiffsverbindungen
Fähren und Tragflügelboote von
Neapel (ca. 75 bzw. 40 Min.) und
Sorrent (ca. 50 bzw. 25 Min.).
Adressen für Schiffsexkursionen
(z. B. Ischia, Inselrundfahrten) bei
A.A.S.T. bzw. auf den Inselwebseiten.

HOTELS
Nur wenige Hotels auf Capri
sind ganzjährig geöffnet. Einige
bieten in der Saison nur Halb- oder
Vollpension.

A' Paziella
Erlesen ausgestattetes, kleines
Hotel im Zentrum von Capri-Stadt.
Ganzjährig.
Via Fuorlovado 36, Capri-Stadt,
Tel. 08 18 37 00 44,
www.royalgroup.it/apazziella

Bellavista
Familiäres, kleines Haus in schöner
Lage. Halbpension, ganzjährig
Zimmer mit Frühstück.
Via Orlandi 10, Anacapri,
Tel. 08 18 37 14 63,
www.bellavistacapri.com

Villa Krupp
Um 1900 erbaute Villa, in der schon
Gorki und Lenin wohnten. Zimmer
mit Frühstück. April–Okt.

Viale Matteotti 12, Capri-Stadt,
Tel. 08 18 37 03 62,
www.villakrupp.com

La Scalinatella
Das ruhige Haus mit Meerblick
bietet höchsten Komfort. Nahe der
Certosa di San Giacomo. April–Okt.
Via Tragara 8, Capri-Stadt,
Tel. 08 18 37 06 33,
www.scalinatella.com

Villa Brunella
Blühende Terrassen, herrlicher
Blick, exzellente Küche. Mitte April
bis Mitte Okt.
Via Tragara 24, von Capri-Stadt
Richtung Faraglioni,
Tel. 08 18 37 01 22,
www.villabrunella.it

RESTAURANTS
La Capannina
Renommiertes Fischlokal, feine
Weinkarte. Reservieren! Ostern–Okt.
Via Le Botteghe 14, Capri-Stadt,
Tel. 08 18 37 07 32,
www.capanninacapri.it

I Faraglioni
Stark frequentiertes Fein-
schmeckerlokal im Zentrum.
Via Camerelle 75, Capri-Stadt,
Tel. 08 18 37 03 20,
www.faraglioni.com

Da Gelsomina
Sympathische Familientrattoria, 30
Gehminuten von Anacapri (Mitte

März–Mitte Nov. tgl.) und Komfort-
B&B und großem Panoramapool
auch für Nicht-Gäste.
Via Migliara 72, Anacapri,
Tel. 08 18 37 14 99,
www.dagelsomina.com

La Piazzetta

Fischspezialitäten mit Ausblick auf
die Faraglioni.
Via Marina Piccola 126–128, Marina
Piccola, Tel. 08 18 37 78 27,
www.lapiazzettacapri.com

Paolino

Sehr gemütlich, Inselspezialitäten,
nahe der Marina Grande.
Via Palazzo a Mare 11, Marina
Grande, Tel. 08 18 37 61 02,
www.paolinocapri.com

Il Solitario

Gute neapolitanische Küche, preis-
günstig. Di geschl.
Via Orlandi 96, Anacapri,
Tel. 08 18 37 13 82

EISDIELEN
Capri Cream

Für viele die beste Gelateria der
Insel mit großer Auswahl und
ausgefallenen Sorten.
Via Orlandi 123, Anacapri

Chiosco Tizzano

Uriger Kiosk mit köstlich-erfri-
schender *granita* aus lokalen Zitronen und Orangen. Bei der Certosa
di San Giacomo gelegen.
Viale Matteotti 2, Capri-Stadt

SHOPPING

Eine lange Tradition haben die
verführerischen **Parfüms** von
Carthusia. Die Duftküche mit
Verkaufsladen befindet sich in der
Viale Matteotti 2d in Capri-Stadt
(www.carthusia.it).
Nomen est omen: Bei Limoncello di
Capri soll der berühmte, regional-
typische **Zitronenlikör** erfunden
worden sein (Läden: Via Roma 85,
Capri, und Via Axel Munthe, Ana-
capri, www.limoncello.com).

DIE BLAUE GROTTE

Am 17. August 1826 entdeckte
der deutsche Dichter August
Kopisch auf einer Bootsfahrt, die
er gemeinsam mit seinem Freund
Fries, seinem Hotelier und einem
capresischen Fischer namens Angelo Ferraro unternahm, ein niedriges
Felsenloch direkt über dem Meeres-
spiegel. Neugierig geworden, ent-
ledigte er sich seiner Kleider und
schwamm durch das Loch hindurch.
Zu seinem Erstaunen befand er
sich in einer Höhle, die von einem
nie gesehenen silberblauen Licht
erfüllt war. Stolz vermerkte er bei
der Rückkehr seine Entdeckung
im Gästebuch seines Hotels. Doch
wurde sie ihm alsbald streitig
gemacht, denn jener Fischer, der
bei der Ausflugsfahrt das Boot
gesteuert hatte, behauptete, bereits vier Jahre zuvor in die Grotte
hineingeschwommen zu sein. Bei
der genaueren Erforschung fand
man Mauerreste, offensichtlich
von einem antiken Heiligtum – die
Grotte war also bereits den Römern
bekannt, doch die Inselbewohner
scheinen sie als unheiligen Ort
gemieden zu haben. Durch Kopischs
Entdeckung wurde nicht nur die
Grotte, sondern die ganze Insel
weltberühmt; ein Besucheransturm
setzte ein. Die Capresen wurden dadurch reich – seine Entdeckungstat
wollen sie dem Dichter Kopisch nun
nicht mehr streitig machen.

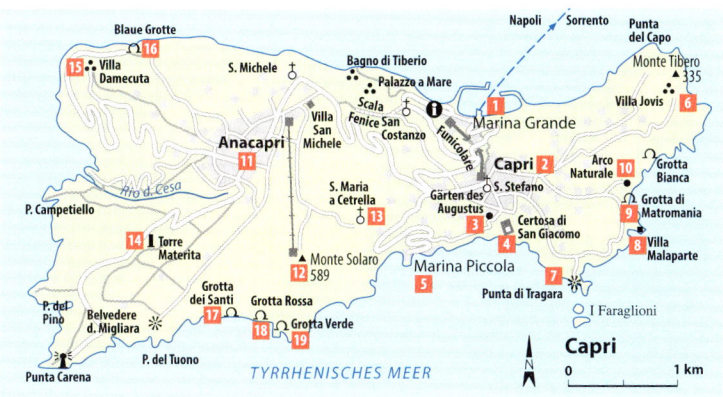

TOUR **42** **AMALFIKÜSTE**

SCHARFE KURVEN

GESTERN *Mit dem Bau der Amalfitana, einer waghalsigen Ingenieurs-
leistung, wurde diese malerische Küstenregion wachgeküsst*

HEUTE *Die Strada Statale 163 gehört zu den aufregendsten Panorama-
straßen der Welt – Positano & Co. erreicht man nur über sie*

GESTERN

Bis zum Bau der Küstenstraße im Jahr 1857 waren die Orte an der pittoresken Amalfiküste zwischen dem Tyrrhenischen Meer und dem Lattari-Gebirge vom Überlandverkehr abgeschnitten. Lediglich schmale Wege für Fußgänger und Esel führ-

Die 50 km lange Amalfitana wird gern auch als schönste Küstenstraße der Welt bezeichnet.

ten zu den Nachbardörfern, wichtigstes Verkehrsmittel war das Schiff. Andererseits brachte die Abgeschiedenheit auch Sicherheit, weshalb sich Amalfi als Königreich unbehelligt behaupten konnte. Dann aber wurde unter König Ferdinand V. von Bourbon der Bau der Straße beschlossen – angesichts des felsigen Terrains und halsbrecherischer Steilhänge eine unglaubliche Konstruktionsleistung. Die Straße führt rund 50 km von Vietri sul Mare immer an der Südküste entlang über Amalfi und Positano bis ins Innere der Halbinsel von Sorrent. Kaum war der Dornröschenschlaf zu Ende, ging der Rummel los: Sonnenhungrige aus ganz Europa entdeckten die Schönheit der wild zerklüfteten Landschaft. Die steilen Felsen, engen Buchten sowie die Terrassen mit Wein und Zitronen inspirierten Maler und Künstler.

HEUTE

Die spektakuläre Amalfitana mit ihren wie an den Fels geklebten Bilderbuchorten prägt wie kaum

Rund 120 Jahre liegen zwischen diesem und dem Foto links –
Kutschen fahren auf der Amalfitana heute nur noch für Touristen.
Die Straße ist streckenweise so eng, dass Autos gerade haarscharf
aneinander vorbei passen.

eine andere Region des Landes das weltweit gültige Image von *Bella Italia*.

Landkarte: diese Seite, Adressen: Seite 314/315

1 VIETRI SUL MARE

Vietri sul Mare (7700 Einw.) liegt ganz im Osten der Amalfitanischen Küste. Der Ort zeigt sich unter dem Einfluss des nahen Salerno vororthaft-städtisch. Berühmt ist er für seine Keramik: In der Hauptstraße verlocken die vielen Geschäfte zum Kauf der farbenprächtigen Vasen, Teller und Kacheln, die für die Küsten- und Inselregion typisch sind und auch die Badezimmer vieler Hotels zieren. Im hochgelegenen Ortsteil Raito erhält man im **Keramikmuseum** (Juni–Sept. Di–So 9–18, Okt.–Mai Di–So 9–15 Uhr, Eintritt frei) einen guten Überblick über das bis ins 17. Jh. zurückreichende Töpferhandwerk.

I due fratelli, »die zwei Brüder«, sind die **Felsformationen** im Meer vor Vietri sul Mare benannt. Der Legende nach sind sie mit ihren Schafen an den Strand gekommen und haben dort ein schlafendes Mädchen gefunden. Als die Wogen ihren Körper ins aufgewühlte Meer rissen, stürzten sich die Brüder sofort in die Fluten, in denen sie aber samt ihrer Schafherde ertranken. Der Meereskönig Neptun, dessen unsterbliche Tochter sie unwissenderweise hatten retten wollen, war von ihrer selbstlosen Tat so gerührt, dass er ihre Körper in diese Klippen verwandelte.

2 MAIORI UND MINORI

Über das **Capo d'Orso** mit seinem sagenhaften Ausblick und dem sehr guten Restaurant Il Faro di Capo d'Orso (siehe Seite 314) geht es weiter nach **Maiori** und **Minori**. Der typisch terrassenförmig ansteigende Ort Maiori (5600 Einw.) ist wegen des langen Strandes, wie auch das im Westen anschließende kleinere Minori, ein beliebter Badeplatz und in der Sommersaison entsprechend belebt.

3 RAVELLO

Nach einigen weiteren Kurven gilt es, den Abzweig nach **Ravello** (2500 Einw.) nicht zu verpassen. Das Städtchen thront in fantastischer Lage auf einer 300 m hohen Terrasse über dem Meer. Das noch aus seiner mittelalterlichen Glanzzeit stammende maurisch geprägte Stadtbild hat Ravello bis heute weitgehend bewahrt.

An diesem Ort verbinden sich Kunst, Natur und die Stille herrschaftlicher Gärten auf einmalige Weise. Einen Kontrast bildet dabei das **Auditorium Oscar Niemeyer,** das im Jahr 2010 fertiggestellte avantgardistische Konzerthaus des Stararchitekten aus Brasilien.

Die Straße mündet auf der Piazza del Vescovado. Man muss vorher parken, denn die Stadt ist autofrei. Über einer breiten Treppe erhebt sich der **Dom** mit seiner schlichten Fassade. Er wurde zwar im Jahr 1086 gegründet, später jedoch barockisiert. Die Bronzetüren des Portals, ein Werk des Bildhauers Barisano da Trani (1179) aus Apulien, sind im Original erhalten. Szenen aus der Leidensgeschichte Christi sind auf den insgesamt 54 Feldern ebenso zu finden wie Darstellungen von Akrobaten, Sirenen und Gladiatoren. Der Campanile stammt aus dem 13. Jh. Von seinen barocken Zutaten wieder befreit wurde der Innenraum der Kirche. Antike Säulen aus Paestum tragen die Gewölbe. Das wertvollste Stück ist die mosaikgeschmückte Kanzel, ein Werk des apulischen Meisters Nicola di Bartolomeo da Foggia (1272); links davon ist ein kleines Lesepult von 1130 zu erkennen.

Östlich des Doms erhebt sich **San Giovanni del Toro.** Fassaden und Turm dieser Kirche aus dem 12. Jh. sind im sizilianisch-arabischen Stil gehalten. Der Innenraum mit den drei hohen Kuppelapsiden birgt eine mosaik- und freskengeschmückte Kanzel aus dem 12. Jh.; die Krypta ist mit Fresken des 13. Jhs. im Stil Giottos ausgemalt.

Nur wenige Schritte vom Dom entfernt befindet sich der Eingang zur **Villa Rufolo,** der Hauptattraktion Ravellos (Villa tgl. 9–20, Turmmuseum 10–19 Uhr, www.villarufolo.com). Die Villa setzt sich aus einem Komplex von Gebäuden im sizilianisch-arabischen Stil zusammen, die Ende des 13. Jhs. von der reichen Familie Rufolo errichtet wurden. Später wechselte die Villa mehrfach den Besitzer, bis sie 1851 schließlich der Schotte Francis N. Reid erwarb und restaurieren ließ. Man betritt die Villa Rufolo durch das Portal eines gedrungenen Turms aus dem 14. Jh. Durch eine Allee geht es zum eigentlichen Palast, dessen Innenhof mit Kreuzgang im maurisch-sizilianischen Stil ein Kleinod ist. Seit 2017 beherbergt der Hauptturm ein interaktives Museum und wird von einer spektakulären Aussichtsterrasse gekrönt. Dahinter liegt der üppig wuchernde Garten mit herrlichem Blick auf Küste und Meer.

Von der Villa Rufolo erreicht man über die Via San Francesco nach einigen Minuten Fußmarsch am äußersten westlichen Ende des Felsplateaus die **Villa Cimbrone,** heute ein Luxushotel. Berühmt ist die Villa wegen ihres prächtigen Parks mit seinen Aussichtsterrassen und exotischer Vegetation. Absoluter Höhepunkt des Parkbesuchs ist der Blick von der **Terrazza dell'Infinito** (Terrasse der Unendlichkeit). Bis zum äußersten Ende des Felssporns mit senkrechten Abstürzen

Highlight des Gartens der Villa Rufolo sind die auf der Südseite angelegten Terrassen mit einem weiten Blick auf Küste und Meer.

Verkehrte Welt: »Ich habe das Empfinden, dass die Welt in Positano senkrecht steht«, schrieb der US-amerikanische Autor John Steinbeck über den kleinen Ort. Da hatte er nicht ganz unrecht.

wagt sich dieser Aussichtspunkt vor, eine Reihe verwitterter Marmorbüsten krönt das Geländer. Von hier hat man den wohl schönsten Ausblick über die Steilküste und den Golf von Salerno (tgl. 9 Uhr bis Sonnenuntergang, auch Führungen möglich, www.hotelvillacimbrone.it).

4 AMALFI

Die berühmte kleine Stadt (5100 Einw.) liegt an den Hängen eines zum Meer hin geöffneten Steiltals namens Valle dei Mulini. Der Überlieferung nach wurde **Amalfi** um 320 n. Chr. von schiffbrüchigen Römern gegründet, die sich auf dem Weg nach Konstantinopel befanden: Eben zu dieser Zeit verlegte Kaiser Konstantin den Sitz der Reichshauptstadt des Imperiums von Rom nach Byzanz. Die Stadt war eine Weile unter byzantinischer Herrschaft, konnte jedoch bald ihre Selbstständigkeit erringen. Im 10. und 11. Jh. war Amalfi eine mächtige Seerepublik mit einem Dogen an der Spitze, vergleichbar den Machtzentren Genua, Pisa und Venedig. Wie diese verdankte es seinen Reichtum den Handelsbeziehungen mit dem Orient.

Die Schifffahrtgesetze der Republik Amalfi, die sog. Tabulae Amalphitanae, waren über Jahrhunderte hinweg maßgeblich für das gesamte Mittelmeer. Gleichwohl war Amalfi die kurzlebigste aller italienischen Seerepubliken. 1131 wurde es von den normannischen Truppen Rogers II. eingenommen und wenig später von den Pisanern geplündert. Danach vergaß man Amalfi, bis vor etwa 100 Jahren Engländer das malerische Fischerstädtchen entdeckten.

Der heutige Ort besteht aus mehrstöckigen, über- und ineinander verschachtelten Häusern. Amalfi ist so eng und steil, dass es nur über Treppengässchen zu begehen ist. Zu den Hauptattraktionen von Amalfi gehört der **Dom** nahe dem Hafen. Der Grundbau stammt aus arabisch-normannischer Zeit (13. Jh.), doch nur der Campanile besitzt noch die ursprüngliche Gestalt. Die bunte Fassade dagegen ist eine Imitation aus dem 19. Jh., dafür versöhnt aber das bronzene Mittelportal, das im 11. Jh. in Konstantinopel gegossen wurde.

An den Dom schließt sich links das **Chiostro del Paradiso** mit seinem anmutigen Kreuzgang aus dem 13. Jh. an. Maurische Spitzbogen über Doppelsäulen umschließen den stillen Garten (März–Juni tgl. 9–18.45, Juli–Sept. bis 19.45, sonst tgl. 10–13, 14.30–16.30 Uhr).

Am 27. Juni findet die Festa di Sant'Andrea mit feierlicher Prozession statt, bei der die Statue des Schutzpatrons zum Meer und – im Laufschritt – wieder zurück zum Dom getragen wird – ein sehenswertes Ereignis.

Die kleine Bucht ist Parkplatz, (Fischer-) Hafen und Strand. Im **Arsenale della Repubblica,** in das man von der Hafenstraße einen Blick werfen kann, wurden einst Galeeren gebaut.

Einen Katzensprung von Amalfi entfernt liegt auf einer Felsenklippe über dem Meer **Atrani.** Der kleine Ort ist einer der bezauberndsten Winkel der Küste. Er gehört zu Amalfi und ist von dort zu Fuß erreichbar. Zu Amalfis großen Zeiten wohnten hier die Adelsfamilien, in der Kirche wurden Amalfis Dogen gekrönt und begraben.

5 PRAIANO

Auf dem Weg nach Praiano können Sie der **Grotta dello Smeraldo** (Smaragdgrotte) einen Besuch abstatten. Von der Straße gelangt man über eine Treppe oder mit dem Aufzug hinunter. Die Tropfsteinsäulen in der mit Meerwasser gefüllten

---

💬 POSITANO MODA

... das Modelabel der Stadt zeichnet sich durch einen sehr eigenen Stil mit leuchtenden Farben und viel Spitze aus. Das Material? Meist Leinen und Baumwolle. Der Stil? Ein bisschen Hippie, ein bisschen rustikal. Eigen eben.

Höhle (60 m × 30 m) erreichen eine Höhe von bis zu 10 m. Das hereindringende Licht verleiht der Grotte einen smaragdgrünen Schimmer, vor allem um die Mittagszeit (Juni–Okt. tgl. 10–17.30, sonst tgl. 9.30–15.30 Uhr; wer vorab online Tickets bucht, umgeht die Wartezeit: www.coopculture.it).

Das am Hang liegende ehemalige Fischerdorf **Praiano** (2000 Einw.) hat sich mittlerweile in einen netten Ferienort verwandelt. Eine steile Rampe führt hinunter nach Marina di Praia, dem Fischerhafen. Er liegt am Ausgang einer Schlucht, wo sich auch ein kleiner Strand befindet. Diverse Restaurants sorgen hier für das leibliche Wohl.

6 POSITANO

Hier ist sie zu Ende, diese kurven- und panoramareiche Fahrt auf der berühmten »Straße des Blauen Bandes«. Die reizvolle Kleinstadt **Positano** (3900 Einw.) schmiegt sich an einen Steilhang: Kaskadengleich fällt die Front der kubischen, hellrosa und gelb getünchten Häuser zum Meer ab. Das Zentrum ist weitgehend verkehrsfrei, Gassen, Treppen und Torbögen dienen als Verbindungswege.

Positano wurde im Mittelalter als Seefahrerstadt gegründet und stand in lebhafter Rivalität zum damals mächtigen Amalfi. Wegen seiner exponierten Lage musste es sich oft gegen Sarazenenüberfälle wehren. Vom Land her war Positano (wie die anderen Küstenstädte) bis Anfang des 19. Jhs. nur über Maultierpfade zu erreichen. Um die Wende zum 20. Jh. wurde der malerische Ort von ausländischen Künstlern entdeckt, die hier überwinterten. Er zog die Schriftsteller John Steinbeck und Stefan Andres ebenso an wie den Regisseur Franco Zeffirelli oder den Architekten Le Corbusier. Die Häuser sind in der typischen Küstenarchitektur gehalten: schachtelförmig, teils mit flachen Kuppeldächern und Terrassen über kleinen Portici. Die **Pfarrkirche Santa Maria Assunta** mit grün schillernder Majolikakuppel liegt nahe der Marina Grande, dem alten Fischerhafen. Positano lebt heute nicht mehr von der Fischerei, sondern ist zu einem rege frequentierten, eleganten Ferienort herangewachsen.

INFORMATIONEN
TOUR ④ Auf der Amalfitana
Autotour, 2 Tage, ca. 55 km

STATIONEN
1 Vietri sul Mare
2 Maiori und Minori
3 Ravello
4 Amalfi
5 Praiano
6 Positano

PRAKTISCHE HINWEISE
Theoretisch schafft man die Amalfitana in 2 bis 3 Stunden. Doch in der Hauptsaison kann es passieren, dass es sich auf der gesamten Strecke staut. Für Wohnwagengespanne und Wohnmobile ist die Amalfitana in der Regel von März bis November tagsüber gesperrt. Parkplätze sind überall teuer.

VERKEHR
Während der Saison bestehen **Schiffsverbindungen** von Amalfi und Positano nach Neapel, Capri, Salerno und Sorrento.
Entlang der Küste fahren **Busse** nach Salerno, Positano, Sorrento.

CAPO D'ORSO
RESTAURANT & HOTEL
Il Faro di Capo d'Orso
Spitzenrestaurant mit einmaligem Ausblick. April-Okt. auch Cafébetrieb. Die Tenuta Solomita nebenan bietet geschmackvolle Zimmer, Pool und allen Komfort.
Via Diego Taiani 48, Maiori,
Tel. 089 87 70 22,
www.ilfarodicapodorso.it

RAVELLO
INFO
A.A.S.T.
Piazza Fontana Moresca 10, Ravello,
Tel. 089 85 70 96, www.ravellotime.it

HOTELS
Palumbo
Luxushotel in einem denkmalgeschützten Palazzo des 12. Jhs. Mit Garten und Bootsvermietung. Ganzjährig.
Via S. Giovanni del Toro 16, Ravello,
Tel. 089 85 72 44,
www.hotelpalumbo.it

Rufolo
Komfortables Haus im alten Stadtkern, auf mehrere Terrassen verteilt. Ganzjährig geöffnet.
Via S. Francesco 1, Ravello,
Tel. 089 85 71 33, www.hotelrufolo.it

RESTAURANTS
Confalone
Märchenhaftes Nobelrestaurant in Räumen aus dem 12. Jh. im Hotel Palumbo.
Via S. Giovanni del Toro 16, Ravello,
Tel. 089 85 72 44,
www.hotelpalumbo.it

Cumpa' Cosimo
Traditionelles Familienlokal (auch Pizza) im Zentrum, in dem schon Humphrey Bogart und Ingrid Bergman diniert haben.
Via Roma 44, Ravello,
Tel. 089 85 71 56

EISDIELE
Gelateria Artigianale Baffone
Eher kleine, aber umso feinere Eisauswahl, auch besondere Kreationen. Äußerst freundlich.
Via Roma 48, Ravello

AMALFI
INFO
A.A.S.T.
Via delle Repubbliche Marinare, Amalfi, Tel. 089 87 11 07, www.amalfitouristoffice.it

HOTELS
Luna Convento
Ehemaliges Kloster mit stimmungsvollem Kreuzgang und viel Flair. Ganzjährig geöffnet.
Via Pantaleone Comite 33, Amalfi,
Tel. 089 87 10 02,
www.lunahotel.it

Antica Repubblica
Hübsch renoviertes Stadthotel, nur wenige Schritte von der Piazza Duomo entfernt. Frühstück gibt es auf der Dachterrasse. Ganzjährig geöffnet.
Salita Truglio 1, Amalfi,
Tel. 08 98 73 63 10,
www.anticarepubblica.it

Villa Annalara
Sechs freundliche, helle Zimmer in einem renovierten Palazzo aus dem 19. Jh. Sehr schöne Dachterrasse, Hanglage.

Via delle Cartiere 1, Amalfi,
Tel. 089 87 11 47,
www.villaannalara.it

RESTAURANTS
Caravella
Fischlokal mit Tradition und einem
Michelin-Stern. In der Enoteca kann
man die Weine auch erstehen. Mitte
Nov.–Ende Dez. sowie Di geschl.
Via Matteo Camera 12, Amalfi,
Tel. 089 87 10 29,
www.ristorantelacaravella.it

Trattoria Da Baracca
Familientrattoria am kleinen Markt-
platz. Köstlich: die *zuppa di mare*.
Mitte Nov.–Jan. sowie Mi geschl.
Piazza dei Dogi 12, Amalfi,
Tel. 08 99 84 00 43

SHOPPING
Pasticceria Pansa
Entlang des Corso wird Limoncello
(Zitronenlikör) in allen Qualitäten
verkauft. Kosten sollte man ihn in
dieser Pasticceria. Di geschl.
Piazza Duomo,
www.pasticceriapansa.it

C.A.T.A.
Gutes aus Zitronen und Orangen
wie Likör, Marmelade und Parfüm
stellt die Fabrik C.A.T.A. her.
Via delle Cartiere 55/57,
www.cata.amalfi.it

AKTIVITÄTEN
Von Amalfi aus bieten sich einige
anstrengende, aber schöne **Wande-
rungen** an, die mit herrlichen Aus-
blicken belohnt werden. Meist steile
Treppenwege führen nach Ravello,
Scala und Pogerola und weiter nach
San Lazzaro und Agerola. Gute
Wanderschuhe sind unerlässlich.

PRAIANO
HOTEL
Grand Hotel Tritone
Großzügiges Haus auf einem Felsen
über dem Meer. Spektakuläre Aus-
sicht, mit Pool und Privatstrand.
Via Campo 5, Praiano,
Tel. 089 87 43 33, www.tritone.it

HOTEL & RESTAURANT
Onda Verde
Hotel direkt über dem Meer mit
wunderbarem Blick, herrlichem Pool
und sehr gutem Frühstück. Das Hotelrestaurant Franchino bietet zudem
feine Küche und eine tolle Terrasse.
Via Terramare 3, Praiano,
Tel. 089 87 41 43,
www.ondaverde.it

RESTAURANT
Il Rifugio dei Peccatori
Sympathisches, kleines Lokal und
alimentari mit herzlichem Service.
Grillhühnchen und andere einfache
Speisen, auch zum Mitnehmen.
Via Capriglione 48, Praiano,
Tel. 089 87 40 37

POSITANO
INFO
A.A.S.T.
Via G. Marconi 288, Positano,
Tel. 089 87 50 67,
www.aziendaturismopositano.it

HOTELS
In Positano und Umgebung gibt es
viele Unterkünfte jeder Kategorie,
die aber oft außerhalb der Saison
schließen.

Palazzo Murat
Schöner, stilvoller Adelspalast aus
dem 18. Jh. mit wundervollem Hof.

Mitte Nov.–März geschl.
Via dei Mulini 23, Positano,
Tel. 089 87 51 77,
www.palazzomurat.it

Savoia
Im Zentrum mit Blick auf die
Piazzetta dei Mulini. Schöne
Ausstattung mit Kuppeldecken und
Majolikaböden.
Via C. Colombo 73, Positano,
Tel. 089 87 50 03,
www.savoiapositano.it

Treville Beach Club
In einer kleinen Bucht direkt
am Strand gelegen. Stündlicher
Bootsshuttle von Positano aus. Mit
griechisch anmutenden Zimmer in
Blau-Weiß und gutem Restaurant.
Via Laurito 24, Positano,
Tel. 089 81 15 80,
www.trevillebeachclub.it

RESTAURANTS
Il Capitano
Stilvoll speisen auf einer Terrasse
über dem Meer im ebenfalls emp-
fehlenswerten Hotel Montemare.
Via Pasitea 119, Positano,
Tel. 089 87 50 10,
www.hotelmontemare.it

Chez Black
Auf der Terrasse mit Meerblick wer-
den u. a. vorzügliche Fischgerichte
serviert.
Via del Brigantino 19, Positano,
Tel. 089 87 50 36, www.chezblack.it

AKTIVITÄTEN
Die Küste zwischen Positano und
der Punta Campanella ist mit ihren
vielen Unterwassergrotten ein
Dorado für **Taucher**. Infos erhält
man bei der A.A.S.T.

Das Foto zeigt die Basilika (links) und den Poseidontempel in Paestum um 1900. Die Entdeckung der Ruinen im Jahr 1752 erregte großes Aufsehen, und schon bald gehörte eine Expedition in die verwunschene Sumpflandschaft zum Programm der Bildungsreisenden auf der Grand Tour.

TOUR **43** **CILENTO**

TOTAL VERSUMPFT

GESTERN *Erst kamen die Griechen, dann die Lukanier und Römer – und irgendwann die Malaria. Paestum geriet in Vergessenheit ...*

HEUTE *Paestum ist zu Recht gut besucht, doch der nördliche Cilento bekommt nicht die Aufmerksamkeit, die er eigentlich verdient*

GESTERN

Aus Sybaris in Kalabrien kommende griechische Kolonisten errichteten auf dem Areal von Paestum im 7. Jh. v. Chr. die Stadt Poseidonia. Nach zwei Jahrhunderten Blütezeit – zu dieser Zeit entstanden die Tempel – wurde der Ort vom kalabresischen Bergvolk der Lukanier eingenommen und hieß von da an Paistom. Schnell übernahmen sie die griechische Kultur. 273 eroberten die Römer die Stadt. Die Einwohner Paestums gehörten zu den treuesten Anhängern Roms und stellten Soldaten, etwa in den Kriegen gegen Hannibal. Im Gegenzug wurden ihnen Privilegien eingeräumt, z. B. das Recht der eigenen Münzprägung.

Der Untergang Paestums ist den Naturgewalten zuzuschreiben. Das flache Gebiet versandete und versumpfte und wurde zu einer Brutstätte der Malaria. Wegen der Sumpffliege wurde Paestum nicht wie andere antike Stätten als Steinbruch ausgeschlachtet. Als man im Jahr 1752 die Mündungsebene des Sele für Straßenbauarbeiten trockenlegte, fand man zwischen hohen Schilfge-

wächsen die drei Tempel, die neben dem Athener Parthenon als die schönsten und bedeutendsten Tempelruinen gelten.

HEUTE

Die Tempelruinen von Paestum bilden den Auftakt der Tour durch den Cilento. Der Reiz der Gegend liegt im ständigen Wechsel zwischen schönen Sandstränden und felsigen Abschnitten. In den kleinen Küstenorten gibt es bis heute keine Bettenburgen und Hochhäuser, alles wirkt beschaulich und familiär. Nur einige wenige Kilometer im Landesinneren verstecken sich uralte Dörfer mit mittelalterlichen, verwinkelten Gassen. **Landkarte: Seite 319, Adressen: Seite 321**

1 PAESTUM

Das **Tempelgelände von Paestum** (tgl. 8.30 bis 19.30 Uhr, 1. Mo im Monat geschl., www.museo paestum.beniculturali.it) besitzt drei Eingänge. An der Via Sacra stehen die Tempel. Die **Basilika** (54 × 25 m) ist der älteste. Da der Giebel einge-

Der Heratempel wurde wahrscheinlich nach dem Vorbild des Zeustempels in Olympia errichtet.

stürzt war, hielten die Archäologen des 18. Jhs. das Bauwerk für eine Markthalle. Die Säulen sind bauchig, die Querbalken ruhen auf archaischen Kissenkapitellen. Man vermutet, dass der Tempel Hera, der Gemahlin des Zeus, gewidmet war.

Der **Poseidontempel** (60 × 24 m) ist der imposanteste und einer der am besten erhaltenen griechischen Tempel überhaupt. Früher glaubte man, er sei Poseidon, dem Gott des Meeres, geweiht. Neuere Forschungen ergaben jedoch, dass es sich wie bei der Basilika um ein Heiligtum der Hera handelte. Der 450 v. Chr. entstandene Tempel wird Iktinos von Milet zugeschrieben, dem Architekten des Parthenon. Die Säulenkapitele sind dorisch, Giebel und Architrav sind fast vollständig erhalten.

Nördlich des Poseidontempels beginnt der römische Teil der Via Sacra. Hier liegt das **Forum,** das in römischer Zeit an der Stelle der Agora (griechischer Marktplatz) angelegt wurde. Es weist Überreste der typischen Gebäude eines römischen Forums auf: eine Curia (Rathaus), Thermen und ein Kapitol. Dem Forum gegenüber liegt ein kleines **Amphitheater,** durch das die alte Staatsstraße verläuft.

An der Via Sacra kommt man zum **Sacello Sotterraneo,** einem unterirdischen Heiligtum, das in der 2. Hälfte des 6. Jhs. v. Chr. entstanden sein dürfte. In seiner Mitte befindet sich ein klei-

nes rechteckiges Gebäude mit flachem Giebeldach, im Ganzen erhalten, da es komplett unter der Erde lag: Nachdem die Weihegaben im Inneren abgelegt worden waren, schüttete man es offenbar wieder zu; einen Eingang gab es nicht.

Der kleinste Tempel mit je sechs Säulen an den Schmal- und 13 Säulen an den Längsseiten ist der **Cerestempel** (33 × 15 m) am nördlichen Ende der Via Sacra. Er stammt aus dem 6. Jh. v. Chr. und wurde, da man einige Statuetten der Fruchtbarkeitsgöttin Ceres gefunden hatte, als ein ihr geweihter Tempel angesehen. Heute ordnet man ihn der Göttin Athene zu. Der hohe Giebel besaß ein reliefgeschmücktes Traufgesims, das sich nun im Museum befindet. Über dem quadratischen Sockel im Inneren befand sich die Cella, der Raum für das Kultbild. An ihrer Südseite sind drei Gräber aus frühchristlicher Zeit, als der Tempel in eine Kirche umgewandelt wurde, zu sehen. Die **Stadtmauer** (ein Rundgang dauert ca. 2 Std.) stammt teils aus griechischer, teils aus lukanischer Zeit und hat einen Umfang von 4750 m und eine Dicke von 5 und 7 m.

Das **Museo Archeologico** enthält unter anderem die einzigen erhaltenen Wandmalereien der griechischen Klassik. Sie waren ursprünglich in der Nekropole von Paestum (noch in Ausgra-

Nicht sportlich, sondern symbolisch gemeint: Der Taucher springt vom Leben in den Tod.

bung). Die berühmteste Darstellung, das Werk eines in Paestum geborenen griechischen Malers, zeigt den **Tuffatore,** einen Taucher, der gerade einen Kopfsprung macht (5. Jh. v. Chr.). Außerdem zählen Vasen, Statuen, Münzen sowie kostbare Schmuckplatten aus den Tempelgiebeln, sog. Metopen, zu den Beständen der Sammlung (tgl. 8.30–19.30, jeden 1. und 3. Mo im Monat 8.30 bis 13.40 Uhr, www.museopaestum.beniculturali.it).

Nach einer ausgiebigen Besichtigung des Tempelgeländes und des Museo Archeologico geht es zur **Tenuta Vannulo** (siehe Seite 321), die für ihren hervorragenden Mozzarella bekannt ist.

▣ AGRÓPOLI

Die Straße führt nun noch einige Kilometer durch die Sele-Ebene, bevor der Ort **Agrópoli** auftaucht. Das Auto kann man getrost am Rande der Altstadt stehenlassen und zu Fuß durch die engen Gassen schlendern. Reste der alten Stadtmauer, das Stadttor und das an höchster Stelle thronende **Kastell** stammen noch aus der Frühzeit der Stadt, die sich erst im 19. Jh. über die Grenzen der Stadtmauer ausdehnte. Von hier bietet sich ein wunderbarer Rundumblick über das hügelige Landesinnere, den Hafen, das moderne Agrópoli, bei klarer Luft ist sogar Capri zu sehen.

Heute ist die Umgebung von Agrópoli wegen der Strände zu beiden Seiten des Hügels ein besonders bei italienischen Familien beliebter Urlaubsort.

▣ CASAL VELINO

Von Agrópoli folgt man nun der Schnellstraße durch das Landesinnere nach **Casal Velino.** Nur wenige Dörfer unterbrechen auf der Fahrt die grüne Hügellandschaft des Cilento. Der alte Ortsteil Casal Velino, einige Kilometer im Landesinneren, und auch der moderne Küstenort **Marina di Casal Velino** eignen sich hervorragend für einen längeren Aufenthalt, denn die touristische Infrastruktur ist hervorragend, ohne dass selbst im Sommer der Trubel zu groß wird. Der lange und familienfreundliche Sandstrand und die vielfältigen Ausflugsmöglichkeiten sind weitere Pluspunkte.

Rund um die zentrale Piazza gibt es zahlreiche Restaurants, Bars und Cafés, einmal wöchentlich ist Markttag. Hoch über dem Ort thront der aus dem 12. Jh. stammende Sarazenenturm.

Südlich von Casal Velino liegt **Velia,** das auf die griechische Siedlung Elea zurückgeht. Noch vor Sokrates gab es hier eine bekannte philosophische Schule. Bis heute ist nur ein Bruchteil der

🗨 WILDE TIERE

… sieht man vielleicht nicht in den gut besuchten Badeorten, doch wer sich ins Innere des Cilento wagt, bekommt evtl. Steinadler, Habichte und Exemplare des Alpenbocks zu sehen. Wölfe gibt es auch, aber sie verstecken sich meist zu gut!

antiken Siedlung ausgegraben, auf dem weitläufigen Gelände befinden sich die Ruinen eines Theaters, eines ionischen Tempels sowie die sehenswerte Porta Rossa. Die Ruine auf dem nahegelegenen Hügel ist eine angiovinische Burg aus dem 16. Jh. (tgl. ab 9 Uhr, Schließzeit variiert je nach Monat zwischen 14.30 und 18.30 Uhr, siehe www.beniculturali.it).

4 SANTA MARIA DI CASTELLABATE

Am nächsten Tag geht die Fahrt entlang der Küste zurück nach Paestum. Kleine Orte wie **Pioppi,** **Acciaroli, Agnone** oder **Ogliastro Marina** lohnen immer wieder Unterbrechungen – für einen Kaffee am Hafen oder einen kurzen Strandausflug.

Ein wenig mehr Aufmerksamkeit hat **Santa Maria di Castellabate** verdient: Der Ort liegt an einem langen Sandstrand und hat sich in den letzten Jahren zu einem der beliebtesten Ferienorte des Cilento entwickelt. Sehenswert sind vor allem die **Altstadt** und der **Fischerhafen** mit den **Kirchen Santa Maria Assunta** und **Santa Maria a Mare.** Große Teile der Altstadt sind autofrei und laden zum Bummeln ein.

Von dem hübschen Küstenort führt eine Straße mit vielen Serpentinen rund 300 m hinauf in den Ort **Castellabate,** ein mittelalterliches Kleinod, das die Jahrhunderte fast unbeschadet überstanden hat. Mitten im Gassengewirr liegt die **Basilika Santa Maria de Gulia** aus dem 12. Jh. und nur wenige Schritte entfernt das sehr sehenswerte **Museo d'Arte Sacra.**

Santa Maria di Castellabate hat sich von einem kleinen Vorort zu einem beliebten und ausgesprochen hübschen Ferienziel entwickelt.

INFORMATIONEN
TOUR ㊸ Von Paestum nach Castellabate
Autotour, 2 Tage, ca. 90 km

STATIONEN
1 Paestum
2 Agrópoli
3 Casal Velino
4 Santa Maria di Castellabate

PAESTUM
INFO
A.A.S.T.
Via Magna Graecia 887 (neben dem Archäologischen Museum), Paestum, Tel. 08 28 81 10 16, www.infopaestum.it

HOTELS
Tenuta Duca Marigliano
Sehr angenehmes, gepflegtes Haus mit Wellnessbereich in unmittelbarer Nähe zu den Tempel.
Via Tavernelle 86, Capaccio-Paestum, Tel. 08 28 72 12 97, www.tenutaducamarigliano.it

Hotel Schuhmann
Ein schlichtes Haus, aber direkt am Meer gelegen und mit Privatstrand.
Via Marittima 1, Capaccio-Paestum, Tel. 08 28 85 11 51, www.hotelschuhmann.com

Castello dei Principi
Kleines, sehr stilvoll eingerichtetes Hotel in einem Palazzo aus dem 15. Jh. im alten Ortskern von Capaccio. Empfehlenswertes Restaurant.
Via Monticello 27, Capaccio-Paestum, Tel. 08 28 82 10 67, www.castellodeiprincipi.com

RESTAURANTS
Da Nonna Sceppa
Das Restaurant liegt zwischen den antiken Tempeln und dem Sandstrand von Paestum. Man verwöhnt die Gäste mit frischen Fischspezialitäten und traditionellen Gerichten aus dem Cilento. Do geschl.
Via Laura 45, Capaccio-Paestum, Tel. 08 28 85 10 64

Ristorante Nettuno
Traditionsreiches Lokal in der archäologischen Zone. Probieren Sie die Crespelle!
Zona Archeologica, Via Nettuno 2, Paestum, Tel. 08 28 81 10 28, www.ristorantenettuno.com

SHOPPING
Tenuta Vannulo
In der Azienda Agricola Biologica Antonio Palmieri gibt es den unvergleichlich köstlichen Mozzarella, das weiße Gold des Cilento, handgerupft und aus Büffelmilch hergestellt. Sie können sogar den Käsemeistern bei der Produktion zuschauen.
Via G. Galilei 101, Capaccio-Paestum, Tel. 08 28 72 78 94, www.vannulo.it

CASAL VELINO
RESTAURANTS
Locanda Le Tre Sorelle
Feine Küche, gediegenes Ambiente, freundlicher Familienbetrieb. Empfehlung: die Fisch-Antipasti!
Via Roma 48, Casal Velino, Tel. 09 74 90 20 24, www.locandaletresorelle.it

Il Porto
Im gemütlichen Restaurant des Hafenhotels ist der temperamentvolle Kult-Chef Fabio zu Hause. Er setzt in erster Linie Fisch in allen Variationen auf die Speisekarte.
Via Angelo Lista 42, Marina di Casal Velino, Tel. 09 74 35 78 51, www.hotelilporto.com

Cafè Al Dente
Gastro-Pub mit frischer Küche und lockerer Atmosphäre.
Via Cermoleo, Marina di Casal Velino, Tel. 32 93 14 26 28, www.cafealdente.it

CASTELLABATE
HOTEL
Palazzo Belmonte
Geschmackvolle Zimmer in einem alten Palazzo oder in den Villen im schönen Park nebenan. Mit Pool und privatem Sandstrand.
Via Senatore Manente Comunale 22, Santa Maria di Castellabate, Tel. 09 74 96 02 11, www.palazzobelmonte.com

EISDIELE
Il Gelatiere
Köstliches Eis und *granita*.
Corso Senatore A. Matarazzo 85, Santa Maria di Castellabate

Das Leben in den Sassi di Matera war entbehrungsreich, ohne Strom und ohne fließendes Wasser. Doch manche Bewohner von damals erzählen leicht wehmütig vom einzigartigen Zusammenleben in den Höhlen, Höfen und Felskirchen.

TOUR **44** **BASILIKATA**

BAUJAHR ALTSTEINZEIT

GESTERN *Jahrtausendelang waren die Höhlen von Matera bewohnt. Sie boten Schutz, aber die Verhältnisse waren extrem einfach*

HEUTE *Im 20. Jahrhundert wurden die Sassi di Matera hektisch geräumt, renoviert und dann zum UNESCO-Welterbe erklärt*

GESTERN

Vom beliebten Touristenflughafen Bari aus kommend sollte man unbedingt in Matera den ersten Zwischenstopp einplanen, bevor man sich auf Entdeckungstour in das Innere der Basilikata begibt – denn eine der spektakulärsten Sehenswürdigkeiten findet man gleich hier.

In Materas Altstadt, an den Hängen über dem Fluss Gravina, kann man auf Entdeckungsreise in die Vergangenheit gehen: Die Sassi di Matera, die in den Tuffstein geschlagenen Grotten, waren von frühgeschichtlichen Zeiten bis kurz nach dem Zweiten Weltkrieg bewohnt. Besonders begehrt waren derartige Behausungen in Krisenzeiten, weil sie leicht zu verteidigen waren. Allerdings war die Wohnqualität alles andere als erträglich: Mensch und Tier lebten zusammen in Räumen ohne Fenster, Heizung und fließendes Wasser. Trotzdem entstand eine komplexe Infrastruktur aus Höhlen, Höfen, Dachgärten und Felskirchen. Einer breiteren Öffentlichkeit bekannt wurden die Sassi erst 1945 durch den Roman »Christus

kam nur bis Eboli« von Carlo Levi, in dem er die zum Teil katastrophalen sozialen Verhältnisse in der Höhlensiedlung anprangerte. Das rief Rom auf den Plan. In den 1950er-Jahren wurden die Zustände in den Sassi zur »nationalen Schande« erklärt. Man ließ neue Wohnungen für die damals noch 15 000 Bewohner bauen, und die Räumung begann. Die leerstehenden Höhlen verfielen und wurden ab 1967 allmählich restauriert.

HEUTE

Die Höhlen wurden 1993 zum UNESCO-Welterbe der Menschheit erklärt. Mittlerweile gibt es mehr und mehr toprenovierte Sassi als Wohnungen, Läden, Cafés und Hotels. Und die Wahl Materas zur Europäischen Kulturhauptstadt 2019 brachte noch einmal neuen Wind und einige Initiativen mit sich. Ein Spaziergang entlang der Panoramastraße unterhalb der Sassi erlaubt es, sowohl den herben Reiz der tiefen Gravina als auch die Sassi kennenzulernen. Der südlich gelegene Sasso Caveoso besteht fast vollständig aus Höhlenwoh-

---

> **FILMREIF**
>
> 1964 drehte Pier Paolo Pasolini »Das 1. Evangelium -
> Matthäus« in und um Matera. 40 Jahre später dienten
> die Höhlenwohnungen der Sassi di Matera dann auch
> als Kulisse für Mel Gibsons »Die Passion Christi«.

nungen, im Sasso Baresano gibt es dagegen auch ganz oder teilweise aufgemauerte Häuser. Unterhalb der Höhlenkirche Santa Lucia alle Malve vermittelt die original eingerichtete Casa Grotta eine Vorstellung vom früheren Alltagsleben in den Sassi (Mo–Fr 9–19.30, Sa, So bis 20, im Winter 9.30–18 bzw. 19.30 Uhr, www.casagrotta.it).
Adressen: Seite 326/327, Landkarte: Seite 327

1 MATERA

Die Stadt Matera (60 400 Einw.) gehört heute zur Region Basilikata, historisch bis 1663 und kulturell war der Ort jedoch stets Teil Apuliens, das nur 15 km entfernt liegt. Im Herzen der Altstadt steht der sehenswerte **Dom** aus dem 13. Jh. mit den typischen Formen der apulischen Romanik. Im festlichen Innenraum harmoniert die überreiche Barockdekoration mit der mittelalterlichen Architektur. Das Chorgestühl von 1451/1453 zählt zu den ältesten seiner Art. Im **Museo Archeolo-**

Viele der rund 3000 Sassi sind mittlerweile top-renovierte Restaurants, Hotels und Wohnhäuser.

gico Nazionale Domenico Ridola gerät man beim Anblick der apulischen Keramik ins Schwärmen (Via Domenico Ridola 24, Mo 14–20, Di–So 9–20 Uhr).

2 LUKANISCHE DOLOMITEN

Am nächsten Tag fahren Sie über die SS 7 und SS 407 hinein in die Basilikata. Hinein in die **Lukanischen Dolomiten** geht es kurvenreich hinauf nach **Pietrapertosa** (1088 m, 1000 Einw.), den höchstgelegenen Ort der Basilikata. Die Ansiedlung scheint eins geworden zu sein mit dem Stein. Steil ragen die kahlen Felsen in den Himmel. Die wilde Landschaft mit ihren tiefen Schluchten und schwer erreichbaren Gipfeln ist nicht weniger bizarr als die der norditalienischen Dolomiten.

Das benachbarte **Castelmezzano** (830 Einw.) bietet ein ähnlich beeindruckendes Naturerlebnis. Die Häuser ducken sich unter den nackten Felswänden – ein beliebtes Ausflugsziel für Wanderer. Auch Abenteurer kommen hier auf ihre Kosten: **Volo dell'Angelo,** Flug des Engels, nennt sich der Nervenkitzel, bei dem man an einem Stahlseil von Pietrapertosa über eine 160 m tiefe Schlucht nach Castelmezzano schwebt bzw. braust, denn auf der knapp 1,5 km langen Strecke erreicht man eine Geschwindigkeit von bis zu 120 km/h! Dieser Flug über die Schlucht zwischen den beiden unter den Felsen klebenden Orten lohnt die sehr kurvenreiche Anfahrt hinauf auf 1000 m Höhe (Anbieter siehe Seite 326).

3 VAGLIO BASILICATA UND 4 ACERENZA

Auf der Schnellstraße Metaponto–Potenza oder langsam und gemütlich auf der Landstraße über Campomaggiore geht es weiter nach **Vaglio Basilicata** mit imposanten Mauern der antiken Lukaner auf 1000 m Höhe und grandiosem Rundblick. Noch großartiger ist der Ausblick von dem auf 833 m liegenden **Acerenza** (2350 Einw.). Wer Kurven und Panoramen liebt, fährt über einen 981 m hohen Pass, sonst auf der SS 93 über Potenza. Einst beherrschte der Bischof der **Basilika von Acerenza** den größten Teil des Gebiets der Lukaner, das daher seit dem 10. Jh. den Namen Basilicata trägt. Noch heute scheint man von Acerenza

Weizenfelder bis zum Horizont: Die Hügellandschaft um Acerenza gilt als eine der Kornkammern Italiens. Und entsprechend mannigfaltig sind auch die Brotvarianten der Gegend – oft schwerer als fünf Kilo!

aus die ganze Region übersehen zu können. Mächtig erhebt sich die romanisch-gotische Kathedrale am Hügel. Mit Muße sollte man sich die vielen Details der Fassade, die romanischen Apsiden und den dreischiffigen Innenraum mit der Renaissancekrypta ansehen. Anschließend laden mittelalterliche Gässchen zu einem Entdeckungsspaziergang ein.

5 POTENZA

Nach so vielen Panoramablicken über die Region steht am nächsten Tag die Besichtigung der modernen Universitäts- und Regionalhauptstadt **Potenza** (67 200 Einw.) an. Bei dem Erdbeben von 1980 wurde ein großer Teil der Altstadt zerstört, sodass heute eigentlich nur noch die Flaniermeile Via Pretoria und die an der Piazza Pagano gelegene Kirche San Francesco einen Besuch lohnen. Sehenswert sind die Sammlungen des **Archäologischen Museums.** In seinen Räumen werden Exponate aus allen Epochen der Basilikata Früh-

geschichte und des Altertums präsentiert (Via A. Serrao 11, Mo 14–20, Di–So 9–20 Uhr).

6 CASTEL LAGOPESOLE

Von Potenza führen die Straßen hügelauf, hügelab durch grünes Land nach **Lagopesole** mit seiner alles überragenden Burg. Majestätisch erhebt sich das **Kastell** am Horizont. An der riesigen Anlage hatten bereits die Normannen und Friedrich II. gebaut, doch wurde sie erst unter Karl I. von Anjou vollendet.

Der Komplex gruppiert sich um zwei Höfe. Der kleinere, dessen Bauten bis auf den Wohnturm von den Normannen errichtet wurden, ist der ältere. Rund um den größeren Hof liegen die staufischen bzw. angevinischen Gebäude. Der herrliche Rundblick über das weite Land zeugt noch heute von der überaus günstigen strategischen Lage der Burg (Mai–Sept. tgl. 9.30–13 u. 16 bis 19, sonst 9.30–13, 15–17 Uhr; www.castello dilagopesole.com).

INFORMATIONEN

TOUR ④④ Von Matera in die Lukanischen Dolomiten

Autotour: 4 Tage, ca. 200 km

STATIONEN

1 Matera
2 Lukanische Dolomiten
3 Vaglio Basilicata
4 Acerenza
5 Potenza
6 Castel Lagopesole

PRAKTISCHE HINWEISE

Viele Straßen sind sehr kurven-reich, etwa die Anfahrten nach Acerenza und Vaglio Basilicata. Auf 1000 m Höhe kann es auch im Hochsommer frisch sein. Deshalb: Auch etwas wärmere Kleidung nicht vergessen!

INFO

Touristische Infos für die Basilikata: www.aptbasilicata.it, www.basilicataturistica.it

VERKEHRSMITTEL

Ein **Auto** bringt Sie am bequemsten in die kleineren Orte. Auch **Busse** fahren viele Orte an (Übersicht unter www.sitasudtrasporti.it, weiter unter »Orari« und »Basilicata«; oder unter www.ferrovieappulolucane.it). Von Potenza über Lagopesole nach Melfi fährt ein **Bummelzug** (www.trenitalia.com).

MATERA
INFO
APT
Via De Viti De Marco 9, Matera, Tel. 08 35 33 19 83

Ferula Viaggi-Matera Turismo
Geführte Sassi-Touren, auch auf Deutsch: Fragen Sie nach Dora! Via Cappelluti 34, Matera, Tel. 08 35 33 65 72, www.materaturismo.it

HOTELS
Albergo Italia
Gepflegtes Hotel in der Nähe des Museo Nazionale, tolle Aussicht. Via Ridola 5, Matera, Tel. 08 35 33 35 61, www.albergoitalia.com

Sassi Hotel
Romantisch in einem Sasso nächti-gen – mit dem Komfort des 21. Jhs. und herrlichem Ausblick. Via San Giovanni Vecchio 89, Matera, Tel. 08 35 33 10 09, www.hotelsassi.it

RESTAURANTS
Dedalo
Sehr gutes Restaurant in einem schön restaurierten Sasso. Tradi-tionelle Küche, ambitioniert und kreativ verfeinert. Di ganztägig u. Mi mittags geschl. Via D'Addozio 136/140, Tel. 083 51 97 30 60, www.dedalomatera.com

Il Terrazzino
Hier lernt man die bodenständige regionale Küche kennen, auch Pizza. Terrasse mit tollem Blick auf die Sassi. Di abends geschl.

Vico San Giuseppe 7, Matera, Tel. 08 35 33 25 03, www.ilterrazzino.org

CAFÉ
Caffè Tripoli
Leckeres Eis, außerdem ein belieb-ter Treffpunkt für einen abendli-chen Aperitif. Piazza Vittorio Veneto 17, Matera

LUKANISCHE DOLOMITEN
HOTELS & RESTAURANTS
I Sapori del Parco
Agriturismo mit einfacher, aber sehr guter Küche. Es gibt auch einige geräumige Zimmer. Contrada Battaglia, Pietrapertosa, Tel. 09 71 98 30 85, www.agituris motaddeo.blogspot.com

Al Becco della Civetta
Köstliches aus ausgezeichneten Produkten – unbedingt *salsiccie e soppressate* versuchen! (Nichts für Vegetarier ...) Auch Hotel mit schönen Zimmern. Vicolo I Maglietta 7, Castelmezzano, Tel. 09 71 98 62 49, www.beccodellacivetta.it

AKTIVITÄTEN
Volo dell'Angelo
Man wird in Kletterausrüstung an ein Stahlseil gehängt und saust über die Schlucht. Nervenkitzel! Mai, Okt. So, Juni-Mitte Juli, 2. Septemberhälfte Sa, So, Mitte

Juli-Mitte Sept. Do-Di, Aug. tgl., jeweils 9.30–18.30 Uhr. Juli-Sept. Mo–Fr 35 €, sonst 40 €. Mindestalter 16 Jahre, Körpergewicht mind. 35, max. 120 kg. www.volodellangelo.com

VAGLIO BASILICATA
HOTEL & RESTAURANT
La Dimora dei Cavalieri

In diesem Agriturismo serviert man mit Sorgfalt bereitete typische Gerichte der Gegend. Eher einfache Zimmer, großer Pool, schöner Blick. Contrada Tataseppe 1, Vaglio Basilicata, Tel. 34 03 74 57 30, www.dimoracavalieri.it

ACERENZA
RESTAURANT
Palazzo Gala

Hier in den Bergen vielleicht überraschend: Man hat sich auf Fisch und Meeresfrüchte spezialisiert: eine sehr gute Wahl! Mo geschl. Largo Consigliere Gala, Acerenza, Tel. 09 71 74 16 16, www.palazzogala.com

POTENZA
INFO
APT

Via del Gallitello 89, Potenza, Tel. 09 71 50 76 11

HOTEL
Al Convento

Freundliches B & B in historischem Ambiente, kombiniert mit modernem Design, Garage. Piazza San Michele Arcangelo 21, Potenza, Tel. 34 83 30 76 93, www.alconventopotenza.it

La Primula

Gourmetrestaurant, wo sich Tradition und Innovation aufs Beste vereinen. Außerdem Hotel mit schönem Garten und Pool. Via delle Primule 84, Potenza, Tel. 097 15 83 10, www.albergolaprimula.it

RESTAURANT
C'era una volta

In urigem Ambiente serviert man traditionelle Speisen, viel Fleisch. Der Service ist sehr familiär, am Fr Livemusik. So abends u. Mo geschl. Contrada Valle Paradiso 368, Potenza, Tel. 09 71 60 12 17, www.ceraunavoltapotenza.it

CASTEL LAGOPESOLE
RESTAURANT
Osteria Medioevo

Einfache Gerichte der Basilicata in einladendem Ambiente. Nach dem Aufstieg zum Kastell sehr erholsam. Via Leopardi, Castel Lagopesole, Tel. 34 09 00 47 47

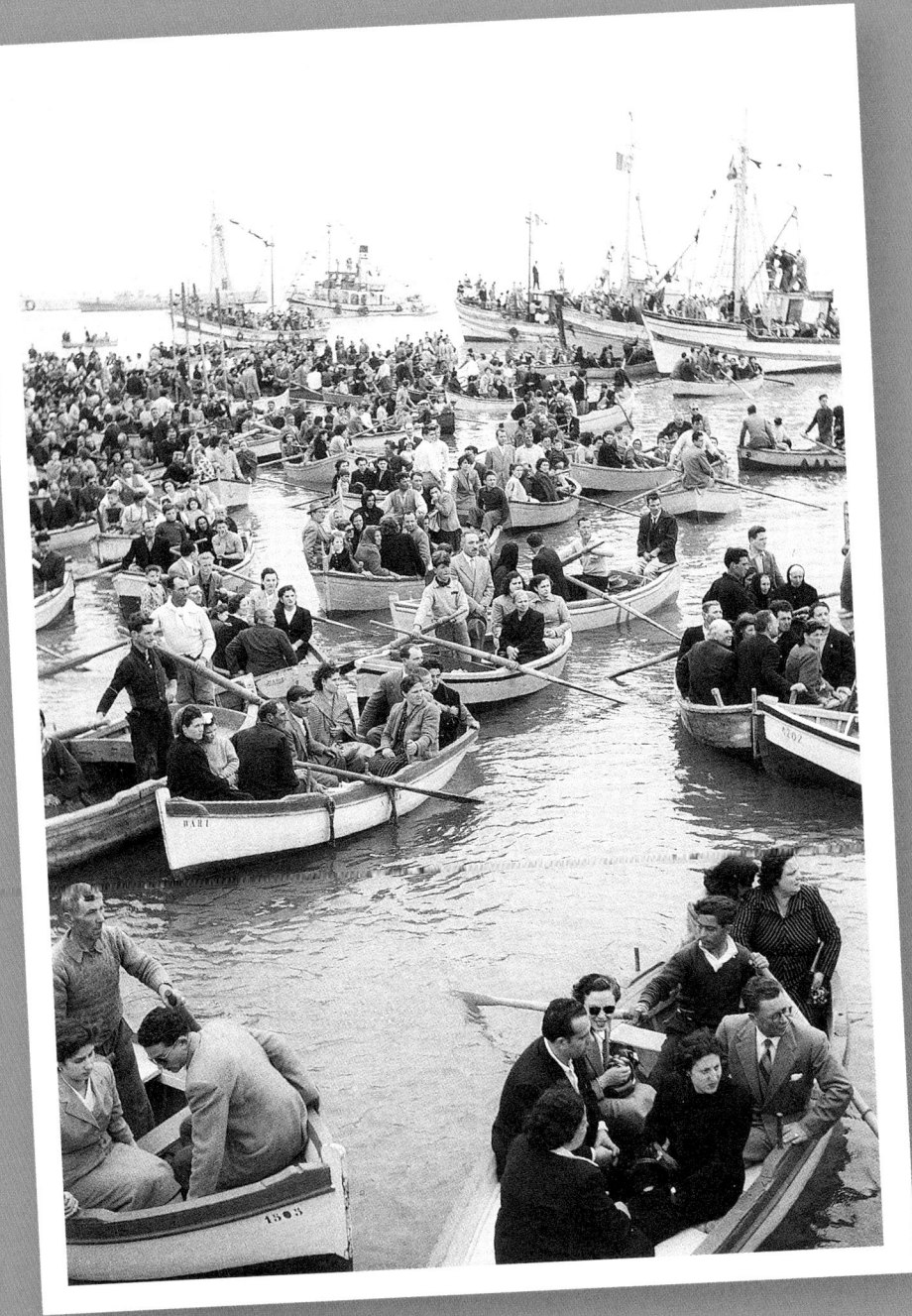

Eine Aufnahme der Festa di San Nicola aus den 1950er-Jahren: Anfang Mai feiert Bari symbolisch die Ankunft des Schiffes mit den Gebeinen des heiligen Nikolaus. Eine Statue des Schutzpatrons wird aufs Meer hinausgebracht und kommt in Begleitung unzähliger kleiner Boote wieder zurück an Land.

TOUR **45** **MITTELAPULIEN**

ALLE JAHRE ZWEIMAL

GESTERN *Dass die Gebeine des heiligen Nikolaus von Pilgern aus aller Welt in Bari verehrt werden, ist Folge eines frechen Raubzugs*

HEUTE *Von der apulischen Küste geht es ins Landesinnere, auf den Spuren von weiteren Heiligen und Kaiser Friedrich II.*

GESTERN

Nachdem andere große Seestädte wie Venedig oder Genua bereits zu ihren Schutzheiligen gekommen waren (Markus bzw. Johannes der Täufer), musste sich Bari im 11. Jh. sputen, um noch einen abzubekommen. So raubten Seeleute aus Bari bei einer Handelsfahrt nach Kleinasien, »von Gott inspiriert«, im Jahr 1087 die Gebeine des heiligen Nikolaus aus der türkischen Mittelmeerstadt Myra. Die sterblichen Überreste des im Orient wie im Abendland verehrten Heiligen versprachen der Stadt ein ungeheures Prestige. Der einsetzende Pilgerstrom erwies sich als äußerst profitabel, und noch heute wird zweimal jährlich, im Mai und im Dezember, sehr aufwendig die Festa di San Nicola (Nikolausfest) begangen.

HEUTE

Am 7. Mai, dem ersten Tag der Feierlichkeiten, wird eine Statue des Heiligen durch die Altstadt getragen, begleitet von einer Prozession aus mehreren Hundert Menschen in Trachten und Kos-

tümen. Am nächsten Tag wird die Statue aufs Meer hinausgefahren und von unzähligen kleinen Booten eskortiert; an Land wartet eine jubelnde Menschenmenge auf die Rückkehr, die die Ankunft der Reliquie vor knapp 1000 Jahren symbolisiert. Der dritte Tag gehört Gottesdiensten und am Abend einem gigantischen Feuerwerk.

Auf dieser Reise durch Apulien entdecken Sie zunächst die Hauptstadt Bari und die nordwestlich gelegenen Küstenorte. Im Landesinneren erstreckt sich der Parco Nazionale dell'Alta Murgia auf einer Fläche von 680 km², die letzte Mittelmeersteppe Italiens.

Landkarte: Seite 331, Adressen: Seite 336/337

■ BARI

Bari (324 000 Einw.) lohnt einen zweitägigen Aufenthalt. Wie eine arabische Kasbah präsentiert sich die verschachtelte **Altstadt** mit ihren weißen Häusern. Jedoch bestaunt man hier keine Moscheen, sondern ein Stauferkastell und zwei bedeutende romanische Kirchen, **San Nicola** und

San Sabino. Den Kontrapunkt zu den verwinkelten Gassen des mittelalterlichen Zentrums setzt die moderne **Neustadt.** Kunstgenuss, elegante Fußgängerzonen, breite Boulevards, Shopping und Nachtleben lassen sich hier bestens miteinander verbinden. Daneben ist Bari für sein Verkehrschaos und eine hohe Kriminalitätsrate berühmt-berüchtigt.

Der elegante Boulevard **Corso Vittorio Emanuele II** trennt die Neustadt von der Altstadt. Den krönenden Abschluss der Prachtstraße zum Meer hin bildet das **Politeama,** 1914 als Varietétheater eingeweiht. Dahinter öffnet sich das stimmungsvolle Rund des Alten Hafens. Nur wenige Schritte sind es von hier in die Altstadt zur **Piazza Mercantile.** Hier trafen sich einst die führenden Köpfe Baris im prächtigen Sedile dei Nobili, heute sind hier am Abend die Restaurants und Bars gut besucht.

Entlang der mittelalterlichen Stadtmauer kommt man zum bedeutendsten Monument Baris, der **Basilica San Nicola** – dem Prototyp der romanischen Kirchen in Apulien. Der Bau wurde 1087 begonnen, um die Reliquien des hl. Nikolaus aufzunehmen. Hoch aufragend präsentiert sich die Kirchenfassade, die zwei auf Säulen aufsetzende Lisenen gliedern. Besonders das Mittelportal besitzt ein reiches Dekor. Die Vielfalt der Verzierungen an den Westportalen und den Ein-

In der Basilica in Bari werden die Reliquien von San Nicola aufbewahrt.

gängen auf beiden Seiten des Langhauses bezeugt byzantinische, islamische und antike Einflüsse. Mit der Ostfassade wurde erstmals eine Schaufassade zum Meer hin errichtet: Das prächtig gerahmte Mittelfenster von San Nicola musste für die per Schiff anreisenden Pilger wie ein verheißungsvolles Portal wirken. Der dreischiffige Innenraum verlor durch die nach einem Erdbeben 1456 eingezogenen Stützbögen seine ursprüngliche Gestalt. Im Altarbereich steht hinter dem orientalisch anmutenden ältesten Ziborium dieser Art in Apulien (um 1150) der Bischofsstuhl des Elias. In der im Jahr 1089 fertiggestellten neunschiffigen Krypta befindet sich das Grab des hl. Nikolaus. Ein Blick lohnt sich auch wegen der 28 Säulen aus verschiedenen Steinarten.

1166 begannen die Bareser nach dem Vorbild von San Nicola mit dem Neubau der **Kathedrale San Sabino** auf den Resten des byzantinischen Vorgängers. So verstecken sich auch die Chorapsiden von San Sabino hinter einem geraden Abschluss und machen die Ostseite zu einer prachtvollen Schaufront. Ihr Mittelfenster übertrifft das Modell sogar noch: Bogen und Gesimse sind mit Naturmotiven reich verziert, mit seinen klassisch schönen Elefanten und Sphingen ist es eines der Hauptwerke der romanischen Skulptur des 12. Jhs. Eine echte Innovation waren damals die großartigen Fensterrosen des Querhauses und v. a. die Westfassade mit ihren Skulpturen.

Die mächtigen Eckbastionen des imposanten **Castello Svevo** entstanden zu Beginn des 16. Jhs., um die Residenz der Isabella von Aragon besser zu schützen. Den inneren trapezförmigen Bau mit den hohen Wehrtürmen ordnete Friedrich II. schon 1233 an, als Erweiterung eines normannischen Vorgängerbaus. Unter der Freitreppe des Innenhofes liegt der Zugang zur sehenswerten **Gipsoteca Provinciale** mit Gipsabgüssen von Skulpturen, die wegen ihrer hohen Position am Bau sonst nur aus der Ferne zu betrachten sind (Castello und Gipsoteca Mi–Mo 8.30 bis 19.30 Uhr).

In der rechtwinklig angelegten Neustadt stechen seit der Zeit Mussolinis einige Monumentalbauten ins Auge. Das 1903 eingeweihte **Teatro**

Petruzzelli, das viertgrößte Opernhaus Italiens und der Stolz Baris, wurde 1991 Opfer von Brandstiftern. Bis 2009 dauerte der Wiederaufbau. Die **Pinacoteca Provinciale** im **Palazzo della Provincia** ist die umfangreichste Gemäldesammlung der Region und bezeugt u. a. mit Arbeiten Tintorettos und Veroneses sowie der Familie Vivarini die engen Verbindungen zwischen Apulien und Venedig (Lungomare N. Sauro 27, Di–Sa 9–19, So 9–13 Uhr, www.pinacotecabari.it).

Ein Stück weiter westlich, rund um die Via Sparano, liegt die Fußgängerzone mit eleganten Geschäften und Cafés. Für eine angenehme Pause eignet sich das elegante **Jérôme Cafè** (Via A. M. Calefati 61b). Der imposante **Palazzo Ateneo** an der Piazza Umberto I beherbergt die Universität, eine der wichtigsten Süditaliens.

Zwei moderne Bauten außerhalb der Stadt lohnen ebenfalls einen Besuch. Direkt am Meer Richtung Giovinazzo bietet das Messegelände **Fiera del Levante** aus den 1930er-Jahren ein wildes Stilgemisch aus orientalischem Serail und Romanik. An der SS 271 Richtung Bitritto erinnert das **Stadion San Nicola,** das Stararchitekt Renzo Piano für die Fußball-WM 1990 entwarf, an ein riesiges Raumschiff.

2 MOLFETTA

Am nächsten Tag geht es nun weiter nach **Molfetta** (59 500 Einw.). Auch diese Stadt besitzt einen schönen Hafen. Sein Bild prägt die alte **Kathedrale San Corrado.** Der nach 1150 begonnene Bau ist die größte romanische Kuppelkirche Apuliens. Der Raumeindruck ist überwältigend, mächtige

Pfeiler mit Halbsäulen unterteilen das Rechteck in drei Schiffe. Über den Mittelschiffjochen wölben sich Kuppeln. Hinter San Corrado beginnt die pittoreske, teilweise verfallene Altstadt. An bessere Zeiten erinnert das **Hospital** (11. Jh.) für Pilger und Kreuzfahrer neben dem klassizistischen **Santuario della Madonna dei Martiri** (1 km nördlich am Meer).

3 TRANI

Tiefblau das Meer und der Himmel, leuchtend weiß der Stein: Die Königin der Kathedralen, **San Nicola Pellegrino,** erhebt sich in der Stadt Trani (56 000 Einw.) direkt am Meer – sie könnte an keinem erhabeneren Ort stehen. Doch als die alte Rivalin Bari im Jahr 1087 die Reliquien des hl. Nikolaus geraubt hatte, stand Trani plötzlich ohne Heiligen da! Da starb sieben Jahre später auf den Stufen der alten Kathedrale ein etwas wirrer griechischer Pilger (ital. *pellegrino*), dem man immerhin einige Wunder nachsagte und der auch noch Nikolaus hieß. Kurzerhand wurde er heiliggesprochen, und der Grundstein für den Neubau – und das Pilgergeschäft – war gelegt.

Ein offener Bogengang verbindet den schlanken Campanile mit der Kirchenfassade, das Mittelportal verschließt eine erstmals in Relieftechnik von Barisanus von Trani 1179 gearbeitete Bronzetür. An der rechten Seitenfassade befindet sich der Eingang zur dreischiffigen Unterkirche. Mit den 28 dicht gestellten Säulen erinnert die Hallenkrypta an eine Moschee. Die Oberkirche besticht durch ihre romanische Schlichtheit. Friedrich II. errichtete das viereckige **Kastell.** Die mächtigen Türme und die zum Meer gerichtete Fassade konnten ihr strenges staufisches Aussehen bewahren (tgl. 8.30–19 Uhr).

Am Abend flaniert man am hübschen Hafenbecken mit den bunten Fischerbooten entlang und kommt zum gepflegten Stadtpark. Von der kleinen Befestigungsanlage **Fortino di Sant'Antonio** hat man einen schönen Überblick.

Die Blütezeit Tranis lag in der Zeit der Kreuzzüge – noch heute scheint die unmittelbar am Meer gelegene Kathedrale den Weg in ferne Gefilde zu weisen.

4 BARLETTA

Am Tag darauf bewundert man in der nächsten Stadt **Barletta** (94 500 Einw.) ein mächtiges Kastell, eine schon ins Gotische übergehende elegante Kathedrale und den berühmtesten Impressionisten Italiens, Giuseppe De Nittis, dem ein eigenes Museum gewidmet ist.

Die lebhafte Industrie- und Handelsstadt zählt heute zu den dynamischsten Zentren Apuliens. Am Meer liegt das weiße, abweisend wirkende **Kastell,** in dem eine der berühmtesten Skulpturen Apuliens zu sehen ist: Die Büste Friedrichs II. zeigt den Kaiser wie seine Goldmünzen als römischen Imperator (Mai–Okt. Di bis So 10–20, Nov.–April Di–So 9–19 Uhr, www.barlettamusei.it). Ein Rundgang auf den Bastionen lohnt allein schon wegen des einmaligen Blicks auf die **Kathedrale Santa Maria Maggiore** (1140). Westlich des Doms befindet sich im Palazzo della Marra (Via Cialdini) die **Pinacoteca Giuseppe De Nittis,** die dem aus Barletta stammenden impressionistischen Maler (1846 bis 1884) gewidmet ist. De Nittis erhielt wichtige Anstöße von seinem Pariser Freundeskreis um Manet und Degas (Öffnungszeiten wie Kastell).

Barlettas Wahrzeichen ist der über 5 m hohe bronzene **Koloss** am Corso Garibaldi. Die Monumentalstatue ist eine der bedeutendsten Großbronzen der Spätantike, v. a. wegen der realistischen Gesichtszüge des Kaisers – wahrscheinlich handelt es sich um Valentinian I.

Die Großbronze, genannt Koloss von Barletta, wurde für die Fernwirkung geschaffen.

5 CANOSA DI PUGLIA

Über die SS 93 gelangt man am folgenden Tag weiter ins Landesinnere, nach **Canosa di Puglia** (29 800 Einw.) im Nordosten des Nationalparks Alta Murgia. In der Nähe besiegte einst Hannibal die Römer in der berühmten Schlacht von Cannae. Auf den griechischen Helden Diomedes geht der Sage nach die Gründung der Stadt zurück. Bereits 343 ist sie als ältester Bischofssitz Apuliens erwähnt. Die Überreste der **Basilica San Leucio** (6. Jh.) bezeugen noch die Großartigkeit der riesigen ehemaligen Kathedrale. Die **Bischofskirche San Sabino** aus der Normannenzeit verbirgt sich hinter einer Allerweltsfassade des 19. Jhs. Hat

man die ersten drei später hinzugefügten Joche durchschritten, bietet sich aber ein überwältigender, lichter Raumeindruck des ursprünglichen Baus aus dem 11. Jh. Fünf große Kuppeln scheinen förmlich über den quadratischen Jochen zu schweben. Dieser Effekt wird durch das direkte Ansetzen der Gewölbe auf den vor der Wand stehenden antiken Säulen erreicht – ein Unikum in Apulien. Fast schon klassisch schön wirkt in dieser Umgebung die Kanzel des Acceptus, eine der bedeutendsten Skulpturen des 11. Jhs. in Italien. Von gleicher Qualität und Schönheit präsentiert sich der auf Elefanten ruhende Bischofsthron in der Apsis. Durch das rechte Querhaus gelangt man hinaus zum Grabmonument Bohemunds von Tarent (gest. 1111) mit einer achteckigen orientalischen Kuppel und fein gearbeiteter Bronzetür.

Das **Museo Civico,** aufgeteilt im Palazzo Sinesi (Via Kennedy 18) und im Palazzo Iliceto (Via Trieste e Trento 20), zeigt die herrlichen antiken Canosiner Vasen (Di–Sa 9–19.45, So 9–13.45 Uhr, www.canusium.it).

Schönheit nicht nur auf dem (Briefmarken-) Papier: Das Castel del Monte ziert auch die italienischen Ein-Cent-Münzen.

6 CASTEL DEL MONTE

Über das freundliche Andria fährt man schnurgerade hinauf zu einem Wahrzeichen Apuliens, dem einzigartigen **Castel del Monte**. Der berühmteste Stauferbau Italiens zählt zu den bedeutendsten Sehenswürdigkeiten der Region. Achteckig sind der Grundriss des Castello, die acht Türme und der Innenhof, und jeweils acht trapezförmige Räume liegen auf einem Stockwerk. Ob Friedrich II. die Pfalzkapelle in Aachen oder den Felsendom in Jerusalem vor Augen hatte, ist nicht bekannt. Das Kastell wirkt wie ein in sich geschlossener, vollkommener Kristall. Auf Fernwirkung angelegt, scheint es die stete Präsenz des Kaisers in seinem Land zu symbolisieren. Das Eingangsportal repräsentiert bereits Friedrichs geistigen Horizont: Pilaster, Architrav und Giebel entstammen der Antike, die Kapitele der zeitgenössischen Zisterziensergotik, die Einfassung oben und die prunkvolle Ausführung dem Islam. In den Innenräumen bewundert man neben der gelungenen Bauskulptur auch Kamine, Wasserleitungen und Toiletten, mehr blieb von der Ausstattung nicht erhalten. Der Kaiser hielt sich mehr-

mals zu kurzen Jagdausflügen hier auf, Karl I. von Anjou verwandelte das heitere Schloss in ein trauriges Gefängnis für die Kinder seines staufischen Gegners Manfred (April–Sept. tgl. 10.15 bis 19.45, Okt.–März tgl. 9–18.30 Uhr, www.casteldelmonte.beniculturali.it).

7 RUVO DI PUGLIA

Inmitten weiter Olivenhaine, in denen Sie schon kleine Trulli entdecken, liegt **Ruvo di Puglia** (25 300 Einw.). Das **Museo Nazionale Jatta** im gleichnamigen Palazzo ist ein archäologisches Schatzkästchen. Die größte Sammlung attisch-rotfiguriger Vasen in Apulien bezeugt die engen Kontakte des peuketischen Ruvo zu Griechenland im 5. und 4. Jh. v. Chr. (Mo–Fr 8.30 bis 13.30, Sa 14.30–19.30, 1. u. 3. So im Monat 8.30 bis 13.30 Uhr). Die **Kathedrale** von Ruvo zeigt die apulische Romanik auf ihrem Höhepunkt.

8 BITONTO

Weite Olivenplantagen und üppige Weinreben prägen das Landschaftsbild um das prosperierende Agrarstädtchen **Bitonto** (55 100 Einw.) auf der niedrigsten Stufe der Murgia. Reiche Einkünfte aus der Landwirtschaft bescherten der Stadt einen rasanten Aufstieg in der frühen Neuzeit, der sich in prächtigen Renaissancepalästen wie dem **Palazzo Sylos Calò** (Sitz der **Nationalgalerie für moderne und zeitgenössische Kunst,** Do–Di 9–20 Uhr, Eintritt frei, www.gallerianazionalepuglia.beniculturali.it) widerspiegelt.

Man betritt die hübsche Altstadt an der Porta Baresana. Die nahe gelegene **Kathedrale San Valentino** ist ein formvollendeter Bau der apulischen Romanik. Die Gliederung der hohen Fassade lässt bereits den dreischiffigen Innenraum vermuten. Den Mittelteil zieren eine prächtige Rosette, zwei Biforien und das wohl schönste Portal Apuliens, von antiken Säulen gerahmt.

💬 **EXZELLENT**

Das aus Bitonto stammende *Cima di Bitonto extra vergine* zählt zu den besten Olivenölen Italiens.

9 ALTAMURA

Am nächsten Tag kann man zum Öl das passende, nur auf der höchsten Stufe der Murgia, in **Altamura** (70 500 Einw.), gebackene gelbliche Brot *Pane di Altamura* erstehen.

Die Peuketier hinterließen mit ihrer noch gut erkennbaren **Mauer** aus dem 5. Jh. v. Chr. das bedeutendste Zeugnis der Antike. Nach seiner Zerstörung durch die Sarazenen gründete Friedrich II. den Ort neu und legte im Jahr 1232 den Grundstein zur **Kathedrale.** Ältester Teil der hohen Hauptfassade ist die Rosette. Darunter öffnet sich eines der schönsten spätgotischen Portale Apuliens. Am Corso Federico II di Svevia 87 probiert man im **Caffè Ronchi Striccoli,** dem ältesten Café der Stadt, den gebrannten *Padre Peppe,* einen Nussschnaps. Geht man rechts vom Corso in die malerischen Altstadtgassen hinein, stößt man auf die typischen *claustri,* Innenhöfe mit meist nur einem Zugang, in denen sich heute wie früher das Leben der ganzen Nachbarschaft abspielt. Der **peuketische Krieger** mit seinen Grabbeigaben ist die Sensation im didaktisch sehr gut aufgebauten **Archäologischen Museum** (Via Santeramo 88, Mo–Fr 8.30–19.30, Sa, So 8.30–13.30 Uhr).

10 GRAVINA IN PUGLIA

Der letzte Tag der Tour führt bis an das südwestliche Ende des Nationalparks Alta Murgia. Kahle Hügelkuppen und offenes Weideland bestimmen das Bild – fast schon steppenartig präsentiert sich die Murgia nun, nur unterbrochen von kleinen Eichenwäldern. An einer spektakulären *gravina* (Schlucht) liegt hier das Städtchen **Gravina in Puglia** (43 700 Einw.). Auch die im 15. Jh. im Renaissancestil erneuerte **Kathedrale** ragt jäh über dem Abgrund empor. Das **Museo Pomarici** zeigt archäologische Funde und byzantinisch beeinflusste Fresken (Via Museo 20, Di–So 9–13 u. 16 bis 20 Uhr, www.fondazione santomasi.it).

Gravina in Puglia ist als Drehort begehrt. Nach der deutschen Komödie »Maria, ihm schmeckt's nicht«
(2009) geht hier nun auch der aktuelle James Bond auf spektakuläre Verfolgungsjagd.

INFORMATIONEN

TOUR ㊺ Von Bari nach Gravina in Puglia

Länge: 7 Tage, ca. 220 km

STATIONEN

1 Bari
2 Molfetta
3 Trani
4 Barletta
5 Canosa di Puglia
6 Castel del Monte
7 Ruvo di Puglia
8 Bitonto
9 Altamura
10 Gravina in Puglia

PRAKTISCHE HINWEISE

Für die Besichtigung der Kirchen an
geeignete Kleidung denken (Arme
und Beine bedecken).
In den Altstädten, vor allem in Bari,
sollte man Wertsachen, Kameras
und Gold nicht offen zur Schau
stellen.
Das Nationalparkzentrum Alta Murgia in Ruvo di Puglia bietet Touren
an (siehe Seite 337).

INFO

Offizielle Tourismuswebseite für
Apulien: www.viaggiareinpuglia.it

VERKEHRSMITTEL

Um die Küstenstädte zu besuchen,
ist die **Bahn** ein ideales und noch
dazu preiswertes Verkehrsmittel:
www.trenitalia.com,
www.ferrovienordbarese.it
Für alle, die auch das Hinterland
besichtigen möchten, ist ein **Auto**
empfehlenswert. Umständlicher,
aber auch möglich ist die Fahrt mit
dem **Linienbus**: www.cotrap.it.

BARI

INFO

Infopoint
Piazza del Ferrarese 29, Bari,
Tel. 08 05 24 22 44

HOTEL

Hi Hotel Bari
Ca. 6 km südlich des Zentrum ge-
legenes modernes Hotel mit allem
Komfort: Außenpool, Spa, gutes
Frühstücksbuffet. Zimmer teilweise
mit schönem Blick über Bari.
Via Don Guanella 15/L, Bari,
Tel. 08 05 02 68 15,
www.hihotelbari.com

RESTAURANTS

La Bul
Exquisit zubereiteter Fisch und
Meeresfrüchte in originellem Am-
biente. Die traditionelle apulische
Küche wird hier kreativ interpre-
tiert. Reservierung unbedingt
empfohlen. Di-Sa ab 19.30 Uhr.
Via Pasquale Villari 52, Bari,
Tel. 08 05 23 05 76,
www.ristorantelabul.it

La Uascèzze
Hier kann man sich durch die
klassische apulische Küche probieren, z. B. mit *Fave e Cicorie*. Die
Atmosphäre ist familiär, man sitzt
schön in einem alten Gemäuer. Tgl.
ab 20 Uhr, So auch mittags.
Vico Sant'Agostino 2-4, Bari,
Tel. 32 06 28 42 95,
www.lauascezze.com

MOLFETTA

RESTAURANT

Dentro Le Mura
Im *centro storico* sitzt man
sommers stimmungsvoll auf der
Piazzetta. Vor allem die Pizza ist
absolut zu empfehlen. Di geschl.
Via Dante Alighieri 42, Molfetta,
Tel. 08 03 34 99 89,
www.dentrolemura.com

TRANI

RESTAURANT

Pesto di Pistacchio
Sehr gutes veganes Restaurant in
Hafennähe: unbedingt probieren!
Mo ganztägig u. Di mittags geschl.
Via Tiepolo 11, Trani,
Tel. 088 31 98 60 93,
www.ristorantepestodipistacchio.it

BARLETTA

INFO

IAT
Corso Garibaldi 204/206, Barletta,
Tel. 08 83 33 13 31,
www.centrostoricobarletta.it

CANOSA DI PUGLIA

HOTEL & RESTAURANT

Casa 28
Charmantes und freundliches
B & B (mit nur 2 Zimmern) mitten
im Zentrum. Frühstück gibt es im
dazugehörigen Restaurant.
Via Ticino 15, Canosa

RESTAURANT
Locanda di Nunno
Sehr interessante Fischküche, z. B. Garnelen mit frittiertem Gemüse, aber auch Pferdefleisch. So abends, Mo geschl.
Via Balilla 2, Canosa, Tel. 08 83 61 50 96, www.locandadinunno.it

CASTEL DEL MONTE
RESTAURANT
Antichi Sapori
Im Ortsteil Montegrosso genießt man das Beste, was Apuliens bäuerliche Küche zu bieten hat. Sa u. Mo abends u. So geschl.
Piazza Sant'Isidoro 10, Montegrosso di Andria, Tel. 08 83 56 95 29, www.pietrozito.it

SHOPPING
Rivera
Direktverkauf von einem der besten Winzer des roten DOC, wie den Puer Apuliae.
SP 231, km 60,5 (zwischen Canosa und Andria), Andria, Tel. 08 83 56 95 10, www.rivera.it

RUVO DI PUGLIA
INFO
Parco Nazionale Alta Murgia
Das Besucherzentrum des Nationalparks bietet Tourenvorschläge und begleitete Touren.
Torre dei Guardiani, Contrada Jazzo Rosso, Agro di Ruvo di Puglia, Tel. 08 03 74 34 87, www.parcoaltamurgia.gov.it

RESTAURANT
U.P.E.P.I.D.D.E.
Das »exklusive Plätzchen für Anspruchsvolle« serviert traumhafte regionale Küche in urigem Ambiente. Mo geschl.
Vico Sant'Agnese 2, Ruvo di Puglia, Tel. 08 03 61 38 79, www.upepidde.it

SHOPPING
Caseificio Montrone
Hier gibt's wunderbare apulische Käsespezialitäten wie *Burrata*.
Via Corato 391 und Via Puccini 61, Andria, www.montrone.net

BITONTO
HOTEL
San Marco Antico Relais
Reizvolles, mehrere Hundert Jahre altes Gehöft aus Stein mit sechs sehr geschmackvoll eingerichteten Zimmern, gepflegtem Garten, Pool.
Via Patierno, Contrada San Marco, Bitonto, Tel. 08 03 74 03 36, www.sanmarcoanticorelais.it

SHOPPING
Oleificio Cooperative Cima di Bitonto
Direktverkauf des exzellenten Olivenöls, auch in Bio-Qualität.
Via Modugno, Bitonto, Tel. 08 03 75 17 03, www.oleificiocimadibitonto.it

ALTAMURA
INFO
Pro Loco
Piazza Repubblica 11, Altamura, Tel. 08 03 14 39 30, www.prolocoaltamura.it

RESTAURANTS
Ristorante del Corso
Lokale Kochtraditionen, verbunden mit einer kreativen Note. Modernes Ambiente und Produkte aus eigenem Anbau. So mittags, Mo geschl.
Corso Federico II 84, Altamura, Tel. 08 03 14 26 95, www.ristorantedelcorso.it

Tre Archi
Unzählige Pizzavarianten, aber auch apulische Spezialitäten, wie Reis mit Kartoffeln und Muscheln. In der Nähe des Doms, Mi geschl.
Via San Michele 28, Altamura, Tel. 08 03 11 55 69, www.trearchi.it

SHOPPING
Forno Antico Santa Chiara
Seit 1423 werden hier das berühmte Brot von Altamura (DOP) und köstliche Focaccia gebacken.
Via L. Martucci 10, Altamura

GRAVINA IN PUGLIA
HOTEL
Masseria Protomastro
Herrlich relaxen in der rustikalen Eleganz dieser Masseria, großer Garten, Pool, tolle Aussicht.
Contrada Aspro Piccolo, Gravina, Tel. 08 03 23 71 38, www.masseriaprotomastro.it

RESTAURANT
Osteria Cucco
Originelle Nudelgerichte, dazu der typische Verdeca-Wein. So abends u. Mo geschl.
Piazza Pellicciari 4, Gravina, Tel. 08 03 26 84 32, www.osteriacucco.it

AKTIVITÄTEN
Gravina Sotterranea
Führungen durch die Schluchten und Grottenkirchen von Gravina.
Via Meucci 10, Gravina, www.gravinasotterranea.it

TOUR 46 MITTELAPULIEN

RUNDE RÄTSELHÄUSER

GESTERN *Steuersparmodell anno dazumal – weil dafür keine Abgaben fällig waren, ließ ein Feudalherr Häuser ohne Mörtel bauen*

HEUTE *Trulli heißen diese rätselhaften, bezaubernden Rundhäuser aus Stein, eine der Hauptattraktionen Mittelapuliens*

GESTERN

Die pittoresken Trulli genannten Rundhäuser von Alberobello sind der Legende nach der »Eiche Apuliens«, wie Gian Girolamo II Acquaviva genannt wurde, zu verdanken. Im Jahr 1635 errichtete der Feudalherr eine Villa, eine Mühle, einen Backofen und ein Gasthaus in einem bis zu diesem Zeitpunkt bedeutungslosen Weiler. Er lag inmitten des »Waldes des schönen Baums«, der Silva Arboris Belli.

Seinen Bauern befahl der Adelige, mörtellose Steinhütten in Trockenbauweise zu errichten, denn für gemauerte Siedlungen hätte er dem Vizekönig in Neapel Steuern zahlen müssen. Die Bauern bedienten sich des seit der Antike im ganzen Mittelmeerraum verbreiteten Typs einfacher Rundbauten aus aufgeschichteten Steinplatten, die oben zu einem »unechten« Gewölbe zusammengeschoben wurden. Bei größerem Platzbedarf wurden mehrere Häuschen miteinander verbunden. Dadurch entstanden die charakteristischen, noch heute erhaltenen Straßenzüge Alberobellos.

Auf den dunkelgrauen Steindächern der Trulli finden sich oft in Weiß aufgemalte, weithin sichtbare heidnische und christliche Symbole. Die magischen Zeichen sollen den Trullo und seine Bewohner schützen und dienen als Hausnummern.

HEUTE

Lange galten sie als Arme-Leute-Unterkünfte, heute sind die Steinhäuschen das Aushängeschild der Gegend um Alberobello; nicht wenige dienen als Ferienhäuser. Weitere Highlights auf dieser Tour sind die größte Tropfsteinhöhle Italiens bei Castellana Grotte, kilometerlange Sandstrände und nicht zuletzt der exzellente Weißwein Locorotondo DOC.

Adressen: Seite 344–346, Landkarte: Seite 346

1 POLIGNANO A MARE

Wunderbar klares Wasser, winzige Felsbuchten, kilometerlange Sandstrände: Die Küste Mittelapuliens lädt zum Baden ein. In **Polignano a Mare** (18 000 Einw.) spritzt die Gischt an Sturmtagen

Dorfleben in Alberobello im Jahr 1920. Bewohner beglückwünschen ein Brautpaar, das gerade in der Kirche Santa Lucia geheiratet hat. Feierliche Kleidung sucht man allerdings vergebens, bis weit ins 20. Jahrhundert hinein hauste man in den Trulli unter bescheidenen Bedingungen.

*Grotta Palazzese: Die Höhle ist Teil einer Hotel-
anlage. Wer sie sehen will, muss hier speisen.*

bis hoch zu den Panoramaterrassen der Altstadt.
Die weißen Häuser auf dem steil abfallenden Felsvorsprung scheinen fast ins Meer zu stürzen. Die
besten Fotos schießt man von der Brücke über die
Lama Monachile.

Durch die Porta del Borgo Antico – einziger
Zugang bis ins 18. Jh. – erreicht man die zentrale
Piazza Vittorio Emanuele mit der **Kirche Santa
Maria Assunta.** Von den Panoramaterrassen öffnet sich unerwartet die Sicht auf kleine Buchten
mit unzähligen Grotten. Die spektakulärste, die
Grotta Palazzese, besichtigt man vom Restaurant des gleichnamigen Hotels aus (nur für Hotel-
bzw. Restaurantgäste, siehe Seite 344).

2 MONOPOLI

Die Schönheit der Küste wird Sie dazu verleiten,
noch einen zweiten Tag am Meer zu verbringen:
Rund um **Monopoli** (48 900 Einw.) findet man
kleine Felsbuchten, dazwischen kurze Sandstrände. Im großen Hafen hat die Fangflotte festge-
macht, umgeben von Booten. Das mächtige Kastell sicherte einst den Altstadtzugang. Man tritt
durch einen Bogen auf die hübsche Piazza Garibaldi und folgt der Via Amalfitana zur stim-

mungsvollen romanischen **Kirche Santa Maria
degli Amalfitani.** In der Altstadt erhebt sich auch
die festliche **Renaissancekirche San Domenico.**
Barock ist die üppig mit Marmor ausgestattete
Kathedrale (18. Jh.). Südlich von Monopoli zieht
es Menschen in Scharen nicht nur tagsüber an die
Küste, sondern auch nachts zu den coolen Beach-
partys rund um den Strandort **Il Capitolo.**

3 EGNAZIA

Wenige Kilometer südlich erstreckt sich das weitläufige Grabungsgelände von Egnazia direkt am
Meer. So lässt sich Kulturgenuss ideal mit einem
Sprung ins türkis glitzernde Wasser verbinden.
Die Spuren der Besiedelung reichen von der Bronzezeit bis ins Mittelalter. Rechts von der Hauptstraße reichen die Blöcke der messapischen Mauer
bis ans Wasser. Links der Straße sind die Reste der
römischen Basilika, des Amphitheaters und des
gepflasterten Forums zu erkennen. Schwere Karren drückten tiefe Spuren in die Pflastersteine der
Via Traiana.

Sehenswert ist auch das **Museo Archeologico**
mit einer gelungenen frühapulischen Abteilung.
Sein kostbarster Schatz sind die römischen Mosaike mit Tierfiguren und verspielten Ornamenten
(Museum tgl. 8.30–19.30, letzter Einlass
18.30 Uhr; Grabung tgl. März 8.30–17.30, April
bis Sept. bis 19.15, Okt. bis 18, Nov.–Feb. bis
16.30 Uhr, www.egnazia.eu).

4 MARINA DI OSTUNI

Nehmen Sie sich die Zeit für einen dritten Tag an
der wundervollen Küste, und fahren Sie weiter
nach Marina di Ostuni: Das sind 17 km Strand,
auch mit kleinen von Felsen umgebenen Buchten,

> 🗨 **MESSAPIER**
>
> ... waren die Einwohner des südlichen Teils von
> Apulien schon lange vor den Römern – wahr-
> scheinlich sind sie etwa 1000 v. Chr. eingewandert.
> In Egnazia sind noch Spuren ihrer Kultur zu sehen;
> einige Inschriften bewahrt auch das Archäologi-
> sche Nationalmuseum in Taranto.

Dünen, Kieselsteinchen, davor das blaue Meer, dahinter eine duftende Macchia – ideal für alle Sonnenanbeter und Wassersportler. Teure Luxusresorts und Camping-Apartment-Anlagen wechseln sich am Meer ab. Die Strände ziehen sich nördlich bis Torre Canne, der schönste ist **Bosco Verde.** Gleich über vier Stränden von Marina di Ostuni (Creta Rossa, Lido Fontanelle, Pilone und Lido Morelli) durfte 2019 die Blaue Flagge für Top-Wasserqualität und gepflegte Strandeinrichtungen wehen. Besonders schön ist auch der feinsandige Strand im **Naturschutzgebiet Torre Guaceto,** nördlich des gleichnamigen Ortes (10 km südlich von Marina di Ostuni).

5 CASTELLANA GROTTE

Das Hinterland lockt mit seinen Olivenbäumen und Trulli, den einsamen Masserie und den netten Städtchen. Tag 4 gehört der **größten Karsthöhle Italiens** (Infos siehe Seite 344). Sie wurde 1938 südöstlich von Bari, außerhalb des Ortes **Castellana Grotte,** entdeckt. Die wirklich beeindruckende Besichtigung beginnt in der Grave, wie die gigantische Eingangshalle genannt wird. Durch hohe Säle und enge Gänge gelangt man schließlich zur einmaligen **Grotta bianca.** Ihr kristallines Weiß ist von atemberaubender Schönheit.

6 ALBEROBELLO

Inmitten einer gepflegten alten Kulturlandschaft, die schon im Februar mit ihrer Mandelblüte bezaubert, liegt **Alberobello** (10 700 Einw.). Die Hauptstadt der Trulli ist der bekannteste Ort des Itriatals – zu Recht, denn das Ortsbild ist wirklich einzigartig. Wie aus dem Märchenbuch wirkt der Stadtteil Monti, wo ganze Straßenzüge aus Trulli bestehen, auch wenn Trullo oft gleichbedeutend mit Laden zu sein scheint und es »Nudel-Trulli«, »Keramik-Trulli« und »siamesische Trulli« gibt. Ein Spaziergang führt die Gässchen hinauf zur **Kirche Sant'Antonio** – auch sie in Form eines Trullo. Ein 21 m hohes, unechtes Gewölbe aus aufgeschichteten, zusammengeschobenen Steinplatten überragt den Bau. Etwas weniger touristisch gibt sich das kaum minder reizvolle Viertel

Aia Piccola auf der anderen Seite des Largo Martellotta. Am Ende der Oberstadt dokumentiert das **Museo del Territorio** das bäuerliche Leben in den gut vor der Sonne abgeschirmten Trulli in vortouristischen Zeiten (Piazza XXVII Maggio; Mitte Juli–Mitte Sept. tgl. 10–19, sonst Di–So 10–13, 15.30–19 Uhr, 7. Jan.–Mitte Feb. geschl.).

Musik, Tänze, Trachten, Kochkünste und Handwerk der Trulli-Bewohner liefern heute den Hintergrund für bunte traditionelle Volksfeste in Alberobello. So begeht man hier das **Festival Folklorico** am 1. bzw. 2. Augustwochenende, die **Festa dei Santi Cosma e Damiano** rund um den 26. September, mit Prozessionen, Lichterfest und Musik, oder die **Birra fra i Trulli** (eine Woche Mitte Aug.) mit Bier, Musik und gastronomischen Ständen.

Übersicht christlicher und heidnischer Symbole – auf Trullidächer in Alberobello gemalt, dienten sie als Wiedererkennung und Schutz vor dem Bösen.

7 LOCOROTONDO

Der exzellente Weißwein und die grandiose Aussicht locken Sie am nächsten Tag nach **Locorotondo** (14 200 Einw.). Hier und dort ein Trullo, Oliven- und Mandelbäume und vor allem unzählige Weinreben bestimmen die Landschaft um den Ort. Der strahlend-weiße und, wie sein Name schon verrät, kreisförmig angelegte Ort auf einem Hügel lohnt als Gesamtkunstwerk einen Besuch. Vom Stadtpark aus genießt man einen herrlichen Panoramablick über das Valle d'Itria bis Martina Franca. Besucher sollten den spritzigen Weißwein Locorotondo DOC verkosten und die in traditioneller Handarbeitstechnik hergestellten Deckchen zumindest bestaunen.

8 MARTINA FRANCA

Mitten im grünen Valle d'Itria erblickt man ein kleines Juwel: Barock in Weiß charakterisiert das schicke **Martina Franca** (48 750 Einw.) auf der höchsten Stufe der südlichen Murgia. Sein heutiges Aussehen verdankt der Ort den Barock- und Rokokobauten des 18. Jhs. Die ungewöhnliche Kombination von hell getünchten Wänden und den geschwungenen Linien dunkler Fenster, von Balkonen und Portalen, verfehlt ihre Wirkung nicht. Hinter dem **Bogen Sant'Antonio** sieht man die breite, harmonische Fassade des **Palazzo Ducale,** Amtssitz der Familie Caracciolo, die Martina Franca von 1507 bis 1827 beherrschte. Barockfassaden säumen die Flaniermeile Corso Vit-

I borghi più belli d'Italia, zu den »Schönsten Dörfern Italiens« gehört Locorotondo, dessen Altstadt von engen Gassen und weißen Kalkstein-Giebelhäusern mit extrem schrägen Dächern geprägt ist.

torio Emanuele, der man bis zur **Kirche San Martino** folgt. Die prächtige Front und der wunderschöne Hauptaltar im Inneren stammen ebenso aus dem 18. Jh. wie der **Palazzo della Corte** gleich links und die Torre Civica. Die Stadt füllt sich jedes Jahr Mitte Juli bis Anfang August zum **Festival Internazionale della Valle d'Itria** mit Opernfans (www.festivaldellavalleditria.it).

9 CISTERNINO

Ganz in Weiß gibt sich auch die Altstadt von **Cisternino** (11 550 Einw.). Machen Sie einen abendlichen Ausflug hierher. Ein Hauch von Orient umgibt die niedrigen Häuser mit ihren Außentreppen und Innenhöfen. Unzählige Bögen überspannen die Gassen. An Sommerabenden strömen Badegäste vom Meer in die Restaurants und Bars – und die *fornelli*, die Metzgereien, die ihr Fleisch selbst grillen.

10 OSTUNI

Ebenfalls weiß leuchten die Häuser in **Ostuni** (31 200 Einw.). Der Ort liegt wie eine Fata Morgana auf drei Hügeln, überragt von seiner Kathedrale und der farbigen Kuppel der **Barockkirche Santa Maria Maddalena.** Von der Piazza della Libertà mit dem hl. Oronzo auf der Bildsäule führt die Via Cattedrale in die Altstadt. In den hübschen Gassen setzen im Sommer rosa blühende Bougainvilleen Farbakzente vor den weißen Mauern. Treppauf geht es zur **Kathedrale** von 1435 mit eigentümlich geschwungener Fassade. Der filigrane Rundbogenfries scheint mit der prächtigen Fensterrose zu wetteifern.

11 BRINDISI

Auf ein wenig griechisches Flair treffen Sie am letzten Tag der Tour in **Brindisi** (87 100 Einw.). Die Geschicke der weltoffenen Provinzhauptstadt bestimmt der einzigartige Naturhafen in Form eines Hirschkopfes (messapisch: *brunda*). Brundisium war der wichtigste Orienthafen Roms, und noch heute ist die Stadt der bedeutendste Fährhafen nach Griechenland.

Ein gelungenes Ensemble ist die **Piazza del Duomo.** Links neben dem Dom liegt der Zugang

Diese antike Säule markierte in Brindisi einst das Ende der in Rom beginnenden Via Appia.

zum **MAPRI – Museo Archeologico Provinciale Francesco Ribezzo.** Ein Unikum sind die messapischen Vasen mit den Rädchen *(trozzelle)* an den Henkeln. Im Lapidarium stehen antike Großstatuen (Mo–Fr 8–17 Uhr).

Durch den Turmdurchgang erreicht man am Ende der **Via Colonne** zwei mächtige Sockel, auf denen einst die Endsäulen der Via Appia am Meer standen. Eine befindet sich heute in Lecce, die zweite steht restauriert an ihrem Platz. Am Hafen erblickt man das 53 m hohe **Monumento al Marinaio,** ein Denkmal für die Seeleute.

Das gewaltige staufische **Kastell** am westlichen Hafenbecken ist wie das aragonesische auf der vorgelagerten Insel Sant'Andrea in Militärbesitz. Richtung Nordwesten an der Straße zum Flughafen wartet eine der schönsten Kirchen ringsum: **Santa Maria del Casale** (spätes 13. Jh.). Die geometrische Musterung der Fassade aus rotweißem Gestein wirkt überraschend. Der Innenraum prunkt mit Fresken aus dem 14. Jh.

INFORMATIONEN

TOUR ㊻ Zwischen Polignano a Mare und Brindisi

Länge: 6 Tage, 180 km

STATIONEN

1. Polignano a Mare
2. Monopoli
3. Egnazia
4. Marina di Ostuni
5. Castellana Grotte
6. Alberobello
7. Locorotondo
8. Martina Franca
9. Cisternino
10. Ostuni
11. Brindisi

PRAKTISCHE HINWEISE

Wer im Trullo oder in einer Masseria übernachten möchte, sollte im Sommer rechtzeitig buchen. Rechnen Sie mit Touristenrummel in Alberobello und Wartezeiten an der Grotte in Castellana. Pullover oder Jacke nicht vergessen, denn in der Grotte herrschen konstant 16 °C.

INFO

Offizielle Tourismuswebseite für Apulien: www.viaggiareinpuglia.it

POLIGNANO A MARE
HOTEL
Grotta Palazzese

Sehr schöner moderner Bau mit eleganten blau-weißen Zimmern, teils mit Balkon mit Jacuzzi und Meerblick. Der Speisesaal liegt im vorderen Teil der Grotta Palazzese (nur im Sommer). Überaus stimmungsvoll: Abendessen in der Grotte.

Via Narciso 59, Polignano a Mare, Tel. 08 04 24 06 77, www.grottapalazzese.it

MONOPOLI
HOTEL & RESTAURANT
Melograno

Luxushotel in einer schönen Masseria des 17. Jhs. mit antiken Möbeln. Pool, Wellnessangebote. Das Restaurant Mùmmolo bietet feinste saisonale Küche. Contrada Torricella 345, Monopoli, Tel. 08 06 90 90 30, www.melograno.com

RESTAURANT
Osteria Perricci

Einfache, rustikale Osteria mit guter Fischküche. Mi ganztägig u. So abends geschl. Via Orazio Comes 1/3, Monopoli, Tel. 08 09 37 22 08

CAFÉ & EISDIELE
Caffè Roma

Hervorragendes Eis und herrliches Gebäck seit 170 Jahren. Largo Vescovado 1, Monopoli

MARINA DI OSTUNI
HOTEL
Gran Hotel Masseria Santa Lucia

In einer rosa gestrichenen Masseria verbirgt sich ein Luxushotel, das an orientalische Oasenpracht erinnert, mit eigenem Sand- und Felsstrand, riesigem Pool, Spa. An der SS 379, bei km 23,5, Marina di Ostuni, Tel. 08 31 35 61 11, www.masseriasantalucia.it

CASTELLANA GROTTE
INFO

Führungen auf Deutsch: Kleiner Rundgang (ca. 1 Std./1 km): April bis Sept. 9.30, 13, 14.30, 18/Aug. 18.30, Okt. 9.30, 13, 14.30 Uhr; großer Rundgang (ca. 2 Std./3 km): April bis Okt. 11, 16 Uhr. Weitere Führungen ganzjährig in Italienisch und Englisch: www.grottedicastellana.it

HOTEL
Azienda Agrituristica Serragambetta

Ländliche Villa des 19. Jhs. mit Pool, schönen Apartments und der im italienischen Fernsehen berühmt gewordenen Naturküche von Zia Nina. Die Gäste bereiten zusammen frische Pasta wie orecchiette zu, gelegentlich spielen Musiker. Via per Conversano 204, Castellana Grotte, Tel. 08 04 96 21 81, www.serragambetta.it

AKTIVITÄTEN
Il Parco dei Dinosauri

Hier gibt es etwa 20 Sauriermodelle aus Kunstharz – der 10 m hohe Brachiosaurus ist wirklich beeindruckend! Macht nicht nur Kindern Spaß. 2. März- u. 2. September-

hälfte–Anf. Dez. Sa, So 9.30–13,
15–18, April–Mitte Sept. tgl. 9.30–13,
15–18 Uhr.
Via Conversano 157, an der SS 634,
2 km hinter Castellana Grotte,
www.ilparcodeidinosauri.it

ALBEROBELLO
INFO
Pro Loco
Via Monte Nero 1, Alberobello,
Tel. 08 04 32 28 22,
www.prolocoalberobello.it

ÜBERNACHTUNG IM TRULLO
Wer seinen Urlaub in einem Trullo
verbringen möchte, findet viele
topmodern ausgebaute Wohntrulli
in Alberobello, Locorotondo etc.
Buchung über www.valledeitrulli.it.

HOTELS & RESTAURANTS
Colle del Sole
Nettes Familienhotel, in ruhiger
Lage 500 m vom Zentrum. Pool,
Restaurant.
Via Indipendenza 63, Alberobello,
Tel. 08 04 32 18 14,
www.hotelcolledelsole.it

Lanzillotta
Direkt im Ort mit stilvoll-nostalgi-
schen Zimmern. Angeschlossen ist
das empfehlenswerte Restaurant
Cucina dei Trulli mit Weinbar.
Piazza Ferdinando IV 33,
Alberobello, Tel. 08 04 32 15 11,
www.hotellanzillotta.it,
www.cucinadeitrulli.it

RESTAURANTS
L'Aratro
In diesem rustikal eingerichteten
Trullo probiert man Spezialitäten
Apuliens wie *burrata* (eine Art

Mozzarella mit weichem Inneren)
und *orecchiette* mit *cima di rapa*
(Stängelkohl) zu einheimischen
Weinen.
Via Monte San Michele 25-29,
Alberobello, Tel. 08 04 32 27 89,
www.ristorantearatro.it

Trullo d'Oro
In einem schön restaurierten Trullo
genießt man traditionelle Regionalküche. Hausgemachter Rosenlikör
krönt jede Mahlzeit. So mittags u.
Mo geschl.
Via Cavallotti 27, Alberobello,
Tel. 08 04 32 18 20,
www.ristorantetrullodoro.com

EISDIELE
Gelateria Gentile
Kleine Eisauswahl, aber köstlich!
Piazza Matteotti 6/7, Alberobello

LOCOROTONDO
HOTEL
Sotto le Cummerse
Apartments und Zimmer in stilvoll
restaurierten Häuschen im Zentrum; das Frühstück wird in einer
schönen Bar serviert.
Rezeption: Via Vittorio Veneto 138,
Locorotondo, Tel. 08 04 31 32 98,
www.sottolecummerse.it

RESTAURANTS
Trattoria Centro Storico
Nettes Altstadtlokal. Antipasti und
der einheimische Wein munden hier
besonders gut. Mi geschl.
Via Eroi di Dogali 6, Locorotondo,
Tel. 08 04 31 54 73

Quantobasta
Hervorragende Pizza mit apulischem Touch. Auch besondere

Kreationen und üppige süße
Varianten sind im Angebot. In der
Altstadt gelegen.
Via Morello 12, Locorotondo,
Tel. 08 04 31 28 55

SHOPPING
Il Tempo ritrovato
Ganz schön teuer, finden Sie? Die
hohen Preise der Spitzen und
Stickdeckchen entsprechen aber
voll und ganz der langwierigen,
mühevollen Arbeit an jedem Stück.
Piazza Vittorio Emanuele 20,
Locorotondo, Tel. 08 04 31 32 01,
www.il-tempo-ritrovato.net

MARTINA FRANCA
HOTEL & RESTAURANT
Masseria Chiancone Torricella
Weitläufige Masseria aus dem
17. Jh., in der man sich wunderbar
erholt. Restaurant in umgebauten
Trulli, großer Pool.
Strada Trasconi Chiancone, Martina
Franca, Tel. 08 04 49 06 00,
www.masseriachiancone.it

RESTAURANT
Macelleria Lisi
Die Tradition des *fornello* (Gebra-
tenes vom Spieß direkt aus der
Metzgerei) lebt hier fort. Probieren
sollte man auch den berühmten
hausgemachten *capocollo* (Roll-
schinken aus dem Nackenstück).
So geschl.
Via G. Verdi 57, Martina Franca,
Tel. 08 04 80 15 47

PASTICCERIA
Da Vinci
Überwältigende Auswahl an Tört-
chen und Gebäck. Do geschl.
Via M. D'Enghien, 7, Martina Franca

OSTUNI
HOTEL & RESTAURANT
Masseria Il Frantoio
Schöne alte Masseria mit
nostalgisch-romantischen Zimmern
und Apartments in weißen Mauern.
Das Restaurant verarbeitet die
hofeigenen Bio-Produkte zu tradi-
tionellen Gerichten mit modernem
Akzent: einfach köstlich!
An der SS 16, bei km 874, Ostuni,
Tel. 08 31 33 02 76,
www.masseriailfrantoio.it

RESTAURANT
Osteria del Tempo Perso
In einer angenehm temperierten,
sehr urigen Grotte genießt man
hervorragende apulische Küche mit
einer reichen Auswahl an Antipasti.
Die *niumarieddi* (Rouladen aus

Lamminnereien), zählen zu den
Spezialitäten der Murgia-Küche. Mo
geschl., außer Juli/Aug.
Via G. Tanzarella Vitale 47, Ostuni,
Tel. 08 31 30 48 19,
www.osteriadeltempoperso.com

BRINDISI
INFO
Puglia Promozione
Lungomare Regina Margherita 44,
Brindisi, Tel. 08 31 52 30 72

HOTEL
Grande Albergo Internazionale
Elegantes Hotel am Meer noch
aus der Zeit, als Brindisi nach
der Öffnung des Suezkanals vom
Orienthandel profitierte, und das
den Charme von einst bewahrt hat.

Lungomare Regina Margherita 23,
Brindisi, Tel. 08 31 52 34 73,
www.albergointernazionale.it

RESTAURANTS
Il Giardino
In einem stilvollen Palazzo mit
Garten werden Pizza, Meeresfrüch-
te und sonstige apulische Küche
serviert. Di–Sa ab 19.30 u. So nur
mittags geöffnet.
Via Tarantini 14/18, Brindisi,
Tel. 08 31 52 49 50

Theodorvs
Elegantes Restaurant mit Café- und
Barbetrieb. Modernes Ambiente, zu-
vorkommender Service. Mo geschl.
Via del Mare 36, Brindisi,
Tel. 08 31 52 20 55,
www.theodorvs.it

Im Hafen von Monopoli

Kein Irrtum! Im Süden Italiens kann man tatsächlich Winter-sport treiben. Nur 35 km östlich von Reggio di Calabria gibt es seit den 1950er-Jahren ein Skigebiet!

TOUR **47** KALABRIEN

GEKÜHLTE STIEFELSPITZE

GESTERN *Meer und Strand – ein Selbstläufer. In den 1950er-Jahren kam man in Kalabrien auf die Idee, auch die Wintersaison zu nutzen*

HEUTE *Die meisten Urlauber kommen zum Sonnenbaden, doch das Hinterland lohnt definitiv einen Abstecher – auch im Sommer*

GESTERN

Zugegeben – man denkt nicht unbedingt an Wintersport, wenn man an Aktivitäten in Süditalien denkt. Dabei gibt es in Kalabrien sogar gleich vier Skigebiete! Natürlich ähneln ihre Dimensionen den Sportgebieten der Alpen nicht einmal annähernd; das größte kalabresische Gebiet liegt bei Cotronei, bietet ganze drei Lifte und 20 Pistenkilometer. Das Aspromonte-Massiv thront über Reggio di Calabria und ragt bis zu 2000 m in die Höhe. An seiner Flanke existiert schon seit den 1950er-Jahren ein Skigebiet, das mit dem Vorzug wirbt, dass man hier mit Blick auf das Mittelmeer, die Äolischen Inseln und den Ätna durch den Schnee gleiten kann – das muss erstmal einer nachmachen, Pistenkilometer hin oder her. Auch wenn kaum jemand den weiten Weg aus Mitteleuropa auf sich nehmen wird, um hier ausgerechnet Wintersport zu treiben: Gambarie, Teil der Gemeinde Santo Stefano in Aspromonte und Talort des Skigebiets, verfügt sogar über eine Skischule und einen Skiclub.

HEUTE

Noch zieht es die meisten Urlauber wegen der Traumstrände nach Kalabrien – rund 800 km Küste warten hier auf Sonnenanbeter, die von Mitte Mai bis Anfang November ins mind. 20 °C warme Wasser hechten können. Die Italiener aber haben in den letzten Jahren auch die reizvolle Natur des gebirgigen Hinterlands entdeckt. Besonders in den hiesigen Nationalparks kann man Wanderungen in einer ursprünglichen Kulturlandschaft unternehmen, z. B. im Parco Nazionale dell'Aspromonte (www.parcoaspromonte.gov.it).

Unsere Tour führt rund um die Stiefelspitze und beginnt in Tropea: Die bis spät nachts belebte Altstadt, der wunderbare Strand und das Inselchen mit der fotogenen Kirche Santa Maria dell'Isola machen das sympathische Städtchen zum schönsten Urlaubsort an der tyrrhenischen Küste Kalabriens. Weiter geht es am Meer entlang nach Reggio di Calabria bis Monasterace Marina und von dort ins Landesinnere.

Landkarte: Seite 353, Adressen: Seite 354/355

Stimmungsvolles Gesamtkunstwerk: die kleine Wallfahrtskirche Santa Maria dell'Isola in Tropea.

1 TROPEA

Das Städtchen (6300 Einw.) thront auf einem Felsen, seine Gässchen, Torbögen, Plätze und Paläste sowie hübsche Läden verlocken zum Bummeln. Mitten in die Altstadt ist der niedrige, wohl noch in vornormannischer Zeit begonnene **Dom** eingebettet. Die farbige Absetzung der Rundbögen an der Längsseite verleiht dem Bau etwas Anmutig-Spielerisches. Vom Balkon am Ende der Hauptgasse **Corso Vittorio Emanuele** genießt man einen wunderbaren Blick auf die 40 m steil ins Meer abfallenden Klippen, den traumhaften rosa Kieselstrand und das fotogene, zauberhafte Inselchen mit der **Kirche Santa Maria dell'Isola**. Die 4 km langen Strände unterhalb von Tropea bieten kleine Buchten und sandige Abschnitte, Sport und Fun bis spät nachts.

2 CAPO VATICANO

Weite Sandstrände und kleine Badebuchten mit traumhaft türkisfarbenem und glasklarem Wasser prägen das Bild von **Capo Vaticano** (4000 Einw.), das ebenfalls zu einer Übernachtung einlädt. Die Ferienanlagen bieten allesamt Sport und Animation, im Hochsommer wird es voll. Hier lohnt ein Spaziergang zum **Leuchtturm** am Capo mit der wunderbaren Aussicht auf die Küste und die Äolischen Inseln. Man geht den kleinen Weg durch die dichte mediterrane Macchia, kauft vielleicht eine kalabresische Spezialität in dem kleinen Laden und genießt ein Eis in der Bar.

3 PALMI UND 4 SCILLA

Über das nette Nicotera, das eher unschöne Rosarno und den größten Containerhafen des Südens, Gioia Tauro, erreicht man am 3. Tag **Palmi**. Der Ort in Panoramalage oberhalb der tyrrhenischen Küste bietet Kunstfreunden die **Musei Civici** in der **Casa della Cultura** (Via Felice Battaglia). Zu den Museen gehören die **Pinacoteca** (Werke von Modigliani, Guttuso, Boccioni u. a.)

💬 MATA UND GRIFONE

... heißen die beiden Pappmaschee-Figuren, die bei Volksfesten in der Menge »tanzen«. Die hellhäutige Mata steht für Kalabrien und der dunkelhäutige Grifone für die Araber oder Sarazenen. Ob es um den Sieg der Einheimischen gegen die Eindringlinge oder die kulturelle Verbindung beider Gruppen geht, lässt sich nicht so genau sagen.

und die Skulpturensektion Michele Guerrisi, eine **archäologische Abteilung** und das wirklich originelle **Museo Calabrese di Etnografia e Folklore.** Magische Spindeln, riesige Pappmaschee-Figuren, Kostüme, Gerätschaften des bäuerlichen Lebens, Musikinstrumente: ein Sammelsurium für kleine Entdecker. Hier wird die von Magie und geheimnisvollen Zeichen durchdrungene bäuerliche Welt Kalabriens lebendig (Mo–Fr 8–14 Uhr). Nach dem Museumsbesuch fährt man durch Olivenhaine hinunter zum Lido, wo die farbigen Fischerboote sehr fotogen am langen Sandstrand liegen.

Am folgenden Tag lohnt bei klarem Wetter der Abstecher hinter Palmi hinauf auf den **Monte Sant'Elia:** Die Aussicht reicht die ganze Küste hinunter bis weit nach Sizilien.

Der lange Strand von Bagnara Calabra weicht dem steilen Felsen von **Scilla** (4900 Einw.). Wer will, legt hier einen Badetag ein. Imposant überragt das **Kastell** (tgl. 9.30–13.30, 15–19 Uhr) die Meerenge von Messina. Als Meerungeheuer Skylla mit der gegenüberliegenden Charybdis taucht der Ort schon in Homers Odyssee auf. Heute spaziert man im urigen Fischerviertel Chianalea hinunter ans Meer, genießt die Aussicht vom Kastell und badet am weiten Sandstrand im Westen der Burg. Die **Costa Viola** macht ihrem Namen alle Ehre, wenn das Meer bei Sonnenuntergang violett schimmert.

5 REGGIO DI CALABRIA

Über Villa San Giovanni erreicht man an Tag 5 **Reggio di Calabria** (181 400 Einw.), die größte Stadt der Provinz. Nach gewalttätigen Demonstrationen verlegte man 1972 den Sitz des Regio-

nalparlaments von Catanzaro hierher; Catanzaro blieb jedoch Hauptstadt und Regierungssitz. Dieser Vorgang und die allgegenwärtige Gewalt zeigen, wie sehr die Stadt und die Provinz Reggio von der 'Ndrangheta, der kalabresischen Mafia, beherrscht werden. Richter und Staatsanwälte leisten bei der Bekämpfung Sisyphusarbeit. Während die 'Ndrangheta dem Image der Stadt schweren Schaden zufügt, ist man stolz auf den Modeschöpfer Gianni Versace, der aus Reggio stammte. Zudem rühmt man sich des »schönsten Kilometers Italiens«, des **Lungomare Falcomata.** Reggios im Jahr 2002 verstorbener Bürgermeister Italo Falcomata ließ die Promenade rundherum erneuern und belebte die Sommernächte mit einem ansprechenden Kulturpro-

Gianni Versace, 1946 in Reggio di Calabria geboren, lernte erste Schritte in Sachen Mode in der Schneiderei seiner Mutter.

gramm. Vor dem Panorama Siziliens und des Ätna flanieren hier abends Tausende Einwohner und Touristen. Und am zweiten Samstag im September bezaubert das anlässlich des **Festes der Madonna della Consolazione** entzündete Feuerwerk am Lungomare.

Sehenswert ist die **Pinacoteca Civica** im Teatro Cilea mit Gemälden von Antonello da Messina und Mattia Preti (Di–So 9–13.30, 14.30 bis 19 Uhr). Die im Jahr 1972 aus einem Wrack vor der Ostküste Kalabriens geborgenen Bronzen von Riace sind die Prunkstücke des jüngst renovierten **MArRC – Museo Archeologico Nazionale Reggio di Calabria.** Die beiden überlebensgroßen, kunstvoll gefertigten Figuren griechischer Krieger stammen aus dem 5. Jh. v. Chr. (Piazza De Nava 26; Di–So 9–20, Juli–Anf. Sept. Do, Sa bis 23 Uhr, www.museoarcheologicoreggiocalabria.it).

6 PENTEDATTILO UND
7 MELITO DI PORTO SALVO

Südlich von Reggio verläuft die Küstenstraße am **Aspromonte** entlang, der hier steil und kahl ins Meer abfällt. Die Bergdörfer werden bald so verlassen sein wie das malerische **Pentedattilo.** Am Meer bei **Melito di Porto Salvo** passiert man den südlichsten Punkt des italienischen Festlands. Im August leben die griechischen Orte des Aspromonte auf, ebenso wie beim **Festival Paleariza** mit griechischer Musik und Gastronomie im August (www.paleariza.it).

8 GERACE

Verbringen Sie den nächsten Tag im weiter im Landesinneren gelegenen **Gerace** (2600 Einw.), einem wahren Schmuckstück unter den Städtchen Kalabriens. Die gepflegte Altstadt wirkt anheimelnd. Beim Bummel entdeckt man mehrere

Rauf zu den Ruinen oder an den Strand? In Roccella Ionica fällt die Wahl schwer. Wer sich nicht entscheiden kann, sucht sich ein Plätzchen in der Altstadt und probiert den Kräuterlikör »Amaro del Capo«.

Keramikläden – das Töpferhandwerk hat hier Tradition. Von den normannischen Kirchenbauten der Region überstand nur der größte, der **Dom** von Gerace, alle Erdbeben in dieser gefährdeten Gegend. 20 unterschiedliche, z. T. antike Säulen mit schönen Kapitellen gliedern den dreischiffigen, feierlich schlichten Innenraum. Vom linken Querschiff steigt man in die noch aus einer byzantinischen Bauphase stammende Krypta. Vom mittelalterlichen **Kastell** blieb nur ein mächtiger Rundturm. Beim **Festival Il Borgo Incantato** mit Musik und Straßenkünstlern Ende Juli lebt Gerace bis spät nachts.

9 ROCCELLA IONICA

Für einen Badetag fahren Sie wenige Kilometer weiter in Richtung Norden, immer an der Küste entlang bis nach **Roccella Ionica** (6450 Einw.). Der Küstenort überrascht mit pittoresken Burgruinen, einem Bandiera-Blu-Strand und dem wichtigsten Jazzfestival Süditaliens (zwei Wochen Mitte August, www.roccellajazz.com). Etwas südlich badet man an einem weiteren wunderschönen Strand in **Marina di Gioiosa Ionica.**

10 STILO UND 11 SERRA S. BRUNO

Quer durch das Landesinnere geht die Tour zurück in Richtung tyrrhenischer Küste. Machen Sie auf der Fahrt halt in **Stilo** (2550 Einw.), wo einer der eigenwilligsten Kirchenbauten Kalabriens auf Sie wartet: Die fünf Kuppeln über der **Cattolica** sind ein ungewöhnlicher Blickfang. In der hervorragend erhaltenen byzantinischen Kirche fühlt man sich fast nach Griechenland versetzt. Der Innenraum, der über quadratischem Grundriss die Form des griechischen Kreuzes betont, birgt Fresken noch aus der Erbauungszeit.

Mitten im Wald auf 780 m Höhe liegt der kleine Ort **Serra San Bruno** (6600 Einw.) auch heute noch ein wenig isoliert. Genau das zog den Kölner Mönch Bruno hierher. 1091 schenkte ihm der Normanne Roger I. das Areal, auf dem sich nunmehr ein neogotisches, 1900 erbautes **Kartäuserkloster** erhebt. Das Kloster selbst kann nicht besichtigt werden, aber das von den Mönchen eingerichtete **Museum** dokumentiert Geschichte und Alltag der Kartäuser (tgl. 10–13, 15–18 Uhr, www.museocertosa.org).

12 PIZZO

Wieder an der Küste angekommen, verbringen Sie den letzten Urlaubstag in **Pizzo.** Der pittoreske Ort (9300 Einw.) scheint von seiner luftigen Höhe fast ins Meer zu stürzen. Lokalpatrioten behaupten, hier sei das Tartufo-Eis erfunden worden. Besichtigungspunkte sind eine barocke **Pfarrkirche,** ein von den Aragonesen errichtetes mächtiges **Kastell** und ein **Tuffkirchlein.**

Kalabrien

INFORMATIONEN

TOUR ④⑦ Kalabrien – rund um die Stiefelspitze
Autotour, 8–10 Tage, ca. 380 km

STATIONEN
1. Tropea
2. Capo Vaticano
3. Palmi
4. Scilla
5. Reggio di Calabria
6. Pentedattilo
7. Melito di Porto Salvo
8. Gerace
9. Roccella Ionica
10. Stilo
11. Serra San Bruno
12. Pizzo

VERKEHRSMITTEL
Mit der **Küsteneisenbahn** kann man Kalabrien ganz langsam einmal umrunden (www.trenitalia.com). Wer in die Berge oder an einsame Strände möchte, braucht ein Auto. Die **Autobahn** ist wegen ihrer vielen Baustellen berühmt-berüchtigt! Zu den **Regionalbuslinien** zählen Federico (www.autolineefederico.it) und Romano (www.autolineeromano.com).

TROPEA
HOTELS
Labranda Rocca Nettuno
Wunderschöne große Ferienanlage im Grünen über dem Meer, Pool, Lift zum Strand. Vielfältige Sport- und Freizeitangebote. Etwa 15 Min. Fußweg ins Zentrum.
Via Annunziata, Tropea,
Tel. 09 63 99 81 11,
www.labranda.com

ValeMare
Über dem Meer gelegenes freundliches Hotel, Treppe zum Strand, tolles Frühstück auf der Terrasse mit Meerblick. Restaurant mit kalabresischer Küche. 200 m sind es bis in die Altstadt.
Via Croce Fazzari 19, Tropea,
Tel. 096 36 15 13,
www.hotelvalemare.it

RESTAURANT
Pimm's
Hervorragende Fischgerichte genießt man am schönsten auf der Panoramaterrasse. Im Winter Mo geschl.
Largo Migliarese 2, Tropea,
Tel. 09 63 66 61 05

AKTIVITÄTEN
Segelschule Moonlight
Thomas lehrt auch Anfänger das Katamaran-Segeln und Windsurfen. Etwas ruhiger geht es bei den Kajakausflügen zu. Wer lieber an Land bleiben möchte, kann sich einer Mountainbike-Tour anschließen.
Via Marina Vescovado, Tropea,
Tel. 34 98 11 40 54,
www.velamoonlight.com

Piccola Università Italiana
Nette Sprachenschule für alle Levels, die auch Freizeitaktivitäten anbietet.
Largo Antonio Pandullo 5, Tropea,
Tel. 09 63 60 32 84,
www.piccolauniversitaitaliana.com

CAPO VATICANO
HOTEL
Baia del Godano Resort & Spa
Herrlich direkt über dem Privatstrand gelegene Anlage. Pool, schöner Spa-Bereich.
Loc. Tonicello, Capo Vaticano di Ricadi, Tel. 09 63 66 34 60,
www.baiadelgodano.it

HOTEL & RESTAURANT
A Turri
Kalabresische Küche mit hausgemachten Antipasti, wunderbare Pizza. Auch eher einfache Zimmer.
Contrada Torre, Capo Vaticano,
Tel. 09 63 66 36 82,
www.aturri.it

PALMI
RESTAURANT
De Gustibus
Kleines, gemütliches Lokal, kreative Küche, die Traditionen wie Schwertfisch mit Zwiebeln wohlschmeckend aufnimmt. Mitte Juli–Anf. Sept. tgl. abends, sonst Di–Sa, So nur mittags, 2.–3. Woche im Sept. geschl.
Viale delle Rimembranze 57, Palmi,
Tel. 096 62 50 69,
www.degustibuspalmi.it

SCILLA
HOTEL & RESTAURANT
Palazzo Krataiis
Nah am Meer liegt dieser Palazzo des 18. Jhs. mit geschmackvoll

eingerichteten Zimmern und sehr gutem Fischrestaurant. Mitte Nov. bis Anfang Dez. geschl.
Via G. Omiccioli 26, Scilla,
Tel. 09 65 75 40 22,
www.krataiis.it

RESTAURANT
Da Nuccio
Unmittelbar am Meer serviert das Restaurant natürlich gute Fischküche. Aber auch die Pizza ist bemerkenswert und die Atmosphäre angenehm familiär.
Via Monacena 25, Scilla,
Tel. 09 65 79 05 33

EISDIELE
Gelateria Zanzibar
Ausgezeichnete *granita* gleich am Strand.
Via Spirito Santo 1, Scilla

REGGIO DI CALABRIA
HOTEL & RESTAURANT
Grand Hotel Excelsior
Elegantes Hotel am Archäologischen Nationalmuseum. Die meisten Zimmer mit Balkon zum Meer. Das Panoramarestaurant Galà bietet Gourmetküche.
Via Vittorio Veneto 66, Reggio di Calabria, Tel. 09 65 81 22 11,
www.grandhotelexcelsiorrc.it

RESTAURANT
La Tavernetta
Traditionelle kalabresische Küche in entspanntem Ambiente. Viel Fisch und tolle Antipasti. Mo-Fr ab 19.30, Sa, So auch mittags.
Contrada Pietrastorta 45, Reggio di Calabria,
Tel. 09 65 31 80 51,
www.ilcuocofelicione.it

SHOPPING
Torrone Giuseppe Malavenda
Mandelpaste und das traditionelle weiße Nougat *Torrone*. Probieren sollten Sie auch das typische Gebäck mit Bergamotte, denn diese wächst in Italien ausschließlich an der Küste von Reggio.
Via Temesa 35 (Nähe Piazza Duomo), Reggio di Calabria,
www.malavenda.it

GERACE
HOTELS
Casale della Rocca
In einem alten Konvent zu Füßen Geraces wohnt man hier herrlich ruhig in großzügigen Zimmern; Pool.
Contrada Rocca, Gerace,
Tel. 34 96 47 42 48,
www.casaledellarocca.it

Kalinikta
Sympathisches B & B mit freundlichen Gastgebern und liebevoll bereitetem Frühstück. In Locri, 7 km unterhalb von Gerace, an der Küste gelegen.
Via G. Oliverio 19, Loc. Locri,
Tel. 09 64 23 51 11, www.kalinikta.com

RESTAURANT
La Terrazza
Lokale Küchentraditione mit viel gegrilltem Fleisch, außerdem sehr gute Pizza. Auch nettes B & B. Unterhalb der Altstadt an der SP 1.
Via Nazionale, Gerace,
Tel. 09 64 35 67 39,
www.ristorantelaterrazzagerace.it

SHOPPING
In der **Tessitura Artigianale Aracne** in der Via Roma gibt es wunderschöne handgewebte Stoffe.

ROCCELLA IONICA
HOTEL
Parco dei Principi
Elegantes, großzügiges Hotel mit allem Komfort, Pool, Spa, Strand. An der SS 106, Loc. Badessa, Roccella Ionica, Tel. 09 64 86 02 01,
www.parcodeiprincipi-roccella.com

RESTAURANT
Gambero Rosso
In eleganter Atmosphäre werden allerfeinste Fischgerichte wie *pesce crudo* kredenzt. Mo geschl.
Via Montezemolo 63, Marina di Gioiosa Ionica,
Tel. 09 64 41 58 06,
www.gamberorosso.net

PIZZO
HOTEL
Piccolo Grand Hotel
Kleines Hotel mit sehr einladenden Designerzimmern und Apartments. Balkone zum Meer, eigener Strand.
Via Leoluca Chiaravalloti 28/32, Pizzo, Tel. 096 53 32 93,
www.piccolograndhotel.com

RESTAURANT
Ristorante Go
Hier wird exzellente kalabresische Küche mit viel Fisch auf einer traumhaft schönen Terrasse serviert. Mo geschl.
An der Provinzstraße nach S. Onofrio, Contrada da Mangano, Pizzo,
Tel. 33 58 17 33 79

EISDIELE
Antica Gelateria Belvedere
Seit 1901 gibt es hier das berühmte Tartufo-Eis in diversen Variationen. Beliebter Treffpunkt.
Piazza della Repubblica 43/45, Pizzo

»Die vier Ecken« – I Quattro Canti – heißt die Kreuzung im Herzen
Palermos (hier auf einer Postkarte von 1904). Der heutige Corso Vittorio
Emanuele hatte seit dem 9. Jh. als Hauptstraße gedient, 1608 ließ der
spanische Vizekönig Maqueda im rechten Winkel dazu die Via Nuova
(heute Via Maqueda) anlegen. Die Kreuzung selbst wurde zu einem
achteckigen Platz ausgebaut; die vier Paläste mit ihren geschwungenen
Fassaden errichtete der florentinische Architekt Giulio Lasso.

TOUR **48** **PALERMO**

CLASH DER KULTUREN

GESTERN *Araber, Normannen und Staufer taten Palermo gut.*
Ab dem 13. Jahrhundert verlor die Stadt dann an Bedeutung

HEUTE *Die alte Dame hat sich hochgerappelt und sogar die Mafia*
abgeschüttelt. Besucher etwartet ein spannender Kulturmix!

GESTERN

Die Inselmetropole war im Gegensatz zu allen anderen bedeutenden Ansiedlungen Siziliens keine hellenische, sondern eine phönizische Gründung. *Ziz*, Blume, hieß sie im 8. Jh. v. Chr. *Panormos*, All-Hafen, tauften dann die Griechen die Karthagerstadt, die sie 300 Jahre später mehrmals vergeblich belagerten. Erst die Römer eroberten sie Mitte des 3. Jhs. v. Chr. Eine Blüte erlebte sie 300 Jahre später, nachdem die Araber Sizilien eingenommen hatten. Sie schufen die »Conca d'Oro« (Goldene Muschel), in der Abertausende Orangenbäume wuchsen. Mit diesem stolzen Beinamen schmückt sich Palermo heute noch, trister Peripherie und Altstadtslums zum Trotz.

Verzaubert standen dann 1072 die Normannen vor diesem irdischen Paradies. Statt blindlings zu zerstören, verschmolzen sie das vorhandene Wissen mit ihrer Kultur, und herrliche Bauwerke wie die Cappella Palatina oder der Dom von Monreale entstanden. Als das Haus Aragón an die Macht kam, war Palermos goldene Zeit nur noch ein flüchtiger Traum. Nach den Aragonesen, die Sizilien bald der spanischen Krone zuschlugen, brach die lange Epoche der Vizekönige an: Palermo musste seine Rolle als Hauptstadt des Königreichs an Neapel abtreten.

HEUTE

Für Palermo (668 000 Einw.) sollte man gewappnet sein: Den Besucher erwarten Duftkaskaden aus aller Herren Länder auf den Märkten, die atemberaubende Architektur der Normannen in Monreale, das orientalische Gassengewirr in der Altstadt, mondäne Boulevards mit Boutiquen der Top-Modelabels im modernen Teil und ein allgegenwärtiges Verkehrschaos – kurzum: Palermo ist die Essenz Siziliens.

In jüngster Zeit war vor allem die Befreiung der Stadt aus dem Griff der Mafia von zentraler Bedeutung. Diese Aufbruchstimmung hat der alten Dame gut getan. Seitdem wird überall restauriert und gebaut.

Stadtplan: Seite 359, Adressen: Seite 362

Ⓐ I QUATTRO CANTI

»Die vier Ecken« heißt die Kreuzung im Herzen Palermos, deren offizieller Name Piazza Vigliena auf den spanischen Vizekönig verweist, dem der barocke Platz mit Brunnen und Statuen sein Erscheinungsbild verdankt. Vigliena setzte Anfang des 17. Jhs. fort, was sein Vorgänger Maqueda begonnen hatte: Er ließ in das mittelalterliche Gassengewirr Schneisen schlagen, um Licht und Luft ins Zentrum zu bringen. Bis dahin durchquerte bloß eine einzige breite Straße die Stadt, der Cassaro (heute Via Vittorio Emanuele II).

PIAZZA PRETORIA UND PIAZZA BELLINI

Hinter dem westlichen Eckgebäude der Quattro Canti liegt die Piazza Pretoria mit einem manieristischen, von nackten heidnischen Gottheiten und exotischen Tieren bevölkerten Brunnen, der **Fontana di Pretoria** Ⓑ, und dem Palazzo Senatorio, dem Rathaus. Dessen Südseite blickt auf die drei Kirchen der Piazza Bellini. Zunächst fallen die barocke **Chiesa Santa Catarina** Ⓒ und die **Marienkirche La Martorana** Ⓓ, auch Santa Maria dell'Ammiraglio genannt, ins Auge. Letztere wurde von Georg von Antiochia, dem Admiral Rogers II, 1143 errichtet und mehrmals umgebaut. Ihre Goldmosaiken zählen zu den wertvollsten Relikten der normannischen Epoche (Mo–Sa

Der Bau der Kathedrale begann in der Normannenzeit – daher die Bezeichnung »Normannendom«.

9.30–13, 15.30–17.30, So, Fei 9–10.30 Uhr). Die Kirche San Cataldo daneben wurde im 12. Jh. im arabisch-normannischen Stil errichtet. Sie befindet sich im Besitz des Ordens der Ritter des hl. Grabes. Das Wappen ist am Tor und im Fenster zu sehen (tgl. 9.30–12.30, 15–18 Uhr).

Ⓔ IL GESÙ UND Ⓕ CHIESA DEL CARMINE

Lohnend ist ein Blick in das Innere der Jesuitenkirche **Il Gesù,** wo sich überbordend barocke Pracht entfaltet (Mo–Sa 7–18.30, So 6.30–13, 18 bis 19.45 Uhr). Die im 17. Jh. errichtete **Chiesa del Carmine** mit ihrer enormen, von vier Atlanten getragenen Majolikakuppel liegt im Gassengewirr des ehemaligen arabischen Handwerkerviertels und bewahrt die Statuen der Bildhauerfamilie Gagini (tgl. 8.45–10.45 Uhr).

Ⓖ KATHEDRALE

Der westliche Teil des Cassaro führt zur 1185 begonnenen Kathedrale. Die drei Apsiden erinnern an die Normannenzeit. Die Fassade mit gotischem Portal stammt aus dem 14./15. Jh., den Eingang an der dem Platz zugewandten Seite schmückt ein Renaissanceportikus. Die Kuppel ist ein Werk des 18. Jhs. Hauptanziehungspunkt sind die Kaisergräber: Hier ruhen in kostbaren Porphyrsarkophagen Kaiser Friedrich II. und sein Vater Heinrich VI. von Hohenstaufen (1. Reihe), dahinter Normannenkönig Roger II. und seine Tochter Konstanze (die Ehefrau Heinrichs VI. und Mutter Friedrichs II.). An der rechten Seitenwand wurde in einem antiken Sarkophag (3. Jh. n. Chr.) Konstanze von Aragón bestattet (Mo–Sa 7–19, So 8–19 Uhr, musealer Bereich mit Krypta und Kaisergräbern Mo–Sa 9–18, So 10–18 Uhr, www.cattedrale.palermo.it). Der Domfassade gegenüber steht der Erzbischöfliche Palast mit einem hübschen Diözesanmuseum (Sommer Di bis Fr, So, Fei 9.30–13.30, Sa 10–18, Winter Di–So 9.30–13.30 Uhr, www.museodiocesanopa.it).

Ⓗ NORMANNENPALAST

Der Normannenpalast steht auf der höchsten Stelle des mittelalterlichen Palermo und gilt seit fast einem Jahrtausend als politisches Machtzentrum

der Insel. Heute tagt hier das sizilianische Regionalparlament. Von Umbauten des frühen 17. Jhs. unberührt blieb nur die Stanza di Ruggero, das mit Mosaiken verzierte Zimmer Rogers. Im Inneren der nur mit Superlativen zu beschreibenden, 1130–1140 errichteten **Cappella Palatina** verschmelzen antike, arabische, byzantinische und romanische Stilelemente zu einem einzigartigen Gesamtkunstwerk. Den Fußboden zieren arabisch-römische Steineinlegearbeiten, die Wände der Seitenschiffe sind mit Mosaiken verziert. Christus als Pantokrator schmückt die Kuppel. Eine besondere Kostbarkeit ist die Holzdecke des Mittelschiffs, deren geschnitzte Stalaktiten mit kleinen Alltagsszenen aus dem Orient bemalt sind (Mo–Sa 8.15–17.40, So, Fei 8.15–13 Uhr, www. federicosecondo.org).

● PORTA NUOVA

Die Porta Nuova wurde 1583 als Triumphtor für Karl V. zur Erinnerung an den erfolgreichen Kriegszug des Kaisers gegen das Piratenunwesen im Mittelmeer (1535) errichtet. Ihr Gebälk müssen die besiegten Mauren tragen.

● SAN GIOVANNI DEGLI EREMITI

Das Kloster San Giovanni degli Eremiti erkennt man an den rosafarbenen Kuppeln. Das Bauwerk ist eines der schönsten der Normannen, im Jahr 1132 von Roger II. als erstes römisch-katholisches Kloster im Stil einer Moschee in Auftrag gegeben (Mo 9–13.15, Di–So 9–13.15, 14–18.30 Uhr).

CORSO CALATAFIMI

Ab der Piazza Indipendenza führt der Corso Calatafimi Richtung Monreale. An seiner linken Seite kommt ca. 1 km nach dem Normannenpalast ein im arabischen Stil 1180 errichtetes Jagdschloss des Normannenkönigs Wilhelm des Guten in Sicht, der geometrische Bau **La Cuba ●**. Der Name des einst auf einer Insel in einem künstlichen Teich platzierten Palastes leitet sich von *Alcuba* (Gewölbe) ab (Mo–Sa 9–19 Uhr).

● CONVENTO DEI CAPPUCCINI

Die Via Pindemonte führt zur makabersten Sehenswürdigkeit der Stadt: In den Katakomben des Kapuzinerklosters wurden über Jahrhunderte hinweg die Leichen der Mönche sowie der vornehms-

Schon der Name des im Parco Nuovo gelegenen Schlosses La Zisa zeugt von arabischen Einflüssen. Die Bezeichnung leitet sich aus dem Arabischen von al-ʿazīz (mächtig, stark) ab.

ten Palermitaner mumifiziert und vollständig eingekleidet aufbewahrt. Rund 8000 Mumien aus dem 16. bis 20. Jh. kann man hier ins Gesicht sehen (tgl. 9–13, 15–18 Uhr, Nov.–April So nachmittags geschl., www.catacombepalermo.it).

Ⓜ LA ZISA

Das Lustschloss von Normannenkönig Wilhelm II. entstand im 12. Jh. in feinster arabisch-normannischer Manier. Die herrliche Vorhalle zieren Stalaktitgewölbe, Springbrunnen sowie ein schöner Mosaikfries. Das darin untergebrachte **Museo d'Arte Islamica** präsentiert Holzschnitzarbeiten (Mo–Sa 9–19, So, Fei 9–13.30 Uhr).

VIA MAQUEDA

Die Via Maqueda bildet mit ihrer Fortsetzung als Via Ruggero Settimo den elegantesten Einkaufsboulevard der Stadt: Hier laden Nobelboutiquen und Juwelierläden zum Einkauf ein. Weiter nördlich öffnet sie sich zur Piazza Verdi mit dem **Teatro Massimo Ⓝ**. Nach der Scala und dem San Carlo in Neapel ist es eines der bedeutendsten Opernhäuser Italiens. Es wurde 1897 von Giovan-

ni Battista Basile und seinem Sohn Ernesto erbaut (www.teatromassimo.it).

Eine unterhaltsame Alternative zum Teatro Massimo ist die Opera dei Pupi, in der berühmte palermitanische Marionettenspieler die Puppen tanzen lassen. Die Stücke richten sich an ein erwachsenes Publikum. Man sollte rechtzeitig Karten reservieren (Via Bara all'Olivella 95, www.figli dartecuticchio.com). Die Via Ruggero Settimo führt dann weiter zu einem Doppelplatz: Piazza Castelnuovo und Piazza Politeama. Das auch Garibaldi-Theater genannte **Teatro Politeama Ⓞ** ist heute Spielstätte des sizilianischen Symphonieorchesters (www.orchestrasinfonicasiciliana.it). Er ist schön, aber nicht eben einfach zu finden: Dem Palermitaner Jugendstil – Stile Liberty genannt – begegnet man vor allem noch in dem hellen, freundlichen Stadtviertel nördlich des Platzes.

Ⓟ ARCHÄOLOGISCHES MUSEUM

Die umfangreiche Sammlung des grandiosen Archäologischen Museums (Museo Archeologico Regionale Antonino Salinas) wartet mit einzigartigen Schätzen aus den antiken Stätten Siziliens

---

28-MAL PALERMO

… gibt es auf der Welt. Mit dem Pendant in Kolumbien besteht eine Städtepartnerschaft. Das dortige Palermo hieß bis 1906 Guagua und benannte sich um, da viele Palermitaner dorthin ausgewandert waren.

---

auf. Untergebracht ist sie stilvoll im ehemaligen Kloster San Filippo Neri aus dem 16. Jh., das nach einer langwierigen Restaurierung 2016 wiedereröffnet wurde. Highlights sind der Tympanonschmuck des ältesten Tempels von Selinunte (570–560 v. Chr.), der Löwenkopf-Wasserspeier des Tempels von Himera (480 v. Chr.), der Bronze-Ephebe (470 v. Chr.) sowie die Metopen von Selinunte (6./5. Jh. v. Chr.). Die Reliefs zählen zu den berühmtesten bildlichen Darstellungen der Antike (Piazza Olivella 24, Di–Sa 9–18, So, Fei 9–13.30 Uhr, www.coopculture.it).

PIAZZA SAN DOMENICO

Hier stehen die aus dem 14. Jh. stammende barockisierte **Chiesa San Domenico** **Q** mit Grabdenkmälern berühmter Sizilianer (Di–Sa 8–17, So 9–13, Mai u. Okt. tgl. 8–12.30, 17–19, So ab 8.30 Uhr, www.domenicani-palermo.it) sowie das Oratorio del Rosario. Das Oratorium der Rosenkranzbrüder aus dem 16. Jh. schmücken üppige Stuckreliefs von Giacomo Serpotta (Sommer Mo–Sa 10–18, Winter Mo–Sa 9–14 Uhr).

R LA VUCCIRIA

Zwischen Via Roma und Hafen liegt La Vucciria, einer der ältesten Stadtteilmärkte Palermos. Von frühmorgens bis zur Siesta kaufen die Palermitaner im bunten Gewirr Obst, Gemüse, Fisch und Fleisch – ein Rundgang ist ein echtes Erlebnis! Ein ähnliches Angebot hat der Mercato di Ballarò (Via Ballarò). Lebensmittel, Tand und Second-Hand-Mode hingegen gibt's auf dem Mercato del Capo im gleichnamigen Stadtviertel.

S PALAZZO CHIARAMONTE

Der Giardino Garibaldi, wo Büsten an Garibaldis Kampfgefährten erinnern, bildet den stilvollen Rahmen für den auch Lo Steri genannten Palazzo Chiaramonte. Im 14. Jh. erbaut, weist der Bau noch deutlich normannisch-arabische Elemente auf. Im 17. Jh. war er Sitz der Inquisition, später ein Armenhaus. Heute beherbergt er das Rektorat der Universität.

UFERPROMENADE

Vom alten Hafen La Cala, dem »All-Hafen« der Antike, gelangt man zum barocken **Triumphtor Porta Felice** **T**. Die im Zweiten Weltkrieg weitgehend zerbombte Uferpromenade Foro Italico führt zur **Villa Giulia** **U** mit einem Rokokogarten (tgl. 8 Uhr bis Sonnenuntergang). Gleich daneben liegt der angeblich schönste **Botanische Garten** Italiens (Via Lincoln 2, Mai–Aug. tgl. 9–20, April, Sept. bis 19, März, Okt. bis 18, sonst bis 17 Uhr, www.ortobotanico.unipa.it).

CORSO DEI MILLE

Dem Corso dei Mille etwa 1 km stadtauswärts folgend gelangt man zum 1113 errichteten, siebenbogigen **Ponte dell'Ammiraglio** **V**. Noch einmal 500 m weiter befindet sich bei der Hausnummer 384 der Zugang zur Via Salvatore Cappello mit der Aussätzigenkirche **San Giovanni dei Lebbrosi.** 1071 von Roger I. damals vor der mittelalterlichen Stadt errichtet, zählt das heute von Palmen umgebene Kirchlein zu den ältesten Normannenbauten der Insel (Mo 16–19, Di–So 10–12, 16–19 Uhr).

La Vucciria war anfangs der Markt der Metzger, später erweitert um Fischer- und Bauernstände.

INFORMATIONEN

TOUR ④⑧ Stadtrundgang Palermo

Stadtspaziergang, 2–3 Tage

STATIONEN

Ⓐ I Quattro Canti
Ⓑ Fontana di Pretoria
Ⓒ Chiesa Santa Catarina
Ⓓ La Martorana
Ⓔ Il Gesù
Ⓕ Chiesa del Carmine
Ⓖ Kathedrale
Ⓗ Normannenpalast
Ⓘ Porta Nuova
Ⓙ San Giovanni degli Eremiti
Ⓚ La Cuba
Ⓛ Convento dei Cappuccini
Ⓜ La Zisa
Ⓝ Teatro Massimo
Ⓞ Teatro Politeama
Ⓟ Archäologisches Museum
Ⓠ Chiesa San Domenico
Ⓡ La Vucciria
Ⓢ Palazzo Chiaramonte
Ⓣ Porta Felice
Ⓤ Villa Giulia
Ⓥ Ponte dell'Ammiraglio

INFO

Touristinfo
Via Principe di Belmonte 92, Palermo, Tel. 09 15 85 17 21, www.cittametropolitana.pa.it
Weitere Infobüros befinden sich am Flughafen und im Palazzo Galletti an der Piazza Marina. An der Piazza Bellini, der Piazza Mondello und am Hafen gibt es kleine Infostände.

Infobüro der UNESCO
Via Vittorio Emanuele 353, Palermo, Tel. 09 16 11 63 68, www.arabonormannaunesco.it

VERKEHR

Der internationale **Flughafen** Falcone e Borsellino liegt in Punta Raisi, 35 km außerhalb (www.gesap.it). Von hier fahren jeweils zweimal stündlich ein Bus und die Bahn zum Hauptbahnhof (www.trenitalia.com). Direkte **Bahnverbindungen** von Palermo bestehen nach Rom, zu den wichtigsten Städten Norditaliens sowie nach Messina, Catania, Siracusa, Agrigento und Trapani.
Fähren verkehren regelmäßig nach Genua, Livorno, Civitavecchia (Rom), Neapel, Tunis und Cagliari, zu den Liparischen Inseln und zur Insel Ustica. Fahrpläne und Preise finden sich auf den Webseiten der Fährgesellschaften Siremar (www.siremar.it), Tirrenia (www.tirrenia.it) und Grandi Navi Veloci (www.gnv.it).
Parkplätze in der Innenstadt von Palermo sind rar, am besten nutzt man öffentliche Verkehrsmittel.
Taxis bestellt man unter Tel. 091 84 81, www.autoradiotaxi.it.

HOTELS

Gran Hotel Villa Igiea
Luxus in einer Jugendstilvilla mit herrlichem Garten über dem Meer. Salita Belmonte 43, Palermo, Tel. 09 16 31 21 11, www.villa-igiea.com

Boutique B&B Vintage
B&B mitten in der Altstadt, einladende, farbenfrohe Zimmer. Via Bottai 30, Palermo, Tel. 091 58 91 10, www.vintagepalermo.it

RESTAURANTS

Casa del Brodo
Kleine Trattoria mit hervorragenden Suppen – alles andere schmeckt ebenfalls. Di geschl. Via Vittorio Emanuele 175, Palermo, Tel. 091 32 16 55, www.casadelbrodo.it

Ledop
Hervorragende *Pizza napoletana*, große Auswahl. Di-So ab 17 Uhr. Via Notarbartolo 5a, Tel. 09 16 25 28 44

Sesto Canto
Sorgfältig und fantasievoll zubereiteter Fisch und Meeresfrüchte, elegantes Ambiente. Sa mittags u. So ganztägig geschl. Via S. Oliva 26, Palermo, Tel. 091 32 45 43

NIGHTLIFE

Goccio – L'arte del miscelare
Gemütlich-entspannte, kleine Bar mit perfekten Cocktails und sehr gutem *aperitivo*. Mi-Mo ab 18 Uhr. Via A. Paternostro 79

Qvivi Music Bar
Winzige Bar, man sitzt davor auf der Piazza: tolle abendliche Atmosphäre, oft mit Livemusik. Mi-Mo ab 18 Uhr. Piazza della Rivoluzione 5, Palermo

SIGNORA GROLLT

GESTERN *Europas mächtigster aktiver Vulkan kommt nie zur Ruhe, wird aber seit Jahrhunderten besiedelt, bepflanzt und erwandert*

HEUTE *Nach wie vor gibt es auf dem Ätna viele unverdrossene Besucher, auch wenn manchmal die Sohlen ihrer Bergstiefel schmelzen*

GESTERN

Mongibello, den Berg der Berge, oder auch La Signora nennen die Sizilianer ihren höchsten Berg (3340 m), der vor etwa 1 Mio. Jahren aus einer breiten Meeresbucht auftauchte. Er ist der jüngste Berg der Insel und mit einer Oberfläche von 1750 km², einem Durchmesser von 42 km und einem Basisumfang von 212 km Europas mäch-

Ein Faszinosum ist der Ätna seit Menschengedenken. Mythen ranken sich um den Berg, als Paradies und Ort der Verdammnis wurde er beschrieben, als Werkstatt von Kyklopen und Wohnsitz von Göttern. Kaiser Friedrich soll in seinen Tiefen schlafen, aber auch Barbarossa oder Karl der Große. Links beobachten Anwohner um 1950 aus sicherer Entfernung den Ausbruch des Ätna, rechts zeigt eine recht drastische Illustration die Eruption des Vulkans im März 1669.

tigster aktiver Vulkan. Durch die tektonischen Verschiebungen zwischen Eurasischer und Afrikanischer Platte kommt es immer wieder zu Ausbrüchen. Seit Beginn der geschichtlichen Aufzeichnungen hat man an die 140 große Ausbrüche registriert. Die verheerendsten Katastrophen ereigneten sich in den Jahren 475 v. Chr., 396 v. Chr. und 36 v. Chr. sowie 1329 und 1669, als ganz Catania zerstört wurde. 1928 wurde das Städtchen Mascali an der Zyklopenküste verwüstet, 1983 kam die 800 bis 1200 °C heiße Lava erst kurz vor der Ortschaft Nicolosi und 1991/92 nahe Zafferana Etnea zum Stillstand.

HEUTE

Respekt hat man dem Feuerspeier immer entgegengebracht: Er bringt zwar Tod und Verwüstung, jedoch in Form von fruchtbaren Lavaböden und Wasser auch Leben. Der hohe Berg zieht Regenwolken an, die dem umliegenden Gebiet eine blühende Landwirtschaft bescheren.

Bis auf 500 m Seehöhe herrscht am Ätna subtropisches Mittelmeerklima. Hier werden Südfrüchte, Gemüse und Kartoffeln angebaut. Dann fährt man durch die Zone des Wein- und Obstanbaus, in der Kirschen, Äpfel, Birnen, Pflaumen, Aprikosen und Pfirsiche gedeihen. Ihr folgen ab etwa 1300 m Höhe Edelkastanienwälder, bis allmählich Lavafelder das Bild beherrschen. Ab einer Höhe von 1900 m wächst dann nur noch der Ätna-Ginster. Bis 2500 m ringen Moose und Gräser ums Überleben. Der Rest ist Stein.

Der Ätna ist äußerst aktiv, immer wieder fließen Lavaströme talwärts. Bisweilen ist der Boden in höheren Lagen so heiß, dass die Sohlen der Bergstiefel anschmelzen. Am besten geht man nicht auf eigene Faust los (Bergführer: Seite 370).

Im Winter kann man an den Flanken des Ätna sogar Ski fahren, und das seit den 1940er-Jahren. Liftanlagen wurden zwar immer mal durch Eruptionen zerstört, doch seit 2004 läuft der Betrieb ohne Unterbrechungen. Skifahren mit Blick auf das Meer – ziemlich extravagant!

Die hier beschriebene Tour führt Sie nicht nur hinauf, sondern auch um den Vulkan herum.

Adressen: Seite 370/371, Landkarte: Seite 371

1 CATANIA

Catania (311 500 Einw.) ist temperamentvoll und charmant, schäbig und elegant, nostalgisch und hässlich modern gleichermaßen – ein Feuerwerk an Gegensätzen wie seine schlagfertigen und gewitzten Bewohner, die sich als Engel oder Teufel entpuppen können, niemals aber als Langweiler. Wer sich vom Flughafen Fontanarossa durch das Verkehrsgewühl der zweitgrößten Stadt Siziliens quält, gelangt von den hässlichen Außenbezirken ins Herz der barocken Stadt.

Der im 11. Jh. auf den Resten römischer Thermen errichtete **Dom** bewahrte nur wenige Elemente aus der Normannenzeit: die drei Apsiden und das Querschiff. Den barocken Neubau mit seiner schwingenden Fassade schuf der Architekt Catanias, Giovanni Battista Vaccarini, der auch für alle übrigen Bauten dieser Epoche verantwortlich zeichnet (Mo–Sa 7–12, 16–19, So 7.30 bis 12.30, 16.30–19 Uhr, www.cattedralecatania.it).

Im Inneren stößt man auf das Grabmal Vincenzo Bellinis und das prachtvolle schmiedeeiserne Gitter der Agatha-Kapelle. Von der Stadtpatronin Catanias sieht man jedoch nur ein über und über mit Schmuck behängtes Bild. Lediglich zu ihren Festtagen im Februar wird die Büste aus dem verschlossenen Schrein in einer feierlichen Prozession in die gegenüberliegende **Chiesa della Badia di Sant'Agata** mit der auffallenden achteckigen Kuppel gebracht. Ihre Dachterrassen sind begehbar, die Aussicht ist großartig (tgl. 9.30–12.30, Di–Sa auch 17–20, So auch 19 bis 20.30 Uhr, www.badiasantagata.wordpress.com). Die Katastrophen im 17. Jh. konnte selbst Sant'Agata nicht verhindern. Im Schutt der Stadt fand Baumeister Vaccarini einen aus römischer Zeit stammenden Elefanten aus schwarzer Lava

---

> 💬 **DIE HOHE KUNST**
>
> … der Speiseeiszubereitung wird in Catania gepflegt. Süße Meisterwerke, *granita* wie *gelato*, gibt es z. B. im Caffè del Duomo (Piazza del Duomo 12) und natürlich in den Bars und Cafés entlang des Lungomare, der Uferpromenade.

---

und einen ägyptischen Obelisk, aus denen er den **Elefantenbrunnen** schuf. Das Wahrzeichen der Stadt sorgt heute für kühlende Frische auf der als Barockensemble in ihrer Gesamtheit hinreißenden Piazza del Duomo, die flankiert wird vom **Palazzo degli Elefanti** (Rathaus) und dem **Palazzo del Seminario** mit dem Diözesanmuseum.

Am dekorativen barocken Stadttor Porta Uzeda signalisiert der **Amenano-Brunnen** (1867) den Beginn des **Fischmarkts** in der Via di Benedetto. Zwischen den aufs Appetitlichste arrangierten Fischen und Meeresfrüchten stehen vor Früchten überquellende Obst- und Gemüsestände, jeder einzelne eine Augenweide für sich. Unter ausladenden Sonnenschirmen stapeln sich Käse und Fleischwaren, daneben bietet ein Bauer auf seinem Karren würzig duftende Kräuter feil – mediterrane Lebensart wie aus dem Bilderbuch. Abends verwandelt sich der Markt in ein großes und preiswertes Freiluftrestaurant mit lockerer Atmosphäre, in dem gebrutzelt und gegrillt wird, was tagsüber keinen Abnehmer fand.

Als Zwingburg und Kaserne wurde das **Castello Ursino** unter Friedrich II. von 1239 bis 1250 errichtet. Bis zum Ausbruch des Ätna 1669 lag der von gewaltigen Rundtürmen flankierte vierflügelige Bau unmittelbar am Hafen. Heute befindet es sich weitab vom Meer, denn die Lavamassen zerstörten damals nicht nur weite Teile Catanias, sie vergrößerten zugleich das Stadtgebiet. Zwar hielten die mächtigen Mauern der Stauferfeste der glühenden Lava stand, doch gut ein Drittel des Bauwerks verschwand unter der Erdoberfläche, wie Ausgrabungen eindrucksvoll demonstrieren. Im Inneren befindet sich das **Museo Civico,** das neben einer archäologischen Sammlung mit griechischen und römischen Fragmenten auch Kunstwerke aus dem 14. bis zum 20. Jh. zeigt (tgl. 9–19 Uhr).

Auf dem wieder in nördliche Richtung führenden Rundweg kann man in der Via Vittorio Emanuele die Überreste des teilweise freigelegten **Teatro Romano** besuchen (Eingang bei Nr. 266). Es wurde in römischer Zeit für 7000 Besucher erweitert. Gleich daneben fanden im römischen Odeon vor rund 1300 Zuschauern Gesangs- und Tanzaufführungen statt (tgl. 9–19 Uhr).

Für die Renaissance-Fassade des Teatro Massimo Bellini diente die 400 Jahre ältere Biblioteca Marciana in Venedig als Vorbild. Anders als die Bibliothek stürzte das Theater aber niemals ein.

Die **Via Crociferi** zählt zu den schönsten Straßen Catanias. Der Name leitet sich vom Krankenpflegeorden der Crociferi ab. Auf nur 300 m reihen sich, unterbrochen von prachtvollen Palazzi (heute Sitz von Universitätsinstituten), vier Ordenskirchen samt dazugehörigen Klostergebäuden aneinander.

Die **Via Etnea** ist mit ihren exquisiten Boutiquen und noblen Restaurants Catanias Prunkboulevard. Die schnurgerade, 3 km lange Straße beginnt beim Domplatz und endet erst im modernen Stadtteil an der Piazza Gioeni. Auf der Höhe der Piazza Stesicoro findet man ein **Bellini-Denkmal** aus dem Jahr 1882 und die Reste des einst 16 000 Zuschauer fassenden **Römischen Amphitheaters.** Das Theater stammt aus dem 2. Jh. n. Chr. und wurde erst im 17. Jh. zerstört (Di–Fr 9–18, Sa 9–13 Uhr).

Catanias Reverenz an den großen Sohn und berühmten Komponisten ist das prächtige **Teatro Massimo Bellini** im Stil der Neorenaissance. Es wurde 1890 mit der Oper »Norma« eingeweiht. Heute kann man hier Konzerte, Opern und Ballettaufführungen erleben (Piazza V. Bellini, Eingang Via Perotta 12, Besichtigung Di, Mi, Do 9–12, Führungen 10 u. 11.30 Uhr; Programm und Karten Tel. 09 57 30 61 11, www.teatromassimo bellini.it).

2 ZAFFERANA ETNEA

Den Weg durch den chaotischen Stadtverkehr in Richtung **Zafferana Etnea** (9600 Einw.; 600 m) zu finden, ist nicht ganz einfach. Aber sobald diese erste Hürde genommen ist, können Sie die Annäherung an den Vulkan genießen. Die Stadt erlebte aufgrund ihrer gefährdeten Lage unter dem Graben des Valle del Bove beim Ätna-Ausbruch 1991/1992 – wie schon 200 Jahre zuvor – bange Monate, blieb aber mit Ausnahme eines kleinen Randgebiets von der Feuerwalze verschont. Das

Bronte hat sich als Hochburg einer besonderen Pistazienqualität einen Namen gemacht. An den fruchtbaren Westhängen des Ätna angebaut, gilt die Steinfrucht auch als »grünes Gold«.

ruhige Städtchen ist Ausgangspunkt für Wanderungen auf das Vulkanmassiv, oberhalb des Ortes bieten sich aber auch zahlreiche kleinere Spaziergange durch hübsche Weingärten und Kastanienwälder an.

Hier startet die Straße auf den Ätna bis zur Schutzhütte **Rifugio Sapienza** (Tel. 095 91 53 21, www.rifugiosapienza.com), die heute als Hotel und Restaurant betrieben wird. Das Gelände ist mit zahlreichen Andenkenläden und Cafés der Tummelplatz aller Besucher des Parco dell'Etna. Von hier lohnt sich nur bei wirklich schönem und klarem Wetter die Weiterfahrt mit der Seilbahn (siehe Seite 370), die einen auf 2600 m Höhe bringt; von da geht es dann nur noch per Jeep bis zum Torre del Filosofo (Turm des Philosophen, 2917 m) voran. Benannt wurde dieser nach Empedokles aus Agrigento (5. Jh. v. Chr.), welcher der Legende nach durch einen Sprung in den Krater des Ätna seinem Leben ein Ende setzte, um der Erde näherzukommen. Unweit vom Rifugio Sapienza befinden sich rechter Hand die beiden **Silvestri-Krater**, die vor noch nicht ganz 100 Jahren Rauch, Asche und Lava spuckten.

3 MILO

Etwas weiter, bei der Sommerfrische **Milo** mit ihren Kastanienwäldern und Weingärten, beginnt die Mareneve-Straße (17 km) zum 1800 m hohen Piano Provenzana, dem 2002 zerstörten Startpunkt für Wanderungen an der Nordseite des ständig aktiven Stratovulkans. Inzwischen gibt es Ausflüge zu den neuen Kratern (siehe Seite 370).

4 LINGUAGLOSSA

Auf schmalen Straßen geht es weiter nach Linguaglossa (5300 Einw., 550 m). Auch dieser Ort ist von Weinbergen umgeben; sein einst so schöner Pinienwald (*pineta*) verbrannte beim letzten Ausbruch 2002. Freunde guten Rebensaftes können sich hier mit dem dunkelroten, erdigen Ätna-Wein eindecken, z. B. bei der Tenuta Scilio in Valle Galfina an der Strada Provinciale nach Zafferana Etnea (Tel. 095 93 28 22, www.scilio.it).

5 RANDAZZO

Das hübsche **Randazzo** (10 700 Einw.) liegt ein Stück weiter westlich. Wie Catania ist das Städtchen eine der »schwarzen Töchter des Ätna«, weil viele der älteren Gebäude aus Lavagestein erbaut sind. Randazzo erlebte unter den Staufern und Aragonesen seine Blüte. Noch bis ins 20. Jh. gab es unter der Bevölkerung drei Sprachgruppen, die sich aus dem Griechischen, Lateinischen und Lombardischen ableiteten. 1943 verschanzte sich bei Randazzo die deutsche Wehrmacht zu ihrer letzten Schlacht auf Sizilien, wobei der malerische Ort schwere Beschädigungen erfuhr.

Beachtung verdienen die drei Kirchen: Von der Originalanlage der **Chiesa San Martino** aus dem 14. Jh. ist noch der schmucke Glockenturm erhalten. Gegenüber dem Gotteshaus stehen Reste der mittelalterlichen Zitadelle in Form eines Turmhauses, das im 16. Jh. als Gefängnis diente. Inzwischen hat hier das **Museo Archeologico** seinen Sitz, das auch mit Marionetten aufwartet (tgl. 9.30–13 Uhr). In der **Chiesa San Nicolò** stammen noch das Querhaus und die Apsiden aus dem 14. Jh. Von der ursprünglichen **Chiesa Santa Maria,** im 13. Jh. in normannisch-staufischem Stil erbaut, sind noch die Apsiden und die linken Seitenmauern mit Drillings-, Zwillings- und Einzelbogenfenstern zu sehen. An der Piazza Santa Maria bietet im Haus Nr. 5 die **Pasticceria und Gelateria Santo Musumeci** ein paradiesisches Angebot.

6 CASTELLO DI MANIACE

Hier wendet sich die Ätna-Umrundung nach Südwesten zu einem bedeutenden Kulturdenkmal, dem **Castello di Maniace,** auch Abbazia di Santa Maria di Maniace oder Nelson-Villa genannt. Die 1174 gegründete einstige Benediktinerabtei wurde nach dem Feldherrn Georgios Maniakes benannt, der hier 1040 die Araber bezwang. 1799 ging die Abtei in den Besitz des englischen Admirals Nelson über, als Dank König Ferdinands III. für die Unterstützung im Kampf gegen Neapel. In einem Museum kann man u. a. eine Karaffe und ein Glas bewundern, aus dem Nelson am Abend vor der Schlacht von Trafalgar getrunken haben soll. Die Abteikirche ist im spätnormannischen Stil errichtet (Mo 14.30–19.45, Di–So 8.30–19.45 Uhr).

7 ADRANO

Nun fahren Sie an Bronte vorbei und erreichen das nächste Etappenziel Adrano (35 600 Einw.). In der gewaltigen **Normannenburg** (11./14. Jh.) präsentiert das Archäologische Museum in erster Linie prähistorische Funde (Mo–Sa 9–19, So 9–13.30 Uhr). Bei den Ausgrabungen in der **Archäologischen Zone** (Contrada Mendolito) wurden bisher u. a. ein Stadttor mit einer Inschrift in sikulischer Sprache, eine Umfassungsmauer und zwei Basteien freigelegt.

8 PATERNÒ

Weiter in Richtung Südosten fahrend gelangt man nach **Paternò** (47 800 Einw.), dem Mittelpunkt des wichtigsten sizilianischen Anbaugebietes für Zitrusfrüchte. Der Ort liegt auf einer Terrasse über dem breiten Tal des Simeto, einer der zwei großen Flüsse der Insel. Paternò wurde in der Nähe des antiken Hybla Gaelatis von den Normannen gegründet, denen es die von Roger I. im Jahre 1073 erbaute und liebevoll restaurierte 34 m hohe Burg als Wahrzeichen verdankt (unregelmäßig geöffnet). Nach 20 km Fahrt auf der SS 121 erreicht man schließlich wieder Catania.

Staufisches Erbe: Randazzo war einst von einer wuchtigen Befestigungsmauer umgeben.

INFORMATIONEN

TOUR ㊾ Rund um den Ätna
Autotour, 1 Tag, gut 150 km

STATIONEN

1 Catania
2 Zafferana Etnea
3 Milo
4 Linguaglossa
5 Randazzo
6 Castello di Maniace
7 Adrano
8 Paternò

DER ÄTNA

Den »Berg der Berge«, der seit 2013 zum UNESCO-Welterbe gehört, kann man auf vielfältige Art und Weise erleben – von der abenteuerlichen Wanderung über eine bequeme Rundfahrt mit der Schmalspurbahn bis hin zu kulinarischen Abstechern.
Im **Museo Vulcanologico** in Nicolosi erfährt man alles zur Geologie des Ätna (Via Battisti 28, tgl. 10–17 Uhr).

INFORMATION

Die Parkverwaltung informiert über Touren, Bergführer und die aktuelle Sicherheitssituation und gibt Broschüren zur Flora und Fauna heraus. Wanderer können auf markierten Wegen von Schutzhütte (*rifugio*) zu Schutzhütte wandern oder an geführten Touren teilnehmen.

Centro Visita Parco dell'Etna
Via A. Manzoni 21, Fornazzo,
Tel. 095 95 51 59,
www.parks.it/parco.etna

Pro Loco Linguaglossa
Piazza Annunziata 8, Linguaglossa,
Tel. 095 64 30 94

Rifugio Brunek
Strada Mareneve, Linguaglossa,
Tel. 095 64 30 15

Rifugio Ragabo
Strada Mareneve, Pineta Bosco Ragabo, Linguaglossa,
Tel. 095 64 78 41, www.ragabo.it

FUNIVIA DELL'ETNA

Ab dem Rifugio Sapienza führt eine **Seilbahn** in Richtung Gipfel. Der Betrieb wird aber ab und an wegen vulkanischer Aktivitäten zeitweilig eingestellt. Die Betreiber organisieren außerdem Jeep-Touren in die höheren Bereiche. April–Nov. tgl. 9–16.30, Dez.–März 9–15.45 Uhr. Tel. 095 91 41 41,
www.funiviaetna.com

FERROVIA CIRCUMETNEA

Ein Erlebnis ist die Fahrt um den Ätna mit der **Schmalspurbahn** Circumetnea FCE. Ihre Triebwagen benötigen für die 105 km lange Strecke von Catania nach Giarre-Riposto gute 3 Std.
Tel. 095 54 12 50, www.circumetnea.it

BERGFÜHRER

Wanderungen im Gipfelbereich sind gefährlich, denn Eruptionen sind kaum vorhersehbar. Aus sicherer Entfernung bietet sich aber ein grandioses Naturschauspiel: Weißer Rauch aus den Kratern ist harmlos, dunkler Rauch deutet auf Explosionen im Erdinneren hin, stoßweiser dunkler Rauch signalisiert Eruptionen – dann ist Vorsicht geboten! Wanderer schließen sich daher am besten einem kundigen Führer an:

Andrea Ercolani
Der diplomierte Vulkanführer bietet unterschiedlich anspruchsvolle Touren an und spricht auch Deutsch. April–Juni und Okt.
Tel. 34 88 53 03 10,
www.vulkane-erleben.info

Guide Alpine Etna Sud
Piazza Vittorio Emanuele 43,
Nicolosi, Tel. 09 57 91 47 55,
www.etnaguide.eu

Guide Etna Nord
Via Roma 81/83, Linguaglossa,
Tel. 09 57 77 45 02,
www.guidetnanord.com

Etna Trekking
Via Fortino 73, Linguaglossa,
Tel. 368 66 34 53,
www.etnatrekking.com

RESTAURANT & HOTEL
Case Perrotta
Nach einer anstrengenden Ätna-Wanderung hat man eine kulinarische Belohnung verdient. Bei der 1000-jährigen Kastanie der 100 Pferde (Centocavalli) wird im

Gartenlokal der Case Perrotta ein Menü mit Schafskäsekroketten, Pistazienpasta, Ätnapilzen und Grillfleisch von eigenen Weidetieren aufgetischt, dazu natürlich ein Glas Etna Rosso.
Via Andronico 2, Sant'Alfio,
Tel. 095 96 89 28,
www.caseperrotta.it

Codavolpe
Paradiesisches Landleben offerieren die netten Gastgeber Angelo und Elena auf dem alten Gutshof mit Meerblick inmitten von Früchten wie Mandarinen, Kiwis und Ätna-Kirschen. Es gibt Apartments für 2–4 Personen.
Strada 87 No. 35, Trepunti di Giarre,
Tel. 34 71 83 40 62,
www.codavolpegiardinoditea.it

CATANIA
INFO
Info Point
Via Vittorio Emanuele II 172, Catania, Tel. 09 57 42 55 73, und am Flughafen, Tel. 09 57 23 96 82, www.comune.catania.it

VERKEHR
Flughafen Filippo Eredia
Fontanarossa, 20 km südlich der Innenstadt (Shuttlebusse),
Tel. 095 34 05 05,
www.aeroporto.catania.it

HOTELS
Palace Catania
Catanias modernes Hotel-Flagg-schiff besticht mit elegantem Design in Schwarz und Weiß und hervorragendem Komfort.
Via Etnea 218, Catania, Tel. 02 69 82 69 82, www.gruppouna.it

Sciara Larmisi
Kleines B & B (4 Zimmer) in perfek-ter Lage an einer schönen Piazza in Hafennähe. Geschmackvolle, freundliche Zimmer und herzlicher Service.
Piazza Cutelli 3, Catania,
Tel. 34 06 24 15 29,
www.sciaralarmisi.it

RESTAURANTS
Trattoria del Cavaliere
Sizilianische Gerichte in einer Qualität, wie man sie sonst fast nirgends mehr bestellen kann. Mitten im Zentrum gelegen.
Via Paternò 11, Catania,
Tel. 095 31 04 91,
www.trattoriadelcavaliere.com

Trattoria Il Mare
Gute Fischküche in angenehmer Atmosphäre nicht weit vom Dom. Lecker sind unter anderem die *Pappardelle al profumo di mare*. Mo geschl.
Via San Michele 7, Catania,
Tel. 095 31 70 24,
www.trattoriailmare.com

EISDIELE
Gelateria Zio Pietro
Hier sollte man vor allem das Eis mit den berühmten Pistazien aus Bronte kosten. Aber auch alles andere ist köstlich! Mo geschl.
Via Porta di Ferro 47, Catania

RANDAZZO
HOTEL & RESTAURANT
La Fucina di Vulcano
Modernes Hotel mit sehr gutem Restaurant und herrlicher Sicht auf den Vulkankegel. Die Rezeption organisiert auch Wanderungen, Radtouren und Reitausflüge.
An der SS 284 nördlich von Bronte, Contrada Difesa, Tel. 095 69 37 30, www.hotelristorantetna.it

RESTAURANT
Veneziano
Exzellente sizilianische Hausmanns-kost. Pilzfreunde werden begeistert sein. So abends u. Mo geschl.
SS 120, km 187, Contrada Arena,
Tel. 09 57 99 13 53,
www.ristoranteveneziano.it

Luigi Viscontis Film »Der Leopard« (Originaltitel: »Il Gattopardo«) gilt als monumentales Meisterwerk der Filmgeschichte. Die Rolle des Don Fabrizio Salina wollte er ursprünglich mit Lawrence Olivier besetzen, doch die Produktion bestand auf dem Kassenmagneten Burt Lancaster (oben, mit Hut, links). Claudia Cardinale und Alain Delon (Foto unten), in weiteren Hauptrollen zu sehen, schienen sich bei den Dreharbeiten prächtig zu verstehen.

TOUR **50** **SIZILIENS SÜDEN**

ADEL VERPFLICHTET

GESTERN *Das Castello di Donnafugata soll Giuseppe Tomasi in den 1950ern zu seinem Roman »Il Gattopardo« inspiriert haben*

HEUTE *Furore machte der gleichnamige Film von Luigi Visconti. Von aristokratischer Schönheit ist das barocke Sizilien um Ragusa*

GESTERN

Das Castello di Donnafugata nahe der Stadt Ragusa auf Sizilien soll den Adeligen Giuseppe Tomasi di Lampedusa in den 1950er-Jahren zu seinem epochalen Roman »Der Leopard« inspiriert haben. Er spielt während der Ära des Risorgimento, der italienischen Einigungsbewegung zwischen 1820 und 1870 unter Giuseppe Garibaldi. Es war die Zeit der gesellschaftlichen Umwälzung, in der der sizilianische Adel einen Machtverlust hinnehmen musste und das Bürgertum aufstieg. Der Autor war als Jugendlicher in dem prunkvollen Palast aus dem 14. Jh. regelmäßig Gast des Schlossherrn gewesen. In dem stark an die eigene Familiengeschichte angelehnten Roman ließ er seine Fürstenfamilie im Sommer vom Stadtpalais zu ihrem Sommerschloss Donnafugata auf dem Land ziehen.

Um den Namen *Donnafugata* (übersetzbar mit: »Frau auf der Flucht«) ranken sich etliche Theorien. Die schillerndste ist jene: Eine Enkelin des Schlossherrn flüchtete um 1900 gemeinsam mit ihrem nicht standesgemäßen Liebhaber bei Nacht und Nebel aus dem Palast – in einer anderen Version ist es Königin Maria Karolina von Neapel-Sizilien, die Ende des 18. Jhs. vor Napoleon nach Sizilien floh.

HEUTE

In einem der ehemaligen Wirtschaftsgebäude des Schlosses befindet sich heute die Weinkellerei Donnafugata, die mit über 150 Jahren älteste der ganzen Insel. Die Weine sind weit über die Grenzen Italiens hinaus bekannt und heimsen regelmäßig internationale Preise ein (www.donnafugata.it). Bei Rundreisen durch die Region Ragusa gehört der Besuch des Castello di Donnafugata zu den Höhepunkten.
Landkarte: Seite 375, Adressen: Seite 377

1 CASTELLO DI DONNAFUGATA

Filmfans werfen erst einen Blick in das Schloss und seinen üppigen Park, bevor sie sich in das 23 km nordöstlich gelegene Ragusa aufmachen

(April–Sept. Di–Sa 9.30–13.30, 14.30–17.45, Okt. bis März Di–So 9–13, 14–16.45 Uhr). In einem Nebengebäude serviert die Trattoria Al Castello beste Hausmannskost (Tel. 09 32 61 92 60, www. alcastellodonnafugata.com).

2 RAGUSA

Eine tief ins Kalkgestein der Monti Iblei geschnittene Schlucht trennt die lebhafte Provinzhauptstadt (73 600 Einw.) in zwei Teile: Im Westen erstreckt sich die moderne, schachbrettartig angelegte **Oberstadt**, im Osten das bezaubernde **Ragusa Ibla**, in dessen Zentrum die **Basilika San Giorgio** über den Dächern des Domplatzes thront. Im Zentrum der Oberstadt lohnen die **Kathedrale San Giovanni** und das **Museo Archeologico Ibleo** einen Besuch (Via Natalelli 11, Mo–Sa u. 1. So im Monat 9–18.30 Uhr).

3 MODICA

Kulinarische Genüsse bietet die Stadt **Modica** (54 500 Einw.) einige Serpentinenkilometer weiter: Die **Antica Dolceria Bonajuto** zaubert feinste Köstlichkeiten nach alten Rezepten, die teils noch aus arabischer Zeit stammen (Corso Umberto I 159, www.bonajuto.it). Für die Besichtigung der Stadt sollten Sie sich Zeit nehmen. Bei

Blick auf den Stadtteil Ragusa Ibla mit seinen teils prächtigen, teils schlichten Bauten.

Kleine Respektlosigkeit: Fratzen am Palazzo Beneventano in Scicli grinsen auf Flaneure hinab.

Sonnenschein leuchtet der gelbe Kalkstein des Domes San Giorgio wie Gold.

Sein heutiges, beschwingt-barockes Gesicht verdankt das Bergstädtchen einem reichen Agrarbürgertum, das es nach dem Erdbeben 1693 wiederaufbaute. Zu den wichtigsten Monumenten gehören die besagte **Chiesa San Giorgio** mit reich verzierter Fassade sowie das **Museo Ibleo,** Es beherbergt eine der größten Sammlungen sizilianischer Volkskunst (Via Mercè, zzt. wegen Restaurierung geschl.). An den hier geborenen Literaturnobelpreisträger Salvatore Quasimodo (1901–1968) erinnert das Museum in seinem Geburtshaus, **Casa Quasimodo,** neben dem Rathaus (tgl. 10–13, 15.30–19.30 Uhr, www.casaquasimodo.it).

4 SCICLI, 5 CAVA D'ISPICA UND 6 ISPICA

Scicli (27 000 Einw.), das Städtchen 10 km südlich von Modica, kann sich mit dem Superlativ schmücken, die wohl **verrückteste Barockfassade Siziliens** zu besitzen. Der **Palazzo Beneventano** ist überreich geschmückt mit Fratzen und verzerrten Gesichtern, die auf und unter Balkonen hervorlugen. Sehr hübsch ist die grüne Piazza Italia mit der Kirche Sant'Ignazio, auf der alte Herren ereignisreicheren Zeiten hinterherträumen und dem Abendessen entgegendösen.

Die **Cava d'Ispica** ist eine Karstschlucht im Tal des gleichnamigen Flusses. Hier finden sich vor- und frühchristliche Felsgräber, Höhlenwohnungen und Reste byzantinischer Höhlenkirchen mit Resten von Wandfresken. Vom Nordeingang (Mai–Okt. tgl. 9–18.30 Uhr, Nov.–April siehe Webseite, www.cavadispica.org) kann man die Schlucht bis zum 13 km entfernten Ispica durchwandern. Dort lohnt der **Parco Archeologico della Forza** einen Besuch mit in den Fels gehauenen Kirchen, Wohnungen und Gräbern (Öffnungszeiten siehe Nordeingang).

Das hoch auf einem Kalkfelsen thronende Städtchen **Ispica** (16 300 Einw.) selbst präsentiert sich mit hübschen Barockfassaden wie die der Chiesa SS. Annunziata.

7 NOTO

Nun fahren Sie zur letzten Station des ersten Tages weiter, nach **Noto** (24 000 Einw.), Höhepunkt des barocken Sizilien. Nach dem verheerenden Erdbeben von 1693 konnten die sizilianischen Architek-

ten Gagliardi, Sinatra und Labisi in Noto – 10 km südöstlich des zerstörten Noto Antica – ihre barocken Fantasien ausleben und ihre Vorstellungen von der idealen Stadt verwirklichen. Terrassenförmig um drei prächtige Plätze herumgebaut, entstanden aus dem goldgelben Sandstein der Monti Iblei im frühen 18. Jh. prunkvolle Paläste, Kirchen und Klöster. Seinen Charme verdankt Noto aber auch dem Verfall: So wachsen Bäumchen aus Simsen, Efeu wuchert aus den Fenstern.

An der attraktiven Hauptstraße **Corso Vittorio Emanuele** sowie den beiden parallel verlaufenden Straßen präsentieren sich die drei Plätze (Immacolata, Municipio und XVI Maggio) mit ihren schwingenden Fassaden und ausladenden Freitreppen als großartige Ensembles. Die wichtigsten Sakralgebäude sind die **Chiesa San Fran-**

cesco im Franziskanerkloster, der **Duomo SS. Nicolò di Mira e Corrado** mit seiner hinreißenden Fassade, die **Chiesa del Collegio** des Jesuitenklosters und die **Chiesa San Domenico** des Kollegs der Dominikaner. Keines der Klöster wird noch von den ursprünglichen Orden genutzt. Sehenswert ist auch der heute als Rathaus fungierende **Palazzo Ducesio** mit seinem schönen Spiegelsaal. Wählen Sie unter den vielen Bed-&-Breakfasts eine Unterkunft und speisen Sie abends in einer Gasse zwischen barocken Bauten.

8 AVOLA

Exakte Geometrie: Das am Meer liegende **Avola** hat den Grundriss eines sechszackigen Sterns. Mittelpunkt ist die **Piazza Umberto I** mit dem imposanten barocken **Dom.** Von ihr führen vier Straßen in die vier Himmelsrichtungen schnurgerade zu vier weiteren Plätzen. Entlang des Corso sieht man hübschen Jugendstil als Abwechslung zum Überschwang des 17. Jhs. Zudem hat Avola noch einen schönen Strand zu bieten.

Schluchten und Höhlennekropolen findet man in der **Cavagrande del Cassibile**; einen spektakulären Blick in den 250 m tiefen Canyon bietet der Aussichtspunkt 10 km in Richtung Palazzolo Acreide.

Fahrradtour in die Vergangenheit: Bei Pantalica wurden 5000 Grabstätten in den Fels gehauen.

9 PALAZZOLO ACREIDE UND 10 NECROPOLI DI PANTALICA

Danach geht's wieder landeinwärts und auf engen Serpentinen nach **Palazzolo Acreide**, berühmt für die wunderbaren **Kirchen Annunziata** und **San Paolo.** Südwestlich erinnern die Ruinen des antiken **Akrai** (4. Jh. v. Chr.) mit kleinem Theater und dem Bouleuterion, in dem sich die Senatoren versammelten, an die lange Besiedlungsgeschichte (tgl. 8–16 Uhr).

Von hier kann man die **Necropoli di Pantalica** besuchen. Die über 5000 aus dem Fels gehauenen sikulischen Grabkammern (1200 v. Chr.) in romantischer Berglandschaft erreicht man am besten über Ferla. Die Nekropole gehörte wahrscheinlich zur Sikulerstadt Hybla, von der jedoch heute nichts mehr erhalten ist – womöglich waren die Häuser aus Holz. Nur der aus Stein erbaute Herrscherpalast Palazzo del Principe überdauerte die Zeit. Von hier wandert man auf schmalen markierten Pfaden vorbei an den leeren Höhlen, in denen manchmal noch Spuren der Herdfeuer späterer Bewohner zu erkennen sind, und gelangt zu einer einfachen Kirche. Im Jahr 2005 hat die UNESCO die Nekropole von Pantalica in die Liste des Welterbes aufgenommen. Ein reizvoller Wanderweg führt hinab ins Tal des Anapo, wo ausgewaschene Becken ein erfrischendes Bad ermöglichen. Pantalica kann man auch per Fahrrad erkunden.

11 CHIARAMONTE GULFI UND 12 COMISO

Quer durch die Iblei führt die Tour dann westwärts bis **Chiaramonte Gulfi**, ein Städtchen mit viel Barock und noch mehr Museen. Der Ort liegt 15 km nördlich von Ragusa und ist ein fantastischer Aussichtspunkt mit Blick über die Felder und Hügel Innersiziliens. Zur Mittagsrast lädt das **Ristorante Majore**, das köstliche Schweinefleischgerichte serviert (Via Martiri Ungheresi 12, www.majore.it).

Ein Schlenker über **Comiso** bringt Sie zurück nach Ragusa. Das Städtchen wird von der mächtigen Barockfassade der Kirche SS. Annunziata dominiert. Die Kirche San Francesco birgt eine Renaissancekapelle mit dem Grabmal der Lehnsherrenfamilie Naselli.

INFORMATIONEN

TOUR ⑤⓪ Rundtour im Süden Siziliens

Autotour, mind. 2 Tage, ca. 250 km

STATIONEN

1 Castello di Donnafugata
2 Ragusa
3 Modica
4 Scicli
5 Cava d'Ispica
6 Ispica
7 Noto
8 Avola
9 Palazzolo Acreide
10 Necropoli di Pantalica
11 Chiaramonte Gulfi
12 Comiso

RAGUSA

INFO

Ufficio Informazione
Piazza San Giovanni, Ragusa,
Tel. 09 32 68 47 80, und Piazza
Repubblica, Tel. 36 68 74 26 21,
Ragusa Ibla

HOTEL

Eremo della Giubiliana
Luxus pur mit stilvollen Zimmern in
einem historischen Klostergemäuer.
S.P. nach Marina di Ragusa, km 7,5,
Tel. 09 32 66 91 19,
www.eremodellagiubiliana.it

RESTAURANTS

Don Serafino
Mit zwei Michelin-Sternen gekrönte
Edelküche in der Altstadt, umfang-
reiche Weinkarte. Di geschl.
Via Avvocato Giovanni Ottaviano 13,
Ragusa Ibla, Tel. 09 32 24 87 78,
www.locandadonserafino.it

Il Barocco
Sizilianische Küche zu zivilen
Preisen, hervorragendes Antipasti-
Buffet.
Via Orfanotrofio 29, Ragusa Ibla,
Tel. 09 32 65 23 97,
www.ristoranteilbarocco.it

EISDIELE

Gelati Di Vini
Das beste Eis Siziliens: Wie wär's mit
den Sorten *carruba* (Johannisbrot)
oder *cioccolato al peperoncino*?
Piazza del Duomo 20, Ragusa Ibla,
www.gelatidivini.it

MODICA

INFO

Ufficio Turistico
Corso Umberto I 141, Modica,
Tel. 34 66 55 82 27,
www.comune.modica.gov.it

HOTELS

I Tetti di Siciliando
Dieses hübsch eingerichtete Haus
mit freundlichem Personal bietet
neben Unterkunft auch Mountain-
bike-Touren und Keramikkurse an.
Via Cannata 24, Modica,
Tel. 09 32 94 28 43

L'Orangerie
Romantisches Hotel mit sechs
nostalgischen Zimmern im histori-
schen Zentrum.
Vico de Naro 5, Modica,
Tel. 34 70 67 46 98, www.lorangerie.it

RESTAURANT

Trattoria A putia ro vinu
Authentische ibleische Küche von
den guten *antipasti* bis hin zu den
dolci. Mo geschl.
Via Pisacane 34, Modica,
Tel. 09 32 94 41 57

NOTO

INFO

Infopoint
Corso Vitt. Emanuele 135, Noto,
Tel. 33 94 81 62 18,
www.notoinforma.it

HOTEL

Porta Reale
Elegant-schlichte Zimmer, teils mit
Balkon, mfitten in Noto.
Corso Vittorio Emanuele 161, Noto,
Tel. 09 31 83 91 08,
www.hotelportareale.com

RESTAURANTS

Il Cantuccio
Wer verfeinerte sizilianische Küche
schätzt, ist hier richtig. Stimmungs-
voller Innenhof.
Via Conte di Cavour 12, Noto,
Tel. 09 31 83 74 64

Sabbinirica À Putìa d'Ercole
Sympathisches Bistro mit herr-
lich-üppigen *panini*, *bruschette* und
Aufschnittplatten. So geschl.
Corso Vittorio Emanuele 95, Noto,
Tel. 38 81 28 03 19,
www.trattoriafontanadercole.it

Liebe Leserin, lieber Leser,
wir freuen uns, dass Sie sich für diesen POLYGLOTT-Titel
entschieden haben.
Unsere Autorinnen und Autoren sind für Sie unterwegs und
recherchieren sehr gründlich, damit Sie mit aktuellen und zuverlässigen Informationen auf Reisen gehen können. Dennoch lassen
sich Fehler nie ganz ausschließen. Wir bitten Sie um Verständnis,
dass der Verlag dafür keine Haftung übernehmen kann.

Ihre Meinung ist uns wichtig. Bitte schreiben Sie uns:

GRÄFE UND UNZER VERLAG
Postfach 86 03 66, 81630 München, Tel. 0 89 / 419 819 41
www.polyglott.de

LESERSERVICE
polyglott@graefe-und-unzer.de
Tel. 0 800 / 72 37 33 33 (gebührenfrei in D, A, CH),
Mo–Do 9–17 Uhr, Fr 9–16 Uhr

1. Auflage 2020

© 2020 GRÄFE UND UNZER VERLAG GmbH, München
Dieses Buch wurde auf chlorfrei gebleichtem
Papier gedruckt.

ISBN 978-3-8464-0415-7

Bei Interesse an maßgeschneiderten B2B-Editionen:
gabriella.hoffmann@graefe-und-unzer.de

Bei Interesse an Anzeigen:
KV Kommunalverlag GmbH & Co. KG
Tel. 0 89/92 80 96-0
info@kommunal-verlag.de

Verlagsleitung Reise:
Grit Müller

Verlagsredaktion:
Anne-Katrin Scheiter

Idee und Konzept:
Verónica Reisenegger, Eva Stadler

Covergestaltung: Independent Medien Design, München
Horst Moser (Art Direction), Lucie Heselich

Satz:
uteweber-grafikdesign

Redaktion:
Anne und Katja Tegler

Bildredaktion
Dr. Nafsika Mylona, Tobias Schärtl, Anne Katrin-Scheiter

Kartografie
Sybille Rachfall

Die Autoren
Eva Ambros: Tour 20-23; Michael Baumgartner: Tour 23, 28-30, 34;
Manuela Blisse: Tour 1-4; Günter Buchstab: Tour 6; Nicole Catta: Tour
48-50; Joachim Chwaszcza: Tour 34-36; Wolftraud de Concini: Tour
20-23; Christine Hamel: Tour 5, 6, 15, 19; Peter Höh: Tour 34-36; Eugen
E. Hüsler: Tour 1-4; Klaus-Peter Hütt: Tour 5, 6; Brigitte von Imhof:
Tour 1-5, 7-10, 25-27, 31, 38, 40, 42, 50; Sabina Kienlechner: Tour 38-
43; Friedrich Köthe: Tour 12-14, 16, 17, 48-50; Uwe Lehmann: Tour 1-4;
Gunther Lettau: Tour 7-11, 19; Renate Nöldeke: Tour 33; Christian No-
wak: Tour 38-43; Monika Pelz: Tour 18, 25-31, 37, 44-47; Gudrun
Raether-Klünker: Tour 15; Heidrun Reinhard: Tour 12-14, 16, 17; Pauline
G. Sammler: Tour 11, 13-15, 17, 18, 20-22, 33, 37, 45; Daniela Schetar:
Tour 12-14, 16, 17, 48-50; Eva Stadler: Tour 12, 16, 24, 39, 41, 36, 47;
Heinz Tomek: Tour 32

Herstellung
Gloria Schlayer

Druck und Bindung
Printer Trento, Italien

PEFC/18-31-506

Wir danken
Stefan Maiwald für seinen wertvollen konzeptionellen Input,
Gunther Lettau und Daniela Mangold für ihre Hilfe in letzter Minute,
Elisabeth Enders von der Konrad-Adenauer-Stiftung, APT Servizi,
Modenatur, Agenzia Turismo FVG und der Agentur Mailander;
Rebecca Krebs, Ingra Orthober und Katja Tegler für die akribische
Aktualisierung.

GRÄFE
UND
UNZER

Ein Unternehmen der
GANSKE VERLAGSGRUPPE

Bildnachweis

Coverfoto: Venedig, Illustration © Shutterstock/alaver
Umschlagrückseite: Orgosolo © Getty Images/Mondadori Portfolio; Dachterrasse des Mailänder Doms © Jahreszeiten Verlag/Spoerl, Lukas

Action Press: 139; andrearoad/istockphoto: 43; Automobili Lamborghini S.p.A.: 166o, 166u; Besana, Roberto: 159u; COMUNE DI CAGLIARI/Archivio Storico - Biblioteca Studi Sardi: 262/263; Corbis: 335; dpa Picture Alliance/ansa: 123; dpa Picture Alliance/La Presse: 137; dpa Picture Alliance/Suski, Marc: 54; ENIT - Italienische Zentrale für Tourismus: 159o; F1 online/Tips Images: 301o; F1online: 56, 156; fotolia/maudanros: 154; Gerboth, Hans-Joachim: 39; Getty Images/Alinari/Fox Photos/Hulton Archive: 356; Getty Images/Archivio Cameraphoto Epoche: 101, 214; Getty Images/Bettmann: 128, 153, 233o, 276; Getty Images/BIPs/Graffeo, Enzo: 322; Getty Images/Corbis/Alinari Archives: 116; Getty Images/Corbis/Hulton-Deutsch Collection: 309; Getty Images/Corbis/Litran, Manuel: 168; Getty Images/Corbis/Swim Ink 2, LLC: 198; Getty Images/Fratelli Alinari/Alinari Archives, Florence: 30, 339; Getty Images/Gamma-Keystone/Keystone-France: 285; Getty Images/Gamma-Rapho/Keystone-France: 300; Getty Images/Gamma-Rapho/PICOT: 249; Getty Images/Hulton Archive: 316; Getty Images/Imagno: 19o; Getty Images/Imagno 24; Getty Images/Keystone: 6; Getty Images/Mondadori Portfolio: 257; Getty Images/Mondadori Portfolio/Petrosino, Rino: 293; Getty Images/Mondadori/Ronchini, Emilio: 66; Getty Images/Mondadori/Lotti, Giorgio: 174; Getty Images/REPORTERS ASSOCIES/Gamma-Rapho: 189; Getty Images/The LIFE Images Collection/Whitmore, James: 364; Getty Images/The LIFE Picture Collection/Cooke, Jerry: 63; Getty Images/The LIFE Picture Collection/Sanders, Walter: 205; Getty Images/The Print Collector: 12; Getty Images/United Archives/Universal Images Group/Simon, Carl: 61; Getty Images/Universal History Archive/Universal Images Group: 94, 144; Gianluca Baronchelli/photographic archive Agenzia TurismoFVG (project "POR FESR 2007-2013"): 109; Höh, Peter: 252, 260, 264; Huber Images: 376; Huber Images/Bäck: 258; Huber Images/Bernhart: 69; Huber Images/Canali, Pietro: 272; Huber Images/Cellai, Stefano: 195; Huber Images/Cenadelli, Davide: 155; Huber Images/Cozzi, Guido: 200; Huber Images/Fantuz Olimpio: 57; Huber Images/Gaudenzio, L.: 234; Huber Images/Giocoso, Paolo: 360; Huber Images/Gräfenhain: 19u, 62, 141, 146, 147; Huber Images/Guido, Baviera: 332; Huber Images/Johanna Huber: 342; Huber Images/Kaos02: 90, 91, 286, 303; Huber Images/Lubenow: 77, 361; Huber Images/Mackie, Tom: 211; Huber Images/Martino, Enrico: 184; Huber Images/Rellini, Maurizio: 103, 182, 226; Huber Images/Ripani, Massimo: 34; Huber Images/Saffo, A.: 367, 369; Huber Images/Simeone, G.: 340; Huber Images/Spila, Riccardo: 253; Huber Images/Vaccarella, L.:

324; imagebroker/imago: 32, 76; Imago: 372u; Interfoto/Alinari Archives/Fosco, Maraini: 328; Interfoto/Engelke, Uwe: 181; Interfoto/Mary Evans/Retrograph Collection: 18; Interfoto/Tci/Marka: 223, 348; Jahreszeiten Verlag/Spoerl, Lukas: 130, 131; Konrad-Adenauer-Stiftung e.V./Archiv für Christlich-Demokratische Politik: 38; laif/Archivio GBB/Agenzia Contrasto: 88; laif/Celantano, Raffaele: 196, 259, 352; laif/contrasto: 351; laif/Contrasto/Archivio GBB: 241; laif/Gerber, Tobias: 48; laif/hemis.fr/Degas, Jean-Pierre: 250; laif/hemis.fr/Jacques, Pierre: 132; laif/Henkelmann, Sophie: 294; laif/Heuer, Frank: 242; laif/Kirchner, Martin: 273; laif/Linkel: 16; laif/Madej, Hans: 162, 350; laif/Morandi, Bruno: 279; laif/Steinhilber, Berthold: 218; look-foto: 8, 50, 74, 75, 83, 124, 176, 185, 206, 209, 224, 227, 233u, 245, 251, 308, 312, 320, 358; mauritius images/Alamy: 210, 268, 330; mauritius images/Bluered/Cuboimages: 96; mauritius images/United Archives: 372o; MONDADORI PORTFOLIO: 72, 73; Nowak, Christian: 318o, 318u; Palio del Golfo/Segretario Comitato delle Borgate: 158; photographic archive Agenzia TurismoFVG (project "POR FESR 2007-2013")/Crivellari, Massimo: 117; photographic archive Agenzia TurismoFVG (project "POR FESR 2007-2013")/Da Pozzo, Ulderica: 111; photographic archive Agenzia TurismoFVG/Milani, Marco: 112, 113; photographic archive of APT Servizi: 167, 169, 170; Poli Distillerie, Schiavon - Veneto, Italy: 80, 85; Schapowalow/Da Ros, Luca: 297; seasons.agency/Jalag/Borges, Darshana: 237; seasons.agency/Jalag/Lengler, Gregor: 26; seasons.agency/Jalag/Pacini, Isabela: 194; seasons.agency/Jalag/Scatà, Stefano: 368; seasons.agency/Jalag/Spörl, Lukas: 193; Shrub, Yevhen: 160; Shutterstock/alaver: 301u; Shutterstock/Angyalosi, Beata: 347; Shutterstock/Bociarski, Artur: 108; Shutterstock/Boris15: 334; Shutterstock/Colombo, Claudio Giovanni: 125, 325; Shutterstock/D'Amico, Angelo: 343; Shutterstock/Dorobek, Agata: 177; Shutterstock/eFesenko: 302; Shutterstock/Ember, Stefano: 9; Shutterstock/EQRoy: 92; Shutterstock/ermess: 201; Shutterstock/Foto Stefano: 216; Shutterstock/gadzius: 341; Shutterstock/GoBe, Lois: 122, 304; Shutterstock/Harald, Florian: 118; Shutterstock/imagesef: 40; Shutterstock/iryna1: 161; Shutterstock/Kuznetsova, Olesya: 21; Shutterstock/Leggio, S.: 374u; Shutterstock/LianeM: 84; Shutterstock/Lo Presti, Dario: 333; Shutterstock/lorenza62: 20; Shutterstock/Marzolino: 365; Shutterstock/Merolla, Olga: 228; Shutterstock/mitchFOTO: 311; Shutterstock/Mr. Green: 55; Shutterstock/neftali: 270; Shutterstock/nifosi, luigi: 374o; Shutterstock/Nouwens, Hein: 244; Shutterstock/Pecold: 110; Shutterstock/Plotnikov, Igor: 14; Shutterstock/Sailor: 175; Shutterstock/silky: 289; Shutterstock/Sirio, Simona: 138; Shutterstock/Staykov, Vladimir: 281; Shutterstock/StevanZZ: 208; Shutterstock/Torruzzlo: 27; Shutterstock/ValerioMei: 278; Shutterstock/Vinokurov, Nickolay: 190; Shutterstock/Zocchi, Roberto: 41; Slg. Uwe Ludwig/Vintage Germany: 46; Thöni, Gustav: 15.

MEINE ENTDECKUNGEN